哲 学 社 会 科 学 研 究 文 库

荀子的智慧
道学问与尊德性

周先进◎著

九州出版社
JIUZHOUPRESS

图书在版编目（CIP）数据

荀子的智慧：道学问与尊德性／周先进著. －－北京：
九州出版社，2015.9

ISBN 978－7－5108－3963－4

Ⅰ.①荀… Ⅱ.①周… Ⅲ.①儒家②《荀子》—研究
Ⅳ.①B222.65

中国版本图书馆 CIP 数据核字（2015）第 234454 号

荀子的智慧：道学问与尊德性

作　　者	周先进　著
出版发行	九州出版社
出 版 人	黄宪华
地　　址	北京市西城区阜外大街甲 35 号（100037）
发行电话	（010）68992190/3/5/6
网　　址	www.jiuzhoupress.com
电子信箱	jiuzhou@ jiuzhoupress.com
印　　刷	北京天正元印务有限公司
开　　本	710 毫米×1000 毫米　16 开
印　　张	16.5
字　　数	296 千字
版　　次	2016 年 1 月第 1 版
印　　次	2016 年 1 月第 1 次印刷
书　　号	ISBN 978－7－5108－3963－4
定　　价	45.00 元

自　序

　　人们总是用"板凳要坐十年冷,文章不著一句空"这句话表达做学问、写文章不能急功近利、急于求成,就是要耐得住寂寞,肯下一番苦功夫。我时刻思考这句话的含义和价值,时刻用这句话来约束和规范自己扎扎实实做点学问,也时刻提醒自己:若要梅花香自来,除非严寒傲然立。但是很难如愿:一是琐碎的事务工作常常让你不得不去应付,这样势必使你的有限时间无法自己分配和使用,也无法让你静心思考一些本应属于自己的思想。二是自己才疏学浅,孤陋寡闻,对一些问题的思考和思想的认识很肤浅,要想"不著一句空"简直天方夜谭。好在我有一个习惯,就是每天总喜欢读点东西,也经常"舞文弄墨"写点感受和体会,如是日积月累也能写出点名堂来。

　　就拿这部《荀子的智慧:道学问与尊德性》著作来说吧,内容就是本人长年累月读《荀子》的心得体会和人生感悟以及自己的几次国学知识讲稿,虽说没有很高深的学术价值和理论探究,但有很强的现实针对性和实际指导价值,凝聚着本人几十年的人生思考和感悟。如果能够给无意中读到这本书的有缘人起到繁重工作、生活后舒缓压力、消除疲劳的功效,或者能给从事这方面研究工作的同道中人一点启发与帮助,本人不胜荣幸之至。

　　初稿写成以后,先提交给了几位挚友审读,总体评价尚可,提出了一些具体修改意见。本人根据所提意见,又花费近半年时间进行仔细修改和完善,从而使得本书的内容更加丰满,主题更加鲜明,重点更加突出,理论价值更强。全书包括五个部分:

　　第一部分,学问修养篇。主要论证了教育和环境对人的影响和作用,重点讨论了学习的重要性,强调学习者应有锲而不舍的精神、坚忍不拔的毅力、虚壹而静的态度、学思行用的方法以及做学问的操守等问题。

　　第二部分,修身行事篇。主要讨论了个人修养的具体内容、基本方法、基本准则以及待人处事的具体态度,强调人品决定人生,做人应该低调,要树立正确的义利观,成为一个正直的人、一个高尚的人和一个脱离了低级趣味的人。

第三部分,立身处世篇。重点讨论了作为一个有道德的人特别是作为一个现代公民应该具有的行为品质、礼仪礼节、个人修为、广阔心胸,探讨了君子的处世原则、诚信意识和为政之道,强调做人做事应该公正廉明,应全面地看问题,千万不可沽名钓誉。

第四部分,知荣明耻篇。重点探讨了一个人应该树立什么样的人生观和价值观问题,包括谨言慎行问题、利害得失问题、勇猛有度问题、自强不息问题、宠辱不惊问题、自知之明问题、各得其宜问题等。

第五部分,择术思辨篇。主要讨论了荀子的非相思想。荀子大约生活在公元前335—公元前235年的战国末期,但他从不相信相面之术,提出了人的吉凶祸福、成败得失等均与人的体貌特征没有任何关系的著名的辩证唯物主义思想,这在封建社会发展处于上升时期的中国是非常难能可贵的。然后,重点讨论了做人的三大原则问题,谈话的艺术问题以及如何培养自己的辩诤能力问题和以微知明的能力问题。

要说本书有什么特点和价值,本人认为主要有以下四个方面:

第一,通俗易懂。本人曾经花费二十余年时间通读荀子三十二篇文章和有关荀子方面的资料,做了近百万字的读书笔记与批注,然后花费近三年时间整理笔记和批注,于2013年9月由中国文史出版社出版了近五十万字的《荀子全本注译》一书。本书就是在校注荀子原著的基础上,将其中的《劝学》《修身》《不苟》《荣辱》《非相》五篇文章的读书心得和校注笔记进行进一步整理和拓展而成,也可以算是自己对荀子思想的进一步理解或发微。在内容编排上严格遵循原文结构顺序,结合原文内容进行具体解读,让人读来就如同你我之间进行对话和交流,显得既亲切,又不累赘。

第二,以案说事。为了让读者能够比较清楚地了解荀子的思想精髓,笔者根据自己对荀子思想的理解和把握,对每一个知识点均列出了明确的主题。然后对每一个主题都用相关案例故事进行问题分析,少则一两个案例故事,多则七八个案例故事。案例故事涉及古今中外历史事件和人物故事,有些是寓言传说,有些是真实事件,有些是民间口口相传的故事,有些则是历史上野史记载的能够被老百姓认可的故事,它们都能从不同侧面说明或佐证主题内容,能够在恰当的主题下起到恰当的教育作用。特别值得一提的是,在本书中列举了自然界大量动植物繁衍、生存、发展以及与人类关系的事件和故事,用以说明人与自然必须和谐相处,面对自然界,人类决不可胆大妄为。在写作过程中,笔者力求将每一个案例故事都上升到哲理的高度进行分析,使得案例故事不仅能够说明问题,而且能够凸显社会价值和认识论基础,起到传播正能量、震撼心灵的效果。

第三,理实结合。全书内容虽然以可读性为主,但也进行了不同程度的理性升华,如对荀子的教育生态思想、政治生态思想、经济生态思想、环境生态思想、伦理生态思想等,均进行了必要的探讨,重点探讨了荀子教育生态思想、伦理生态思想和环境生态思想的现代转型问题,对我国当前进一步深化教育体制改革,加强生态环境保护意识的培养和公民道德建设特别是社会主义核心价值观的培育等,均具有重要的借鉴价值和指导意义,有效凸显了本书的理论价值和现实意义。也就是说,这本书不仅能供普通读者在业余时间进行消遣性阅读,也可以供从事荀子思想研究的同仁参阅,特别适合青年学生阅读,可以作为大中学生的国学教育读本和教材。

第四,励志笃行。笔者在高校从教近30年,深知立德树人的重要性和现实意义。孟老夫子曾经说过:得天下英才而育之乃人生一大幸事。但我更深知将所有学生都育成英才才是一个教育工作者的历史使命和应有的社会担当,深知引导学生健康成长、立志成才对于个人一生的发展和一个家庭来说是多么的重要。因此,在本书撰写过程中始终贯穿这根红线,目标就是催人奋进和帮助青年学生立志成才。

经过多年的努力和笔耕,这本倾注了本人不少心血和汗水的拙著总算付梓了。在本书撰写过程中,参阅吸收了古今中外众多学者们的成果和有关文献资料。这些成果和文献资料的吸收和引用,使本书价值倍增,在此一并致谢!在吸收和引用资料时,尽量加以标注或解释,如有遗漏,敬请专家学者谅解!

当然,由于本人才疏学浅,加之在荀学研究方面涉足不深,本书肯定还会有不少问题甚至错漏之处,希望得到方家指正,以便有机会再作修订、补遗和纠偏,百尺竿头,更进一步!

在成书和出版过程中,得到了有关学者、学校同事和我的研究生及家人的鼓励、支持与帮助,得到了九州出版社的鼎力支持,在此一并表示衷心的感谢!

周先进

二〇一五年七月于浏阳河畔

目　录
CONTENTS

第一篇

学问修养篇

本篇以荀子的开篇之作《劝学》篇为核心，探讨个人学问修养问题，旨在劝导人们勤奋向学、修身养性，力争使自己成为一名品行操守高尚的君子。篇中所讨论的学习问题，不仅仅只是向书本学习，还应主动向前人、向良师益友、向社会实践学习，这种学习态度和方法是值得提倡的。在讨论个人学习修养问题时，荀子借用了靛青、兰槐、寒冰、辁轮，高山、深溪，涉水、驾车，骐骥、驽马，蒙鸠、射干，蚯蚓、螃蟹，白沙、蓬麻等现实生活中的一系列鲜活事例，用以论证一个人学习、修养对自己成长成才成人的重要性和意义，并借助环境的变化、风俗的不同、居处的转换等，进一步论证了学习、修身、养性等的途径、方法、目的、意义和效果等。全篇以"学"与"礼"二字统领，细细品读，将令人回味无穷，受益终生。

1. 学无止境

荀子在《劝学》篇中开宗名义提出了学无止境的中心观点："君子曰:学不可以已。"这里的"君子"就是指有道德、有学问和有修养的人。荀子说，一般有道德、有学问和有修养的人，都是专心治学、永不满足的人。唯其如此，才能成就自己的学术修养，成就自己的事业，使自己成为一个对社会有用的人。为此，他用了一系列的例证来论证这一中心思想。

例证之一，"青,取之于蓝而青于蓝"。荀子说，我们用以作染料的一种材料——靛青，本身是从一种叫作蓝草的茎叶中提炼出来的。但是，经过加工处理之后，其颜色却比蓝草更青，就是颜色更青了。这方面，我们是有亲身感受的，当我们将一粒晶体硫酸铜放入水中时，其蓝色将会随浓度的增加而加深。这是因为晶体硫酸铜溶于水时，晶体结构发生了变化。同样的道理，蓝草经提炼后，细胞结构发生了变化。随着细胞液和细胞质的外渗，其浓度发生变化，靛青浓度不断加深。由此充分说明:一个人只要持之以恒地学习，知识就会越积越多，学识就会越来越渊博。

例证之二，"冰,水为之而寒于水"。这是大家在现实生活中非常有感受和体验的。零摄氏度临界值的冰块与零摄氏度的水,给人寒冷的感觉是不一样的,前者使人感觉寒冷一些。原因是什么呢? 就是内部分子排列方式不一致。冰是一种晶体状结构,分子排列顺序有一定的化学规律,且分子间距离增加,而水就不同,分子结构是无序紧密排列的。大家知道,同一物质,分子结构从无序排列到有序排列需要释放内部的热能,物质的熵发生改变,即从大变小,释放内部热量。相反,当我们用手握住冰块时,冰块就会吸收手中的热量即溶解热,从而使分子从晶体状的有序结构变成无序分子。由于手失去了热量,故而感觉更寒冷。通过这个事例,荀子告诫人们:学习必须专心致志,目标必须明确。如果学习没有一个具体而明确的方向和目标,就会杂驳而无统,散乱而无章,就不可能成为一个专家学者。

例证之三,"木直中绳,𫐓以为轮,其曲中规,虽有槁暴,不复挺者,𫐓使之然也"。木材本身是直挺的,是符合绳墨标准的,但是,这种木材如果用一定温度和火候烘烤之后,就可以使之弯曲做成车轮。古时马车车轮大部分都是这么做的。用这种方式做成的车轮或其他产品,即使你再用烘烤、暴晒的方法,也不能再使之恢复直挺之貌。这是因为烘烤之后木材的内部分子结构发生了变化之故。学习也一样,开始学习一门科学知识的时候,总是感到很茫然,尤其是数理化和哲学等学科,总是感觉难于理解和消化吸收,这是正常现象。只要你持之以恒,永不放弃,经过一段时间的刻苦努力之后,必然会有所收获,有所成就。这就是量的积累到一定程度以后必然会发生质的飞跃。

例证之四,"故木受绳则直,金就砺则利"。荀子指出,只需要按照绳墨的标准进行修整,则木料就会变直。不仅如此,经过修整的木材,还可以使其变成我们所需要的各种形状。金属制成的刀剑只要经过细心的打磨就会变成锋利无比的刀剑等使用工具或作战武器。人的知识积累也是如此,积累到一定的程度以后,必定会成为该领域的行家里手甚至专家、学者。

荀子通过以上四个例证,从外界因素的作用和物质本身所具有的本质特征,论证了事物的发展变化可以依据人们的主观努力来达到其应有的使用价值,从而论证了学习的重要性和必要性。

接着,又从内因方面论述了人的主观能动性的发挥是取得良好学习效果的根本性因素。"君子博学而日参省乎己,则知明而行无过矣。"这里的"知"通"智",即智慧、才能,这里专指"事理"。就是说,作为一个有高尚道德品质和学问修养的人,不仅要坚持学习,善于学习,博采众长,而且还要对照自己每天的所学、所思、所感进行反省:我今天学得怎样? 有新知识没有,记住了多少英语单词或数学公式等等。只有做到"吾日三省吾身"(《论语·学而》),才能使自己更加有智慧、更加明白事理，做到为人处世不出现过错。当然不是完全不出错，而是尽量不出错，少出错、不出大错，即使出了错也能及时改正，不要刚愎自用，我行我素，这样于人于己都是大有裨益的。俗话说，细节决定成败，也是讲的这个道理。

《学记》开宗明义就指出："玉不琢，不成器；人不学，不知道。"三国时期孙权麾下有一员大将吕蒙，此人英勇善战，经常打胜仗，但就是不爱读书。孙权劝他读书时，他总借故军务繁忙没有时间学习。孙权就以自己作例，说，你看与我相比，你比我还要更忙吗？我整天国事缠身尚且坚持学习，你难道就不能挤时间学习吗？况且，我也并不是要你去研究儒家典籍，只是希望你能浏览一下古代圣贤书籍，以便了解事物发展变化的前因后果，遇事能做出科学判断，而不是凭机遇和机缘获胜。从此，吕蒙采纳孙权的建议，开始发奋读书，"笃志不倦，其所览见，旧儒不胜"。① 没过多久，当鲁肃经过寻阳（今江西省九江市）与吕蒙交谈时，惊奇地发现，吕蒙再也不是当年只知横冲直撞的"吴下阿蒙"了。吕蒙看出了鲁肃的心理，就文雅地说："士别三日，即更刮目相待，大兄何见事之晚乎！"②大哥可不能小瞧人啊！由此看来，人还是需要多读书，才能知道什么是道义，也才能做到行无过啊！

2. 教育具有潜移默化的作用

荀子通过上面的论证分析之后，得出如下结论：

"故不登高山，不知天之高也；不临深溪，不知地之厚也；不闻先王之遗言，不知学问之大也。"

人们对那些不学无术、自高自大而无自知之明的人，常常会用"不知天高地厚"，"言之无物，持之无故"来加以讽刺和嘲笑，大概就是对荀子这句话的引申。当年"孔子登东山而小鲁，登泰山而小天下"，唐代诗人杜甫因此感叹："会当凌绝顶，一览众山小。"③这是多么豪迈的气派和心境啊！假设当年孔子不是登上泰山，而是登上了喜马拉雅山，或者是先登上了泰山再登上喜马拉雅山的话，孔子的感觉又会如何呢？恐怕上面那句就不会是对泰山雄伟高大的感叹了，而是会当凌绝顶，一览世界小了。就是说，人的视点越高，视野就越宽广。随着视野的转换，人们对人生也会有新的感悟。当年毛泽东主席写诗赞扬人民英雄气概时说："可

① [西晋]陈寿：《三国志》，[南朝宋]裴松之注，江苏古籍出版社2006年版，第1077页。
② [北宋]司马光：《资治通鉴》，岳麓书社1994年版，第770页。
③ 唐代诗人杜甫诗《望岳·东岳》："岱宗夫如何？齐鲁青未了。造化钟神秀，阴阳割昏晓。荡胸生层云，决眦入归鸟。会当凌绝顶，一览众山小。"

3

上九天揽月，可下五洋捉鳖。"①到底天有多高，海有多深，很难有一个确切的答案，就是每个人的一种心境和感觉。但我相信，依照事物对称性原理，世界上有多高的山，就一定会有多深的海洋。因此，以我之见，按照坐飞机的惯例，我们每天在地上所见之"天"也就是离我们三四千米高的云层罢了，顶多一万米左右。如果照此推理，当人登上山喜马拉雅山时，就是"会当凌绝顶，天在脚下行"了。

所以，荀子说，一个人如果不自己登上高山，就不会知道天有多高；如果不下到深潭之中，就不会了解地有多厚。这只是荀子的一种心境，一种感觉，一种推测。我相信，荀子对孔子的"会当凌绝顶，一览众山小"的意境是心领神会的，因而他才引申为一个人的为学是没有止境的。只有深入钻研知识的人，才能了解事物的来龙去脉。因此，荀子进一步发微：如果一个人"不了解先王的学术修养，不聆听先王的遗言，不学习先王的知识，就一定不会知道学问的渊博"。这里的"先王"到底指哪些人？各种版本的解说不完全一致。依照我的推测，荀子此处所指"先王"应该是尧、舜、禹、周文王、周武王、孔子等先圣先哲。

为了证明教育的重要性，荀子指出：

"干、越、夷、貉之子，生而同声，长而异俗，教使之然也。"

"干、越、夷、貉"古时指四个不同方位的边陲小国。"干"据《左传·哀公九年》记载，指"吴城邦"，位于今江苏扬州东北部，春秋时被吴国所灭，成为吴国城邦。"越"指越国，位于今浙江绍兴。"夷"指居住今宜昌一带的少数民族，属楚国。而"貉"据唐朝杨倞注为"东北夷，古指貉国"。荀子认为，从地理位置分析，这四个古国相距较远，为什么生下来的小孩的哭声相同，让你分辨不出是男是女、是胖是瘦、是聪明还是愚钝呢？不光这四国小孩如此，现在也一样，你站在产房外面，产房内时刻传出婴儿啼哭之声，你能分辨出他们是男是女、是胖是瘦吗？肯定无法辨别。但是，等他们上幼儿园了，上小学了，读中学大学了，学了知识，懂得道理了，他们的思想认识、风俗习惯、个性气质就会出现差异，特别是民族之间、地域之间差异更大，这是什么原因呢？荀子指出，这是教育导致的。古时候学校很少，人们很少进学校读书，大部分小孩都是家庭教育。因此，父母亲、家人、邻居、朋友等等，就会对一个人造成巨大的影响：知识、风俗习惯、道德行为、个性品质、宗教信仰、政治倾向等等，都会对人造成影响。这是为什么呢？这是因为教化不同的

---

① 出自毛泽东1965年5月的《水调歌头·重上井冈山》："久有凌云志，重上井冈山。千里来寻故地，旧貌变新颜。到处莺歌燕舞，更有潺潺流水，高路入云端。过了黄洋界，险处不须看。风雷动，旌旗奋，是人寰。三十八年过去，弹指一挥间。可上九天揽月，可下五洋捉鳖，谈笑凯歌还。世上无难事，只要肯登攀。"

缘故,是受环境影响的结果。荀子并不是环境决定论者,他只是认为环境对人的生长发育、身心素质、道德品质等等具有重要影响。

所以《诗经·小雅》说:一个有学问、有修养、有高尚品德的人,是不会贪图安逸、不思进取的。相反,他会谨慎地安于自己的职位,爱好正直之道。你的一举一动,一言一行,神明时刻都在关注,只要你谨言慎行,就会赐给你幸福。否则,就会祸乱不断,麻烦缠身,就不可能活得坦然,活得有尊严。

因此,"神莫大于化道,福莫长于无祸"。荀子强调,一个人的精神修养、道德境界没有比受"道"的教化更大的,也没有比受"道"的潜移默化的影响更高明的了,幸福没有比无祸无灾更长远的了。这里的"道"是什么意思呢? 通观荀子三十二篇作品,荀子所谓"道"包括为人之道、为政之道,即基本原则,也指自然界、人类社会发展的普遍规律和一般原则,这是从形而上的角度分析。从形而下分析,则是指一个人做人做事应坚持一定的标准和原则。

大家都知道"孟母三迁"的故事。① 一代亚圣孟子就得益于小时候良好的生活环境和家庭教育。孟子小时候非常贪玩,模仿性很强。他家起初住在坟场附近,他就经常组织邻近小孩玩堆坟墓或哭丧的游戏。母亲认为这对孟子成长非常不利,于是就把家搬到集贸市场附近,孟子又模仿别人做生意和杀猪卖肉的把戏。孟母认为这种环境对孟子成长也不利,就把家搬到了学堂旁边。此时,孟子就整天来到学堂跟着先生学习礼仪和知识。孟母认为这才是孩子应该具备的生活环境和学习条件,就不再搬家了。这就是历史上著名的"孟母三迁"的故事。

对于孟子的教育,孟母特别重视。除了送他上学外,每天都不停地督促他学习。《三字经》载:"昔孟母,择邻处;子不学,断机杼。"说的是有一天,孟子逃学回家,孟母正在织布,看见儿子逃学,非常生气,拿起一把剪刀剪断了布匹,责备孟子说:"你读书就像我织布一样。织布要一线一线地连成寸,再成一尺,再成一丈、一匹,才能成为有用之才。学问也是如此,必须靠日积月累、勤奋学习才能取得。如果半途而废,就会成为无用之才。"至此,孟子专心读书,发愤求学,身体力行,践履圣人的教诲,终成一代大儒。

3. 学而不思则罔

《论语》中有一句至理名言:"学而不思则罔,思而不学则怠。"什么意思呢? 就是说一个人如果成天只知道死读书、读死书、读书死,今天读一本专著,明天读

---

① 故事选自王修智主编:《"八荣八耻"的故事》(上卷),山东人民出版社2007年版,第0109—0110页。

一篇学术论文，但你只是生吞活剥、死记硬背，而不去思考其中的道理、观点，作者写作的意图，他要说明的问题和道理，要表达的思想等等，那你就等于白学了。即使学了也没有用，因为你不会应用，不会举一反三。这在现实生活中太普遍了。

比如在当前应试教育条件下，我们的中小学生大部分是考试机器。只会死记硬背书中的考点，一心只想考大学。考上大学又怎样呢？相当一部分学生只记考试要点，根本不去查阅相应参考资料，考试完了，六七十分，甚至九十多分的成绩，看似学得很好，过后你问他，你学该门课程有什么收获？保证他回答：好像没什么收获。什么原因呢？学而不思。最典型的例子就是英语，有些大学生甚至英语专业的学生，考试通过了大学英语六级、专业英语八级，而且成绩优异，但你要让他将一篇中文论文译成英语，他却翻译不出来了。我就亲身经历过这样的事情。我的一篇高等教育管理方面的论文，大概不到一万字，请一名外语专业的硕士研究生翻译，她却说有很多专业名词和术语搞不清。后来勉强翻译出来了，经专业人员修改，发现错漏之处很多。这件事情对我触动很大。我就想，我们这么多的国考，题型不可谓不多、不全，考得学生晕头转向，但就是不能应用。考官出题只想到怎么样将考生难倒，这样就体现了考官的水平，而不是考如何应用。这种现象在有些国家是不可想象的。以德国为例，德国每年都要对中学生发布十本左右必读外文书籍，以世界名著为主。并且明确规定毕业考试或升学考试就考必读书目中的内容，主要是翻译、问答和写作。什么时态、语态、句法、结论等考得很少，也没有必要，一篇写作可能什么知识点都会涉及，根本不需要死记硬背。我的一位留学德国的学生就告诉我，德国这种考试看似比我国简单，其实对学生要求更高，都是开放题，没有标准答案。比如要你回答：罗密欧与朱丽叶的爱情价值观是什么？你读《高老头》有什么感想？等等。我就想，如果将这些题目拿来考中国学生，不光中学生就是大学生甚至外语专业的学生，可能要拿高分都会难上加难。因为他们根本就不具备这样的知识和素质。很多学生甚至大学生根本就没有看过世界名著，甚至连中国名著都未曾看过。如果要出一个题目，请你描述张飞和关羽的性格特征，保证很多学生答不出来。这就是孔子为什么发出"学而不思则罔"感慨的原因。

"思而不学则殆。"这里的"殆"不是松懈、懈怠的本意，我认为是危险的意思。进一步引申为"尽"，即耗尽的意思。就是说，如果你只思不学，你的知识终究有一天会消耗殆尽。有些人，成天不学习，或者啃老本，今天树一个目标，明天立一个理想，就是不拿出实现理想和目标的实际行动。真是"有志之人立长志，无志之人常立志"。这样的人有没有？当然有。我们有些大学生，从中学过来了，熬出头了，要轻松一下，天天上网、睡觉、侃大山，就是不学习，等到真正要应用了就傻眼了，"原来什么都没学！"真正是"书到用时方恨少，事非经过不知难"。还有一些大学生，平时不努力读书，什么东西都是网上下载一拼凑交给老师完事，自己什么东西都没有掌握。我有这么一个感觉，除开智力本身存在差别外，对于智力水平相当的人来说，出现学业、品质、素质差异的根本原因只有一个，那就是是否用功学习。当然，这种学习不仅仅是学习专业、课本知识，而是一种广义的学习，包括学习社会实践知识和学习做人的品质。所以，对于不学之人，是很危险的，是对自己成长成才成事成业不利的。为什么呢？你以前学的知识终究会完全耗尽的。

方仲永①的故事，相信大家都非常熟悉。

方仲永出生于一个农民家庭。由于家境贫寒，小仲永无缘读书。大概五六岁的时候，突然哭着向爸爸索要纸笔墨砚，说是想写诗。他父亲感到十分惊讶，马上从隔壁邻居那里借来笔墨纸砚。方仲永拿起笔便写下了四句诗。同乡的读书人知道此事以后，都跑到方仲永家看诗，一致认为他的诗写得很好。于是一传十、十传百，引起了社会广泛关注，连知府大人都认为他是神童，经常邀至家中做客。他父亲认为这是有利可图的好事情，于是每天带着方仲永轮流拜访名门富豪，以作诗博得人们的夸赞和奖励，而放弃了让小仲永上学的机会。久而久之，神童才思不济，诗句也索然无味。由于只凭"天才"而不注重后天的学习思考，方仲永的才华和知识每况愈下，到十二三岁的时候，已是"江郎才尽"；到二十岁时，他的才华完全消失，成了一个平庸之人。宋代王安石写了一篇《伤仲永》的文章，将方仲永的成长归纳为三个阶段：幼年时天资聪颖，指物为诗；少年时江郎才尽，不如前闻；青年时才思尽失，沦为庶人。

由此可见，一个人光有先天的智慧而不注重后天的学习和思考是不行的。不注意吸收新知识，注定要落在别人的后头。因为人不能生而知之，必经学而知之。君子与小人的区别，不在于先天的本质，而在于后天的学习和思考，在于"善假于物也"。同样是"神童"，最终有成才者，也有不成才者，何以故？学习与思考，有恒与无恒决定的。

所以，荀子说：

> "吾偿终日而思矣，不如须臾之所学也；吾尝跂而望矣，不如登高之博见也。"

荀子指出，我曾经一段时间，整天思考问题，但后来我发现还是赶不上片刻的

---

① 方仲永是北宋文学家王安石《伤仲永》中的主人公，历史上到底是否真有此人此事，值得怀疑，也许是王安石借此讽刺当时社会上存在的不学无术现象。

学习；我曾经踮起脚跟眺望远方，却依然比不上我登上高山见识广阔。学习多见识广，站得高看得远，这是基本常识问题。

> "登高而招，臂非加长也，而见者远；顺风而呼，声非加疾也，而闻者彰。假舆马者，非利足也，而致千里；假舟楫者，非能水也，而绝江河。"

从旁观者的角度看，一个人站在高处举手示意，他的手臂并没有加长，但站在很远的人也能看见他在招手，尤其是人多拥挤的地方更是如此。顺着风吹的方向呼喊，声音本身并没有加强加快，但由于风力助推的缘故，可以让更远的人听得更加清楚。借助车马出行的人，并不是他本人善于走路，而是由于他借助马的力量，在短时间内就能行至千里（很远）。行舟划船横渡江河的人，并不是依靠游泳的本领，而是借助了船桨的缘故。

所以，荀子认为，"君子生非异也，善假于物也"。君子与一般人并没有什么本质的不同，要说不同的话，那就是君子能审时度势，借助周围的环境和客观事物来不断充实自己、完善自己。这就好比学习，每天坚持学一点，日积月累，积少成多，就会知识渊博。善于学习又认真思考、发现问题的来龙去脉，弄清楚事物的本质联系和必然规律，年长日久，必然成为某个领域的专家、学者或能工巧匠。

4. 环境对人有重要影响

重视环境对一个人道德修为、学习成才的影响，是荀子学术思想中的重要内容。可以说，荀子流传下来的三十二篇学术论文，每篇都闪烁着光辉的环境思想，《劝学》篇中最为著名的一段话就是下面一段：

> "南方有鸟焉，名曰蒙鸠，以羽为巢而编之以发，系于苇苕，风至苕折，卵破子死。巢非不完也，所系者然也。西方有木焉，名曰射干，茎长四寸，生于高山之上，而临百仞之渊。木茎非能长也，所立者然也。蓬生麻中，不扶而直；白沙在涅，与之俱黑。兰槐之根是为芷，其渐之滫，君子不近，庶人不服，其质非不美也，所渐者然也。故君子居必择乡，游必就士，所以防邪僻而近中正也。"

荀子这个人非常伟大，他十五岁至齐，博览群书，三为祭酒。在他的论文里，每篇都是通过现实生活或自然界存在的普遍现象入手进行层层论证，最终得出自己的学术结论。这一段话非常具有代表性。他通过自然界中存在的我们又能感知到的五种自然现象，论证了环境对人的学识、品质和修为的影响，进而得出结论：一个人尤其是一个道德高尚的人，必须要选择一个好的地方居住，一定要与道德高尚、学问深厚的人交往。只有如此，才能防止自己走入人生的歧途，从而接近正道。

第一种自然现象:南方有一种小鸟,有些地方土话叫它芦花雀、巧妇,学名叫鹪鹩、斑鸠,体长只有三寸,羽毛呈赤褐色。这种小鸟做事很精心,用羽毛和毛发编织构筑自己的巢窝,做得非常漂亮而精致。但是它选择爱巢的地方不对,它将爱巢系于芦苇的穗子上或芦苇的嫩芽尖上。大风一吹,芦苇穗子或嫩芽立马折断,巢坠地而鸟蛋被打破,蛋内的小鸟由于失去生存的环境而死亡。荀子于是感慨道,这并不是小鸟不勤奋,鸟窝做得不好,而是因为它选的地方不对。芦苇的穗子或嫩芽是经不住狂风暴雨的,这个地方很危险,甚至会危及生命。

第二种自然现象:西方有一种名叫射干的中药草,别称乌扇。生长在高山之上,山崖之间,面临百仞深渊,即700多尺的高山之上。"仞"是帝尧时期的长度概念,一仞等于现在的7尺,2.33米。照此计算,百仞即233米。人们从下面抬头望去,见它很高大。这并不是射干的茎能变长,它依然只有四寸长,但为什么让人看到它觉得很高大呢? 因为它生长的地势很高,让人产生一种视觉上的误差。我们在现实生活中也常常会犯这样的错误:不作深入探讨研究,往往以貌取人,时常被表面现象所迷惑。在这个问题上,孔子给了我们很好的教海。孔子说,过去我看人只"听其言而信其行"(《论语·公冶长》),但发现不对,一些人为了投机取巧,往往说一套做一套,让人不可信。所以,我现在是"听其言观其行"(同上)。现在我要通过观察他的言行举止、敬业精神和实际行动,才能相信他所说的话是否真实。从"信其行"到"观其行",这是一种发展观的重大转变,是对人的品行评价的本质变化。只有如此,才不至于被事物的表面现象所迷惑,才能透过现象看本质。

第三种自然现象:"蓬生麻中,不扶而直。""蓬"是一种草本植物,秋天干枯后会随风飘飞,故又名飞蓬。"麻"即"火麻",茎高2—3米,生长到一定时候将其砍断用水浸泡取其表皮纤维用作纺织材料,目前在很多地方均有种植。这句话什么意思呢? 是说飞蓬这种植物呈伞状生长,茎干很容易弯曲。但如果这种植物生长在火麻之中,不需要人工扶植,它自然会朝上笔直生长。为什么会如此呢? 一是火麻阻碍了它向四周生长的空间;二是受光合作用的影响。如果它不朝上生长,就不能获得充足的阳光雨露,就会死亡。所以,它必须随火麻一同生长。这说明,如果一个人从小就生活在一个健康有益的环境中,他就会因此获得有益的修为。一些有学问、有修养、有道德的人的品质就会潜移默化地影响到他的成长和思想品德的形成。

第四种自然现象,刚好与上一种现象相对立:"白沙在涅,与之俱黑。"唐朝杨倞注本无此二句,但古本有此二句,今本脱之,杨倞不释此二句,说明杨注本即与今本同。清朝王念孙注云,《荀子·劝学》确有"白沙在涅,与之俱黑"二句,此言善恶无常,唯人所习。据孔颖达《尚书正义·洪范第六》载:"荀卿曰:'蓬生麻中,不扶自直。白沙在涅,与之俱黑。'"由此可知,此二句在《荀子·劝学》篇中确实是存在的,不然就不能形成对比关系。"涅"在古本中一般有三种释义:一种专指黑泥;一种是指黑土;一种如《说文解字》注:"涅,黑土在水中也。"但不管哪种解释,涅都是黑的意思。荀子指出,本来是白色的沙子,如果将其与黑泥或黑土混合在一起,那白沙也就变成黑色了。相对于白色来说,黑色是显色,黑与白一起混合,显示肯定是黑色,这就是环境的影响。《孔子家语·六本第十五》指出:"与善人居,如入芷兰之室,久而不闻其香,即与之化矣。与不善人居,如入鲍鱼之肆,久而不闻其臭,亦与之化矣。丹之所藏者赤,漆之所藏者黑,是以君子必慎其所与处者焉。"按照孔子的观点,一个人如果常和品行修为高尚的人在一起,就像进入芷兰散发香气的室内一样,由于沐浴香气,所以久而久之便闻不到芷兰之香气了;如果和品行低劣的人相处,就如同进入到了卖咸鱼的地方,时间长了就闻不到咸鱼的臭味了,因为你已融入环境之中了。藏朱丹的盒子时间一久就会变成红色,装黑漆的木桶时间一长就会变黑,这也是环境的影响。所以说,真正有学问、有修养、有道德的人,必须时刻谨慎地选择自己所处的环境,所交的朋友。

第五种自然现象:"兰槐之根是为芷,其渐之潃,君子不近,庶人不服。其质非不美也,所渐者然也。"兰槐是一种草本植物,其味幽香,沁人心脾,其根是为芷也。按照《本草纲目》记载,兰槐即为白芷,一种香草。如果将这种清香的兰槐浸泡在池水中,时间一久,池水也会变得很脏很臭,兰槐更臭,让人难以忍受,谦谦君子不愿意接近它,就连普通老百姓甚至从事这项工作的工人也不愿意碰它。用其纤维所做的衣服鞋帽,连普通老百姓都不愿意穿戴。很多学者都将"潃"释为脏水、泔水,《说文解字》释为"久泔也"。本人有不同看法,认为应理解为使变脏、变臭更为恰当。另外,很多版本认为"庶人不服"的"服"应理解为"佩戴",我认为应理解为"碰""拿"更接近整个文章的意思。兰槐经过浸泡处理以后,导致它的品质、品味下降(变臭),并非它本身的本质不好,而是因为经过池水浸泡之后才变质的。这个经验我们太多了,比如香樟树、松树等均散发出不同的香气,如果我们将它们砍倒连皮一起浸泡在池水之中,一到两个月时间,整个池塘的水就会变黑变臭,味道很不好,甚至水中生物也会因此而死亡。是香樟树、松树本身质不美吗?非也,是"其渐之潃也"。这样,会不会有助于我们理解"其渐之潃"的真正意义。

荀子通过分析上述五种现实生活中存在的自然现象,得出结论:"故君子居必择乡,游必就士,所以防邪僻而近中正也。"一个人的成长发展如同动植物的生长发育一样,必须依靠一定的环境条件及自身生长发育的客观规律。超越一定的界限或规定性,则可能招致祸害,受到屈辱,甚至祸及生命。因此,行事做人宜小心谨慎,择朋取友一定要有所选择。

5. 为人处世的学问

俗话说:"物以类聚,人以群分。"说的是自然界的生物,不管是动物、植物,还是微生物,都有一定的生活规律性,即相同生物一般能群聚在一起。对于人类来说更是如此。人们常说:"不是一家人,不进一家门。"说的是人不仅具有家的观念,而且具有情感观念,是一种情感性非常强的动物,比如,爱好相同、志同道合的人往往能相处在一起。

荀子认为,任何事物的生长发育都有一定的规律性和原因。由此推之,人的善恶德行也有其必然因素。因此,荀子指出:

> "物类之起,必有所始;荣辱之来,必象其德;肉腐出虫,鱼枯生蠹;怠慢忘身,祸灾乃作;强自取柱,柔自取束;邪秽在身,怨之所构;施薪若一,火就燥也;平地若一,水就湿也;草木畴生,禽兽群焉。物各从其类也。是故质的张而弓矢至焉,林木茂而斧斤至焉,树成荫而众鸟息焉,醯酸而蚋聚焉。故言有招祸也,行有招辱也。君子慎其所立乎!"

如果将这段话译成白话文,意思是非常清楚的,就是善恶相伴、祸福同行、荣辱相依,事物矛盾都是相辅相成的。荀子指出:任何事物的发生发展,都必定有它的起始原因。荣誉或耻辱的到来,一定同个人的思想品德即德行相对应(象:接近,对应,相应等)。肉类腐败之后就会生蛆,咸鱼干枯以后如果不能好好保管就会生蛀虫(蠹:蛀虫)。行为散漫,做什么事情都怠慢轻心、忘乎所以的人,必然会招致灾祸。刚强坚硬的东西容易折断(柱:折断)。柔弱的东西、办事优柔寡断的人,就会处处受到约束和限制。自己的言行邪恶肮脏、污秽不堪,必然会招到旁人的怨恨。同样是放在地上的柴草,最先着火的必定是最为干燥的柴草;同样是平坦的地面,最先被水浸湿的地方必定是潮湿之处。茂盛的青草、高大的树木生长在一起(畴:同类),飞鸟走兽总是同类同群生活在一起,世间的万事万物大都各从其类。箭靶树立起来,靶心鲜艳明了,弓箭才会有射击的目标;树林生长茂密,就会招致砍伐者的斧头砍伐;绿树成荫,飞鸟就会群栖其上;醋变酸腐烂了,蚊蝇就会聚集其上。所以,一个人如果说话不谨慎,就会言多必失,招致祸患;行为不检点、不端庄,就会招到侮辱。所以,君子行事和立身处世必须谨慎修为才对。

荀子是一个非常注重个人品行修为的学者,他指出:"人之性恶,其善者伪也。"什么意思呢? 他说人性都有阴暗的一面,有邪恶的一面,都有自私自利的一面,这是人性致命的弱点。为什么会如此呢? 因为人有欲望。当自己的欲望得不到满足时，人们就会为利欲所驱使，为名利而奋斗。这是人性的"恶"。当然，这种恶不是罪恶的恶，不是杀人越狱、奸淫掳掠的恶，是说人性存在弱点、有缺陷，所以要修为，要加强教化，要用规章制度来约束，必要的时候还要用法律严惩犯罪分子。荀子成德之学的教宗就是要求人们"修为""积习"。只有积极的修为，不断加强自身修养，才能成为一个品行高尚的人，一个有道德、有学识的人。上面这一段话就是说的这个道理。这段话中，他用了大量正反两方面的例证，来说明为人处世的学问。例证浅显易懂，但道理却非常深邃，如荣辱与品行共生，怠慢与灾祸同行，邪秽与积怨相伴等等，都是说明为人处世的道理的。

古今中外，侈靡亡国、戏言夺命的例子，可以说比比皆是。众所周知的商纣王就是一个典型的侈靡亡国的例证。①

商纣王早期也的确是一个勤勉清廉的国君，为人处事小心谨慎、率先垂范，早期将国家治理得井井有条。但是到后来，他听信谗言，迷恋酒色，不理国政，最后落得众叛亲离、死无葬身之地的可悲下场。

据史料记载，纣王时代，国家经济文化很发达，同时，与周边诸侯各国的矛盾也很尖锐。纣王一方面向周边各国连年征战、残酷镇压，另一方面过着恣意妄为、花天酒地的荒淫生活。他喜欢在群臣面前夸耀自己的丰功伟绩，纵溺酒肉，贪恋美色，对宠姬妲己言听计从。不仅如此，纣王还凶残暴虐。他用"炮烙"之刑，让人赤身抱住烧红的铜柱，锯断活人的腿骨查看其骨髓，剖开孕妇的肚子检验胎儿，把九侯父女剁成肉酱，把鄂侯晒成肉干，把西伯侯的儿子伯邑考剁成肉泥做成肉丸送给西伯侯吃，"剖比干，观其心"，等等。纣王的残虐荒淫可以说举世无双，残忍至极。但失民心者必失天下。不久，周武王起兵伐纣，商纣王之兵不仅无力抵抗，而且纷纷倒戈，纣王落荒而逃，自焚于鹿台。

又如戏言亡命的例子。② 相传晋孝武帝司马曜（362 年—396 年）非常喜欢喝酒，常常在内殿醉生梦死，头脑很少有清醒之时。群臣也很难觐见，更不敢劝说。后宫张贵人一直很受宠幸，宫女们既嫉妒又害怕她。一天，孝武帝和后宫嫔妃们一起饮酒作乐，酒至酣处，孝武帝故意调笑张贵人：你已年近三十了，按年龄来说，也应该废黜了，我更喜欢年轻漂亮的美女。张贵人虽然心中气愤，但表面却不动声色。等到晚上，孝武帝酩酊大醉，进入梦乡之时，张贵人把所有的宦官赏赐打发走之后，就让贴身侍女用被子死死蒙住孝武帝的头直至断气，又用重金贿赂左右侍从，声称孝武帝是"睡梦之中惊悸窒息而猝逝"。当时的太子司马德宗愚昧懦

---

① 典故出自《封神演义》《尚书》《左传》等。
② 《晋书·卷九》《晋书·卷十一》《资治通鉴·晋纪三十》。

弱,会稽王司马道子也昏庸荒淫,均未追查此事。就这样,一代君王因一句戏言而断送了卿卿性命。

以上两个例子充分证明了"言有招祸,行有招辱"这句话的道理。所以,我们在为人处世方面应该低调,千万不可失言、妄语,更不要口出狂言、口无遮拦。俗话说,言多必失,有时甚至招来杀身之祸,不可不谨慎。

6. 用心专一才能学有所成

荀子认为,学习是一个日积月累的过程,需要专心致志、厚积薄发。只有用心专一、持之以恒、坚持不懈,才能不断丰富自己的知识、学有所成、提高修养。凡事如果半途而废、三心二意,那就一事无成。为此,他精辟地论述道:

> "积土成山,风雨兴焉;积水成渊,蛟龙生焉;积善成德,而神明自得,圣心备焉。故不积跬步,无以至千里;不积小流,无以成江海。骐骥一跃,不能十步;驽马十驾,功在不舍。锲而舍之,朽木不折;锲而不舍,金石可镂。蚓无爪牙之利,筋骨之强,上食埃土,下饮黄泉,用心一也;蟹八跪而二螯,非蛇鳝之穴无可寄托者,用心躁也。"是故无冥冥之志者,无昭昭之明;无惛惛之事者,无赫赫之功。行衢道者不至,事两君者不容。目不能两视而明,耳不能两听而聪。腾蛇无足而飞,鼫鼠五技而穷。《诗》曰:'鸤鸠在桑,其子七兮。淑人君子,其仪一兮。其仪一兮,心如结兮!'故君子结于一也。"

荀子在本段文字中用正反、强弱对比描述的手法,辩证地论证了一个人的能力、智力乃至思想品德的形成与发展有先有后、有强有弱,理解、接受、消化能力有快有慢。但只要你有恒心、有毅力,锲而不舍,就一定能达到自己预想的目标,成为一个学术精良、品德高尚的人。反之,则可能一事无成。为此荀子指出:

第一,用土堆成高山,风雨就会从这里兴起;汇积涓涓小流成为深潭河流,蛟龙就会从这里产生。高山生风雨,江河起蛟龙。蛟龙在中国古籍中多有记载,所指不一,有的指鼍、鳄一类的两栖爬行类动物,性凶猛。所以,将蛟龙称为龙族或龙属只是一种传说或神话。但山高生风雨肯定是一种自然现象。荀子用此两句,主要是阐述了一个深刻的哲学问题:量的积累必然会引起质的变化。这两句话主要是要引出以下结论:一个人只要积德行善,不断地做好事,养成高尚的品德,就会成为聪明睿智、通达事理的人,就会达到圣人的精神境界。

第二,路要一步一步地走才能达到终点,实现自己的目标。荀子指出,不积累一步半步的行程,就不可能到达千里之遥;不积累涓涓细流,就没有办法形成江河湖海；良驹骏马不管如何精良，一跃也不可能跨越十步远；劣马老骥不论如何瘦弱，不停地奔走十天，也能达到千里之遥。古时候"一驾"就是一天的行程，"十驾"形容路程遥远。为什么驽马的不懈努力和奋斗也能达到骐骥同样的效果呢？主要是不放弃、持之以恒，"功在不舍"。这是一个人成功的基础。俗话说，笨鸟先飞，《中庸》中有言："人一能之，己百之；十人能之，己千之。果能此道矣，虽愚必明，虽柔必强。"就是说，只要我们拿出百倍的努力，比别人先行一步，就一定能取得成功，达到自己的理想目标。

第三，做学问应该持之以恒，用心专一，才能学有所成。就拿雕刻来说吧，如果用心不专一，半途而废，那么即使是朽木也不可能折断；相反，如果能够坚持不懈、持之以恒、不停地雕刻，那么即使是坚硬的金属和石头，也能雕刻成形，雕刻成美丽的花纹图案。这就是持之以恒、坚持不懈的结果。古代"锥刺股"（《战国策》）、"头悬梁"（《汉书》）的典故相信大家都知道，分别讲的是战国时期苏秦和汉朝孙敬的读书故事。苏秦年轻时理想抱负非常远大，周游列国，希望得到重用，但一直未能如愿，最后不得不穷困潦倒地回到家乡。家人的冷嘲热讽、邻里的异样眼光，使苏秦非常惭愧。自此，他发愤读书。为了保证长时间不间断地读书，只要一打盹，他就用锥子猛刺自己的大腿，以此战胜瞌睡。经过刻苦努力，他最终实现了自己的理想，成了佩带六国相印、纵横捭阖的政治家。战国时期六国联合抗秦的合纵策略，就是由他实现的。孙敬的做法与苏秦不同，他是用绳子系住自己的头发拴于屋梁之上，只要一打瞌睡，头就会被扯疼。"一分耕耘，一分收获"，后来孙敬成了汉朝大儒。

因此，一个人获得成功，靠的是坚忍不拔的耐力和常人难以想象的努力。除此之外，没有什么捷径可走。今天，悬梁刺股的做法当然不值得提倡，但这种刻苦的勤奋精神却难能可贵，是值得借鉴的。

第四，如果用心不一，就会一事无成。荀子指出，蚯蚓是一种软体节肢动物，没有锐利的爪牙和强壮的筋骨。但它却能上食松软营养的表层泥土，向下喝到清洁的泉水，什么原因呢？是因为用心不二的缘故。大家非常熟悉的螃蟹有四对八只脚，还有一对大大的钳形爪子，但是它是穴居性或寄居性动物，如果没有蛇和鳝鱼为其创造洞穴，它将无处安身。什么原因呢？性情浮躁，用心不专。

孔子学琴的故事相信大家不陌生。一次，孔子拜师襄学琴。师襄让孔子在里屋弹一首曲子，经过三天的练习，已经弹得很娴熟了。师襄说，你已经弹得很熟了。孔子却说，虽然我会弹此曲了，但手法、技巧还有差距，请允许我再弹三天。三天之后，师襄走进里屋对孔子说，你不光弹得很好了，而且指法、技巧也运用得非常好了，已经可以了。但孔子对师襄说，我还未真正理解曲子的深意，请容许我再学三天吧。到了第十天，师襄来到孔子身边，孔子对师襄说，此曲气势磅礴，立意高远，非帝王之志不可能创造此等豪气的曲子。师襄非常惊讶，因为此曲正是周文王创作的曲子。因此，师襄感叹：孔子彻底理解了先王之道，传承周礼非孔子不可能完成。

孔子拜师学琴的故事告诉我们：学习不能一知半解、半途而废，一定要深刻领悟学习的真谛，领会知识的内涵，才会学艺精进、知识渊博，成为一个学问高深的人才。

第五，荀子指出，一个人只有志向专一，目标明确，刻苦努力，才能取得成功。著名数学家、教育家苏步青，①相信大家都熟悉。他终身情系教育事业，执教七十余年，用一生践行他"精培细育勤扶植，不出人才誓不休"的人生追求，即使在"文革"受斗挨批的日子里，年逾古稀的苏步青仍未放弃他的事业与追求，致力于计算几何学的研究新领域，终于在1978年将代数曲线论中的仿射不变量方法，首创性地引入计算几何学科，在现代工业、高科技领域得到应用。他学风严谨、硕果累累，为中国建设发展培养了一大批两院拔尖创新人才，特别是一大批院士。1998年，苏步青将自己获得的一百万元港币"何梁何利科学与技术成就奖"奖金全部捐献给祖国的教育事业，设立"苏步青数学教学教育奖"和"复旦大学数学系优秀师生奖"。

苏步青的一生是为国家教育事业孜孜以求、不懈追求并为之献身的一生。他的成功和成就表明：如果一个人没有专一的志向，就没有聪明的智慧，就无法通达事理；没有坚定不移的行动和埋头苦干的精神，就不可能有显赫的成绩。按照荀子的观点：在歧途上徘徊不定的人不可能到达目的地；同时侍奉两个君主的人，是不可能同时得到两个君主的接纳的。一个人的眼睛不能同时看清楚两样东西，耳朵也不能同时听清楚两种声音。螣蛇虽然没有脚，却能凌空起飞，鼫鼠虽然有五种生存的本领，却常常处于穷境之中。什么原因呢？一心不可二用，做人做学问不能三心二意。做事做学问只有用心专一，才能达到希望的彼岸。

最后，荀子引用《诗经·曹风·鸤鸠》篇中的话作结论："布谷鸟（鸤鸠，亦作尸鸠）居住在桑树上，专心致志地哺育它的七只幼鸟。因此，那些善人君子，行动一定要专一不邪啊！只有行动专一不邪，思想、意志才会坚如磐石。"因此，高尚的君子无论是为学还是行事，都应该集中精力、专心致志。如此才能实现自己的理想和目标。

---

① 故事选自王修智主编：《"八荣八耻"的故事》（下卷），山东人民出版社2007年版，第1697—1698页。

7. 功过自在人心

一个人如果有学问有道德，必定会在言行上表现出来，尤其是在现代社会，具有各种考评机制和途径，自己有才能、有修养，就不要担心不会被发现。所谓才美不外现，核心是讲一个人不要过分炫耀自己的才能，俗话说"满罐水不荡，半灌水起波浪"，说的就是有些人明明没有多少知识，甚至对某个问题根本就没有搞明白，却逢人就吹嘘自己的知识如何丰富，这种人其实内心很空虚，生怕别人说他知识浅薄、不学无术。这样的例子古今中外不胜枚举。特别是在当前我国学术界，在学术浮躁、过分追求高学历、高职称的现实条件下，学术造假、职称做假、文凭造假的现象，屡禁不止，就连院士也不例外。在高校，很多高职称的人，要么请人代为完成科研课题、发表学术论文；要么利用自己的职务之便由手下替他完成科研工作取得职称；要么就是一旦评为教授、研究员后，就船到码头车到站，再不思进取，长年累月不发表论文，甚至连自己带的研究生的论文也不参与指导和修改，根本就是不学无术、误人子弟。有些政府官员，也利用各种机会和条件"提升"自己的学历层次，但相当一部分干部根本就不是自己完成学业，而是花钱请人读书，自己获利。因此，真正有学问的人，他不会自我夸耀，别人自有评论，所谓学问深者品自高，就是这个道理。

回过头来理解荀子下面一段话，特别富有启迪意义。

> "昔者瓠巴鼓瑟而沉鱼出听，伯牙鼓琴而六马仰秣。故声无小而不闻，行无隐而不形。玉在山而草木润，渊生珠而崖不枯。为善不积邪，安有不闻者乎？"

荀子这段话译成现代文就是：古时候瓠巴在岸边鼓瑟的时候，河流里面的游鱼会跃出水面倾听；伯牙在弹琴的时候，正在吃草料的马匹也会停食而抬头倾听琴声。所以，优美动听的乐声不会因为音量小而不被听见，一个人的行为也不会因为自己隐藏而不被发现的。山里如果有玉，连生长在此的草木也会得到润泽而茂盛；深渊之中如果有珍珠生长，岸边的悬崖就不会显得枯燥。如果一个人能够积累善德善行，就一定会被人发现。现在是因为有些人不能积累善德善行，否则，哪里会有不被人知道的道理呢？

人的一举一动都受他人的监督，即使一时不被人发现，但终究会被人发现，即使长久不被人发现，但天上还有神灵在看着你。所以，要想人不知，除非己莫为。特别是在现代社会，微博、微信、博客、QQ群、手机短信等网络技术这么发达，人人都是信息源也是信息发布者，不论在世界任何角落发生的事情，都可能在第一时间出现在网络媒介、手机媒介之上。在信息时代，任何人都毫无隐私而言。因此，我们要多做好事，多行善事。"不以恶小而为之，勿以善小而不为。惟贤惟德，能服于人。"①这是刘备临终前给其子刘禅留的遗诏，劝勉他要进德修业，有所作为。告诫刘禅好事要从小的方面开始积累，积小成大，才能成为一个道德高尚的人，才能以德服人；坏事也要从小处开始防范，否则积少成多，也会坏大事。所以，不要因为好事小而不做，更不能因为不好的事小而去做。小善积多了就成为利天下的大善，而小恶积多了则足以亡国败家。这是讲个人的修为。

学问修养同样如此。2005年荣获国家技术发明一等奖、受到胡锦涛总书记亲自颁奖的黄伯云院士，②二十年砺剑心，用实际行动诠释了人生的真谛：是真金就会闪光。

黄伯云1969年毕业于中南矿冶学院，就是现在的中南大学本部，并留校任教。1980年公派到美国留学，经过八年刻苦努力，完成了硕士、博士、博士后的学习、研究任务，于1988学成归国。当时，美国一些大学、科研机构和许多大公司都争相聘请他工作，并许诺将他全家迁往美国定居。但他毅然回国，回到母校工作。回国之后，他一头扎进当今世界航空领域顶尖材料——炭/炭航空制动材料的研制上。经过无数次试验的失败，黄伯云终于完成了"高性能炭/炭航空制动材料制备技术"的基础研究，接着又进行应用研究。2003年9月20日，大型民用飞机的试飞试验全部完成，中国飞机依赖进口刹车片才能"着陆"的历史被彻底改写。在黄伯云看来，科学研究成果只有转化为产品，转化为现实生产力，真正地为国家所用，为人民造福，科学家才是完整意义上的科学家。

与此相对的是成克杰。成克杰1986年至1998年先后任广西壮族自治区副主席、副书记、代主席、主席。1998年3月当选为全国人大常委会副委员长。期间，他与其情妇李平疯狂敛财，折合人民币4100多万元。2000年9月14日，成克杰被执行死刑，并处没收个人全部非法财产。这是新中国成立以来因道德败坏和受贿犯罪被处以极刑的职务最高的领导干部。

成克杰身为国家高级干部，滥用职权，大肆收受贿赂，思想腐化堕落，心灵扭曲变形。面对党和人民给予的职权，本应勤勉工作。然而，他却私欲膨胀，顶风犯法，铤而走险，最终完全背弃了共产主义理想信念和为人民服务的根本宗旨，背弃了党和人民的信任寄托，从而走上了一条不为人耻的归路。

以上两例充分说明了，"声无小而不闻，行无隐而不形"的道理。

---

① [西晋]陈寿：《三国志》，[南朝宋]裴松之注，江苏古籍出版社2006年版，第763页。
② 中南大学教授，中国工程院院士，曾任中南大学校长。

8. 要有明确的学习目标

荀子认为，道德修养的最高境界就是学习。学习什么？学习礼法、诵读经典。为此，他提出：

"学恶乎始？恶乎终？曰：其数则始乎诵经，终乎读《礼》；其义则始乎为士，终乎为圣人。真积力久则入，学至乎没而后止也。故学数有终，若其义则不可须臾舍也。为之，人也；舍之，禽兽也。故《书》者，政事之纪也；《诗》者，中声之所止也；《礼》者，法之大分、类之纲纪也。故学至乎《礼》而止矣，夫是之谓道德之极。《礼》之敬文也，《乐》之中和也，《诗》《书》之博也，《春秋》之微也。在天地之间者毕矣。"

学习，从哪里开始，又到哪里结束呢？荀子认为，按学习的顺序来说，应该从诵读《尚书》开始，到读《礼经》终结；按照做学问的意义来讲，学习一刻都不能停止。先应做一个刻苦学习的学生，通过长年日积月累，做到读、记、用、发相结合而游刃有余，最终成为圣人时，才算学习结束了。只有诚心诚意，刻苦钻研，日积月累，不断地学习，才能钻研得深入，才能把握问题的关键和实质。学习无止境，必须学到老，这才算是尽头。所以，从程序上说，学习具有一个完整的过程和止境，至于从学习的意义上分析，则学习不可有半刻停顿。

能够做到这样，就能成为一个有学问、有修养而对社会有用的人才，否则，就会成为一个没有知识、没有品位、没有修养的如同"禽兽"一般的人。荀子为什么这么说，并向大家推荐必读书籍呢？因为在荀子看来，《尚书》是记载古代政事的书；《诗经》收集了历代流传于民间的符合乐章标准的诗歌，是心声的归结；《礼经》是古代礼法的总纲，也是各种条例的纲要，是法制的前提和事物的规范。所以，读书学习，只有彻底读懂、理解并能娴熟地运用礼仪、礼法了，才算达到了读书学习的最高境界，才算到尽头了，也就达到了一个人道德修养的顶峰。《礼经》是礼仪的规则，《乐经》能够使人中心和悦，《诗经》《书经》则内容精深、见闻广博，而《春秋》则寓意隐微、道理深邃。这些典籍包含了天地之间的一切事物、一切道理。所以，将这些典章典籍学通、学懂，理解、掌握了，就能合理运用它来为社会服务，这就是做学问的最高境界了。

荀子总是将学习与道德修养一起讨论，将学习之道、修养之道、为人之道、为政之道作为君子应具备的基本条件，作为一个人成为君子、圣人的不二法门。这种为学的基本原则可以说是古代思想家、教育家、政治家共同遵守的基本准则，各家各派尤其是儒家学者更注重此道。个中原因，不难理解。因为"古之学者为己，今之学者为人。"(《论语·宪问》)什么意思呢？孔子指出：古代的人学习知识是为了提升自己的道德水平和修为，为他人树立良好的道德榜样，所以强调"自天子以至于庶人，壹是皆以修身为本"(《礼记·大学》)。而当今的学者学习的目的大多是为了提升自己的身份地位，以达到实现自己的既得利益为目标，这在当今社会尤为突出。我们有些所谓高学历、高职称的"大学者"，自以为了不起，做出了些许成绩，有了一点研究苗头，就向组织伸手要荣誉、要地位、要官帽，如果不给，就以调走相威胁。还有一些人，自认为自己是了不起的人才，今天作为引进人才调到此单位，从中捞一些好处(人才引进费、科研启动费、住房补助费、解决配偶、子女就业等)，明天又作为引进人才跑到彼单位。他们不知道自己成长进步的每一个环节，都凝聚着单位组织的培养教育和为其提供的条件保障，更不知道自己成绩的取得也同样凝聚着同事、朋友、学生的研究心血。这种人往往只关注自己的既得利益，毫不关注组织的培养和他人的帮助与支持，这种人我见过很多例，最终好像也很少有成就大事业的。因为他们的学习目的不正确，人生价值观发生了偏移，世界观出现了偏差，科学精神被异化了。我认为，作为一名科技工作者，应具有起码的道德良知与科学情操；要知恩图报，不能过河拆桥；要保持坚守，不能这山望见那山高；要懂得奉献，不能仅仅只是索取。

相信大家都知道周恩来"为中华之崛起而读书"的故事。[1] 1911 年岁末，周恩来在沈阳东关模范学校上学。一天，学校校长亲自为学生上修身课，题目是"立命"。讲课中，校长突然向学生提出一个问题："请问大家为什么来读书？"有的同学回答"为光宗耀祖而读书"；有的回答"为明礼而读书"。当问到周恩来为什么而读书时，年仅十三岁的周恩来郑重地回答："为中华之崛起！"

怀抱"为中华之崛起而读书"的理想与信念，周恩来勤奋学习、博览群书，掌握了很多知识，形成了"先天下之忧而忧，后天下之乐而乐"的思想。后来，他积极投身祖国的解放事业，成为了党、国家和军队卓越的领导人，为民族的解放事业和中华民族的伟大复兴建立了不可磨灭的功勋。

陈寅恪不为学位而读书。[2] 陈寅恪一生漂泊，有着丰富的留学经历。在他漫长的留学生涯中，哪里有真正的知识可学，他就去哪里。学到所要学的知识就走，绝不留恋学位和虚名，最终成为了一位名副其实的"不懂学问"的大学问家：精通

---

① 故事选自王修智主编：《"八荣八耻"的故事》(中卷)，山东人民出版社 2007 年版，第 1096—1098 页。

② 故事选自王修智主编：《"八荣八耻"的故事》(中卷)，山东人民出版社 2007 年版，第 1330—1331 页。

二十几门语言;清华国学院"四大导师之一""教授的教授"。陈寅恪在二十余年的留学生涯里,连一个学士学位都没有拿到,更不用说足以炫耀于世人的博士桂冠了。有人不解地问他为什么,陈寅恪非常认真地答道:"考博士并不难,但两三年内被一个专题束缚住,就没有时间学习其他知识了。只要能学到知识,有无学位并不重要。"

1937年,年仅四十七岁的陈寅恪左眼失明,1944年底,右眼也失明了,先后多次手术均未恢复视力。尽管他失去了治学读书的双眼,但在助手的帮助下,以耳代目,以口代笔,先后有多项成果问世,其中包括八十五万字的百科全书式的著作《柳如是别传》。他的助手黄萱感慨地说:"寅师以失明的晚年,不惮辛苦经之营之,钩稽沉隐,以成此书。其坚毅之精神,真是惊天地、泣鬼神的气概。"

周恩来的读书理想,陈寅恪的读书目的和治学精神,为我们很好地诠释了学问与修养、学问与事业的辩证关系,诠释了做人、做学问、修身的道理。

9. 要具备良好的学习态度

俗话说,"态度决定成败",学习更是如此。不同的人,因为学习态度的差异,往往会产生巨大的差别。荀子通过古人与今人和君子与小人之间学习态度的差异对比,提醒人们应树立正确的学习态度。

> "君子之学也,入乎耳,箸乎心,布乎四体,形乎动静。端而言,蠕而动,可以为法则。小人之学也,入乎耳,出乎口。口耳之间则四寸耳,曷足以美七尺之躯哉!"

在荀子看来,君子之学与小人之学是完全不同的。君子为学,听在耳里,牢记在心里,心中领会其精神要旨,外散于身体仪态之中,而表现在自己的一举一动之间,即使是极细小的一言一行,都可以成为他人效仿的榜样,成为世人的楷模。但是一般的小人学习的态度就完全不一样了,他们往往从耳朵里进,从嘴巴里出。但是,耳口之间的距离不过四寸,怎么能够对七尺之躯有补益呢?

所以说,态度和细节决定成败。西汉时期匡衡少时凿壁借光读书,[①]终成一代名儒。

匡衡出生于一个世代务农的家庭,自幼聪明过人,酷爱读书,苦学成才,学识渊博,博古通今。

---

① 故事选自王修智主编:《"八荣八耻"的故事》(上卷),山东人民出版社2007年版,第0244—0241页。

匡衡小时候家里很穷，为供匡衡上学读书，父母兄长终日操劳，吃糠咽菜。为此，小匡衡心里十分难过，决心发奋读书，以报答父母兄长的养育之恩，白天在学校专心听讲，熟记于心，回到家里就抢干农活，从不贪玩偷懒。等到夜幕降临了，他就开始温习功课，但由于家里穷，无钱买油灯和蜡烛，每到天黑下来就再也无法读书了。一天夜里，他突然发现墙上有一丝亮光，这是邻居照过来的烛光。小匡衡惊喜不已，灵机一动，用小刀在墙上挖了个洞，顿时有一束光亮射了进来。从此，小匡衡天天坐在洞光下面专心读书，烛光不熄，读书不止。不仅如此，他还主动义务为乡里一个大户人家做苦工，为的是能免费换来富家人的书读。这样年长日久，他终于苦学成才，成为西汉著名大学问家，得到汉元帝的重用，官至丞相。后来，他辅朝理政，多次上疏皇帝，忠言直谏，直陈时弊，见解独到，深得汉元帝信赖。

囊萤映雪的故事①相信大家也不陌生。分别讲述的是晋代车胤和孙鹿的苦读故事。两人家境贫寒，无钱买蜡烛。于是，车胤就利用夏天收集萤火虫装进白绢袋子供其读书，孙鹿则借助冬天雪光读书。两人囊萤映雪、苦读成才的故事世代相传，不断激励和鼓舞着无数后人不畏艰难困苦，在逆境中发奋成才。

这些个故事告诉我们，读书学习一定要有良好的学习态度，要发奋刻苦，要入乎耳箸乎心，布乎四体而形乎动静，不能浅尝辄止、一知半解，一定要为社会、为世人留下宝贵的精神财富。

因此，荀子进一步指出：

"古之学者为己，今之学者为人。君子之学也，以美其身；小人之学也，以为禽犊。"

"古之学者为己，今之学者为人"本是《论语·宪问》中的一句话，讲的是孔子回答学生关于学习态度和学习目的的提问。孔子说：一般来说，古时候的人读书学习是为了不断提升自己的道德修养和学问，以便为世人和后人树立崇高的榜样，而今天的人读书学习是为了拿一纸文凭，以便向别人炫耀自己的才能，或为自己晋升职位或从商营生增添一道光环。因此，古人学习态度端正，目的明确，而今人学习态度不端，目标模糊。为什么呢？荀子指出：君子之学是为了不断完善自我，以达到敬德修业之目的，而一般小人学习的目的，仅仅是为了获得更多的身外之物即物质利益，或者学习仅仅是为了向他人显示自己，是一种"禽犊"行为。"禽

---

① 故事选自王修智主编：《"八荣八耻"的故事》（上卷），山东人民出版社 2007 年版，第0394—0395 页。

犊"有两种释义:一为唐代学者杨倞注为"馈献之物",一为清末学者王先谦注云"悦人之意",都是向人显摆炫耀之意。

大哲学家任继愈的学习态度就非常值得大家借鉴。① 在很小的时候,任继愈的研究兴趣和学习态度就显现出来了。

任继愈小时候学习成绩并不突出。他后来回忆说:从小学到中学,我的成绩一直是中等偏上,不很突出,但我有一个别人可能不太注重的优点,就是每次考试完了拿到试卷以后,我都会反复检查错误的起因,哪些是知识点没有掌握,哪些是因为自己粗心导致错误的,哪些是笔误等等,我觉得这可能比某门功课能考出一百分还要重要得多。每当人们赞美他读书多的时候,他总是谦虚地说自己"读的书再多,也不如图书馆的书多","我在学校的成绩属于一般般,只是我比较幸运罢了"。

任先生后来成了新中国宗教研究的鼻祖,并为典籍整理倾注了大量心血,成为世人景仰的一代大师。充分说明了学习态度决定学习和事业的成败。

所以,承接上述分析,荀子得出结论:

"故不问而告谓之傲,问一而告二谓之囋。傲,非也;囋,非也;君子如向也。"

用现在的意思注明这段话的基本精神,就是说如果没有人向你提问或询问问题,而你主动告诉别人,就叫作人前炫耀和卖弄自己,是骄躁。别人只问一个问题而你却滔滔不绝地告诉他两个问题或多个问题,这就叫烦琐或啰唆。骄躁不对,啰唆也不对,都不是君子所为。君子对于别人的提问是有问有答,问一答一,即问什么就答什么。绝不能骄躁和卖弄,就是要实事求是,而不能装腔作势。

这里给大家讲一个"纸上谈兵"的故事。(出自《史记》)战国时期赵国有一员大将赵括。此人只会夸夸其谈,空谈军事,教条主义,对战场布阵作战等战略战术却一窍不通,最终败于秦军。

公元前262年,韩国在强秦的强攻之下,决定将上党献给赵国,以便借助赵国的力量对抗强秦。赵孝成王一面派平原君接受上党,一面派廉颇率军驻守长平。公元前260年初,秦军攻占上党,四月,又向长平发起进攻。赵国为迎战秦国,命令名将廉颇率领大军迎战秦军,但廉颇率军坚持驻扎长平,挖沟筑垒,坚守阵地,准备同秦军打持久战。秦军多次阵前挑衅,廉军却不出战。于是秦国使用离间计

① 故事选自王修智主编:《"八荣八耻"的故事》(下卷),山东人民出版社2007年版,第1598—1599页。

并用重金贿赂赵国权臣,说秦国所痛恨和畏惧的人是赵括,而廉颇易于对付,他就快投降了。赵王本来就怨廉颇坚壁固守不肯出战,于是听信谗言和流言蜚语,派赵括代替廉颇,率兵攻秦军。赵括到达军队以后,大换将领,更改军事部署,使赵军战斗力下降。秦王见赵王中计,于是派白起为将攻打赵括。白起采取后退诱敌深入,然后各个击破的方式,使赵军大败。赵括的军队内无粮草,外无援军,坚守了四十多天,士兵叫苦不迭,无心作战,甚至自相残杀以为食。眼看走投无路,赵括亲率精锐部队突围不成,被秦军射杀。从此,赵国元气大损,再也无力与秦国相抗衡了。

这个故事带给人们的教训十分深刻。它告诉我们做人做事做学问一定要谦虚诚实,要实事求是,尤其要正确认识和对待自己的优势与不足,如果盲目地死背教条,终将吃大亏。

10. 应选择正确的学习途径

荀子指出,有了好的学习态度和明确的学习目标,还应选择正确的学习路径。荀子给出了供大家选择的正确的学习途径。

途径之一:向良师益友学习。荀子指出:

"学莫便乎近其人。《礼》《乐》法而不说,《诗》《书》故而不切,《春秋》约而不速。方其人之习君子之说,则尊以遍矣,周于世矣。故曰:学莫便乎近其人。"

就是说,为学的基本路径、最好的方法就是接近良师益友。孔子早就提出了为学为师之道,"三人行,必有我师焉,择其善者而从之,其不善者而改之"(《论语·述而》)。为什么要常拜良师益友为师呢?荀子指出,《礼经》和《乐经》虽然记载了礼、乐的基本方法和博大精深的内涵,但没有详细的解说;《诗经》和《尚书》虽然记载了古代的故事和实事,但与现实未必相适应;而《春秋》虽然文辞简约,但意旨深邃而难以理解。所以,经常拜访良师益友,聆听、学习他们的学说,就能获得全面的知识,弥补自己学问的不足,养成崇高的品质,得到诸经之真谛,从而通达世事。因此,学习没有比接近良师益友更好的捷径了。

清初的医学名师、温病学说理论的创立者叶天士,①就是一位不断拜访良师益友的典范。

---

① 故事选自王修智主编:《"八荣八耻"的故事》(上卷),山东人民出版社2007年版,第0830—0831页。

叶天士出身医学世家,祖父和父亲都是一代名医。叶天士从小就深受家庭影响,熟读医书,尤其对《黄帝内经》《难经》等钻研娴熟,对历代名医旁搜博采。十四岁时,其父过世,他便经常虚心向别人学习。只要是比自己医术高明的医生,他就会拜他为师。从十二岁到十八岁,先后拜过十七位名医为师。有一次为了拜一位深谙内热之症的高僧为师,他改名张小三,扮成穷人模样,三年时间,他得到了老僧关于内热症治疗的真传。临别时,老师告诉他:你现在的医术已经超过江南的名医叶天士了。

叶天士在中国医学发展史上是一位贡献卓越的医学家,他创立的温病卫气营血辨证论治纲领,为温病学理论体系的形成奠定了坚实的基础。叶天士重视学习,他认为"学问无穷,读书不可轻量"。即使至垂暮之年,盛名在外,但他仍手不释卷,学习他人之长,医术医德及人格品质不断升华和提升。

途径之二:尊崇礼法,效法先王。

"学之经莫速乎好其人,隆礼次之。上不能好其人,下不能隆礼,安特将学杂识志,顺《诗》《书》而已耳,则末世穷年不免为陋儒而已!将原先王,本仁义,则礼正其经纬蹊径也。若挈裘领,诎五指而顿之,顺者不可胜数也。不道礼宪,以《诗》《书》为之,譬之犹以指测河也,以戈舂黍也,以锥餐壶也,不可以得之矣。故隆礼,虽未明,法士也;不隆礼,虽察辩,散儒也。"

这段话译成白话文的意思就是:学习的根本途径就是亲近良师益友,这样可以快速而全面地提升自己的知识和人格品质,其次才是遵守礼法。如果不能师法有道的良师益友,不能做到尊崇礼法,而只是生吞活剥地学习、杂记一些支离破碎的知识,或者诵记《诗》《书》中的一些条文,那么即使活到老、学到老,也不过是一个学识浅陋的儒生而已。如果能溯源先王之道,能从古代圣人君子那里追溯知识之源,寻求仁义之根本,那么,学习礼法就像理顺纵横交错的经纬线一样,是一条正确的路径了。这就好比用五根手指提起皮衣的毛领一样,只要轻轻抖动整理一下,被理顺的皮毛数就不可胜数。如果做学问、做事、做人不尊崇礼法,只会生搬硬套《诗》《书》中的一些条文规则,则无异于用手指丈量河面的宽度和测量河水的深度,用戈矛舂米,用锥子代替筷子吃饭,是根本达不到目的的。所以,尊崇礼法,即使不十分明察它的精神要义,仍可以称作是遵循礼法的读书人。反之,如果不遵循礼法行事、做人、做学问,即使能明察善辩,也只能算是一个不守礼法、自由散漫的儒士。

这段文字在整个《劝学》篇中具有举足轻重的作用。这是告诫人们,学习知识、做科学研究,甚至人格修养等,一定要精益求精,要学深学透学彻底,不能满足于一知半解或不求甚解。同时,要坚持实事求是的原则,要言之成理、持之有故,不能凭空捏造和想当然。不仅如此,更应该尊重他人的劳动成果,遵守学术道德。这样才能使自己的知识和人品同时得以提升,才会受人尊敬,成为一个学问高深、品德高尚的人。孟二冬就是这方面的杰出代表。①

孟二冬教授一生治学严谨、淡泊名利,他经常教育学生"板凳要坐十年冷,文章不啄一句空"。1994 年,孟二冬发现清代学者徐松的名著《登科记考》在内容上存在严重的遗漏现象,于是他放下手上已在研究的国家重大课题,着手对《登科记考》补正,经过七年呕心沥血的研究,完成了长达一百万字的著作《登科记考补正》,为我国文化典籍积累做出了巨大贡献。为了完成这本书,孟二冬坚持八年住在北大筒子楼而不换房,理由就是离图书馆近,便于查阅文献。据统计,他先后翻阅了两千多册地方志和许多线装古籍文献资料,其艰辛可见一斑。然而,以此为乐的孟二冬在此书后记中写道:"在北大图书馆,是一件令人十分愉快的事情,虽不能偃仰啸歌,心亦陶然。"

著名国学大师冯其庸先生一辈子研究中国文化史、古代文学史、戏剧史、艺术史,尤其擅长于红学研究,已出学术著作三十多种,计两千九百多万字。谈到中国的传统文化,冯其庸有独到见解,他认为对待中国传统文化要区别精华和糟粕,更要正确理解,不能误解,要历史地、辩证地看问题,灵活运用,而不能生吞活剥、生搬硬套。我们应该多考虑怎样吸收传统文化中的精华。要真正读懂、理解、掌握中国传统文化的精髓,才能很好地利用。他反复强调:"做学问是一辈子的事,绝非一朝一夕就可以成功,一定要肯下功夫,肯吃苦,要能甘于寂寞和淡泊。一个真正的求知者,是应该永不满足、永远要发奋探求的。"冯其庸先生倾其一生行走在他选择的求知之路上,为我们求学、为人、做事树立了光辉的榜样。②

11. 做学问应有操守

荀子认为,一个人无论做学问还是为人,一定要有自己的操守,与人探讨问题一定要小心谨慎,要有自己的思想,不能随声附和,更不能人云亦云,不然,别人就会认为你轻浮、急躁、盲目。下面这段文字就是讲的这个道理:

---

① 故事选自王修智主编:《"八荣八耻"的故事》(下卷),山东人民出版社 2007 年版,第 2078—2079 页。

② 故事选自王修智主编:《"八荣八耻"的故事》(下卷),山东人民出版社 2007 年版,第 2085—2086 页。

"问楛者，勿告也；告楛者，勿问也；说楛者，勿听也；有争气者，勿与辩也。故必由其道至，然后接之，非其道则避之。故礼恭，而后可与言道之方；辞顺，而后可与言道之理；色从，而后可以言道之致。故未可与言而言，谓之傲；可与言而不言，谓之隐；不观气色而言，谓之瞽。故君子不傲、不隐、不瞽，谨顺其身。《诗》曰：'匪交匪舒，天子所予。'此之谓也。"

在荀子看来，别人问了不合礼法的问题，你可以不告诉他；别人告诉你不合礼法的事情，你不要去追问；别人谈论不合礼法的问题，你不要去听；对于那些不讲道理、态度蛮横的人，你不要去和他争辩。所以，抱着礼义之道前来请教你的人，你可以以礼相待；不以道义来拜访你的人，你完全可以避开他，不与他计较。所以说，来者恭敬有礼，才可以同他谈礼论道；来者言辞和顺，才可以给他讲解道义的原理；如果他态度谦虚、乐意倾听，才可以同他进一步谈论道义和礼义的精深要义。因此，明明知道这个人不可以同他交谈，却偏要同他交谈，这就叫作浮躁、不成熟；对于那些可以同他一起交谈道德礼义的人，却不与他谈论探讨，这就叫作隐瞒；不看对方的表情，不善于察言观色而与之讨论道德礼义，这就叫作盲目行事、不慎重。所以，对于一个有学问修养的人来说，必须能够做到不浮躁、不隐瞒、不盲目，而且能够谨慎地对待前来请教的人。《诗经·小雅·采菽》说："不急迫、不缓慢的人，是天子所赞许的。"讲的就是这个道理。

这里给大家讲一个樊迟学礼的故事，①以帮助大家进一步理解"君子不傲、不隐、不瞽"的道理。

大家知道，孔子一生弟子三千，贤人七十二人，樊迟便是七十二贤人之一。樊迟拜师前，是鲁国一个地地道道的农民，憨厚朴实、不爱讲话、性格内向，但他久仰孔子大名，于是趁为孔子五十六岁生日祝寿的机会，前去拜师学艺。孔子问樊迟："你想学什么本领？"樊迟回答说："想学习种植五谷杂粮。"孔子说："种植五谷杂粮，我还不如一个普通的老农，你应该向老农学习。"樊迟又说："那我就向老夫子学习种植蔬菜花草的技艺吧。"孔子则回答说："要说种植蔬菜花草我还不如菜农呢，你不如找菜农学习。"樊迟不知所措，茫然地盯着孔子："那老夫子能教授我什么样的学问呢？"孔子耐心地说："君子要有雄心壮志。身居高位能够做到礼贤下士，那么老百姓没有不敬重他的；如果领导者仁义礼让，那么老百姓没有不佩服他的；身居高位的人如果诚实守信，则老百姓没有不诚恳地对待他的。如果能够做到这样的话，那么，天下的老百姓一定都会领着妻子儿女来投靠你，还用得着自己

---

① 樊迟学礼的故事在《论语·子路》《论语·颜回》《论语·雍也》等章节中均有记载。

亲自种庄稼吗?"樊迟点头答话:"那弟子就学习礼,学习信。"从此,樊迟师从孔子,勤奋学习礼、信,终于学有所成。有一次,樊迟陪老师出游,他们一路来到鲁国祭天求雨的地方。樊迟问老师:"请问怎么样才能提高自己的道德修养水平,改正过错,辨别是非曲直呢?"孔子回答说:"你这个问题问得太好了,做事在先,享受在后。也就是说,艰难的事抢在别人前面去做,而能获得奖赏的、容易做的事让给别人做,这样不就是提高品德、富有仁德了吗? 不断地检讨自己的过错,而不去过分指责别人的过错,具有包容之心,这不就是在改正自己的过错吗? 如果遇事逞强,忍不住一时之气,忘记自己的身份和生命安危,甚至牵连到自己的家人朋友,这不是糊涂是什么?"

这个故事表明,做人做事做学问要有自己的操守和志向,决不能鼠目寸光、胸无大志。

孔子一生不耻下问。孔子"入太庙,每事问"(《论语·八佾》)。于是人们尤其是孔子的学生就开始发表议论了:谁说老夫子知识渊博、精通礼义? 不是那么回事。要不然,他怎么到了寺庙里,逢人便请教祭祀、礼义方面的知识? 后来,这个话传到了孔子的耳朵里,孔子不但不生气,而且还高兴地说:"我之所以逢人便问,这并不表明我什么都不懂,恰恰这就是合礼义的行为。"还有一次,孔子带着弟子驾车前往齐国,途经一座山时,孔子忙叫驾车人停车避雨,弟子问,为什么? 孔子说:"你听,这么大的响声,一定是山那边下起了大雨。"弟子说:"这是海水拍打岩石的巨大响声,我家就住在海边,我对这种声音很熟悉。"孔子听说到了海边,很高兴,要上山看看海是什么样子。他们一路往山上走,看见一少年挑着一担清澈的水,顿觉口渴,就向少年讨水喝。喝完水,孔子感叹:"这海水真甘甜啊!"少年大笑说:"你太没知识了,海水又苦又涩,根本不能喝。这是泉水。"孔子的一名弟子大声呵斥少年:"住口! 你知道这是谁吗? 这就是大名鼎鼎的孔夫子。"少年也据理力争:"孔夫子怎么了,他难道知道世界上所有的事情吗?"孔子制止了弟子粗鲁的行为,虚心地向少年请教海水、泉水的知识。还有孔子向小孩请教怎么玩弹丸的故事,向老农请教如何种庄稼的故事等等。可以说,孔子一辈子不耻下问,态度很谦虚,从不以大圣人自居。如果我们有孔子的情怀和心胸,就一定不会轻浮、急躁、盲目。这样就具备了做学问的基本操守。

12. 好学者的基本素质

荀子在《劝学》结尾用了很长的篇幅讨论君子的基本素质问题,也就是作为一个有学问、有修养、有品德的君子所应具备的基本素质。归纳起来,包括如下几点:

第一，做学问应有始有终，不可半途而废。荀子指出：

> "百发失一，不足谓善射；千里跬步不至，不足谓善御；伦类不通，仁义不一，不足谓善学。学也者，固学一之也。一出焉，一入焉，涂巷之人也。"

就是说，不管一个射箭之人技艺如何高超，当你射出一百支箭即使中了九十九支箭，只要还有一支箭没有射中目标，就不能叫作一个善射者；驾车行走一千里才能到达目的地，但你还有半步未走完，就不能叫作一个善于驾驭之人。学习更是如此，一个为学的人，不能弄懂事情的来龙去脉，不能吃透知识点，尤其不能专注于仁义道德，就不能算作是一个善于学习的人。所谓学习，就是要一心一意、专心致志、坚持到底。有的人，一会学习这个知识，一会又学习那个知识，这就是用心不专一的普通人，而不是一个专做学问的人。

前面我们讲过，蚯蚓为什么能成功？就是用心专一。而螃蟹为什么非蛇鳝之洞无处安身呢？用心不专、心气浮躁的缘故。大家都非常熟悉小猫钓鱼的故事。一天，小猫跟着妈妈一起来到河边钓鱼。开始时，小猫学着妈妈的样子，专心钓鱼，但不大一会儿，小猫见无鱼咬钩，就有点沉不住气了，认为水下无鱼。而恰在此时，蜻蜓飞过来了，小猫就去捉蜻蜓，妈妈把它叫住，要它专心钓鱼。小猫又换个地方开始钓鱼。一会儿蝴蝶又飞过来了，小猫禁不住诱惑，放下鱼竿又去捉蝴蝶。结果一天下来，蜻蜓、蝴蝶没捉到，鱼也没有钓上一条，自己垂头丧气。妈妈语重心长地告诉它："你知道为什么你什么都没有得到吗？"小猫摇摇头说："不知道。"妈妈说："孩子，做事一定要专心致志，千万不能三心二意，不然就什么事情也干不成。尤其是你今后要单独谋生，更不能心浮气躁。"

我们做学问也是一样，为什么在我们身边有些人学问等身，在某个领域取得巨大成果，而有些人一辈子忙忙碌碌，到头来却一事无成呢？就是用心是否专一。"当代麻神"李宗道①为什么享誉世界麻学界呢？就在于他一生的坚守。20世纪60年代至70年代期间，李宗道驻扎沅江农村，专心致志研究苎麻。在苎麻生长发育期，李先生每天蹲在麻地里观察、记录、分析苎麻生长发育情况，晚上他不顾蚊虫叮咬，甚至冒着被毒蛇咬伤的生命危险，趴在麻地里观察、记录苎麻的生长势。他的坚守，终于使他成为麻坛第一人，在世界苎麻行业独树一帜。

---

① 李宗道(1914—2005)，湖南农业大学教授，博士生导师，20世纪60年代创办中国也是世界唯一的麻作专业，著有《麻作的理论与技术》等著作二十七部，被誉为"当代麻神"。

"世界杂交水稻之父"袁隆平院士的故事①更是家喻户晓。

袁隆平从 20 世纪 60 年代开始杂交水稻的研究。从 1964 年发现"天然雄性不育株"算起，他和他的助手们先后用一千多个品种，进行了三千多个杂交组合研究，历时六年，除了稻草增产外，没有得到任何增产结果。领导不理解，同行批评他，同事埋怨他，家人劝导他，但他并未灰心，而是认真总结了六年来的经验教训："虽然稻谷未增产，但稻草增多了，就表明杂交有优势，只要转变思路，就一定能够使稻谷也增产。"这就是他的结论。1970 年 11 月，袁隆平带领助手在海南岛发现了一株雄花败育株野生稻，并用六十六个品种测交，经过艰苦研究，终于取得了新突破，给杂交稻研究带来了新的转机，课题组相继攻克了杂种"优势关"和"制种关"，为水稻杂种优势利用铺平了道路。到 1995 年，袁隆平的两系法杂交稻研究已取得了突破性进展，在生产上大面积推广。1998 年，他又提出了选育超级杂交稻的研究课题，目前，超级杂交稻每亩单产已超过一千公斤。

袁隆平院士作为科学家，不仅贡献巨大，而且人格高尚。他从小就立志要让全世界的人民都能吃饱饭，远离饥饿。后来他学农，几十年如一日，在田间摸爬滚打，一辈子同水稻打交道。他的梦想是在他九十岁生日时，水稻亩产单产能够达到一吨，即实现"吨粮田"的目标，这一目标提前到了 2014 年。

因此，专心致志、矢志不渝，不被困难吓倒，不被挫折击败，是每一个人在学业上取得最终成功的关键。

第二，向善、为善、成为善人。学习的目的是什么，学问修养的最高境界是什么？这是人生的两个大课题。这两个问题解决好了，你就是一个至善至美至知的人。所以荀子指出：

"其善者少，不善者多，桀、纣、盗跖也；全之尽之，然后学者也。"

一个有学问、有修养的人，毫无疑问是一个向善、为善之人。如果一个人一生所学的东西，修为的东西，一点儿善心善行也没有，或者即便有也只是一种装腔作势，那就与夏桀、商纣等贪婪残暴的恶人没有什么两样。

前面已讲述了商纣王的残暴荒淫，下面给大家讲一讲夏桀王的故事。②

夏桀王姓姒名癸，夏朝末代昏君，身材高大，孔武有力，但好酒贪色，宠妹喜，废朝纲，乱国政，后为商汤所灭，放于南巢，自焚而死，也有学者认为是饥饿而死。

夏桀做皇帝以后，把国家大事抛诸脑后，成天吃喝玩乐，尽情寻欢作乐，不

---

① 故事选自王修智主编：《"八荣八耻"的故事》(下卷)，山东人民出版社 2007 年版，第 2027—2028 页。

② 资料来源：baike. baidu. com/2014－07－28.《史记·夏本纪》《史记·殷本纪》。

理朝政，荒淫无度，特别迷恋妹喜。据说妹喜貌美如花，倾国倾城，但成天不苟言笑。然而，只要听见裂帛之声，她就嫣然一笑。见如此，夏桀王于是下令每天派宫女专门撕裂布帛，以博取妹喜一笑。因此，每天撕裂的丝绸制品不计其数。当时，夏朝也有不少忠臣直言劝谏，说贪酒好色是亡国之举，他不但不听，反而为自己开脱，说：我听说普通百姓也是男有其分，女有其归，暖衣饱食，成双成对出入，夫唱妇随，生儿育女。我也只是喜欢妹喜，身边又没有太多的女人，这是什么荒淫无度？男人喜欢喝酒算得了什么呀？用得着你们这样大惊小怪吗？夏桀王不但荒淫无度，而且残忍无比。对外频繁征伐，对内鱼肉百姓。人民生活于水深火热之中，苦不堪言。当伊尹辅佐商汤举旗反桀时，举国倒戈，风起云涌，致使夏桀亡国殒命。

夏桀之所以亡国，就是不为善，只为恶，可以说是无恶不作。因此，荀子告诫我们，一定要向善、修善、学善、行善。只有明白这些道理，才能做一个真正的学者，才能算做一个道德高尚的领导者。

第三，为人做事做学问应尽量追求完美，应该向最好的目标奋斗。据《史记》记载，荀子五十岁来到齐国拜师学习，但据本人考证，荀子应该是十五岁至齐。荀子在齐国三为祭酒，相当于现在三届大学校长。他的学习不拘泥于一家一派，什么派都学，是博采百家之言以成自家一派。正因为如此，后学有的将其列为法家，有的将其列为墨家，有的将其列为道家或杂家。现在看来，荀子属于儒家应更为妥当，更符合学术研究结论。荀子一辈子从事学术研究，成果等身，经过西汉学者刘向整理删改，留于后世的精品之作共有三十二篇。荀子之所以有如此多的精品留于后世，诚如他自己所说的：

　　"君子知夫不全不粹之不足以为美也。故诵数以贯之，思索以通之，为其人以处之，除其害者以持养之。使目非是无欲见也，使耳非是无欲闻也，使口非是无欲言也，使心非是无欲虑也。及至其致好之也，目好之五色，耳好之五声，口好之五味，心利之有天下。"

在荀子看来，一个真正有学问的人，一个真正懂得做学问的人，一个真正有良知的学者，如果做学问不完备、不纯正，也就不能言之成理、持之有故、实事求是、符合客观条件和规律，那肯定不能够称得上是完美的。人们常常用"宝剑锋从磨砺出，梅花香自苦寒来"，"板凳要坐十年冷"（《警世贤文·勤奋篇》），"十年磨一剑"等名言警句鞭策自己、勉励后人要专心、刻苦治学，做学问要精益求精、力求最好。荀子生活于战国末期，是文化上礼崩乐坏，学术上百家争鸣，没有中心的时代，很多学人为求功名、为求生存而心浮气躁，不专心求学。荀子强调学习的程序和方法,就是要坚持从经到礼的顺序反复诵读经典,用心思考、理解,以求融会贯通。同时,拜访良师益友,革除自己身上的一些不良习气,培养有益的学识和学术操守。对于那些不是应该学习和理解的内容,眼不去看,耳不去听,口不去说,心不去想。只有到了特别想学习的时候,如同眼睛喜欢看五色,耳朵喜爱听五声(古时乐谱只有宫、商、角、徵、羽五个音),口里喜爱吃五味,心里想拥有天下那种境界,才能成为一个道德品质高尚的学者。荀子的这一思想继承了孔子学礼的思想,孔子曰:"非礼勿视,非礼勿听,非礼勿言,非礼勿行。"(《论语·颜渊》)

第四,淡泊明志,无欲无忧。荀子进一步论述:

> "是故权利不能倾也,群众不能移也,天下不能荡也。生乎由是,死乎由是,夫是之谓德操。"

能够做到如此学问和修为的人,就能做到无欲无忧、淡泊明志。如此,权利不能使其屈服,众人不能改变他的意志,天下任何事物也不能动摇他的心志。活着是这样,至死也是这样,这就叫作有好的品德和操守。邓稼先就是这样一个淡泊名利、为科学献身的人。①

邓稼先将自己的一生献给了祖国的核事业。1958 年,三十四岁的他接受了组织和领导我国核武器研究的任务。20 世纪 70 年代末一次核试验中,从飞机上降落的核弹,由于降落伞没有打开而直接摔到了地上。指挥部立即派遣一百多名防化兵到出事点进行搜寻,但始终未发现核弹的痕迹。邓稼先决定自己亲自去找。到了事故发生地段,他叫随行人员原地休息,自己独自前出寻找。经过精心搜索,他终于找到了几块碎弹片,他竟用双手捧起了弹片。经过检查,他终于松了口气,他最担心的事情并未出现,但他仍受到了严重的辐射伤害。但直到 1986 年 7 月 29 日因患直肠癌去世,他没有疗养过一天。病危时,他说了这样一段话:"我不爱武器,我爱和平。但为了和平,我们需要武器。假如生命终结后可以再生,我仍选择中国,选择核事业。"邓稼先一生淡泊名利、无私奉献,他留给后人的是使中华民族扬眉吐气的第一颗原子弹和第一颗氢弹的成功爆炸,以及他为科学、为民族献身的崇高精神。

所以,荀子最后得出结论:

> "德操然后能定,能定然后能应。能定能应,夫是之谓成人。天见其明,地见其光,君子贵其全也。"

---

① 故事选自王修智主编:《"八荣八耻"的故事》(下卷),山东人民出版社 2007 年版,第1793—1794 页。

　　只有具备这样品德和操守的人才能坚定不移,能够坚定不移才能应付自如。既能坚定不移,又能应付自如,才能称得上是完美的人。天之所贵在其大,地之所贵在其广,君子所贵就在完美和纯正。

　　学习的确是一门苦差事,现在中小学生甚至幼儿园的小朋友已经不堪其重,尤其是在中国更是如此。小孩还不能说话呢,甚至从胎儿期开始,就对其进行教育。中国古代从西周开始,就特别重视胎教,但到底有没有效果,谁也无法验证。等到小孩上了托儿所、幼儿园,家长们只是想方设法地带着自己的孩子学习各种特长,总希望通过培养,使自己的孩子成为天才或神童。等到进入小学以后,除了没完没了的作业、考试以外,周末、节假日期间,家长们轮番带孩子学特长、学外语,补习各种功课,有的还要参加什么奥林匹克竞赛班。总之,小孩从出生到上大学这段时间足有十八年,基本是在成人化状态下成长,没有休息,童心泯灭。到底有没有天才? 肯定有。但毕竟是极少数,假设人人都是天才,那也就等于没有天才了。但可以肯定的是,人的智力肯定是先天存在差异的,而且并非人人都能在各个方面齐头并进。人都有自己关注的兴奋点和自己的优势特长,这才是家长们和我们的教育应该关注和研究的,不然就会陷于应试教育的怪圈,反而不利于小孩的成长发育,不利于国家教育事业的发展,也不利于创新人才的培养。这方面的教训也是很深刻的。现在大部分家庭只有一个小孩,家庭为其创造了优越的物质条件和学习成长机会,望子成龙、望女成凤心切,加之上大学也非常容易,只要你想读书,人人都可以进大学。但事实是现在的大学生心理问题比以前更加突出,精神压力越来越大,吃苦耐劳精神越来越差,自我意识膨胀,个人主义严重等等。究其原因,是我们的教育理念和教育方式出了问题。进大学前,小孩是考试的机器,进入大学以后,很多小孩如释重负,反而感到不适应了。有的成天沉溺于网络天地,荒废学业、疏于人际交流,久而久之,性情大变;有的不思进取,得过且过,四年下来,根本没有掌握任何知识,不能胜任自己的工作;有的学术不端,毕业论文抄袭剽窃,严重违背学术道德准则,等等。导致现在的高等教育虽然数量上去了,但质量反而大不如以前了。

　　学习也是件非常重要的事情。中国自古以来就有学以养德、学习增智、学以立业之说,这在当代尤显必要。我们看一些领导人写自我剖析材料,尤其是查阅一些贪污腐败分子所写的反思材料。第一条就是:“没有加强政治理论知识和法律法规知识的学习,放松了世界观的改造。”这句话看起来是一句套话,但我认为这恰恰是一句实实在在的大实话、大直话。我们有些党政领导干部甚至高级干部,平时疲于应酬,无暇学习,即使安排进党校、行政学院和各级各类培训班集中学习,依然是疲于应酬,无法学习,以至于某省委党校安排一期地厅级干部培训班学习时,明确规定,不准秘书作陪,必须由自己独立完成学习心得和研讨论文的撰写。因为平时不学习,对党的路线方针政策、国家的法律法规和党纪党规条例不了解、不理解、不熟悉,自己不知不觉违反了政策和法律法规条例但自己却浑然不知,这样的干部往往容易犯这样那样的错误。没有不犯错误的,为什么?因为他不学习,整天应酬,不是饭局就是牌局,要么就是唱歌跳舞、洗脚按摩。1998年,中国南方发生特大洪涝灾害,当时国务院、某省防汛指挥部明文要求:各级政府官员必须二十四小时坚守工作岗位,轮流值班,二十四小时不准关手机。但该省一市政府副秘书长却擅离工作岗位,关闭手机从事娱乐活动,指挥部多次电话联系不上,耽误抗洪工作,最后被撤职,真是咎由自取。

第二篇

修身行事篇

本篇以荀子《修身》篇为基础,着重探讨一个人如何修身行事的问题。《修身》篇是专门论述一个人如何进行道德修养以及最终所应达到的道德境界的文章。在该文中,荀子首先指出,修身养性是一件关系到个人安危、国家存亡、事业成败的大事。紧接着,荀子指出,君子有所谓"遍善之度",即无往而不善之道,用此可治气养心,可修身自强,其功堪称重大。"遍善之度"是什么呢?就是礼。在谈到具体的修养方法时,荀子指出,修身养性之术"莫径由礼,莫要得师,莫神一好",强调了礼的正身作用与师的正礼作用在修身中的重要性,以及坚持不懈、用心专一的重要性。最后,荀子指出,具备了崇高道德修养的人,就能够做到骄富贵、重道义、轻五公,走遍天下而受人尊敬,并获得上天的福佑。

1. 人品决定人生

有一则寓言说,狮子和老虎为争夺森林之王正在进行一场殊死的战争,战争越来越激烈,眼看老虎逐渐占了上风,狮子马上组织参谋团的成员进行战略战术分析,最后它们发现,老虎之所以能够占据上风,主要是有一个足智多谋的军师——狐狸。狮子为了取得战争的胜利,就派遣狼送了五只肥鸡给这位军师,并说:"我们的狮子大王非常欣赏你的才能和智慧,热切希望你能加盟我们的队伍。如果你愿意加盟我们的队伍,不仅能保证有足够的鸡送给你,而且还可以加封你为统帅,省得你总在老虎身边受窝囊气。"面对诱惑,狐狸终于动心了,拿着老虎的作战计划和地图去拜见狮子。狮子很高兴,说道:"战争胜利,你将是最大的功臣。现在你就在本王宫殿里休息吧!等我打完胜仗回来再封你为统帅。"

由于狐狸的帮助,狮子最终打败了老虎,成了森林之王。狮子一方所有参战者都获得了相应封赏,唯独没有狐狸的份儿。于是狐狸前去讨封。狮子说:"昨天你背叛老虎投奔我,明天你也会背叛我再投奔其他动物。我这里不需要叛徒。"说完,狮子一口咬死了狐狸。①

狐狸的确有才,但不幸的是,它不忠主,见利忘义、卖主求荣。因此,它的才能非但没能使其修成正果,反而引来了杀身之祸。

这则寓言故事告诉我们一个非常深刻的道理:人品决定人生,有才无德难成事,不但成不了事,而且有杀身之祸。

荀子深深懂得人品和人生的辩证关系,所以著述《修身》篇,论述了做人的准则,并以生动形象的比喻论证了修身养性的有关方法,同时还论证了修身与立业、修身与治国之间的辩证关系。在本篇中,开宗明义地提出了人品与人生的关系。

"见善,修然必以自存也;见不善,愀然必以自省也;善在身,介然必以自好也;不善在身,菑然必以自恶也。故非我而当者,吾师也;是我而当者,吾友也;谄谀我者,吾贼也。故君子隆师而亲友,以致恶其贼;好善无厌,受谏而能诫,虽欲无进,得乎哉?

"小人反是,致乱,而恶人之非己也;致不肖,而欲人之贤己也;心如虎狼,行如禽兽,而又恶人之贼己也。谄谀者亲,谏诤者疏,修正为笑,至忠为贼,虽欲无灭亡,得乎哉?

"《诗》曰:'噏噏呰呰,亦孔之哀。谋之其臧,则具是违;谋之不臧,则具是依。'此之谓也。"

在荀子看来,作为一个具有高尚道德品质的人,一个追求人格修养的人,当看到自己周遭有好的道德品行的人,就一定要认真省察自己有没有这样的好品行;看到了品行不端的人,也一定要深刻反省自己,畏惧自己品行不端。自己若有好的品行操守,一定要坚守不动摇,不受周边环境的影响;自己有了错误,要敢于面对,要认为对自己成长是一种伤害和灾难而痛改前非。所以,能够当面指出我的不是并以适当方式批评我的错误品行的人,一定是我的老师;能以适当方式认可并肯定我的品行的人,就是我的朋友;而一味奉迎我、讨好我、隐瞒我的过错的人,就是想陷害我的贼人。因此,作为一个君子,一个道德高尚的人,一定要敬重自己的老师,亲近自己的朋友,痛恨那些陷害自己的小人。能够做到从善如流而又没有厌倦之意,乐意接受规劝而能警戒自己的人,即使自己主观上不要求进步,怎么可能不进步呢?

小人则与此刚好相反,明明是自己为非作歹,却不思悔改,反而憎恨别人批评、指责自己;明明是自己行为恶劣、不忠不孝,却要别人赞美、夸耀自己;明明是

---

① 故事选自杨丽丽编著:《听南怀瑾大师讲国学》,中国长安出版社 2009 年版,第 35 页。

自己残暴如虎狼、行为如禽兽,却又厌恶别人说自己是坏人。对阿谀逢迎自己的人就亲近;对仗义执言、敢于批评自己的人就疏远;对那些真正愿意帮助自己改正错误的人加以嘲笑;把对自己忠心耿耿的人当作是想陷害自己的人。这样的人即使自己不想灭亡,最终必将走向自我灭亡。

所以,《诗经·小雅·小旻》上说:"同那些阿谀奉迎之徒一拍即合,对那些直言谏诤者厌恶捣毁,这是多么可悲啊!凡是良谋善策一概加以拒绝,凡是阴谋诡计都予以依从。"说的就是这种小人。

孔子也有关于交友的"三益三损"的观点。

孔子在《论语·季氏》中有关交友的观点是非常值得我们借鉴的。他说在人际交往的过程中,常常会不可避免地碰到益友和损友。所谓益友,就是对你的成长进步、事业发展、学业修为、人格品质等等都有帮助的朋友。主要有三种:

第一种是"直友",就是仗义执言、非常正直的人。这种人敢于当面指出你的不足,帮助你找出毛病,改正缺点和不足。这样的人你一定要同他交朋友。按照荀子的观点,还要拜他为老师。因为人都愿意听好话,听恭维话,听不进也听不到批评的话,尤其身居要位的人,随着自己地位的升迁,更是如此,以为别人给自己提意见就是与自己过不去,给自己难堪,不利于自己事业发展、学业进步。人非圣贤,哪不犯错误、不出差错?所以,身边多几个直友,肯定会有好处,要善于与他们交往。唐太宗与魏徵的故事,相信大家都很清楚,一是魏徵敢于直谏,二是唐太宗具有从善如流的气魄,所以才会有"以铜为镜,可以正衣冠;以史为镜,可以知兴替;以人为镜,可以明得失"(《旧唐书·魏徵列传》)。这样一种"臣直君坦"的执政理念,出现历史上"贞观之治"的政治局面。

第二种是"谅友",就是宅心仁厚、诚实守信的人。这种人与人坦诚相见,对你的人身修养、道德品质的提升非常有帮助。这样的人一定值得同他交朋友,他对你的为人操守非常有帮助。现在社会上人与人之间相互不诚信、不信任的现象相当普遍,社会诚信度不高、司法公信力低的现象也是不争的事实。如何建构一个诚信的社会环境,打造公信力高的组织系统,是当前亟待解决的社会问题,这是大的社会问题。但如果在我们身边有几个真正能够彼此体谅、相互信任的朋友,此乃人生一大幸事。西方有一位哲人曾经说过,伟大的人物往往有两颗心:一颗是流血的心,一颗是原谅的心。人生天地之间,各有欲求,相互之间有碰撞、有摩擦、有矛盾在所难免,或许双方本无恶意,也或许对方有难言之隐,退一步海阔天空,不妨置之一笑,人生何必太计较?给别人一次机会也就是为自己开了一扇大门,也许还会收到意想不到的效果。吃亏并不代表软弱,原谅一定显示伟大。所以,从一定意义上讲,"谅友"是建构社会诚信系统的基石。

第三种是"多闻之友"，就是指那些见多识广、学识渊博、专业知识扎实的人。这种人你一定要同他交朋友，因为他们对你的学业很有帮助，能够助你学业精进，不断提升你的水平。特别是在现代社会，知识的更新换代速度已经从过去的三十年、二十年、十年缩短到五年甚至三年，也就是说，一个人读完大学就可能知识过时。所以，不断更新知识尤为重要，而与知识、见闻广博的人交朋友，就可以弥补你的不足和知识"短板"。

损友也有三种。第一种是"便辟之友"，就是虚伪做作、弄虚作假的人。这类人对你好，纯属逢场作戏，完全是为了应付你，表面对你好，背后尽其所能地诽谤你，把你说得一文不值。这种人有没有，答案是肯定的，而且为数不在少数。还有一些人做事、做官、做学问常常弄虚作假，抄袭、剽窃他人的劳动成果，一旦当上了政府官员，手中有了丁点权力，就将其发挥到极致，用党和人民赋予的权力弄虚作假，大搞形象工程、虚假政绩，有一副对联就是专为这些官员而作，上联为"上级压下级层层加码马到成功"，下联是"下级骗上级层层注水水到渠成"，横批是"各得其所"。这种人你万万不可与他们交朋友，否则，保不准你就会被他带到沟里去，成为一个虚伪做作、弄虚作假的人。

第二种是"善柔之友"，就是阿谀奉迎之人。他迎合你、奉承你、抬举你，是因为你对他有用、有利，可以达到他的目的和要求。比如你是政府官员，他对你溜须拍马，要么是想你提拔他，要么是想利用你手中的权力获得利益。比如说你是管土地审批权的官员，大笔一挥就可以为他弄到一块土地，他可以从中获大利，当然他也会以适当方式回报你，但这种方式纯属利益关系，你一旦倒霉运，保准他跑得无影无踪，甚至还会在你的伤口上撒辣椒粉。比如你是学术权威，可以为他评职称、评成果、评课题提供便利，甚至可以直接为他提供帮助，他便会无所不用其极地巴结你、逢迎你，一旦达到目标就过河拆桥，翻脸不认人。俗话说"一日为师，终身为父"，现实中个别人甚至"欺师灭祖"，连自己的导师都不放过。这样的人断不可与之为友。

第三种就是"便佞之友"，即巧言令色、巧舌如簧的人。这类人讨你欢心，投你所好，给你灌迷魂汤，引你走入歧途，满足他的愿望。胡长清的堕落就是因为他在担任江西省副省长期间，一老乡投其书法爱好，为其送文房四宝开始的，导致最后现金贿赂，从而将胡长清拉下了水。当然，胡长清的堕落与自己缺乏道德修养、法律知识淡漠、放弃党性原则、违反党纪党规、放弃自己的信仰和放松自己世界观的改造有很大关系，但与其"友便佞"也不无关系。按照孔子的观点，这三种人断然不可交。

与交友观相对的还有三种快乐观。孔子指出："益者三乐，损者三乐。乐节礼

乐,乐道人之善,乐多贤友,益矣;乐骄乐,乐佚游,乐晏乐,损矣。"(《论语·季氏》)

第一点,人生最快乐的事情是什么? 孔子认为一个人最快乐的事情就是研究学问和做人的规矩,那个时候就是研究礼乐和个人修为与品行修养。因为古时候的人们一辈子的修为就是如何使自己成为君子、成为圣人。圣人之道,"在明德,在亲民,在止于至善"(《大学》)也就是使自己达到道德修养的最高境界。

第二点就是"乐道人之善",就是赞扬、发现别人的长处和优点,多讲别人的好处、优点。这是中国文化的特点,也是中国几千年形成的处世哲学。几个人在一起聚会,有人喜欢问长问短、问这问那,像调查户口一样,太过关心人,很多外国朋友相当不习惯,觉得你在妨碍他的自由,在探寻他的隐私,很不自在。尤其是喜欢询问对方的年龄,这在西方是禁忌。再就是中国人喜欢当面奉承人,当着人的面讲你好威武哦,好漂亮哦,好有气质哦,等等,转过背去就数落他的不是。所以,孔老夫子就提出,我们应该多培养道人之善的乐趣和品质,要培养自己"海纳百川,有容乃大"的气度。只要是人就一定有短处、有不足。但要多发现别人的闪光点,多包容别人的短处和不足。宋代名相王曾就说,对朋友要"扬善公庭,规过私室",这是个人很高的修养。这句至理名言成了曾国藩教育弟子和身边工作人员的金玉良言,也成了他统领军队、在朝为官的秘籍,在《曾国藩家书》中就有"扬善于公庭,规过于私室"的记载。一个人无论成功与否,自有他的长处和优点,所以,孔老师说道人之善,是真正的为人之道和修养。

第三点是"乐多贤友",即多结交贤良的朋友。好朋友多多益善。中国有句俗话,"走的路多会的人多,吃的菜多得的油多",这是讲人生历练的重要性。我个人的经验,除了应读万卷书、行万里路外,还要广交朋友。广交朋友很有好处,可以从多种途径获取不同渠道和内容的信息,这对丰富自己的人生经历和人生阅历大有裨益,尤其是参与小组讨论和一些社团组织,可以从中捕捉到很多信息,这对自己从事学术研究和为人处世、成事立业具有非常重要的作用和帮助。

关于损者三乐的观点,我认为孔子提得特别到位,两千五百多年了,折射到现在,依然能在现实生活中找到源泉和落脚点,这不得不让人钦佩孔子的伟大:圣人的思想可以世代绵延,照耀千秋。

第一点就是"乐骄乐",即喜欢骄纵放肆。这种人把个人享受、奢侈铺张,如莺歌燕舞、纸醉金迷、酒肉之乐等作为自己的人生追求和交友之道。第二种就是"乐佚游",即纵情游乐,也就是从事不正当的娱乐,如把打牌赌博等作为人生最大乐趣。第三种就是"乐晏乐",就是把宴饮纵欲作为人生快乐。孔子认为这三点都是对自己无益的作乐方法,是有损自身身心健康和道德操守的纵乐活动。

这些现象在现实生活中有没有？有，而且很普遍，简直让你应接不暇、眼花缭乱。现在社会上怪现象太多了，动不动就请客送礼、唱歌跳舞、打牌赌博、洗脚按摩。很多的事情，你走正常渠道，未必能办成，但通过非正常渠道却常常"水到渠成"，只要你舍得花钱就可以了。现在的黄牛党、狗仔队真的太厉害了，比如你在春运高峰期，买不到火车票，只要多出钱，黄牛党能给你搞到火车票。再比如，你酒后驾车甚至醉酒驾车，出现了交通事故，撞伤了人，按照现在的交通法规条例应该予以拘留甚至判刑，但有人却通过黄牛党可以前脚进交警大队或派出所，后脚就可以走人。这是小人的作为，是不足以效仿的，作为道德高尚的君子，应该远离这些快乐，远离这些人。

所以，人品与人生是相辅相成的，有什么样的人品，就会成就什么样的人生。洪战辉的故事想必大家清楚。①

洪战辉在家庭屡遭变故、生活艰辛的情况下，克服重重困难，把一个和自己没有任何血缘关系的弃婴一手带大。艰难困苦不仅没有压弯他稚嫩的脊梁，反而砥砺他乐观坚强地面对生活、笑对人生，不但自己考上了大学、读完了研究生，而且还靠勤工助学和用打零工赚来的钱供"捡来"的妹妹读书。尽管生活很拮据，但他从来没有申请过困难补助，还自己拿钱资助其他困难同学。他怀着一颗朴实而善良的心，顽强地学习和生活，真诚地关爱社会、呵护家人、勇于进取、自强不息。

洪战辉的成长经历和感人事迹充分说明：只要我们以一颗真诚的爱心去关爱社会、关爱他人，我们的人生就会在这种关爱和奉献中得到升华，我们的社会就会更加美好和谐。

2. 君子修养的具体内容

荀子讲修身，根本目的就是指导人们转变气质、修养高贵气质。经过研究，他将人的气质归纳为九种（具体见本篇第 4 节），针对九种不同气质的人，提出了九种不同的调整方式。荀子认为，无论何种气质的人，要达到人格之美，完善自己的人格修养，必须使礼乐在心里扎根。礼的真义是秩序，乐的真义是和谐。在《修身》篇中，荀子对君子修养的具体内容进行了总结提炼：

> "扁善之度，以治气养生，则身后彭祖；以修身自强，则名配尧禹。宜于时通，利以处穷，礼信是也。凡用血气、志意、知虑，由礼则治通，不由礼则勃乱提僈；食饮、衣服、居处、动静，由礼则和节，不由礼则触陷生疾；

---

① 故事选自王修智主编：《"八荣八耻"的故事》（下卷），山东人民出版社 2007 年版，第2072—2073 页。

容貌、态度、进退、趋行，由礼则雅，不由礼则夷固僻违，庸众而野。故人无礼则不生，事无礼则不成，国家无礼则不宁。《诗》曰：'礼仪卒度，笑语卒获。'此之谓也。"

彭祖是什么人？根据《史记》记载，彭祖姓钱名铿，南怀瑾先生在《论语别裁》中指出，彭祖名彭铿。据说他是皇帝的后裔，颛顼的玄孙，陆终之子，曾侍奉过尧帝。因首创雉羹，味道鲜美无比，受到尧帝的赞赏而被封彭城，也就是今天的江苏省徐州市，故后人称之为彭祖。

相传彭祖是一个长寿老人，一直活到八百岁。远古时期，以六十天为一甲子，即一年。如此计算，彭祖实际年龄相当于现在的一百三十一岁，续娶了四十九个妻子，生有五十四个子女。

彭祖是中国烹饪的鼻祖，中华气功的祖师爷，也是道家的先驱。他精通医术、善于烹饪、注重养生。据晋代养生家葛洪在《神仙传》中记载：彭祖性情怡静，乐于淡泊，对世事抱达观态度，注重保神养生。彭祖总结，人生一世千万不能伤神、散神、烦神、败神。他说："积忧不已则魂神伤矣，愤怒不已则魂神散矣。"他告诫人们，只有保持良好的精神状态，才能身强体健；认为养生增智的核心就是固守本真，遵循自然规律。因此，他是中华民族智慧和文化的代表和象征。所以，荀子特别提到了彭祖。

荀子指出，一个人如果善于用普遍的符合礼法的美德来调理自己的血气，保养自己的身体，那么就可以像彭祖那样健康长寿；如果能够培养自己的高尚品行，使自己成为自立自强的人，就可以与尧禹相媲美，名垂千古。史料记载，尧帝德高望重，人民倾心于尧帝；他严肃恭谨，光照四方，上下分明，能团结族人，使邦族之间团结如一家，和睦相处；他为人简朴，粗茶淡食，常喝野菜汤，与人稼耕，深受人民拥戴。(《史记·五帝本纪》)禹帝为人谦逊诚实，办事敏捷而又勤奋，品行端正而不违正道，勤勉肃敬而举止得体，生活简朴而仁爱百姓，他在外治水十三年，三过家门而不入，深得人民拥戴。(《史记·夏本纪》)所以，荀子把品行高尚、自立自强的人比作尧、禹。

这是从个人修道和品行方面来讲的。接着，荀子又从人与环境的关系的角度进行了分析，认为一个人能够适应顺境，又善于度过逆境，凭的就是礼法和信义。荀子生活于礼崩乐坏的战国时期，这一时期，七国争雄，战乱不断，社会动荡不安，人人只求自保。荀子作为一个具有血性的社会活动家、思想家和政治家，必然会深深地思考：如何适应社会环境？如何立足社会？我们在《劝学》篇中已经讨论了荀子有关治学的途径和方法，即"始乎诵经，终于读礼"。由此可知，礼在荀子的学术思想体系中占据非常重要的位置,认为人之操守、德行、人品修养、学术修为等等,均以礼为基础、为最高准则。荀子在这里提出人们适应社会环境,无论是逆境还是顺境,最好的法宝和护身符就是讲求礼法和信义。因为在荀子的心目中,礼者,社会、人伦之大分也;义者,社会和谐、人人和顺之谓也。

为人处世、待人接物同样如此,必须依礼行事,讲求准则和信义,否则,什么事情都办不成,也得不到别人的谅解和支持。比如你到别的单位、到政府部门去办事,你要求人家办事,你就要态度谦和而诚恳,虽然现在讲要提高服务质量和水平,办事要热心周到,但那是对对方的要求,你也同样要设身处地地为对方着想。俗话说,"良言一句三冬暖,恶言伤人六月寒"(《昔时增予贤文》)。所以,凡是心平气和、性情和顺、态度诚恳、意志坚定、深思熟虑地去处理问题、求人办事,而且遵循礼法规则的人,什么事情都能办好。否则,就会好事变坏事,什么事情也办不成、办不好、乱中出错。同样的道理,凡是饮食起居、衣着打扮、洒扫应对、行为举止等等,能够遵循礼法礼节的,就能和谐顺畅,否则,就会出错误。凡是音容笑貌、态度举止、进退趋行等等,能够遵循礼法的,就让人感觉文雅、庄重、沉稳,否则,就会让人觉得傲慢孤僻、庸俗粗野。

要在现实生活中时时、事事、处处都能做到遵循礼法,都能保持得住,这很难。比如说,我们有这样的体会:人的心情和情绪常常会因为工作压力、工作强度、工作环境、生活节奏、生活环境、生活周期,以及事情的多寡和难易程度而发生微妙的变化。实际上每个人的情绪变化都有周期性,特别是会随着你当前正在面对的工作人员和来访者的为人情况、言语态度、行为举止的变化而变化,这在心理学上就叫作情绪感染、心里暗示和情境宣泄。我认为人要保持良好的心境,必须常常保持安静心,遇事不要急躁,时常进行心理安慰;保持正常心,荣辱不惊,不斤斤计较个人得失和名利,因为名利本就是过眼烟云,失之不惜、得之不喜。有些人为了自己能够升迁,不能保持良好心态,一旦未达到的理想目标,就认为组织对自己不公,个别人甚至为了达到升迁的目的而不择手段地诽谤陷害他人甚至不惜残害他人生命,这是最为可耻的,这样的人往往心神不宁;要保持欢喜心,也就是说无论对人对事,都要以喜悦的心情去面对去处理,就像父母对自己的孩子一样,总认为自己的小孩最可爱、最聪明,你要怀着这样的心境面对现实,天天保持良好心态。比如对待时间、生命和人生关系,不同人就有不同的心态,乐观大度的人、对前途和人生充满信心的人总是说,今天又过了一天,我的知识、智慧和人生阅历又丰富了一层。而一个对自己人生感到悲观的人,总是认为今天过了一天,生命又缩短了二十四小时。要保持良善之心。一个人只有常常保持良善之心,才能心情舒畅,快乐生活。要保持和悦之心。现在人们常说,到政府部门办事时有"三难":门难进,脸难看,事难办。这一现象也波及到了一些科研院所的服务部门和一些社会服务机构。什么原因？我认为就是因为办事人员没有保持和悦的心态,导致态度很差、很粗暴,不把来办事的人当成服务对象。有一年,我到台湾进行学术交流考察,办理出入境手续,前期办得很顺利,工作人员也很细心,但到交费的时候,有一个可交可不交的费用,就是快递费,也不多,只有 21.5 元,但办事人员非要我交。我说自己来拿,可以不交吗？她粗鲁地回答：不论是否自己取证件,非交不可。这是谁定的规矩？最后一点,我认为还要保持安乐之心,就是要能顺应环境,适应时势,遵从自然规律,保持一颗平常心。

以上是荀子关于君子修养的具体内容的回答,紧接着荀子峰回路转,指出："人无礼则不生,事无礼则不成,国家无礼则不宁。《诗》曰：'礼仪卒度,笑语卒获。'此之谓也。"这是对上面具体问题的总结。就是说,一个人如果不遵从礼法,不按礼法的标准为人处世的话,那你就不可能或者说很难在社会上立足,你的人生就不可能一帆风顺。因此,必须用法纪规范自己的思想,用道德引导自己的行动,用美德净化自己的灵魂,用理智处事待人。如此才能行得正,站得稳,根基牢。公仪休不受鱼的故事恰恰可以说明这个道理。①

公仪休是战国时期鲁国人,才华横溢,品德高尚,官至鲁国宰相。他特别喜欢吃鱼,几乎每餐都要有鱼。因此,有人就投其所好,给他送鱼,这本来也是常事,送鱼又不是送金银珠宝或是什么美钞、港币、人民币,也没什么大不了的。但公仪休对此却有他自己的看法和认识,他说："正因为我喜欢吃鱼,所以更不能接受别人送的鱼！我现在官至宰相,一是因为我手中有权能帮忙,所以别人才会给我送鱼；二是我现在自己有钱买鱼吃。如果我因为接受别人给我送的鱼导致贿赂而免职了,就从此再也没有俸禄了,也就买不起鱼了,到时难道还会有人给我送鱼吗？肯定不会再有人给我送鱼了。这样一来,我就再也吃不到鱼了！因此,我决不接受别人给我送鱼。"

公仪休嗜鱼不受鱼的故事,本来讲的是非常小的小道理,但小道理却折射出大问题：受鱼如同受贿,受贿如同丢官,丢官以后,人家就理所当然地也不会给你行贿了。你自己却因为失去了俸禄,什么爱好也无法实现了。公仪休在这里所讲的虽然是小道理,却寓意深远。但为什么很多党政干部尤其是党的高级干部,往往认识不到行贿受贿的危害性呢？目前,党和国家惩治腐败不可不严,2011 年,苏州、杭州两个副市长因巨额受贿双双被判处死刑。还有大批干部甚至官至中央委员的人,因为贪污受贿、腐化堕落、生活糜烂而丢官革职,教训十分深刻。但为什

---

① 故事选自傅开沛编著：《尊荣知耻故事新编》,深圳报业集团出版社 2006 年版,第 196 页。

么还会有那样多的人铤而走险,置党纪和国法于不顾呢?我认为根本的原因还是人生价值观出现了偏差,政治信仰发生了动摇,宗旨观念淡化了,个人主义、享乐主义、奢靡之风所致。应该说,作为一个政府官员,国家所给予你的各种收入乃至福利条件足以保你正常生活,要那么多钱财干什么?"金山银山,每日只吃三餐;金屋银屋,床铺也不过三尺三。"为了钱财而丢乌纱帽,被判刑,不仅自己颜面扫地,而且连妻儿、父母、家人、亲友都觉得无颜见江东父老。

这就是荀子所说的"人无礼则不生"的道理。

关于"事无礼则不成"的观点,我个人是这么认为的。我们无论办公差也好,办私事也罢,比如说你要娶亲嫁女,这本来是一件好事情,但如果你没有一定的办事原则,不注意一定的礼节礼数,就很容易得罪亲戚朋友。我的一位朋友结婚,所有该请的亲友都请了,唯独没有请自己叔叔一家人,结果婚礼那天,叔叔一家人果真没有来,开席之前侄子连忙打电话给叔叔,叔叔只说了一句话:"你又没有请我,我怎么好意思参加你们的婚礼呢?"当然,叔叔这么计较是不对的,但你礼数不周却是问题的关键。现在我们办公事更应该注意这个问题,社会上普遍有一个怪现象:比如说开会吧,到不到会是我的事情,但你不通知我就是你的不对。甚至还有一些人说,一个单位的办公室主任,一个政府秘书当不当得好,能不能干,关键看两条:一条是会议座签摆得正不正确,一条是餐桌上座位安排是否准确。当然,这是生活中的笑话,但却是实实在在的现象,说明现在的领导干部太过注重自己的身份地位和形象了,当然是不应该提倡和推广的。但话又说回来,若不按礼数规则、不按法律法规行事,就不可能把事情办好,也就不可能取信于民,得到人民的拥护和支持。

商汤流放夏桀,周武灭掉商纣的故事,我在前面已经说过了,前者都是兴义师而灭掉后者的。下面我再给大家讲一个石碏大义灭亲的故事。①

石碏是春秋时卫国大夫,是卫庄公敬重的老臣。此人为人耿直,体恤百姓疾苦。当时庄公宠姬生有一子,名州吁。此人长大后残忍暴戾,无恶不作,成为卫国人人得而诛之的大害。石碏几次规劝庄公管教约束州吁,但庄公不听,州吁作恶日甚。石碏有个儿子叫石厚,与州吁狼狈为奸,为非作歹。石碏再三告诫儿子不要与州吁一起为非作歹。但石厚固执己见,不听父亲规劝。庄公死后,姬完继位,称卫桓公。石碏见其生性懦弱无为,便告老还乡,不参朝政。公元前719年,州吁在石厚的唆使下弑兄篡位。州吁、石厚为制服国人,威慑邦交,就贿赂鲁、陈、蔡、宋等国,大征青壮年人从军去攻打郑国,弄得民不聊生、怨声载道。当时卫国有民

---

① 故事出自《左传·隐公四年》。

谣曰："一雄毕，一雄尖，歌舞变刀兵，何时见太平？"州吁见百姓不拥戴自己，深感惶恐，就问石厚有何高见。石厚说只有请其父亲出来辅佐，才是良策。于是，州吁派大臣带重礼聘请石碏辅佐自己，但石碏却以年老体衰多病回绝了。石厚又亲自回家请父出山。

石碏早就想除掉这个逆子，为民除害。他趁石厚请他参政之机，假意献计说："新主继位，能见周王，得到周王赐封，国人才肯服帖。现在陈国国王衷顺周王，周王很赏识他，你应该和新主一同去陈国，请陈国国君向周王说情，周王便会召见新主。"石厚十分高兴，便备厚礼赴陈，求陈主向周王通融。此前，石碏已经写下血书，事先派人送到了陈国。血书写道："我们卫国民不聊生，全是州吁所为，但逆子石厚助纣为虐，罪孽深重。二逆不诛，百姓难活。我年迈体衰，力不从心。现二贼已驱车前往贵国，实乃老夫之谋。望贵国将二贼处死，此乃卫国之大幸！"陈国大夫子眜与石碏素有深交，见血书，立即奏明陈桓公，桓公就命人将二贼抓住。

石碏见二贼被捉，立即从刑国接回姬晋，即州吁之兄回国就位，又请大臣议事。群臣皆说州吁该死，但石厚为从犯可免死罪。石碏正色道："州吁之罪，皆我那不肖子石厚所为，从轻发落他，难道要陷我于徇私枉法、抛弃正义吗？"家臣羊肩说："国老不必动怒，我即赴陈国办理此事。"羊肩到陈国诛杀了石厚和州吁。

石碏为国大义灭亲，不徇私情，在人性和道义的冲突中，毅然选择了后者，为了国家的长治久安，执法杀子，其大公无私的美德，天下流传。卫国此后七百多年基业，与此不无关系。

这就是"国家无礼则不宁"的有力支撑。所以，《诗经·小雅·楚茨》上说："礼仪恰如其分，言笑正到好处。"说的就是这个道理。

3. 永远做一个正直诚实的人

荀子是一个极富辩证思想的人，他的每一篇论述中都充满着哲学智慧和辩证法思想，而且常常采用正反对比手法进行论证。读后让人醍醐灌顶。下面这段文字是关于具体的修养的正名问题，也是一段极富辩证思想的语言。在这段话中，荀子一下子就列举了二十二种不同的是非观念，对个人修养进行了十分准确的分类，让人一看就清楚。当然，由于荀子分得太细，也让人难以细细分辨清晰。但不管怎样，都为我们研究道德修养问题提供了翔实的资料。我们先看看原文：

> "以善先人者谓之教，以善和人者谓之顺；以不善先人者谓之谄，以
> 不善和人者谓之谀。是是、非非谓之知；非是、是非谓之愚。伤良曰谗，
> 害良曰贼。是谓是、非谓非曰直。窃货曰盗，匿行曰诈，易言曰诞。趣舍

无定谓之无常,保利弃义谓之至贼。多闻日博,少闻日浅;多见日闲,少
见日陋;难进日偍,易忘日漏;少而理日治,多而乱日秏。"

这段话,不同学者有不同理解。绝大多数学者单纯从个人道德修养方面加以
解释和理解,也有部分学者从治国理政的角度来理解这段话,将道德修养、是非观
念仅仅定格在领导者层面。我比较倾向于从单纯的道德修养方面理解这段话的
思想。以我个人的理解,单纯从道德修养角度分析,本身就包括了领导,如果仅从
治国理政这样的层面理解,就将普通百姓的道德修养排斥在外了,这不符合荀子
写作这篇文章的本意,也会导致与前后所讨论的内容脱节。

如此,这短话就应该理解为:用善良、美好的言行引导他人,为人做出表率的
行为就可以称之为教育引导,用善良、美好的言行附和他人,做到不伤害别人的行
为,就可以称之为和顺;用不善良的言行诱导人,即以佞言使人堕落变坏,就称之
为陷害;用不好的言行去附和、迎合或屈从于他人就叫作阿谀奉承。认为是就是
是、非就是非,也就是说对就是对、错就是错的,对正确的言行加以肯定,对错误的
言行加以否定,就叫作明智;如果以是为非、以非为是,即该肯定的加以否定,该否
定的加以肯定,是非不分,这就叫作愚蠢。无中生有,伤害善良正直的人的行为叫
作谗言;捏造事实,陷害忠良的行为叫作贼害。正确的就说是正确的,错误的就说
是错误的,这就叫作正直。偷窃财物就叫作盗窃;隐匿行动、包庇坏人坏事就叫作
奸诈;不假思索、信口开河就叫作荒诞。赞同和反对即趋同与反对没有一定的标
准和原则就叫作反复无常,为了既得利益而舍弃道义叫作大贼。广识多闻叫作知
识渊博,孤陋寡闻叫作知识浅薄,见识多叫作学问广博,见识少叫作学识浅陋。难
于进取、徘徊不前叫作迟缓,易于健忘叫作遗漏。遇事能够抓住要领、举其要义而
又条理分明、清晰,这就叫作辩治。遇事理不清头绪、杂乱无章,或者知道得多但
杂乱无章,这就叫作昏愦。

通过完整理解这段话的意思,我们知道荀子将个人的道德修养、人格操守分
得很细。因此,除了专门做学问研究以外,我们不可能按照这种方式分成多条,来
将每个人加以对号入座,而常常总结成几条,如用循循善诱、见多识广、舍生取义
等表示一个人的人格高尚、学识渊博、堪称楷模;而用花言巧语、荒诞不经、阿谀奉
迎、残害忠良、孤陋寡闻等来形容一个人品格低下、学识浅薄等。

正直诚实是一个人获得他人信任的基石,也是一个人永远立于不败之地的法
宝。如果一个人让大家都知道他值得信任,那么这个人一定会取得成功。孔子
说,一个人活在世上应该是正直而值得人们信赖的,不正直的人活在世上也许能
够侥幸免于灾祸,但绝不可能得到别人的信任,人生也不可能成功和幸福。因此,

虚伪的人不会有好结果，即使有时可能有一些好的际遇光顾他，但纯属偶然，绝非必然。作为普通大众，我们一定要领悟做人的真谛，永远做一个正直诚实的人。

记得美国一位著名政治家在给他儿子的信中这样写道：真理、正直、公平与高贵是永远不可分的，谎言来自卑鄙、虚伪、懦弱和道德败坏。① 谎言最终会被揭穿，说谎之人令人鄙视。没有正直、公平和高尚，就没有人能够取得真正的成功，就不可能赢得他人的尊敬，所以，说谎的人将受到严重的惩罚。

据说有一次一个人搭乘火车，开始时车厢内人较少，于是此人就顺手将行李放在自己旁边的座位上。过了几站，车上的人越来越多，已没有空座位了，此时一个旅客来到他身边，询问放行李的座位是否有人坐，此人忙答：有，到车厢接口处吸烟去了。但旅客断定行李就是此人的，就说：我先坐会儿，那人来了再让给他。于是就将行李放在了行李架上，此人又不敢发火，只好怒目而视，后来到站了，那人正要拿刚放上去的行李，该旅客就说：您刚才不是说这行李的主人到车厢接口处吸烟去了吗？您怎么能拿他的行李呢？我有责任替他保管好行李。两人为此争执起来，引来了乘务员。问明情况以后，乘务员说：那好吧，由我来保管这些行李，我会把它放在这一站，如果到明天还没有人来认领，那就是你的行李。在满车厢乘客的哄笑声和掌声中，那人只好丢下行李灰溜溜地下车走了。第二天，他才拿到行李。为了占居一个本不属于他自己的座位，他撒了谎，为此他受到了应有的惩罚。

所以，正直诚实才是为人处世、成事立业的根本。相传北宋熙丰年间京城樊楼边有一小茶馆，生意兴隆，人来人往、川流不息。这得益于茶馆主人重义轻利和正直诚实。②

一天，一个姓李的人在茶馆前遇到了过去的一位老朋友，相邀到茶馆叙旧。李氏随身带有几十两黄金，系于腋下以防盗扒。谁想当时天气闷热，李氏就脱下外衣连同黄金一起放在茶桌上。不一会儿，他招呼朋友去樊楼饮酒，竟忘了带上装有黄金的行李袋，直到半夜才想起此事。李氏心想，茶馆里人来人往，黄金肯定不知去向了，也无法追查，于是也就没有去询问这件事情。我想这应该是人之常情，要是搁你身上也会这么处理。不想几年后，李氏又到该茶馆饮茶，与客人谈及当年遭遇。茶馆主人马上走到他跟前，询问了当年的情景。就说，您的那包黄金我已替您收捡好了。李氏一听，简直不敢相信，就说，如果是你捡到了，我与你平

---

① 杨丽丽编著：《听南怀瑾大师讲国学》，中国长安出版社 2009 年版，第 95 页。

② 故事选自傅开沛编著：《尊荣知耻故事新编》，深圳报业集团出版社 2006 年版，第 175—176 页。

分。主人说,确实是我捡到了,因为您当时走得太匆忙,等我追到街上去的时候,您已不知去向。所以,我就将此袋子保存,以为您第二天会来认领,谁想您没有来,我就将袋子封好放在了我的阁楼里了。您现在可以随我上阁楼认领,只要您能说准数量和重量,我就可以把它归还给您。

于是,李氏随主人上了阁楼,上面全是客人丢失的东西,每样东西都做了详细的记录:捡到时间、客人模样、客人大概身份等。如果身份不明就注明"身份不详"。李氏一眼就发现放在阁楼角边的一个白色袋子,上面注明了时间、主人身份模样。李氏感激涕零。经过回忆,这个袋子确实是李氏的,金子分毫不差。李氏正要分一半金子给主人,主人正色道:"看您也是读书明理之人,何以这么不理解人!古人尤其重视义和利的区别,如果我重利轻义,怎么会把金子保管到今天给您呢?您又不知道是我拿了,连国家法律也不能惩罚我。我之所以这样做的原因就是不想内心有愧呀!"当时茶馆中的所有客人都目睹了这一过程,个个感慨赞叹不已,说这样的事情世上罕见啊!于是一传十、十传百,整座京城全都知道了茶馆主人的高尚道德品行和操守。茶馆生意如日中天,这就是正直诚实带来的好处。

另外一个能够说明是非不明、取舍不定和听信谗言的例子就是周幽王烽火戏诸侯。①

周幽王是西周末期(公元前781—前771年在位)的一位国君,此人整日沉醉于歌舞酒色,不理朝政,对百姓的疾苦不闻不问。幽王三年,关中平原(泾、渭、洛三川所在地)发生了地震,老百姓苦不堪言,朝廷却听之任之,致使老百姓流离失所、妻离子散、家破人亡。而此时的幽王却整天与宠姬褒姒一起寻欢作乐,无心朝政。褒姒得到幽王的宠幸,享尽了荣华富贵,却成天忧郁寡欢、难见一笑,幽王为此想尽了一切办法,都没有博得美人一笑。此时朝中有一奸佞小人虢石父,专好溜须拍马、阿谀奉承,他向大王献计说:如果点燃烽火,将各地诸侯召到都城,兴许能博得娘娘一笑。"妙计,妙计啊!"幽王不顾军纪法度,依照虢石父的计策做了。各地诸侯闻讯十万火急赶到国都,以为国都出现了危机,可到达以后,并未见什么危急状况,看到的却是幽王和褒姒饮酒赏乐。此时各路诸侯非常气愤,而幽王却厚颜无耻地说:"呵呵,这里没有什么,逗你们玩的,回去吧,回去吧!"褒姒看到平日里威风凛凛的诸侯如此狼狈,竟开心大笑。幽王为了感谢虢石父,赏赐给了他千两黄金,这就是历史上有名的"千金一笑"典故的由来。

幽王为博褒姒一笑,以后又多次点燃狼烟,戏弄诸侯。三四次以后,诸侯们再

---

① 故事选自王修智主编:《"八荣八耻"的故事》(上卷),山东人民出版社2007年版,第0027—0028页。

也不相信幽王了。后来幽王废掉了申后及太子，惹怒了申侯，申侯联合西夷犬戎共同攻打幽王，幽王再次十万火急地燃起烽火狼烟，以召集各路诸侯救驾，可是却没有一路诸侯前来救驾。就这样，一代君王因是非不分、取舍不定和听信谗言而断送了自己的基业和身家性命。

4. 个人修养的基本方法

上面讲了个人修养的具体内容和各种道德观念以后，荀子又讲个人修养的基本方法了。这是一个非常大的人生哲学问题，但荀子只用了一百三十多个字就将其论述完了。

"治气、养心之术：血气刚强，则柔之以调和；知虑渐深，则一之以易良；勇胆猛戾，则辅之以道顺；齐给便利，则节之以动止；狭隘褊小，则廓之以广大；卑湿重迟贪利，则抗之以高志；庸众驽散，则劫之以师友；怠慢僄弃，则照之以祸灾；愚款端悫，则合之以礼乐，通之以思索。凡治气、养心之术，莫径由礼，莫要得师，莫神一好。夫是之谓治气、养心之术也。"

讲到个人修养的方法问题，孔圣人最有心得，一部《论语》多处提及，最有名的就是"君子三戒"的观点。孔子说："君子有三戒：少之时，血气未定，戒之在色；及其壮也，血气方刚，戒之在斗；及其老也，血气既衰，戒之在得。"（《论语·季氏》）

孔子将人的一生分为三个阶段，每一个阶段都有自己的修养方法。这是我们每个人都应该注意的人生问题，弄不好，很容易出问题，甚至危及家庭亲人。

第一个问题就是少年戒色的问题，也就是性问题。按照南怀瑾先生的观点，男女之间如果过分地贪欲，很多人只到三四十岁，身体就毁坏了。有很多中老年人的病根，就是因为少年时的性行为不当，没有"戒之在色"造成的。在中华文化中，有关性文化的问题研究得非常透彻，尤其是在医学方面和文学方面，包括古代的诗词歌赋、医学大典、皇帝经书等等。对性的描述和研究都是极为全面、独到而深刻的。但可悲的是，从道德修养方面却对这一问题羞于启齿或闭口不谈。直到今天还是如此，比如我们小时候就根本听不到大人们给我们讲有关男女性问题：如何正确认识和对待青春期生理冲动等。不仅如此，在中小学的生理卫生课教学中，老师也只讲几大系统、肌肉、骨骼、五脏六腑等知识，而将生殖系统一章留给学生自学。大家知道，年轻人有一个特点，越是大人们认为不应该做的就越觉得新奇，于是就在懵懵懂懂中做出很多让人啼笑皆非甚至无可挽回的事情。现在留守儿童越来越多，一些小姑娘十三四岁就怀孕了。有的是被强奸，有的是被骗，但也有的是出于个人好奇和无知等所致。

　　不仅如此，现在年轻人的价值观与过去大不一样了，什么丁克家庭，只同居不结婚，只求曾经得到、不求终生拥有等等，相当普遍。尤其是个别小女孩，为了自己能过上所谓幸福生活，而下嫁于有钱的中年人，还说什么"嫁给一个有车有房又有钱的老头，可以抵上我十五年乃至终生的奋斗，何乐而不为呢？如果他死了，我有钱了，还愁嫁不出去！"同样的，极个别小青年也极力接近中年富婆。再就是青少年性犯罪，男女同居、混居等问题。这是一个十分严重的社会问题，也是一个严峻的道德问题，更是人类文化的一个大问题。所以，孔子说："血气未定，戒之在色。"这句话真正意义深远。就是说，对青少年的性教育问题应该引起全社会的高度重视和广泛关注。

　　第二个大问题就是"及其壮也，血气方刚，戒之在斗"。这个"斗"的学问可就大了。这个"斗"不光指打架斗殴，这种情况在青少年多些，在壮年并不是很多。我觉得孔子所说的壮年应该包括从青年到壮年这一段的人生。这里的"斗"主要是指事业、功业、学问方面的问题。人处在青壮年时期，大约二十到五十五岁这段时间是人生最为关键，也是压力最大、心理问题最多的时期，学业、事业、家庭等等各种问题接踵而至，常常压得人喘不过气来，事情一桩接一桩，矛盾一茬接一茬地不期而遇。所以，这一时期的人的生理疾病、心理疾病最多，问题也最多。比如一些人为了在场面上争面子，常常凭意气办事，动不动就聚众闹事、打架斗殴。尤其是二三十岁之间的年轻人，稍不注意就极易学坏。

　　再拿当官来说，尤其行政部门，往往就那么几个干部位子，僧多粥少，有些人为了争一个科长、处长、厅长位子，使出浑身解数，运用各种关系，志在必得，一旦未能如愿，要么对上任者制造各种麻烦、不配合其工作，要么就到处搬弄是非、造谣中伤，总之是不想让其有好果子吃，甚至还有个别人动用黑社会力量，不惜制造流血事件。再就是跑官要官，居功自傲，强要官帽。还有就是收受贿赂，买官卖官。总之，各种手段极尽其能事。

　　再比如学术领域的竞争也是挺激烈的。现在高校、科研院所评职称、评课题、晋级等均要看你学历高不高，论文多不多，发表杂志档次高不高，学术成果多不多，级别高不高等等。但现在在各级立项的课题、评审的成果往往不能满足学人的实际需要，有时为了争课题、争成果、争学位等等，也是动用各种关系，请客送礼，使整个学术活动处于一种异化状态。因此，各种学术不端、学术造假等屡屡发生，甚至连院士也跨不过这道坎。所以，孔子说，壮年时，血气正旺盛，要警觉争强好斗。

　　第三点，就是到了老年戒什么呢？孔子认为"戒之在得"，就是不能贪得无厌。这也是一个非常重要的人生哲学和社会问题。有很多人在年轻的时候很慷慨，仗义疏财,不斤斤计较个人得失荣誉,可是老了,这些全部做不到了:钱舍不得花,事业舍不得放手,学业不想交给年轻的接班人,官位更是舍不得放等等。这些人往往活得很累。我给大家讲个笑话,纯属虚构,千万不要对号入座。

有一个地方的财政局长不幸逝世,放在殡仪馆五天后准备开完追悼会火化。当殡仪馆工作人员将其尸体从冰冻柜中取出化妆时,让所有的工作人员都惊呆了:该"局长大人"双手居然紧紧捂住自己的口袋,任凭工作人员如何用力也掰不开手,只好叫来家人,其妻对他说,你不要捂着口袋了,已经没有钱了。这一说还真管用,他立马松开了双手。这只是一个笑话,权当舒缓一下情绪。

《官场现形记》不知道大家是否看过,里面描写了一个做官做上了瘾的人,弥留之际躺在自家床上,意念中仍在做官,还在过官瘾。于是两个副官站在房门口,一个副官高声喊道:"某某大员驾到!"另一个副官附和道:"老爷欠安,挡驾!"他听了觉得特别过瘾,含笑离开人世。很多年前看这本小说,觉得作者太挖苦人了,现在睁眼看世界,还真有这些现象。比如有些人从领导位置退下来了,本来应该安享天年,可以散散步、钓钓鱼什么的。可他做不到,总要时刻打听现任领导怎样,是不是按我的要求办事等等,在那里操空心。不仅如此,他还特别喜欢听别人叫他"某某局长"、"某某书记"、"某某主任"等等,这样听起来特别顺耳,觉着心情特别舒畅。

现在官场上流行"59现象",什么意思呢? 就是说有些领导,辛辛苦苦为党和人民工作了一辈子,59岁了,过一两年就要退休了,回想这一辈子似乎付出比得到的多,总觉得党和人民给他的太少,心理越想越不平衡,再不捞一把,等到退休了,手中无权了,再想捞都捞不着了。于是大肆收受贿赂,来者不拒,利用手中资源和权力,大肆捞取国家和集体财物。最终落得丢官免职,甚至锒铛入狱,一世英明毁于一旦。所以,孔子的"及其老也,血气既衰,戒之在得"特别值得我们深思。俗话说,"看得穿不是好汉,忍得住才算英雄"。

讲完了孔子提出的"君子三戒"思想,再回过头来分析荀子的个人修养方法就容易多了。我个人的观点,荀子关于个人修养的方法依然没有超出孔子的"君子三戒"思想,这可能是荀子研究了孔子的思想后的心得。

在荀子看来,调理性情、修养身心的方法在于:血气刚强的人,就要用心平气和的方法来调理他;过于深思熟虑的人,考虑问题太过深沉的人,就应该用坦率忠直、平易温良的方法来要求他;性情勇猛、脾气暴躁的人,就要开导他,使其循规蹈矩;行为轻快敏捷的人,就要用动静有度来节制他,约束他的行为举止;心胸狭窄、气量褊狭的人,就要用开阔的思想引导他;志向卑下、思想迟钝、贪图利益的人,就要用高远的志向启发提升他;庸庸碌碌、迟钝散漫的人,就要用良师益友来改造他;性情放荡、自暴自弃、懒散轻浮的人,就要用祸福之事来告诫他,使其警醒;单纯朴实、忠厚诚实的人,就要用礼乐来润色他,使他的行为合乎礼乐,启发他深思熟虑。凡是采用了调理性情与修养身心相结合的方法,最直接的途径就是按照礼的原则和规则去做,最关键的是得到良师益友的指点和引导,最神妙的作用是个人专心致志。这就是调理性情、修养身心的基本方法。

荀子提出的九种调理性情、修养身心的基本方法,以及孔子提出的"君子三戒"的思想,对于我们在现实生活中如何为人处世、成事立业,如何提高学问修养、道德操守等具有巨大的指导价值。特别是教育工作者,面对众多孩子,他们每个人的性情、心态、想法等等都不一样,这就要求有针对性地开展教育引导工作,做到"因材施教"。比方说,有些小孩子,性情比较温驯,性格比较内向,胆子也比较小,这类小孩也是比较多的,作为教育工作者,在教育这些孩子时,就应该充分给予他们自信,多安排能展示他们才华和优势的活动,多表扬、肯定他们的优点,以调养、培植他们的自信心。相反,对于那些血气旺盛、性格刚烈、脾气粗暴、桀骜不驯的孩子,我们就要正确引导,指出他们的某些行为举止的不当会对周围同学造成伤害,同时也会伤害自己和父母、家人,给他们讲道理,调理他们的气质,和顺他们的心态,鼓励他们的优良,指出他们的不足。这就是因材施教。

5. 个人修养的基本准则

上面讲了个人修养的方法问题,下面再讲个人修养的基本准则问题。这是一个非常大的问题,有很多人因为在做人这个问题上很成功,所以一生一帆风顺,事业有成,家庭幸福美满。相反,有些人尽管能力很强,学识也可能很渊博,但因为在做人上出了问题,所以往往事事不顺,很不得志,甚至丢掉性命。《左传·隐公元年》就记载了一个"多行不义必自毙"的故事。

据《左传》载,郑武公的妻子武姜生有两子,庄公和共叔段。庄公为大,但姜氏在生庄公时因为难产差点丢了自己的性命,因此姜氏很讨厌他,而对共叔段却喜爱有加,屡次向武公请求立其为太子。但古代立嗣是立长不立幼。再说,庄公自幼仁德宽厚、勤政爱民,并无什么过错可以废黜,所以武公没有答应她的请求。为此,姜氏一直谋划着如何篡权夺位。等到庄公即位以后,姜氏为共叔段请求到"制"这个地方为王。庄公说:"制地险要,太危险了,还是另选他地吧。"姜氏改而请求到京城,让共叔段住在那里,称为京城太叔。庄公答应了母亲的请求。但大夫祭仲却对庄公说:"按照先王的规定,凡都邑不能超过国都面积的三分之一,现在京邑已远远超过了国都的三分之一,这是国家的祸害,对君王您极为不利。"庄公说:"姜氏是我的母亲,她非要,我有什么办法呢? 又哪能避免祸害呢?"祭仲说:

"姜氏是永远不会满足的，她的目的就是支持您的弟弟篡夺国位。我看不如找个不能发展的地方安顿他们，以绝后患。""多行不义之事，必然自己毁灭自己。"庄公说："你就等着瞧吧！"

共叔段住在京邑后不久，果然命令西、北两个边境的部落听命于自己。公子吕对庄公说："国无二君，人无二主。现在共叔段扩充势力，目的非常明确，就是取您而代之。如果您打算将国家送给太叔，就请您允许我侍奉他；如果不给，那就请您尽快除掉他，不要使民生二心。"庄公说："不用着急，他会自取灭亡的。"

不久，共叔段又将西、北两地正式收归己有，并扩充至廪廷。公子吕说，可以下手了，等他土地扩大，将会得到民心。庄公说："这种对君不义对兄不亲的人，土地越大反而垮得越快。"

从此以后，共叔段就整治城郭、积聚粮草，修整铠甲和武器，训练步兵和兵车，准备攻打都城。姜氏则准备做内应开城门放共叔段的军队进城。庄公听说共叔段起兵造反的具体日期之后，就命令公子吕率二百辆战车攻打京邑，加之京邑的人民又反叛共叔段，因此，共叔段兵败如山倒，匆忙逃往鄢地。庄公攻至鄢地，共叔段只好又逃到了共国。

在中国古代，为了各自的利益，宫廷相争、骨肉相残的现象比比皆是。这个故事里，共叔段作为弟弟毫无孝悌之心，一心想加害哥哥而自立为王，不懂也没有遵循人伦之本分。而作为兄长，庄公任由弟弟胡来，而不加以教育和管束，既有失为兄之责，也有失国君之体统。当然，整个事态的发展似乎是其母亲姜氏一手所为。尤其是后来庄公将自己的生母姜氏打入冷宫，安置在城颍这个地方，并对她发誓：除非地下流出黄泉之水，否则，至死不再相见。

这个故事虽然发生在春秋时期，但这种事情在现在依然屡屡可见。比如说，电视中就经常报道这样的现象：几个兄弟姊妹，为了各自利益均不赡养老人，或者为了争夺父母财产而大打出手。看后真叫人心寒。

所以，我认为，做人是一个大问题，做人要有做人的基本准则，否则就会乱了伦理纲常，就会导致社会不和谐、家庭不和睦、个人不和顺。

荀子在论述君子修养的基本准则时，讲到了良农不因水旱而弃耕，良贾不因折阅而不市，士君子不因贫穷而怠乎道。我觉得对于我们今天加强个人修养具有很强的针对性和现实意义。所以，荀子说：

> "志意修则骄富贵矣，道义重则轻王公矣。内省而外物轻矣。传曰：
> '君子役物，小人役于物。'此之谓矣。身劳而心安，为之；利少而义多，为
> 之。事乱君而通，不如事穷君而顺焉。故良农不为水旱不耕，良贾不为

折阅不市，士君子不为贫穷怠乎道。"

按照荀子的观点，作为一个有修为、品德高尚、志向高远的士君子，就应该傲视富贵，视富贵如浮云，应该以道义为重，不趋炎附势，不依附权贵，哪怕是王公大臣也不例外。也就是说，一个注重从内心省察自己、时刻注重自身修养的人，就会觉得世间一切外物都是身外之物，与自身品性修养相比均显得微不足道。所以古书上就有："君子可以随心所欲地支配外物，而小人却时刻被外物所累、所支配。"作为一个品行高尚的君子，如果认为这件事情值得去做，觉得对社会、对他人有好处有帮助，即使身心劳苦也要去做，只有如此，才会觉得心安理得；对于一些意义重大，尤其是社会价值重大的事情，即使自己获利很少或对自己毫无利益可言，自己也要去做。在荀子的为政理念中，侍奉暴君而通达显赫，还不如侍奉穷国的君主而遵循道义。这就是君子喻于义的义利观。因此说，一个好的农民，并不会因为水、旱灾害而舍弃耕种稼穑，一个好的商人不会因为市场不景气甚至亏本就放弃经营，同样的道理，一个士君子，不会因为身处贫困而松懈自己的道德操守和修养。这就是我的理解，可能与古今学者的理解稍有出入，就请大家把我的理解权当另类解读吧。

焦裕禄就是这样一个品格高尚的人。①

1966 年 2 月 7 日，《人民日报》头版刊发了题为《向毛泽东同志的好学生焦裕禄同志学习》的长篇社论。自此以后，焦裕禄的事迹便感动着一代又一代中国人。

焦裕禄 1922 出生，在人生旅途上只走过了四十二个年头。当过兵，当过工人，1962 年 12 月任兰考县县委书记。当时的兰考县面临严重的内涝、风沙、盐碱"三害"，且粮食产量下降到历史最低水平，他本人患有严重肝病。面对自然灾害，目睹老百姓的疾苦，焦裕禄泪流满面。他怀着沉痛的心情给组织写信："感谢党把我派到最困难的地方，越是困难的地方，越能锻炼人，请组织上放心，不改变兰考的面貌，我决不离开这里！"

到兰考的第二天，当大家知道他是新来的县委书记时，才发现他早已深入农村调查访问去了。他有一句名言："吃别人嚼过的馍没味道。"为了亲自掂一掂"三害"的分量，他在一年多时间里，自备干粮、雨伞，跑遍了一百二十多个大队，跋涉五百余公里，全面掌握了兰考"三害"的状况，提出了改变兰考面貌的有效措施并付诸实施。

为统一班子的思想，协力改变兰考的现状，1963 年一个风雪交加的晚上，他召

---

① 故事选自王修智主编：《"八荣八耻"的故事》（下卷），山东人民出版社 2007 年版，第 1619—1620 页。

集在家的县委委员开会。会前，他先带领大家到火车站走了一趟。当时，北风呼啸，大雪纷飞，屋檐下挂着一尺多长的冰柱，运送兰考一带灾民往丰收地区的专列正从此经过，一些灾民穿着国家救济的棉衣，蜷缩在车厢里，拥挤在车站上。焦裕禄指着灾民深情地对大家说："他们是我们的阶级兄弟，是灾荒逼迫他们拖儿带女、背井离乡的，不能责怪他们，我们有责任呀！党把三十六万群众交给我们，我们不能领导他们战胜灾荒，应该感到羞耻和痛心。"

从此，焦裕禄同全县干部群众一道，艰苦奋斗在除"三害"的工作岗位上，自己的子女靠拉煤赚钱维持家用，他却没有时间过问。正当工作有些起色时，焦裕禄的肝病却越来越严重，经常用右膝、用桌子的角部、用水缸顶住肝部。组织上多次劝他住院治疗，他总以"工作忙，走不开"为借口搪塞。1964年3月，焦裕禄的肝病越来越严重，在一个风雨交加的夜晚，正当他指挥阻沙抗洪时，昏倒了洪水之中，群众将他抬离现场。经医生诊断，他已是肝癌晚期，无法医治了。群众知道了，哭诉着请求组织治好焦书记的病，"我们离不开焦书记，兰考离不开焦书记！"在他病危的时刻，省、地、县各级领导来看望他，他用尽全力，断断续续地说：请组织上把我运回兰考，埋在沙丘上。活着我没有治好沙丘，死了也要看着兰考人民把沙丘治好。

在焦裕禄的心里装着全体兰考人民，唯独没有他自己。他是人民公仆的代表，县委书记的榜样，是领导干部的楷模，是我们中华民族的脊梁。他的精神，永远值得我们学习，值得永世传扬。

焦裕禄的故事，正是对中国共产党心系群众、心忧天下、敢于担当、不怕困难、不怕牺牲、乐于奉献的高尚品质的诠释，是共产党人人格操守、党性修养、高尚品质的充分体现，也是对荀子关于君子个人修养基本准则的最有力的佐证。

相反，那些对群众疾苦视而不见、漠不关心，对党的事业不闻不问，整天算计着自己的"小九九"，追求个人享受和物质利益的党员干部，应该自感汗颜。

6. 为人做事的具体态度

上面讲个人修养的基本准则，下面荀子接着就讲对人对事的态度即为人做事的具体学问。

"体恭敬而心忠信，术礼义而情爱人，横行天下，虽困四夷，人莫不贵；劳苦之事则争先，饶乐之事则能让，端悫诚信，拘守而详，横行天下，虽困四夷，人莫不任。体倨固而心势诈，术顺墨而精杂污，横行天下，虽达四方，人莫不贱；劳苦之事则偷儒转脱，饶乐之事则佞兑而不曲，辟违而不愆,程役而不录,横行天下,虽达四方,人莫不弃。"

这段话乍看起来比较好懂,就是为人做事的两正两反的具体做法,必然会换来人们对你的两正两反四种不同结果。但要真正完全理解这段话还是有一定难度的,这需要结合全文以及荀子其他方面的论述来加以理解。我对这段话的理解与一般学者稍有不同。

首先是对"体恭敬"如何理解的问题。我看到的所有版本,都是采用直译的方法将这三个字理解为"体貌恭敬"、"体貌谦恭"等等。这样的理解确实没有错,字面理解也是这样。但如果仅仅从字面上理解古人的思想的话,那么古文与今文就没有什么差异了。大家知道,古人因为时代背景和文化环境的关系,常常是一两个字或简短一两句话就能表达非常深刻的意思,这应该是大家所熟知的,要不然,我们为什么总感觉古文难学、难懂、难理解呢?因此对"体恭敬"不能仅仅停留在字面的理解上,应该有更深层次的思想内涵,深就深在对"敬"字的理解和把握。这个"敬"不光指体貌上恭敬,老朋友见了面拱手作个揖什么的,一定要配上言语才完整,早上朋友相见,双手抱拳示意,口中同时说"您好,您好!"按照日本、韩国的行礼方式,同人打招呼,不管是熟人、老朋友还是生人,都会先鞠个躬,同时说上一句"您好,初次见面,请多多关照"之类的话。如果不配上言语,光是鞠个躬、双手抱拳致意等等,那也太不讲究了。再说,别人也不知道你要表达什么意思呀!所以,行为举止和言语常常是配合使用的。如此,我的理解,"体恭敬"应该是一个人行为举止恭敬、言语得体大方,让人从内心深处感觉到你是一个有修为、有操守的人。这样理解,才更符合古人的思想,也才能与上下文衔接。

其次是"程役而不录"一句,到底应该如何理解。可以说,对此句的意思,古今理解是有差别的。唐代杨倞的理解是,"对于工程及劳役之事怠惰而不检束,言不能拘守而详也"。后世学者大多遵从杨解。今人的理解又不同,他们认为"程"通"逞",即表现之意;"役"通"欲",即欲望、私欲之意;"录"通"禄",即善意、谨慎之意。这句话一般理解为只一味追求个人私欲而又不谨慎行事。按照古人的理解,当然将这句话进行了上纲上线,上升到了政府官员的层面、政府组织机构的层面,但明显与前后文的意思不相吻合。因为整篇文章都是讲个人的修养问题,突然之间上升到政府官员和政府职能层面,如果作为引申尚可,如果定格在此,显然不通。按照当今学者的理解,似乎比较接近于原文的意思和荀子的基本思想,但尚有欠周全之嫌。按照我的理解,所谓"程役而不录",应该是指那些一味追求个人私欲而又永无止境、贪得无厌的人。我的这种理解是基于前文荀子所讲的九种具体修养方法和孔子的"三戒"思想,结合前句的遇事避重就轻、争强好胜、阳奉阴违等得出的结论,也是对杨倞"不拘守而详"的发微。我觉得这样的理解更符合荀子当时的时代背景和他的心忧天下的思想。

第三点,就是对"术顺墨而精杂污"一句到底如何认识的问题。大家知道,荀子一生勤奋好学,杂说百家之言,在齐国三为祭酒,同时又周游多国,其学术思想博大精深,对于同时代的学者甚至早于他的学者如孟子、子思等的思想,他都敢于批评,为此他专门作了《非十二子》,对十二位学者逐一进行了批判,其中慎到、墨翟就是他批评的对象。当然,他的这种批评不是进行人身攻击。他对十二子的批评仅仅限于学术层面,提出了一些不同的看法,如认为法家重要代表人物慎到是一个文化理想主义者,重礼法而不切实际,而墨家学派创始人墨翟则是一个现实主义者,重节俭实用而轻等级差别。

按照荀子的观点,无论是理想主义者还是现实主义者,对于国家的繁荣富强、礼义法度以及如何治国理政等,都是不利的,是应该摒弃的。如此,对于这句话,我们就不难理解为:只依照慎到、墨翟的学术思想,不遵循礼仪之言,即不符合礼法的言论思想。这才是荀子批评的思想。但是,这里有一点应该跟大家提一下,即杨柳桥先生在《荀子诂译》中,将此句理解为"行动柔顺、晦暗,而情感纷杂、污秽",我认为值得商榷,一则唐代杨倞早已注解"顺墨"即"慎到、墨翟",分别为黄老之术和墨家思想的代表;二是后世学者绝大多数均倾向于杨注;三者从荀子的写作动机看,点到慎、墨也符合其情,因为《非十二子》中已有明确论述。

讲完了上面三个问题以后,再回过头来理解荀子这段文字的意思就比较容易了。

荀子认为,如果一个人行为举止恭敬、言语得体大方、内心忠厚诚信、遵循礼义法度且具有仁爱同情之心,那么这样的人走遍天下,即使被困在四方边远地区而不受重用,人们也会尊敬他、爱戴他;如果一个人凡是劳苦无利的事情都自己抢先去做,而将那些轻松安逸且有利可图的事情都让给他人去做,自己端正朴实、诚实守信、遵守礼法、明察事理,那么这样的人走遍天下,即使被困在了四方边远之地,人们没有不信任他的。相反,如果一个人行为举止傲慢,言语固执己见且心术不正、阴险狡诈,无论在什么问题上都遵循慎到、墨翟的学术思想并以此为法度,而不遵循礼义之言,那么这样的人即使走遍天下,四方通达,人们也会因此而轻蔑、藐视他;如果一个人一遇到困难的事情、难做的事情、消耗体力大的事情就寻找各种理由和借口推脱、逃避、拖延不做,一遇到轻松快乐、有利可图的事情就毫不谦让地揽到自己手里,花言巧语、阳奉阴违,毫无诚实可言,贪得无厌地追求一己之私欲,这样的人即使走遍天下,显耀四方,人们也会厌恶他、放弃他而羞于与他为伍。

"爱人者,人恒爱之;敬人者,人恒敬之"(《孟子·离娄下》),古来如此。宋文帝亲自开垦种田和惩贪不避亲的故事就说明了这个道理。①

宋文帝是南北朝时期宋朝的第三位皇帝,424年即位,在位三十余年。文帝即位以后,清理户籍,减免农业赋税,实行劝学、兴农、纳贤等一系列富民强国战略,使百姓得以休养生息,社会生产有所发展,经济文化日趋繁荣,史书上所称的"元嘉之治"就是从此开始。文帝亲自稼耕的事更是被传为历史佳话。

文帝即位以后的头几年,国内情况比较乱,加上连年旱涝灾害严重,农业减产,老百姓有的饿死,有的出外逃荒,造成田地荒芜,无人耕种的局面。宋文帝非常关心老百姓的疾苦,经常微服私访,了解百姓疾苦,知道农民生活困苦,没有钱购买种子和农具,欠政府的税也无法偿还。于是下令一律将农民的税收减半,到秋后还欠政府的税收,从而导致第二年种田困难的,就免除所有税款。同时,自己亲自到农村,与农民一同耕田、种地,并下令所有地方政府官员必须带领农民耕种田地,帮助农民解决实际困难。老百姓听说皇帝亲自耕田种地,都纷纷返回故里,将荒芜的田地全部耕种起来,还积极开垦荒地,发展农业和养殖业,农业生产很快得到了恢复和发展,国家经济实力也得以快速恢复。

不仅如此,在惩治贪污腐败问题上,宋文帝也决不心慈手软,即使王公大臣、皇亲国戚也不例外。

有一天,一位大臣递给宋文帝一封信。文帝拆开一看,信的内容是揭发他叔叔刘遵考贪污的事。他非常气愤,下令刑部立即把南梁太守刘遵考抓回问罪。知道底细的大臣告诉文帝:刘遵考虽为开国大臣,屡立战功,是皇帝您最敬佩的人,但是自建国以来,他腐化堕落,贪婪成性,哪儿有钱都敢往自己腰包里装,哪儿有利可图他都敢插手其中。今年南梁发生严重旱灾,农业颗粒无收,朝廷立即调拨一千万斤粮食赈灾,可刘遵考胆大包天,竟然将皇帝您亲自调拨的粮食全部贪污下来,一粒也没有发给灾民,但一些地方官知道其为您的长辈,不但不予受理上表,反而将告状之人关进了监狱。但一些不怕死的农民,成群结队来到京城告御状。

文帝听后,龙颜大怒,亲自提审刘遵考。刘遵考对自己所有犯罪事实供认不讳。最后,宋文帝罢免了他的一切官职,贬为庶人,查没所有财产。法网恢恢,疏而不漏,刘遵考作为皇叔得到了法律的严惩。从此之后,各级官员均不敢贪污腐败,无论哪里有灾荒,官员再也不敢贪污救济粮款。

---

① 故事选自傅开沛编著:《尊荣知耻故事新编》,深圳报业集团出版社2006年版,第231—232页。

7. 低调做人是美德

荀子讲完对人对事应持的具体态度以后，接着就说，一个人做人应该低调为好。做人太高调了，就会树大招风，就会成为出头之鸟，引起他人的不满。做人低调，并不是自己卑微、胆小怕事，实在是做人的一种美德。历史上廉颇与蔺相如"将相和"的故事①就很能说明这个道理。

公元前283年，赵惠文王得到一块稀世美玉——和氏璧。消息传到秦国，秦昭王立即派使者前往赵国，表示愿以秦国十五座城池换取这块和氏璧。赵国君臣明知这是秦国的阴谋，但强秦乃虎狼之国，给了得不到城池，不给必将引起两国战争，一时间君臣束手无策。这时，宦者令缪贤向文王建言说：臣家中有一舍人，名叫蔺相如，此人机智过人，又对大王您忠心耿耿。如果派他以赵国使者的身份携璧出使秦国，凭借他的忠勇和胆识，定能完成任务。于是文王就派其前往秦国。蔺相如果然不负众望，孤身一人在秦国朝堂之上与秦国君臣周旋，并暗中派人将和氏璧送回赵国，使秦国企图夺璧的阴谋落空。蔺相如完璧归赵，名声大振，赢得了赵王的信任和重用。

此后，秦国屡次出兵攻打赵国，战事不断，死伤惨重。然而不久，秦王竟派使者前来，表示愿与赵国修好，并邀赵王会盟于渑池。赵王惧怕秦国，想拒绝赴会。廉颇、蔺相如商议后说：大王要不去赴会，显得我们软弱、怯懦。所以，大王应该去赴会，并由蔺相如陪同赴会。渑池会上，面对秦王的屡次羞辱与刁难，蔺相如每次都应对自如、化险为夷，为赵王挽回了面子，使赵国在整个会盟过程中占据了上风。回国以后，赵王便拜蔺相如为上卿，官居老将廉颇之上。

廉颇对此心存不满，逢人便说："我身为赵国大将，有攻城略地、开疆拓土的巨大功劳，而蔺相如出身低微，乃宦官门人，只不过凭口舌之能立了些许小功，居然能官居我之上，这实在让我感到羞耻啊！"并扬言一定要找机会羞辱蔺相如。蔺相如听闻后，就尽力不与廉颇发生冲突。每次上朝时，只要廉颇在，蔺相如就称病不上朝。路上看到廉颇的马车也远远绕开回避。蔺相如的侍从和门客很不理解他的所作所为，说："我们仰慕您高尚的节操，才离开亲人不远千里来侍奉您。现在您与廉颇同朝为官，而且官居廉颇之上，居然被他几句话语就吓得不敢与之见面，而且处处躲避他，这是将相应有的作为吗？"蔺相如回答道："廉将军再强大，总不至于比秦国强大吧！面对虎狼一样的秦国，我都敢在朝堂叱骂他们的国君，在渑

---

① 故事选自王修智主编：《"八荣八耻"的故事》（上卷），山东人民出版社2007年版，第0149—0150页。

池之盟上羞辱他们的大王。我再愚钝，也不至于惧怕廉将军呀！我考虑到的是，强大的秦国之所以不敢加兵于我们赵国，就是因为有一文一武的我和廉将军在。如果我们俩争斗起来，必定两败俱伤。这样一来，秦国不就有可乘之机了吗？我之所以这样屡次避让，就是先考虑国家利益，而把我个人的恩怨放在后面呀！"不久，蔺相如一席深明大义的话传到了廉颇的耳朵里。廉颇如梦初醒，悔恨交加，自叹不如。为表诚意，廉颇赤裸着上身，背负带刺的荆条，在门客的引领下，亲自登门谢罪。从此，两人结为生死之交，共同保卫赵国大业。

蔺相如宽容忍让、厚德仁爱，他在秦国朝堂之上和秦赵渑池之盟上不畏强秦的忠勇气节，在廉颇负荆请罪时表现出来的宽容情怀，足为千秋之楷模；廉颇一生开疆拓地、功业等身，但能及时认识到自己的错误，虚心改正自己过错的真诚和勇气，足为世人之表率。

通过"将相和"这个例子，我们再回过头来理解荀子下面这段话，意思就清楚了：

> "行而供冀，非渍淖也；行而俯项，非击戾也；偶视而先俯，非恐惧也。
> 然夫士欲独修其身，不以得罪于比俗之人也。"

荀子指出：一个人行走时恭敬小心，并不是因为害怕陷在烂泥之中；走路时低着头，不是因为害怕碰上东西；两人相互对视，先俯身行礼，并不是因为惧怕对方。这是因为君子想要修养自身的品德，不想因为这个得罪世俗鄙陋之人。

这段话虽然描述的是生活中的小事情，人们天天都会碰到类似的事情，但它却包含着人生哲学的大道理。

人在一生中，各个阶段表现出来的言行举止是不同的。婴幼儿时期，没有脱离父母亲照顾，无拘无束、自由自在地成长，不知道什么祸福灾难，也不知道人情世故，一切都由父母包办。及至青少年时期，进了学堂，学了知识，逐步体味出了人生的艰辛，特别是在学习过程中感受到了学习的压力、同学之间竞争的压力、生长环境的压力，等等，易于导致心理问题的发生，特别是逆反心理是这一时期的主要特征。处于这一阶段的人的心理、思想摇摆不定。因此，社会、家庭、学校教育，对他们的人生价值观影响极大。等到了青壮年时期，工作、生活、家庭、事业的压力接踵而至，也会接触到各色人等，如何同人交往，如何与领导、同事交往，如何保持良好的人际关系，这个问题简直太重要了，稍不注意，就有可能得罪人，对你的人生、事业造成影响。因此，这一时期，我们既要仰望星空，要有远大理想和抱负，包括道德品质的修养、心理素质的培养、知识信息的积累、体魄能力的锻炼等等，都要有明确的目标和要求，不能庸庸碌碌、平平淡淡，但同时也要脚踏实地，要懂得克制、敬畏、尊重、感恩,尤其在为人方面要时刻谨小慎微,对待事业要恪尽职守,在金钱、荣誉面前要淡定自若,在美色、权势面前要心如止水,否则,一不小心就会身陷"烂泥"之中而不能自拔。等到了老年,特别是从工作岗位上退下来以后,总喜欢回顾自己一生走过的道路,有辛酸也有甘甜,有成功也有失败,有欣慰也有失落,有顺境也有逆境。总之,人生一世,就是一部酸甜苦辣咸五味俱全的历史。以我个人的人生经历得知:与其老来蓦然回首自己的人生,不如抓住人生的每一个细小环节,不让人生留有遗憾。

8. 人的德行全在自我修为

"夫骥一日而千里,驽马十驾,则亦及之矣。将以穷无穷,逐无极与?其折骨绝筋,终身不可以相及也。将有所止之,则千里虽远,亦或迟、或速、或先、或后,胡为乎其不可以相及也?不识步道者,将以穷无穷,逐无极与?意亦有所止之与?夫'坚白'、'同异'、'有厚无厚'之察,非不察也,然而君子不辩,止之也;倚魁之行,非不难也,然而君子不行,止之也。故学曰:'迟彼止而待我,我行而就之,则亦或迟、或速、或先、或后,胡为乎其不可以同至也?'故跬步而不休,跛鳖千里;累土而不辍,丘山崇成;厌其源,开其渎,江河可竭;一进一退,一左一右,六骥不致。彼人之才性之相县也,岂若跛鳖之与六骥足哉?然而跛鳖致之,六骥不致,是无他故焉,或为之,或不为尔!

"故道虽迩,不行不至;事虽小,不为不成。其为人也多暇日者,其出入不远矣。"

正如《劝学》篇一样,荀子在这里同样采用类比的手法,用生活中的具体事例——良驹、驽马、跛鳖行走、堆土成山、江河枯竭等很普通的道理,来讨论人生修养的大问题,论述人生修养的大学问,这是非常了不起的。说明荀子不尚空谈而崇尚实际行动。在这段文字中,荀子同样也提出了一个人生哲学的大课题,我将之归纳成事无巨细,不为不成;德有高低,惟修是也。

古时候候称千里马为"骥",就是宝马。大家如果看过《三国志》就知道,刘备有一匹宝马名"的卢",曾因救主而闻名。

南朝宋史学家裴松之注"荆州豪杰归先主者日益多,表疑其心,阴御之"①一句时,引《世语》曰:"备屯樊城,刘表礼焉,惮其为人,不甚信用。曾请备宴会,蒯

---

①　[西晋]陈寿:《三国志》,[南朝宋]裴松之注,江苏古籍出版社2006年版,第750页。

越、蔡瑁欲因会取备,备觉之,伪如厕,潜遁出。所乘马名的卢,骑的卢走,堕襄阳城西檀溪水中,溺不得出。备急曰:'的卢,今日厄矣,可努力!'的卢乃一踊三丈,遂得过。"①刘表宴请刘备时,蒯越、蔡瑁想在宴会上除掉刘备以绝后患,当时刘表的幕僚伊籍暗地里递信给刘备。刘备闻言大惊失色,以假装上厕所之机,骑的卢飞奔出逃。由于慌不择路,连人带马一同掉进了襄阳城西边的檀溪河中。眼看追兵已近,前面又是数丈宽的河流,对岸还有三丈多高的悬崖。刘备大喊:"难道我刘备要在此送命不成?的卢啊的卢,刘备的性命就全靠你了,你可努力呀!"不料此时已完全没入水中的的卢从水中腾空而起,一跃飞向对岸,远远地将追捕之兵阻隔在了河对岸,救了刘备一命。这就是良马,按古人的说法,就是千里马。

但荀子却说,即便是千里马一天行走千里,劣马只要不停顿,十天也可以到达。这是一种有目的的即有目标的奋斗,但如果没有目标呢?荀子说,能够用有限的力量去走完无穷之路,追逐没有终点或永无止境的目的吗?如果这样的话,无论是千里马还是驽马,即便累断筋骨、断绝肌肉,毕生也不可能到达终点或目的地。如果行程有止境有目的,那么千里路虽远,但只要不停止行走,或慢或快,或先或后,总能到达目的。那些不知道走路的人,是去行走那无穷无尽之路,追逐没有终极目标的所在呢?还是应该有一定的范围和止境呢?这又是一个人生哲学的大问题。

我认为路要一步一步地走,饭要一口一口地吃。人不可能一步登天,也不可能一口吃尽天下美味佳肴或是一口吃成胖子。我们做人做事做学问都应该一步步从低处向高处升,比方说做人就是一个大学问。我们每个人都应该首先做一个好人。好人的标准是什么?就是不去危害社会和他人,自己本本分分地做人。这是对人的最起码的要求,如果你连这点都做不到,你能指望成为一个道德高尚的人吗?这就是荀子所讲的小道理大学问,我们应该细细品味个中蕴意。

我们不论做什么事情,都应该量力而行,尽力而为,不能超越一定的限度,不能给自己制定不切实际的目标。修身如此,做学问同样如此。对于公孙龙提出的所谓"坚白论"、惠施提出的所谓"同异论"、"有厚无厚论"等观点、学说,怎么评论呢?我认为其中公孙龙的"坚白论"实属诡辩论,他一方面说这个石头是白的,而不是坚硬的,不信你用眼睛看,你只能看到它是白的,能看到它是坚硬的吗?不能。另一方面,他又说这块石头是坚硬的而非白色的,不信你用手掂量掂量、摸一摸就知道了,但你能用手摸出这块石头是白色的吗?肯定不能。这与他的白马非马论一样,都是诡辩论。对此,荀子指出,有学问修养的人并不是不能精察、讨论

---

① ［西晋］陈寿:《三国志》,［南朝宋］裴松之注,江苏古籍出版社 2006 年版,第 751 页。

和论证，但是不愿意去争论、去钻牛角尖，因为他们有自己更高的追求目标。你说到底是先有鸡还是先有蛋，这个问题能争论清楚吗？与其在这里作无谓的争论、辩论，还不如腾出更多的时间和精力，做更加有科学价值、有实用价值的研究，多读点书充实自己。因此，无论做什么学问都要有一定的目标和限度，不能死钻牛角尖，也不能漫无目的的什么书都读，什么知识都去研究，那肯定没有结果。因为人的精力和生命都是有限的，所以做学问最忌杂糅，那样做只能使自己一事无成。正确的做法就是在专一精深的基础上博采众长，充实自己。

同样的道理，一个人说话、做事也应该顺理成章、言之有理、持之有故，对于一些不合常情常理的、怪诞的、骇俗的行为，明知不可为而为之，那就是小人所为而非君子所为。作为一个有学问修养的君子，即便这些事情能够轻而易举地做到，他们也不会去做，因为他们做人、做事、做学问均有自己的原则和目标。历史上不乏贪生怕死、卖主求荣的败类，也不乏视死如归、用生命捍卫真理的英雄。大家都知道，田家英同志自二十六岁起就担任毛泽东的秘书，在毛泽东身边一待就是十八年。[①] 他掌管着毛泽东的个人存款、印章和往来信函，为毛泽东整理著作、诗词，深得毛泽东信赖。他多次提出要到基层工作，毛泽东都舍不得放他走。他也是一位敢于讲真话、实事求是、维护真理的人。1959 年，他到成都调研后，发现过"左倾"错误并试图纠正。在同年召开的庐山会议上，他支持彭德怀的观点。1961年，田家英到浙江调查以后，在毛泽东支持下起草了著名的《六十条》，纠正了此前的许多错误。1965 年，毛泽东在一次谈话中偶然谈到"海瑞罢官"一事，江青一伙借题发挥，企图整垮一批党内优秀干部，田家英整理记录时，删去了这段话，结果江青等人借此把"篡改毛泽东著作"这一天大的政治罪名加在他的头上。1966 年5 月 22 日，田家英被停职反省，为维护党的事业和毛泽东本人的威望，他静思一夜，便以死抗争，年仅四十四岁。1980 年，中共中央为田家英平反并举行追悼会，评价他"是一个诚实的人，正派的人，有革命骨气的人。他言行一致，表里如一。他很少随声附和，很少讲违心话。"

田家英确实是一个有骨气的人，一个追求真理和正义的人。

与田家英绝然不同的是，张国焘分裂党和红军、变节投靠国民党特务集团的所作所为，为人所不齿。[②] 张国焘本来具有很好的政治基础和发展前景，他 1921

---

① 故事选自王修智主编：《"八荣八耻"的故事》（下卷），山东人民出版社 2007 年版，第1916—1917 页。

② 故事选自王修智主编：《"八荣八耻"的故事》（中卷），山东人民出版社 2007 年版，第1285—1286 页。

年 7 月出席党的一大并当选为中央局成员,1928 年赴苏联参加中共六大并作为中共驻共产国际代表留驻莫斯科。从苏联回国后被派往条件最好的鄂豫皖苏区任中央分局书记兼革命军事委员会主席。1935 年,红四方面军与红一方面军在四川懋功会师后,他公然违抗中央关于红军北上建立川陕甘苏区根据地的决定,带领红四方面军南下川康,在卓木碉宣布另立"中央"。1938 年春,张国焘变节投靠国民党特务集团,同年 4 月 18 日被中共中央开除党籍,从此被钉在了历史的耻辱柱上。

学习好比走路一样,学在前面的人停下来,在前面等着我,而我去努力追赶,那么或迟或早,或先或后,又怎么不能达到同一目的呢? 但学习和走路又不完全一样。一个学习在先的人,是不可能有意停下来等着后面的人追赶的。学在前面的人只能通过对学习存在差异的人加强辅导,比如说他数学成绩不行,你就辅导他的数学;他英语学得不好,你就想办法给他补习英语。如此,或快或慢,或先或后,才可以使他不断地接近你的目标,并一同前进。还有一种情况就是笨鸟先飞,"人一能之己百之,人十能之己千之"(《礼记·中庸》),只要自己毫不懈怠,加倍努力,就一定能够在不久的将来赶超前面学习的人。这两种情况在现实生活中有没有? 很普遍。但也存在与之对应的情形,一种是他明明学习很好了,你去问他学习心得,或向他请教学习上的问题,他却爱理不理,生怕你在学习上赶超他,动摇他在班上第一名的地位。还有一种情况,也是最致命的,就是明明知道自己学习不发奋、不刻苦、不用功,但自己又不奋起直追,而是在那里自暴自弃,不思进取,不思学习。这种人是永远也不可能取得学习上的进步的。

因此,荀子就发出了自己的感慨,只要你不停地走,一步一步地往前行,即使是最蹩脚的跛足的龟鳖,也可以完成千里的行程;同样的道理,一层一层地不停地堆土,平地也能堆成山丘。如果堵塞水的源头,开渠放水,江河也会干枯。相反,一会儿前进,一会儿后退,一会儿左行,一会儿右走,就连六匹良马齐头并进,也不可能到达目的地。人与人之间的智力、才性的差异不可能有良马和跛鳖的差异那么大,然而瘸腿的龟鳖能够到达目的地,良马却不能到达目的地,这并没有别的原因,根本的区别就是前者朝着正确的目标不停地努力奋斗,而后者却摇摆不定,目标不明确,所以永远也达不到目的。更何况我们普通人类呢? 俗话说,只要有恒心,铁杆也能磨成针。这句俗语道出了两个深刻的哲理:一是目标要明确,那就是针;二是要坚持不懈,也就是应不停地工作,这是取得成功的核心。所以说,道路虽然近,但如果你不去一步一步地走,或者目标不确定,那也是走不到目的地的;事情虽然很小,但如果你不去认真做,那也做不成。一个成天空闲无事的人,是不可能在学业、修养方面超过别人的。

9. 君子的修养标准和方法

"好法而行，士也；笃志而体，君子也；齐明而不竭，圣人也。人无法，
则伥伥然；有法而无志其义，则渠渠然；依乎法而又深其类，然后温
温然。"

荀子这里的"士"应该就是我们今天所说的普通知识分子、基层干部之类的
人，不包括普通老百姓一类的人。因为按照古人的观点，一般将人分为五等，依次
是天子、诸侯、卿大夫、士、庶人，其中的"士"就是专指一般低层的官员，如士大夫，
就包含了一般知识分子和基层普通官员。荀子这里不是按等级分类，而是从道德
人格的高低、执礼行事的不同，将人分为三大类，他们依次为圣人、君子、士。我的
理解，应该还包括庶人即普通老百姓，但荀子没有提出来，是什么原因不得而知。
通观荀子留给后人的三十二篇文章，荀子始终将庶人等同于小人或"涂之人"，即
为物欲所左右的人，这类人不具有道德修养的实际行动和能力，因此没有必要讨
论这类人的修养问题。我觉得，这是荀子的思想局限性或思想缺陷，也反映出了
封建知识分子对劳动人民的蔑视，是不足取的。

按照荀子的观点，作为士，也就是一般知识分子和基层官员，应该做到遵循礼
法并按照礼法办事，做人、做事、做学问等，均不能违背礼法，否则你就不配做士，
就可能沦为庶人即小人行列。我认为，荀子这种观点有其进步的一面，但更多的
是鄙视庶人或小人，在这一点上，他不及孔子高明。孔子就对庶人如何行孝，如何
遵循礼法的问题进行了明确的界定："用天之道，分地之利，谨身节用，以养父母。
此庶人之孝也。"（《孝经·庶人章》）

我国自古以来就是一个农业社会，以农为主。作为普通老百姓，也就是说以
耕种稼穑为主的农民，他们的孝道是什么？按照孔老夫子的观点，农民就是要充
分利用自然规律的变迁及四时季节的变化来耕种收获，以适应天道。认清土地的
好坏优劣，哪些是熟田肥地，哪些是生田瘠地，哪些是冷浸田不适宜种早稻、春玉
米、春小麦等等，做到培生田保熟田，改造冷浸田等等，充分利用不同田地的性能
来种植不同庄稼，做到增产增收增效。除此之外，还要谨慎行事，勤俭节约，珍惜
自己的身体和保护好自己的名声，使自己家庭财货充裕，衣食无忧，保证父母不因
此担惊受怕和受冻挨饿，那父母就一定会心情舒畅、颐养天年。这就是普通老百
姓的孝道了。

这是讲士的行为修养问题时，顺便讲到了庶人的孝道问题。孝道实际上也是
一种行为修养和道德品质，而且是最基本、最重要的行为修养和道德品质。孝道

本无高下之分,也无终始之别。凡为人子女者,都应站在自己的本位上,尽其应尽的责任和义务,大而为国为民,小而为家为亲甚至保全自身,都要尽孝道。这样就有助于个人心情顺畅,家庭幸福美满,国家安定有序,社会和谐稳定。所以,孝是最大的道德修为,孝道是最高的道德品质。

讨论完"孝"的问题以后,我们回过头来仔细品味荀子关于士这一阶层的具体修养方法问题。他主要还是认为,作为士人,更重要的是学礼法、知礼法、守礼法、循礼法,不违背礼法,说明白了,就是我们现在所倡导的遵纪守法的观点。从现在的角度分析,这是公民的基本道德规范和要求。我们时常讲道德的底线、做人的底线等问题。那么做人的底线是什么?就是做一个好人。好人的标准是什么?就是不害人,不给社会和他人添乱,不做违背良心的事情。所谓道德的底线就是超越道德准则和道德活动的最低界线,也就是通常意义上说的不做坏事。我们时常听人说"盗亦有道"。什么叫盗亦有道?简单地说,比如说我是盗者,是扒手,我不去偷扒别人的救命钱、活命钱,只偷富人不偷穷人的钱财,只偷钱财不伤人命等等。有人说这就是道德底线,这是完全错误的观点,因为"盗亦有道"的前提就是一个伪道德命题。盗亦有道的本质是"盗",本身就违背了道德准则,盗的行为后果就是恶,即盗本身的行为就是做坏事。我们所说的道德底线是什么呢?做一个很浅显的比喻,我们的某门功课没有复习好,考试的时候有一个题目做不出来,但旁边一个同学做对了,我能轻易看到,只要抄下来就可以了,但我不去抄袭、不舞弊,再或者我卷面上只做对了五十八分、五十九分的题目,只要剽窃旁人一个选题就可以及格,但我不去做,这就是作为一名学生应具备的道德底线。诸如此类的还有行业方面的、职业方面的、交往方面的等等,每一个方面都有相应的道德底线。这些就是荀子所谓的"士"的修养标准和方法。

对于君子来说,情况就不一样了,要求也不一样了。对于君子来说,你不仅应遵循礼法,依礼法行事,而且在这方面还应有坚定的意志,并且应模范带头,身体力行,为下属和人民群众做出榜样。至于圣人,我倒觉得荀子此处所指"圣人"应该就是那些道德修养水平和思想境界很高的人,而并非仅仅指历史上的帝王将相,如尧、舜、禹、文、武、周公等,不然的话,现实生活中怎么会有人达到如此高的思想境界和精神境界呢?

严格说来,"圣人"是指那些知识全面、道德纯备、行为至善之人,是有限世界中的无限存在。按照孔子对圣人的解释,"所谓圣人,必须达到自身的品德与宇宙的法则融为一体,智慧变通而没有固定的方式。对宇宙万物的起源和终结已经彻底参悟,与天下的一切生灵、世间万象融洽无间、自然相处,把天道拓展入自己的性情,内心光明如日月,却如神明般在冥冥之中化育众生,凡夫俗子永远不能明白他的品德有多么崇高伟大，即使了解一点，也无法真正明白他精神的边界到底在哪里。达到这种境界的人才是圣人"。（解释自《孔子家语·五仪》）如果按照这样的定义，估计古今中外尚无一人，即使有，那也只是传说或文学描述。我们应该回到现实世界观察问题。我认为，所谓"圣人"，就是指那些思维敏锐、道德高尚、学识魅力和人格魅力都堪称楷模而且终生都力行不止的人。比如说李达，就是这方面的代表。①

李达是中国共产党的创始人之一，著名的哲学家和教育家，也是毛泽东主席的一位净友、直友和谅友。他一辈子坚持真理、崇尚科学、实事求是，不唯书、不唯上，只为实，被人们敬称为党内的鲁迅。

随着"大跃进"的不断推进，党内和各级政府官员头脑不断热胀，唯心主义思想逐渐占领党内高层。毛泽东时常讲，人民群众是真正的英雄，实践是检验真理的唯一标准。但就是这位最讲实事求是和坚持真理的开国领袖，在"大跃进"和"文革"期间，也不可避免地受到了唯心主义思想的蒙蔽，甚至被别有用心之人送上了个人崇拜的神坛。

1958 年 11 月中旬，正当大跃进处于高潮时，李达见到了南巡的毛泽东，两位老友因为两条标语一事发生了激烈的争执。而这两条标语正是为了贯彻中央关于"鼓足干劲，力争上游，多快好省地建设社会主义"的最高指示而写的。一条是"宁可少活十年，不愿落后一天！"一条是"人有多大胆，地有多高产"。李达看后认为，第一条是鼓劲和表决心的，贴一贴也无所谓，反正害处不大，但第二条则是完全的主观唯心主义，不符合客观规律，把人的主观能动性作为第一性的东西无限夸大，显然违背了物质第一性，意识第二性，物质决定意识的辩证唯物主义原理。为此，他决定找到毛泽东"理论理论"。

"润之：'人有多大胆，地有多高产'这句话通不通？"毛泽东说：这只是一句口号，同任何事件一样具有两重性，其中一重就是讲如何发挥人的主观能动性的问题。"按照你的想法，就是肯定这句口号的正确性啊！"李达打断毛泽东的话。

"肯定怎样？否定又怎样？"毛泽东反问道。

李达非常严肃地说："肯定，你就是在无限夸大人的主观能动性，这不符合客观规律。人的主观能动性的充分发挥离不开一定的条件。我也相信，一个人只要具有拼命精神，可以做到以一当十。但我同样也相信'一夫当关万夫莫开'是离不开一定的地形条件的。如果条件不具备，你再有万夫不当之勇，也是不可能取胜

---

① 故事选自王修智主编：《"八荣八耻"的故事》（下卷），山东人民出版社 2007 年版，第 1588—1589 页。

的。现在的人胆子本来就够大了,你再火上浇油,必成一场火灾。"

后来事情的发展,正如李达所说。随着"大跃进"的推进,全国各地不同程度地出现了灾荒:缺衣少药、粮食短缺,全国人民普遍营养不良,有些地方出现逃荒潮,甚至出现了饿死人的现象。毛泽东也逐渐认识到了"大跃进"的错误,并决心纠正出现的错误,如 1959 年 4 月 29 日,他在给党内的一封通信中就明确指出:包产一定要落实,能包多少,就讲能包多少;收获多少,就讲多少,不可以讲不切实际的假话。

老实人,敢讲真话的人,归根到底,于人民的事业有利,于自己也不吃亏。爱讲假话的人,爱吹牛皮的人,一害人民,二害自己,总要吃亏。因此,干劲一定要有,假话一定不可讲。后来一系列的会议和场所,毛泽东每次必讲综合平衡,讲有计划按比例发展,讲纠"左"问题。

所以,荀子特别强调,一个人无论行事还是做人,如果不按客观规律办事,不遵礼法准则,那肯定就会无所适从,甚至好心办坏事。只有遵从礼法准则,深入认识事物的本质特征,且按客观规律办事的人,才能使自己的工作得心应手,顺理成章,取得好的实际效果。

10. 礼仪在生活中的重要性

在荀子的学术思想体系中,礼法是其根本宗旨和中心思想,这是研究荀子必须加以明确认识的问题。孔子说:"不学礼,无以立。"(《论语·尧曰》)这个"立"就是成事立业、安身立命的立,就是说一个人如果不能事业有成,就不能很好地在社会上立足。孔子强调的是入世问题,强调个人学礼、修礼、遵礼的重要性。而荀子则主张不学礼无以行,即一个不学礼、不懂礼、不行礼的人,是不可能很好地同人们打交道交往的,强调的是出世问题。所以,荀子特别强调老师即教育在正礼、知礼、安礼、行礼中的作用。为此荀子指出:

> "礼者,所以正身也;师者,所以正礼也。无礼,何以正身?无师,何以知礼之为是也?礼然而然,则是情安礼也;师云而云,则是知若师也。情安礼,知若师,则是圣人也。故非礼是无法也,非师是无师也。不是师法而好自用,譬之是犹以盲辨色也,以聋辨声也,舍乱妄无为也。故学也者,礼法也;夫师,以身为正仪,而贵自安者也。《诗》云:'不识不知,顺帝之则。'此之谓也。"

用白话文翻译这段文字,意思非常明白。礼的作用,就是能够端正自己的行为和身心;老师的作用,就是通过教育来端正礼法。没有礼法,一个人用什么来修正自己的行为呢？没有老师的教诲，我们怎么会知道礼法的含义是什么，是用来干什么的呢？礼法是怎样规定的就怎样去做、去执行，这就是一个人本性上安于礼法，习惯于遵礼而行；老师怎样说，你就怎样说怎样做，这就是智慧同老师一样，理智上同老师保持一致。能做到性情安于礼法，智慧如同老师，这就是圣人的情怀和境界。所以，如果违背礼，就是不遵循法度和礼法准则，就是心中无礼法，即目无王法；违背老师的教诲，不按老师的指引行事遵礼，就是不以老师为师，就是心目中没有老师，就是目无尊长。不遵循老师的教导和规定去做，而是擅自做主、自行其是，这就好比用瞎子的眼睛分辨颜色，用聋子的耳朵分辨声音一样，除了胡乱猜测、妄自揣度、悖乱情理之外是不会有什么结果的。所以说，学习的根本任务和宗旨，就是学习礼法。至于老师，就是要用自己的言行举止，身体力行地为人们做出表率，为此，老师最为重要和最难能可贵的就是自己要以身作则，心安理得地去按礼法行事。《诗经·大雅·皇矣》说："不知道为什么要这样做，但它却符合自古以来的自然法则。"说的就是这个道理。

　　按照古人的解说，礼本是一张规范人们日常行为的无比细密的网，从君王登基、朝贺、祭祀等各种大典，到普通老百姓的日常生活饮食、起居、洒扫应对、行为举止等，都有非常具体而详细的规定。为了保证这些礼仪规定的有效执行和实施，历代统治者都采取了许多切实有效的措施。一是靠教育，让人们学礼、知礼、尊礼，依礼法行事，也就是荀子讨论和主张的范畴；二是靠树立各种典范，或借助一些反面的事例，依靠社会舆论的力量，或褒或贬，使之进入人的心灵深处，以培养一种社会风尚和伦理的自觉；三是通过刑罚，以外部的强制力量来保证礼义制度的实施。礼义成为中华民族几千年来恪守的道德规范，成为社会稳定与发展的基础和人们日常生活的行为准则。遵守者可以安邦兴国、民族和睦、社会和谐，违背者则祸国殃民、身败名裂，古今中外，概莫能外。

　　按照荀子这段话中对于礼法的内涵的理解，我认为，荀子更多地侧重于道德层面和规章制度层面，也就是我们今天所强调的个人道德行为问题和制度约束层面的问题。这正好印证了荀子是一位尊重事实、崇尚实践、不尚空谈的思想家、哲学家、政治家和教育家。

　　我国古代因尊礼兴国安民和背礼亡国害己的例子不计其数。据《左传·成公九年》记载，钟仪因为知礼而被晋侯看重，并委以重任，让他去楚国求和，以结晋楚之好。①

　　成公九年，晋侯有一天视察军队时，在军用库房见到钟仪。就问身边随行工

————————

① 《左传·成公九年》。

作人员:那个被囚在军用仓库、戴南方帽子的人是谁? 随行人员回答说:郑国所献的楚国囚犯,名叫钟仪。晋侯马上叫随行军官将此人松绑,并在军营大帐亲自召见慰问。钟仪向晋侯叩首谢恩。晋侯问钟仪世官之位,钟仪回答说自己为乐官。晋侯就说,既然你是乐官,能否现场奏乐? 钟仪回答,家父为乐官,本人乃承父业,不敢违背先父遗志,请为晋侯演奏一首南方乐曲。演奏完毕后,晋侯又问钟仪,你们楚国的国君如何? 意思是你们的国君是不是一位明君。钟仪回答,君王品行如何不是小人所能了解的。经过晋侯的再三询问,钟仪做出了回答:还在楚王为太子的时候,有太师教导他为人处世等诸多道德规范,有保奉侍奉他。早上向婴齐重请教礼法,晚上又去向侧去请教礼法知识之事,其他的就不知道了。大臣范文子对晋侯说:钟仪是真正的君子啊。说话中举出先人的官职,是不背弃根本;奏家乡的乐调,这是不忘记故旧;举出楚君做太子的事情,这是没有私心;称二卿的名字,这是尊崇君王。不忘本是仁;不忘故旧是信;不存在私心是忠;尊君为敏。以仁处事,以信守事,以忠成事,以敏行事,大事必成。君王您应该释放他并让他回国,促成晋、楚结好。晋侯听从了范文子的建议,施以钟仪重礼,让他回国促和。钟仪果然不辱使命,促成了晋楚之好。

另一则故事是《左传·宣公四年》所载郑灵公因对大臣无礼而遭杀身之祸的事情。①

宣公四年,楚国人进献给郑灵公一只大甲鱼。公子宋和公子家将要觐见灵公。公子宋的食指忽然动了起来,就举起手对子家说,以前每次发生指动的情况,必定有美味佳肴大餐享用,今天莫非也会如此? 二人一同走进大殿,只见厨师正在分割煮熟的甲鱼,准备供灵公用膳。二人见此相视大笑。灵公就问二位大臣为何发笑,子家告诉了原委。到吃甲鱼时,郑灵公叫大臣们一同吃,唯独不让公子宋吃。公子宋就用手指伸向盛甲鱼的鼎,沾汤尝了一下,愤然而去。郑灵公大怒,扬言一定要杀死公子宋。如是,公子宋与公子家谋划,必须先下手为强。公子家不忍心杀灵公,说:牲口老了还不愿杀死,何况是君主啊! 公子宋反过来诬陷子家,公子家非常害怕,便同意公子宋的计谋。是年夏天,二人联手杀死了郑灵公。

这两个绝然相反的故事告诉我们:一个人只有知礼、懂礼、尊礼,才能保全自身,兴国安邦,即使君主也不例外。否则就会惹祸上身,导致亡国杀身。

从道德层面来讲,一个人只有自己切实加强道德修养,具有高尚的道德修为和礼仪风度,才能以自己的人格魅力去引领社会、影响他人,成为人们学习的楷模和榜样。全国首届十大教书育人楷模之一——石雪晖教授就是其中的典范。

① 《左传·宣公四年》。

　　石雪晖教授是湖南农业大学园艺专业果树学教授、博士生导师。她从教四十余年，义务支农，无偿服务农业、农村、农民，用科学技术指导农民脱贫致富，几十年如一日，从未间断，被农民尊称为"果树110"；对农民有求必应，被农民朋友誉为"财神爷"。但她却从不收受农民朋友的任何费用和贵重物品。她有一句口头禅："农民好不容易赚几个钱，你就向农民要这要那，不好！"不仅如此，她对待学生就像对待自己的孩子一样，关心他们、爱护他们、帮助他们。学生有什么困难，比如经济拮据、生病等，她会时刻送钱给他们，二百到五百元不等，甚至会不经意为学生买一个新书包。她的研究生过生日，她会请学生们聚餐以联络感情。但她在学业上对学生要求严格，毫无商量的余地。对年轻的教师，她会关爱有加，一个青年教师因为第一次试讲没有通过，她会连续十多次亲自指导她备课、试讲。因此，她被老师和学生们称为"事业上的好伙伴，学业上的引路人，生活上的好妈妈"。她用自己的实际行动诠释了一位知识分子和人民教师心系教育、情系学生、奉献社会的高尚人格品质和师德精神。

11. 要树立正确的义利观

　　讲到义利观，这是中国的千古话题。中国自古以来就重义轻利，孔子说："君子喻于义，小人喻于利。"(《论语·里仁》)很显然，孔子将一个人所持的义利观作为区分君子和小人的重要尺度。《大学》上也说，"富润屋，德润身"。讲的也是义利问题。孟子更是舍生取义，将君子与物欲、私欲绝然分割。

　　《孟子·梁惠王章句上》记载，孟子有一次到魏国去拜见梁惠王，本想帮助梁惠王施行仁政，以保国家长治久安，不想梁惠王却不买他这个账，见面就问："叟，不远千里而来，亦将有以利吾国乎?"这个"叟"特别有意思，大体上可以翻译成"老先生"、"老人家"、"老头子"、"老家伙"。大家可能会问，孟子是当时有名的思想家、教育家，仅次于孔子的代表人物，被后人尊称为"亚圣"。初次见梁惠王，惠王怎么对他这么不客气，也不用"先生"、"子"之类的敬称，劈头就是一声"叟"呢?其实，当时魏国刚好被邻国打败，被迫将都城从安邑(今山西夏县)迁到大梁(今河南开封)，梁惠王有一肚子的气没处出，而且一心想复仇雪耻，加上孟先生不会权变之术，不像苏秦、淳于髡之流圆滑，所以一般权贵之人都对孟老夫子没什么好感，但又不得不用他的学术思想，故而也不敢得罪孟子。所以，梁惠王第一次见到孟子，劈头便问："老头儿，你不远千里到我这里来见我，可有什么高见，能让我国获利呢?"孟子心想，我本来是想与你谈治国之道，教你如何治理国家的仁义之道的，你不但不领情，而且还以"叟"来羞辱于我，很是不高兴，但又不便发作。这是人之常情，要是换了我与你，可能立马走人，道不同不相为谋嘛！可孟子没有这么做,他要通过游说施展自己的才华,实现自己的政治理想和抱负。

所以,孟子对梁惠王说,作为一国之君,普天之下莫非王土,你又何必开口闭口就谈利呢? 只要讲仁义就够了,你应该实行仁政,这样你的子民才会拥戴你,国家才能长治久安。如果大王老说,用什么方法使我国获利,这样的话,上行下效,大臣们、大夫们也会整天想着如何能使我家获利,士和庶人就会每时每刻想着如何使自身获利。这样上上下下交互求利、舍义取利、唯利是图,国家可就危险了,你的政权就不稳固了啊! 听了孟子此番言论以后,梁惠王可能有些相信孟子了,但对其论证仍将信将疑,于是孟子又举了发生在历史上的一些国破家亡的故事。

孟子进一步指出:"能出兵万乘(古时一车四马为一乘)的国家,应该是大国了吧,可以谋杀他们国君的人,一定是那些只有千乘的大夫之家族;能出兵千乘的国家,谋杀他们国君的人,一定是那些只有百乘的大夫家族。从上往下看,万中有千,千中有百,这不可说不多了。如果真要轻义重利,那就一定会闹到非要夺取全部财物和国家政权为止,这样国家怎么会安稳,人民如何安居乐业?"所以,孟子告诫梁惠王:"自古以来,重仁德的人是不会遗弃他的家国的,重义理的人也是不会不照顾他的君主的。您作为一国之君,只要讲仁义就够了,何必死死纠缠利益不放呢? 这似乎不是大王您的作为和品德吧!"

这是有名的当权者与知识分子关于义与利的探讨。类似的例子还有很多,如"鱼与熊掌"的问题,也是义利之辩。

照此推理,孟子是不是绝对不谈利呢? 非也。古人言利,孟子也不例外。但孟子认为君子爱财取之有道,不以道得之,君子不取也。

因此,荀子在义利观方面,就给出了正确的路径和取舍标准。

"君子之求利也略,其远害也早,其避辱也惧,其行道理也勇。君子贫穷而志广,富贵而体恭,安燕而血气不惰,劳倦而容貌不枯,怒不过夺,喜不过予。君子贫穷而志广,隆仁也;富贵而体恭,杀势也;安燕而血气不惰,柬理也;劳倦而容貌不枯,好交也;怒不过夺,喜不过予,是法胜私也。《书》曰:'无有作好,遵王之道;无有作恶,遵王之路。'此言君子之能以公义胜私欲也。"

荀子认为,人人都有求利的思想本能和欲望,不求利的人世上没有。马克思也说:人们奋斗所取得的一切都同他们的利益有关;①思想一旦离开利益,就会使

---

① 《马克思恩格斯全集(第一卷)》,人民出版社 1956 年版,第 82 页。

自己出丑。① 但君子求利与小人求利完全不一样，君子对于自己的私利从来不斤斤计较，而小人却在利欲面前无法摆脱其诱惑。任何事物发展都有自己的缺陷，人也不例外，不能希冀什么东西都应归于自己，否则就内心不安、痛苦，总想用什么办法据为己有，那样的话，你就会活得很累很苦，很不自在，要么腐化堕落，使自己身败名裂。清康熙年间，有个大学士张英。一天他收到一封千里家书，打开一看，原来是自家因争夺三尺宽的宅基地，与邻居发生纠纷，要他利用自己在京城做官的权势，压制邻居屈服。张英阅后淡然一笑，提笔写了一首七言诗作为回信："千里家书只为墙，让他三尺又何妨。万里长城今犹在，不见当年秦始皇。"家人看到回信后，明白张英的意思，主动提出退后三尺砌围墙，邻居见此也退让三尺。现在位于安徽省桐城市宰相府内的"六尺巷"的佳说，便就此形成，也使一场干戈化为玉帛。

张英不愧为君子，他不去计较区区三尺之地，更没有利用职权来压制邻居。试想，如果凭张英的权势，别说三尺之地可以争到手，就是把邻居房屋拆了，邻居也敢怒不敢言，但那样势必结下恶果，必定在老百姓心目中留下恶名。

"六尺巷"的故事表明，包容忍让、平等待人的美德古已有之。它教育启示我们在牵涉到自己的切身利益时，一定要心胸宽广、放眼远处、恭谦礼让，要大气，不要斤斤计较、小肚鸡肠。只有如此，才会受人尊敬。尤其是物欲横流、以利当先、以权当头的今天，更应提倡这种美德和人生价值观。

所以，荀子指出，君子对于祸害定能早早避开，既能预见祸福又能趋利避害，避免耻辱的警惕性也高，对于合乎道义的事情勇于担当，哪怕自己承受巨大的压力也不推辞。君子身处困境和贫穷时志向远大，富贵之时恭敬礼让，安逸之时精神不懈怠，劳累困倦之时容颜不枯萎，盛怒之下罚不过重，喜悦之时赏赐不过高。也就是说，君子为人处世进退有度，不妄言、不妄行、不忘形、不失志。一个人要真能如此，那实在是太伟大了。俗话说，贫而不贱易，富而不骄难。为什么？贫居闹市无人问，富在深山有远亲。(《昔时增广贤文》)你富贵了，成了公司老总；你做官了，有权有势，找你、求你的人多了，你不骄也难，这是人的本性使然，是人性致命的弱点。历史上和我们现实生活中，有很多人常常只可共患难，不可共荣耀。勾践与范蠡、刘邦与韩信等历史故事就不必多说了，单就目前办企业来说，就有很多案例。很多企业在起步阶段，合伙人一鼓作气，同甘共苦，共同经营企业，一旦企业有了起色，有了赢利，合伙人或股东就会为各自的利益争吵不休，最后分道扬镳。

---

① 《马克思恩格斯全集(第二卷)》，人民出版社 1956 年版，第 103 页。

但在历史上重义轻利的例子也不少,如宋代崔枢就是一例。①

有一年,崔枢去汴梁赶考,途遇一南方商人,两人一见如故,很快便成了好友,一路谈古论今,讨论学问。一天,商人突然得了重病,卧床不起,崔枢连忙求医问药,为商人治病。但商人病情一天天恶化,临终前对崔枢说:"我有一个价值连城的宝珠,看在咱俩的情分和缘分上,我把它赠予你。"崔枢说:"小弟怎敢受你如此贵重的礼物!"商人说:"你如不收,我将死不瞑目。"为此,崔枢假意收下宝珠,商人死后,崔枢将宝珠一同下葬。

一段时间后,商人的妻子寻找亡夫,追查宝珠下落。怀疑是崔枢藏匿了宝珠,将其告上了官府。官府派人逮捕了崔枢。崔枢说:"我已将宝珠随同主人一同下葬,如果墓没有被盗的话,宝珠一定还在棺材里。"官府派人挖开坟墓,发现宝珠果然在里面。大家都被崔枢重义轻利的高尚品德感动了。商人的妻子也为自己先前的举动羞愧不已。

崔枢这种重义轻利、安于贫贱的美德,不仅于人有益,而且于己有益。假若当初崔枢果真带走宝珠,官府追查下来,他和商人的友谊就另当别论了,或许商人的妻子告他"图财害命",他恐怕就有口难辩了。

正如荀子所说,君子在处境困难的时候,却志向高远,这是因为君子高尚仁义的缘故;身处富贵却体态恭敬、从容不迫,那是因为君子不以权势作威作福;休息的时候精神不懈怠,这是遵礼奉法的原因;在劳累疲倦的时候容貌不萎靡,这是因为注重礼仪礼节;在盛怒之下罚不过重,在喜悦之时赏不过高,这是由于礼法战胜了私欲。《尚书·洪范》说:"没有个人的喜好,一切都遵循古代圣王之道;没有个人的憎恶,一切都遵循古代圣王之路。"说的就是君子能以正义战胜私欲的事理。

全国首届十大教书育人楷模之一,湖北省蕲春县四中高级教师汪金权老师,二十三年如一日,自己粗茶淡饭,但却从自己微薄的工资收入中拿出十多万元,资助了二百多名贫困学生完成学业,有些学生读大学,读硕士、博士均由他资助,而他自己却过着非常艰难的生活:家里有七十多岁的老母亲、刚入大学的大儿子、患严重智障的小儿子、患有精神分裂的妻子。面对这样一个家庭,他需要钱吗?需要。他缺钱吗?缺。因为到现在,他的工资也不足三千元一月。但就是这样一个平平常常的教师,不仅没有向组织提出任何要求,而且还将领导、各级组织给予的慰问金分文不差地上交学校,以资助贫困学生完成学业。2011年4月19日,他和石雪晖教授应教育部邀请,为教育部直属机关干部和首都各高校师生代表作事迹

---

① 故事选自王修智主编:《"八荣八耻"的故事》(上卷),山东人民出版社2007年版,第0678—0679页。

报告期间，每次用餐，他只吃蔬菜，不吃鱼肉，领导给他夹的荤菜，他一概放在旁边的盘子里，领导不解地问："汪老师，你吃素不吃荤吗？"汪老师回答说："不是的，一直以来我只吃青菜不吃荤菜，以便节省钱供贫困家庭的孩子上学。我怕这次把嘴吃馋了回去就戒不掉了。"听了他的一席话，整个包厢的人，用餐的和不用餐的，个个泪流满面！

这就是一位人民教师的博大胸怀和远大志向，这就是一名人民教师的高尚品格和人格魅力。汪金权老师用自己的实际行动诠释了"君子贫穷而志广"的深刻内涵，诠释了"饭蔬食饮水，曲肱而枕之，乐亦在其中矣！不义而富且贵，于我如浮云"（《论语·述而》）的深刻道理。他有一句口头禅经常挂在嘴边："我只睡得下六尺长的床，每个月三百元的生活费就足够了！"他为了资助贫困生完成学业自己甘愿吃素，为了让孩子们学业有成，他可以多年不买一件新衣裳，可以不买一件家用电器和家具，可以住土坯房。但他精神饱满，从不抱怨条件艰苦；每天精神抖擞，全心微笑教学。因为他知道"不能把任何不高兴的事带进课堂"。二十多年来，他亲手培养了一千多名孩子考上大学，他们中的很多人出身贫寒，如今分布在全国各地各条战线，事业有成，他认为"这是我人生最宝贵的财富"。

12. 力争做一个品德高尚的君子

什么是君子？我在多处作过定义。按照儒家学派的观点，"君子"实际上就是古代知识分子。那么什么样的人才能称得上是真正的"君子"呢？对上忠于君主、尊敬父母长辈，对同辈、同僚、兄弟、朋友等，均要敬重，以礼相对，以诚相待；而对于下属、晚辈等，则应具备一颗仁爱之心；对贫弱者应有同情、怜悯之心，这是从表面礼义方面讲。从社会学层面分析，所谓君子就是要充分认定和接受整个封建等级制度的合理性以及永恒性，努力学习文化知识和礼义知识，并力争用这些知识来为国家服务。总体上说，就是指思想纯洁、品德高尚、公正廉明、诚实守信、知识丰富且具有仁爱之心的人。至于说到"修身"问题，实际上可以看作是一个普通人转变成为"君子"的"修炼"过程。这种"君子"思想在剔除其封建残余意识之后，有很多合理、正确、科学的东西值得我们好好去学习和借鉴。

荀子站在封建等级社会的立场之上，自己也作为一名普通知识分子，即君子，对于君子的身份、地位、作为、修养方法和途径等，均作了比较详细的介绍，有些集中在《修身》《不苟》《性恶》等论述之中，有些散布在各篇著作之中。在《修身》篇中，荀子用大量篇幅讨论了君子应具备的基本品质和修身内容、修身方法之后，利用两小节内容，具体讨论了什么是君子和君子应具备的三种基本德行。

"端悫顺弟，则可谓善少者矣，加好学逊敏焉，则有钧无上，可以为君子者矣；偷儒惮事，无廉耻而嗜乎饮食，则可谓恶少者矣，加惕悍而不顺，险贼而不弟焉，则可谓不详少者矣，虽陷刑戮可也。

"老老，而壮者归焉；不穷穷，而通者积焉；行乎冥冥，而施乎无报，而贤、不肖一焉。人有此三行，虽有大过，天其不遂乎？"

荀子认为，行为端正，做事为人谨慎，为人忠厚诚实，尊师敬长而又关爱兄弟、朋友的人，就是好青年。如果再能做到谦虚好学、思维敏捷、有均平之心而不趾高气扬，即心平气和而不高人一等，就可以算作是君子了。而懦弱怕事、游手好闲，且没有廉耻之心而又贪图吃喝玩乐，这样的人就是坏青年。这样的青年如果再在行为上放荡不羁、凶悍残暴而又桀骜不驯、阴险害人，不尊敬长辈，不关爱兄弟朋友，那人简直就是不吉祥的青年。

因此，作为君子，如果能够做到尊敬老人，那么壮年人也就来归顺了；不欺负、压制和威胁穷苦人和弱者，那么明通事理的人也就聚拢来了；在暗地里做好事，即时刻坚持做好事且不寄希望于回报，那么贤明人和品德不好的人都会被同化。如果一个人具备这三种德行，即使大祸临头，上天也会保佑他不遭祸害。这就是俗话说的"善有善报，恶有恶报，不是不报，时间未到"的道理。

熟悉吴自良的人都知道，他崇尚科学、治学严谨、热爱生活，这也成为他人生的"三宝"。①

吴自良 1948 年获美国匹兹堡卡内基理工大学博士学位。1950 年当选为美国科学家促进会会员，同年年底回国并受聘于北方交通大学冶金系教师，是中国赫赫有名的"两弹一星"功勋奖章获得者，为中国两弹一星的研究，特别是铀 235 同位素的分离提取做出了卓越贡献，这是他的"第一宝"。

他的"第二宝"就是严谨治学的习惯。在治学方面，吴自良的理念是：念书不能多念，喜欢念书就念，应念有价值的书。因为喜欢念书，学识渊博的吴自良养成了治学习惯。他作风踏实，耄耋之年仍一直坚持在科研工作第一线。

他的"第三宝"就是乐观豁达的生活情趣。比如说有一次他花二十元钱买了一只价值只有两元钱的"叫蝈蝈"。为此，老伴埋怨老头不会砍价。但"叫蝈蝈"的欢叫声却为老两口平添了不少乐趣。有一段时间，蝈蝈不叫了，老伴就将了吴老一军："老头子，你不是研究原子弹的吗？蝈蝈为什么不叫了，你给研究研究？"吴老还当真研究起来，经过一段时间观察，吴老发现，蝈蝈如果每天吃两颗毛豆就

① 故事选自王修智主编：《"八荣八耻"的故事》（下卷），山东人民出版社 2007 年版，第 1647—1648 页。

叫得欢,吃多了或吃少了则均不叫,依此法施治,每天蝈蝈就叫得欢快。

吴老崇尚科学的精神、良好的治学习惯和一颗热爱生活的童心,正是"好学逊敏,有钧无上,可以为君子者"的最好解释。

我们平常讲要尊老爱幼,不恃强凌弱,不以势压人,这其实就是君子所为。东汉时期有个叫姜肱的人①,他学识广博、通达五经。四方闻风而来求学于门下者,多达三千余人(孔子也不过弟子三千),许多王侯公卿召请他为官,他都一概婉辞,不愿就任。他有两个弟弟,兄弟三人非常友爱,整天形影不离:一起读书,一起玩耍,一起帮家里干家务活,一起共被就寝。长大各自成家之后,也没有破坏兄弟间的亲情。

一次姜肱跟弟弟出门在外,夜间走路时遭遇强盗,要杀他们。姜肱心疼弟弟,抱着要替弟弟死;弟弟担心哥哥,不让强盗伤害哥哥,也主动要替哥哥受死。就这样,兄弟俩相持不下,都争着要让对方活着。强盗被兄弟俩的手足之情深深地感动了,只抢了他们的财物而未伤其性命。等他们到达目的地之后,官吏问他们为什么如此狼狈,为了给强盗一个改过自新的机会,他们并未说出原委。后来强盗知道此事后,感激加悔恨,又把抢来的财物如数还给了姜肱兄弟。

兄弟姐妹和睦相处,一家人和和美美,是父母最大的心愿。因此,侍奉父母是尽孝,照顾兄弟也是尽孝。兄弟如手足,父母如身躯,身躯与四肢相互搭配支撑,才能构成健全的身体。所以,自古以来兄弟就彼此友爱,相互提携,长大成人之后,更要相互帮助。姜肱兄弟的手足之情,不仅感化了盗贼,也使他们成了备受人们景仰的一代名士。

还有发生在近代的"布衣市长"石瑛的故事,②却是真人真事。

被誉为"民国第一清官"的石瑛,一生清廉、秉公执法、安贫若素,对老百姓和蔼可亲,被人们亲切地称为"布衣市长"、"土老儿"、"可亲可敬的长者和朋友"。但他却不畏权势,曾当面大骂贪官,呵斥卖国贼。

石瑛 1933 年就任南京市市长,在整治南京市税务的过程中,有一次征收了孔祥熙几千元现洋的税。孔祥熙就利用自己财政部的职权,取消了铁道部协助南京市的十二万元经费。后来,在一次会议休息间隙,石瑛气冲冲地走到孔祥熙面前,质问道:"你借口经费困难,取消了铁道部协助南京市的十二万元,你作何解释?"孔祥熙则阴阳怪气地说:"南京市税收那么可观,还差这点钱啊!"

---

① 故事出自《后汉书·姜肱传》。
② 故事选自王修智主编:《"八荣八耻"的故事》(中卷),山东人民出版社 2007 年版,第 1344—1345 页。

石瑛听后怒气冲天:"你天天自己花天酒地、吃喝玩乐,你知不知道,南京市从一个中等城市跃为国都,增加了多少中央机关? 这些机关有多少小职员要维持生计、养家糊口、送子女读书,你了解不了解?!"他还不解恨,看见桌上有个墨盒,抓起来就向孔祥熙的西服砸去,并大声斥责道:"南京市的全年税收尽管好,但还不到你现有家产的百分之一!"孔祥熙惊得目瞪口呆,还没回过神来,石瑛已经拂袖而去,并于当月提出辞呈。后经蒋介石会同社会各界再三挽留,石瑛才同意留任。

石瑛不畏强权、爱民如子、一生清廉、秉公执法的高尚品德和情操,赢得了广大人民的高度认可和赞扬。相反,权倾朝野、贪得无厌、残害忠良、鱼肉百姓的和珅,却成为人民千古唾骂的罪人。①

对于和珅这个人,我们不得不承认,他确实是一个多才多艺的人。他的父亲是一个清官,曾任副都统。和珅在少年时家境贫寒,非常好学,精通满、汉、蒙、藏四种文字。二十二岁授三等侍卫;二十五岁荣升为御前侍卫,并授正蓝旗副都统;二十六岁进入军机处,成为股肱之臣。由于善于揣测皇帝的心意,和珅深得乾隆宠幸,短短二十九年时间,连升四十七次,擅政二十余年,权倾朝野。但他腐败透顶,贪得无厌,公然勒索纳贿,排除异己,败坏吏治,扰乱朝纲,致使官场黑暗,人心惟危,百姓怨声载道。

嘉庆四年,即1799年,乾隆驾崩,走完了其八十九年的人生之旅。从此,志得意满的和珅便失去了政治靠山。一时间,弹劾和揭发和珅的奏章像雪片一样飞向嘉庆。其实嘉庆早就想将和珅绳之以法,只是碍于父皇的面子。现在父皇驾崩,自己亲政,加之又有群臣联名告发,遂下令将和珅逮捕下狱,并尽数查抄其家产。光查抄其家产的清单就有109号,即密密麻麻有109本之多,真是触目惊心。据美国学者费正清在其书中记述,和珅被查出的财产,"照当时美国货币推算,要值10亿美元以上,这大概是空前绝后的最高纪录了"。据史料载,当时朝廷每年的国库收入大概7000万两,而和珅的家产仅抄出的就抵得上国库16年的全部收入,即11.2亿两,相当于人民币100亿元以上。

嘉庆四年正月十五,朝廷公布了巨贪和珅的二十条罪状,正月十八日便将其处死,其财产全部收归国库。所以,民间有谚语:"和珅跌倒,嘉庆吃饱。"

和珅的下场真正印证了"无廉耻而嗜乎饮食,则可谓恶少者矣,加惕悍而不顺,险贼而不弟焉,则可谓不详少者矣,虽陷刑戮,可也"。

---

① 故事选自王修智主编:《"八荣八耻"的故事》(上卷),山东人民出版社2007年版,第0844—0845页。

第三篇

立身处世篇

本篇立足于《不苟》篇原文原意解读,继续讲个人如何立身行事的问题,但与《修身》篇不同的是,前者主要讲一个人要如何修身行事才能成为一个有学问、有修养的君子,即成为一个知识分子,而本篇则是阐述作为一名君子应该如何立身处世的问题。如果说《修身》篇是讲基本原则问题,则《不苟》篇就是讲基本方法问题。二者可以说是相互补充的姊妹篇。

在本篇中,荀子指出,在现实社会中,有通达事理的人,有公正无私的人,有耿直爽快的人,有拘谨老实的人,也有斤斤计较的小人。在这几类人中,荀子最为赞赏的人是通达事理的人,他们上能事君主,下能抚百姓,一般事情能应付自如,对于突发事件也能很好地处理,不会临阵自乱。这样的人是治国之能臣,乱世之雄英,遇明主能施展聪明才智,于国于民有利;逢乱世则能独善其身,保全家国天下与自己。这种人就是孔子所说的:"笃信好学,死守善道。危邦不入,乱邦不居。天下有道则见,无道则隐。邦有道,贫且贱焉,耻也;邦无道,富且贵焉,耻也。"(《论语·泰伯》)

荀子生活在世事混乱的战国时代,到处是征战厮杀,诸侯之间相互征伐、吞并,已经没有春秋中前期的道义和诚信可言了,天下一片混乱。孔子时代,孔子还可以四处奔波,到处游说,不遗余力地推行自己的学说和治国理念。而荀子则身在乱世,天下甚至没有一片地方能够供荀子归隐,于是只能以著书立说、培养弟子来实现自己的理想和抱负。即使如此,荀子仍然坚持君子的操守,不屑于用离经叛道的行为来使自己名声大震。所以,他批评了田仲和史鳝的行为,提出了君子的行为要合乎礼义,符合正道,不可沽名钓誉。

1. 君子的行为

"君子行不贵苟难,说不贵苟察,名不贵苟传,唯其当之为贵。故怀

负石而赴河,是行之难为者也,而申徒狄能之,然而君子不贵者,非礼义

78

之中也。山渊平，天地比，齐秦袭，入乎耳，出乎口，钩有须，卵有毛，是说之难持者也，而惠施、邓析能之，然而君子不贵者也，非礼义之中也。盗跖吟口，名声若日月，与舜禹俱传而不息，然而君子不贵者，非礼义之中也。

"故曰：君子行不贵苟难，说不贵苟察，名不贵苟传，唯其当之为贵。《诗》曰：'物其有矣，唯其时矣。'此之谓也。"

这段文字非常重要，荀子开宗明义就指出：人们的一切言行必须符合礼义，遵循道德规范。否则，就会导致社会秩序混乱，人人相互猜忌，互不信任，社会也就不会和谐稳定。所以说，君子的行为、学说、名声等等，必须符合礼义，不符合礼义就是一种苟且行为，是君子所不齿的。这个"苟"可以作多种解读，如可以解读成"苟且"，即只图眼前，得过且过，不遵礼法，敷衍了事，不正当的等；也可以解读为"如果"、"假如"等意思。由于对"苟"字的不同解读，可能导致对这段文字的不同理解。唐代杨倞就采用了《仪礼》注，解读为"假"，杨柳桥《荀子诂译》则解读为"虚假"，"不贵苟"即"不以虚假为可贵"，意思差不多，今人多解读成"不合礼法"、"不合礼义"、"不遵礼义"等等，可能是受了荀子整体思想的影响之故。就我而言，则比较偏向古注，一则古注离荀子时代较近，可以尽全意；二则采用古注解读原文更为流畅；三则取古注并不排斥"礼义"的中心思想。所以，这段文字可作如下理解：

君子的行为，不以虚假的难能为可贵；君子的学说，不以虚假的明察为可贵；君子的名声，也不以虚假的流传为可贵。君子的所作所为、名声操守等一切只以真实为可贵。一个人要回归真实，确实比较难，因为人都有虚荣心，喜欢听奉承话，喜欢做政绩工程，喜欢别人夸赞自己做事能干，等等。比如，人们常常夸耀体型瘦小的女孩亭亭玉立、婀娜多姿；明明某个女士体态肥胖，她自己都对自己不满意，而我们却常常会用体态丰盈、风韵犹存来赞美她一番，被赞美者尽管心里不高兴，但表情欢快。再比如说，某君的文化功底并不咋地，文章也不敢恭维，但当他将文章送给你征求意见时，当着作者的面你一定会说，文章不错，费了很多的心思，然后来一个"但是"，指出存在的缺陷，提出修改的意见，这样对方也心里舒坦，觉得自己的文章可能确实不错，同时又会乐意按你的要求做出修改。如果你劈头盖脸一顿批驳，对方心里就会不高兴，甚至心里还会骂你："你算老几？"如果是你的上司就更麻烦了。这里给大家讲一个真实的故事：

我的一个好朋友毕业后分到某国有企业工作。他在大学期间各方面均优秀，专业学得很扎实，分到单位以后，深得单位领导赏识，不久即调到办公室当主任。

一次,该单位一位主要领导要参加一个会议需提交一篇会议交流论文。领导将论文写成以后交给他,要他站在专业的角度对文章进行修改。接到领导的任务,他一刻也不敢懈怠,认真修改起来。几天后,向领导汇报,开门见山就说:领导,您的这篇文章不能算作论文,充其量只能算作工作总结,还不全面,如要交流则需要重写。这本来是大实话,但由于太直截了当了,弄得领导很难为情,又不敢当面发作,但从此"怀恨"在心。不出一个月就将其调到工会工作,还美其名曰:"为了加强工会工作。"这一干就是整整十年。虽然是君子"说不贵苟察",但却真真儿地得罪了领导。何故? 人的虚荣心理在作祟:只能听好话,听奉承话,听不进不同意见,特别是听不进反对意见,领导尤其如此。历史上有很多人因此罢官丢职甚至掉脑袋,如比干、刘镛等。所以说,人要做到真实确实很难。

那是不是什么时候都要真实呢? 也不尽然。很多时候善意的谎言和假话可能更加有益于事态的发展。比如说,人得了病,被检查出来是疑难杂症或癌症,特别是像肝癌、肺癌、胰腺癌等器质性病变,医生往往会将病者亲属叫到一边,背着病人告诉其病情及其危险性,目的是让病人亲属更加专心照顾病人,而对病人却撒谎说:你没什么大病,只要配合治疗,病一定会治好。如果你实话实说告诉他:你得了癌症,顶多活半年,你看有什么好吃的就吃点,有什么好玩的就玩玩。你只要这么一说,可能不出两个月,病人就会过世。这就是心理暗示。据科学研究,有近三成癌症病人是因为知道自己的病情以后吓死的。再比如,很多人的父母或至亲过世以后,会给在外工作的至亲发电报、打电话,现在是手机短信,称某某病危,请你尽快赶回。如果此时你发短信说:你父母死亡,请你速回。保证他会因此瘫软在地,无法赶回。而说病危请速回,给人的心理作用就不一样了。尽管他也可能从话语中悟出至亲死亡,但他总是存在侥幸心理,认为父母尚在,只是病危,有一种精神支柱在起作用。所以,"行不贵苟难,说不贵苟察,名不贵苟传"也不是万古不变的教条和法则。

对此,荀子也给出了相应的解说。首先,他列举了申徒狄抱石投河自杀的事件。

有关申徒狄的传说有很多版本,光出生年代就有夏末人、殷末人、六国时人等种种说法。但据1957年河南信阳长台关一号楚墓出土的文献记载,申徒狄真正的出生年代在周朝。申徒狄因为自己的政治理想、政治抱负无法推行和实现,因而怀抱石头投河自杀。屈原也是因为楚怀王时代屡遭排挤,楚襄王时代遭流放,眼看自己的政治主张不被接纳,政治理想无法实现而投汨罗江自杀的。历史上类似这样以死明志的例子确实还有很多,从道德典范上值得提倡,但真实生活中却不值得推介,为什么? 我认为:第一,他们的这种以死明志的做法,不是面对现实,以求力挽狂澜,而是一种逃避现实、不负责任的做法,是一种无谓的死亡,只能使亲者痛仇者快;第二,如果站在现代心理哲学的角度进行分析,这些人可能有严重的心理疾病。这种人由于长期受压抑,心理压力无法释放,自己又缺乏调剂的正确方法,久而久之,积劳成疾,导致自己出现严重的抑郁症或狂躁心理,从而使自己走上自杀之路;第三,这些人,我以为政治上并不成熟,他们以为自己以死明志就可以唤起周围人的政治良知、社会责任和国家意识。恰恰相反,因为他们的死,恰好迎合了某些祸国殃民者的心理,从而导致这些人更加肆无忌惮,祸国殃民。所以,对于申徒狄的行为,荀子说,"君子不贵者,非礼义之中也"。君子之所以不以申徒狄的行为为可贵,是因为其行为不合礼义。

至于说不合乎礼义,因而不为君子所贵的例子,在历史上也是很多的。荀子举了两个人作为事例加以论证,以佐证其观点。一个是春秋末年郑国大夫邓析(公元前545—前501年),著名思想家、名家学派的先驱人物,"名辩之学"的创始人。① 他的主要思想倾向是"不法先王,不是礼义",公开反对"礼治"思想,史称我国历史上最早最有名的律师。

邓析最有名的辩术就是"两可说",也就是"以非为是,以是为非,是非无度"的诡辩论。简单地说,就是说话、辩论模棱两可,让人是非不清的理论。据《吕氏春秋》记载:清河发大水,郑国有一个富人被水冲走淹死,尸体被别人打捞上来。富人家要求出资赎回尸体,但打捞之人据尸索要高价,富人家人不愿接受,于是就找到邓析咨询。邓析听后给他们出主意说:你们根本不用着急,除你家之外,外人不可能花钱买尸,他们只能卖给你们,不可能卖给任何人。到时他们必定会找你们商量并妥协。于是富人家属便不再找捞尸人买尸体了。此时,轮到捞尸人着急了,如果还不赎回放在这里肯定会发臭的,怎么办呢? 他们也找到了邓析为他们出主意。邓析对他们说:你们放心回去吧,尸体在你们这里,富人家属除了能向你买到尸体外,别处不可能买到此尸体了,他们必定会找你们协商解决买尸问题。邓析在买卖尸体这个问题上给双方当事人出了两个完全相反的主意,但结论和目的却只有一个,即都以当事人自身利益为目标和原则。这种处事确实有诡辩之嫌,但仔细揣测,他作为讼师没有义务完全站在一方的立场上,除非有一方委托他作为辩护律师,否则他就可以保持中立立场,不偏不倚。

郑国当时因为邓析的辩讼之术盛行,致使"郑国大乱,民口喧哗",搞得郑国政局动荡。问题不解决不行了。于是,郑国相国子产采取断然措施,杀邓析以陈尸示众。郑国从此大治。后世很多学者包括荀子,都认为邓析是一个没有原则性的

---

① 资料来源于 baike. baidu. com/2014 – 07 – 19.

人,如同墙头草,风吹两边倒。所以,"君子不贵者,非礼义之中也",即不符合礼义法度,所以,君子不以此为可贵。

我们再来看看惠施。① 说起惠施,大家可能比较熟悉一些,他最为有名的思想观点就是"大小论"、"有厚无厚论"、"同异论"等。荀子在《修身》篇中也提到过,《非十二子》中还有专文论述。本篇中所提的"山渊平,天地比,齐秦袭"就是惠施的著名观点。至于"钩有须,卵有毛",即妇女长胡须,蛋内有羽毛等观点,则更多的是庄子的观点,至多只能算作是惠施与庄子辩论的学术观点,还不能完全算作惠施的观点。

惠施(约公元前390—前317年),战国时期宋国人,是著名的政治家、哲学家和辩士。惠施大部分时间在魏国做官,官至相国,是合纵抗秦的最主要的组织者、倡导者和支持者。作为合纵的组织人,他当时在很多国家都享有很高的声誉。

惠施学识渊博,到处讲学。据《庄子·天下》记载:"惠施多方,其书五车。"就是说他知识渊博,读书很多。只可惜他的学术著作早已失传,不然在中国的历史文化书库中又将多几部名著,历代又将有一大批研究者。后世学者分析、考证惠施的学术、政治及哲学思想,主要依据《庄子·天下》记载的"历物十事"。

　　至大无外,谓之大一;至小无内,谓之小一。——小大论

　　无厚,不可积也,其大千里。——有厚无厚论

　　天与地卑,山与泽平。——卑平论

　　日方中方睨,物方生方死。——生死论

　　大同而与小同异,此之谓小同异;万物毕同毕异,此之谓大同异。——同异论

　　南方无穷而有穷。——有穷无穷论

　　今日适越而昔来。——往返论

　　连环可解也。——连环论

　　我知天下之中央,燕之北,越之南也。——中心论

　　泛爱万物,天地一体也。——一体论

惠施的"历物十事"贯穿着"合同异"的思想,即事物本身具有同一和差别的相对性,世间万事万物既具有同一性的一面,又具有差异性的一面,这里包含了丰富的辩证法思想。但他无条件地讲"亦彼亦此"、"非此即彼",即只讲转化而不讲转化的具体介质和条件,这就否定了事物的质的相对稳定性,不免又陷入到相对主义的泥坑之中。因此,荀子说其学说"君子不贵者,非礼义之中也"。

说到盗跖,往往为人们所传颂,名声如同日月那样照着,他和古圣贤舜、禹一

---

① 资料来源于 baike. baidu. com/2014 – 07 – 18.

同流传不息。但是君子却不看重这样的名声,为什么呢?因为它不合乎礼义法度,而且不利于社会的安定团结与和谐稳定。

关于盗跖其人其事,古书有很多传说,有的说是秦国之大盗,有的说是黄帝时代的大盗,《庄子·盗跖》记载为鲁国大夫柳下惠的弟弟,今从庄说。①

据《庄子》一书记载,盗跖这个人,思如泉涌、能言善辩、情感飘逸、勇武强悍、性情暴戾、自由散漫、喜怒无常,喜欢轻易出口伤人,顺着他的心思他就高兴,就同你谈得拢,违背他的心意他就怒发冲冠。据说他部下有九千多人、横行天下、侵扰诸侯、穿墙破户、掠夺牛马、抢劫妇女、贪利忘亲,不顾父母兄弟,不祭祀祖先。所到之处,大国坚守城池,小国避入城堡,百姓深受其害,苦不堪言。经常将人肝切碎下饭,残忍至极。孔子想劝其改过从善,并许诺只要他能够改过从善,他就"请求南使吴越,北使齐鲁,东使宋卫,西使晋秦,让他们为将军、建造纵横数百里的大城,确立数十万户的封邑,尊将军为诸侯,与天下根除旧恶,重新开始新生活,罢兵休卒、收养兄弟、奉祀祖先"。实际上就是孔子游说诸侯将盗跖招安,免得他四处作恶,搞得人心惶惶、不可终日。

可盗跖却不买孔老夫子的账,不仅如此,反而将孔子羞辱一番。讲了很多特难听的话,从黄帝一直骂到孔丘。可以说,盗跖将古人所标榜的古先圣贤个个骂得狗血淋头,并说"汤武以来,都是些篡逆谋乱之徒"。尤其大大地数落了孔子一番:"你用甜言蜜语说服子路,让他追随你。让子路去掉勇武的高冠,放下身上的长剑,从而受教于你。天下人都说你能止暴禁非,可结果呢,子路要杀卫国的君主而事败,被卫国宫廷卫士剁成肉酱悬于城门之上,这就是你那一套教导的失败。你不是自称为圣人吗?却为何两次被逐出鲁国,绝迹卫国不敢停留,在齐国走投无路,被困于陈蔡之间,为天下所不容呢?你的那一套教导方法有什么可贵的呢?"搞得孔子无言以对,不知所措,只好"再拜趋走,出门上车,执辔三失,目茫然无见,色若死灰,据轼低头,不能出气"。仰天长叹:"丘所谓无病自灸也,疾走料虎头、编虎须,几不免虎口哉!"这不是自讨苦吃是什么,还差点落入虎口,丢了性命。难怪盗跖的名声、行为为荀子所不贵,确实不合礼义法度。

所以,君子的行为不以虚假的难能为可贵;君子的学说不以虚假的明察为可贵;君子的名声不以虚假的流传为可贵。君子的一切行为举止、学术修养、名声影响只以真实为可贵。《诗经·小雅·鱼丽》说,事物是无所不有的,也是客观存在的,但只有实事求是才是可贵的,就是说的这个道理。

这里要顺便补充一句,盗跖算不算君子?按照古人对君子的界定,君子是有

---

①　资料来源于 baike. baidu. com/2014 – 07 – 26.

学问、有修养、遵礼义、懂法度的人。用这样的标准来衡量盗跖，那盗跖肯定不算是君子。不仅如此，如果他要做君王，绝对是商纣第二。因为他喜怒无常，杀罚不定，是一个十足的流氓无赖。

2. 君子的品行

讨论完君子的行为是否合乎礼义这一原则问题以后，下面就要开始讨论君子的具体修为即品行了。

"君子易知而难狎，易惧而难胁；畏患而不避义死，欲先而不为所非；交亲而不比，言辩而不辞。荡荡乎！其有以殊于世也。

"君子能亦好，不能亦好；小人能亦丑，不能亦丑。君子能则宽容、易直以开道人，不能则恭敬、缛绌以畏事人；小人能则倨傲、僻违以骄溢人，不能则妒嫉、怨诽以倾覆人。故曰：君子能则人荣学焉，不能则人乐告之；小人能则人贱学焉，不能则人羞告之。是君子、小人之分也。"

君子的品行是个什么样子？荀子指出，作为君子，坦坦荡荡、平易近人、易于交往，但却不能因此亵渎他或污损他的光辉形象；君子为人、做事、做学问等都很小心谨慎，但却不会为威胁屈服；君子特别注重自己的人格形象和尊严，宁可站着死，决不跪着生。所以，君子能够高风亮节，能与人亲近，但不能被人亵渎和胁迫，宁可慷慨就义，决不苟且偷生。君子也想得到好处，获得物质享受，但从不做不合道义和礼法的错事。孔子早就说过，富与贵，每个人都喜欢，都希望得到富贵功名，有前途，做事得意，有好的职位和工作环境。这也是人之常情，一种普遍的心理状态，谁不想自己生活得好，有一个温馨美满的家庭，家有娇妻和懂事的孩子，有窗明几净的住房，最好是有小别墅，有花园苗圃、游泳池，花鸟鱼虫尽数观赏。但是如果不是通过正规渠道所得而是投机所得，君子是不取的。相反，贫穷与卑贱，这是人人所讨厌的，即使一个仁道修养很高的人，对贫贱仍旧是不喜欢的，这也是人们普遍的心理。但要脱贫致富，摆脱当前不济的命运和生活环境，只能靠自己正常的努力和劳动获得，而不应该靠投机取巧，甚至不择手段获取。所以，孔子特别指出："君子喻于义，小人喻于利。"（《论语·里仁》）也就是说，君子明白的是大利、大义，而小人只懂得眼前的小利、私利。

作为君子，也喜欢结交朋友，但只结交志同道合的朋友，即能够做到"见贤思齐焉，见不贤而内自省也"（《论语·里仁》）的朋友。就是说，君子决不结党营私。

历史上有名的"管鲍之谊",①就很能说明这个问题。

　　管仲(约公元前 723 或 719—前 645 年),春秋时齐国相国,齐国颍上人,即现在安徽省颍上人。鲍叔牙(约公元前 723 或 716—前 644 年),齐国著名贤臣,颍上人,一说鲁国平阳人,即今山东省泰安市人。

　　管仲年轻的时候,与鲍叔牙素有交往,他们一直合伙做生意,生意做得很好。每次分红利时,鲍叔牙总是给管仲多分一些。不仅如此,管仲有时还背着鲍叔牙从经营收入中暗暗拿一些钱财据为己有。周围的一些人,特别是与他合伙一起做生意的人更是看不惯,他们觉得管仲是一个不讲信义的人,但鲍叔牙仍然一直善待管仲,并且反复向大伙解释:"大家不要这样说管仲,他的家境不是太好,而且有老母亲需要他养,而我的家境比较富有,要那么多钱也没有用,每次多分给他一些钱也是我自愿的。你们说他有时多拿也是可以理解的。"这是从他们二人对待私利角度方面讲。

　　另外,从政治角度、政治立场上讲,二人更是可以堪称后世楷模。

　　公元前 7 世纪末 6 世纪初,齐国发生了一系列重大事件。先是在位三十三年的齐僖公驾崩,太子诸儿于公元前 698 年继位为齐襄公。不过这位荒淫的襄公也太过荒唐,居然喜欢上了自己的亲妹妹文姜公主,两人长期通奸,后来迫于舆论压力,才改弦易辙,将文姜嫁给了鲁桓公,可暗地里仍然奸情不断,为此还派公子彭生杀死了来访的鲁桓公。当时鲁国国小力弱,对于自己的国君客死他乡也是无可奈何,不过还是强烈要求处死杀人嫌犯彭生。齐襄公不得已当众处死了彭生,不过却惊吓了襄公的两个兄弟公子纠和公子小白,为了躲避可能的残害,他们情急之中想到了避难他国。于是,管仲保护公子纠逃到了鲁国,而鲍叔牙则与公子小白逃到了莒国。

　　昏庸荒唐的齐襄公在位十二年,于公元前 686 年,被其叔伯兄弟公孙无知杀死。无知自立为王,但不过一年,无知又被齐国贵族雍廪大夫杀死。一时国无君主,举国哗然,情急之中,齐国贵族大臣们就做出了一个决定,请公子纠和小白同时归国,先到者为君,后到者为臣。我们今天所说的"先到为君,后到为臣"的典故就出自于此。

　　接到通知后,两位公子真是喜出望外,立即动身,日夜兼程,马不停蹄地向齐都进发。管仲为了能让公子纠继承大统,以实现其政治理想和抱负,他先行亲率三十乘兵车于半路上截击公子小白。过即墨(今山东即墨市)不远遇见公子小白

---

①　故事选自王修智主编:《"八荣八耻"的故事》(上卷),山东人民出版社 2007 年版,第0038—0039 页。

的车马。管仲拉弓搭箭瞄准了公子小白射去，只见小白中箭倒下。管仲见小白已死，就回马护卫他的主子去了。不想小白并未被射死，管仲那一箭只是射中了小白腰间的带钩，并未伤到小白，小白只是受到惊吓应声下马佯死。待管仲人马离去，又火速上路，先于公子纠到达齐都坐上了王位，即齐桓公。

齐桓公继位以后的第一件大事，便是要报一箭之仇。鲍叔牙不仅不赞成桓公这样做，而且还向其推介管仲，并说欲成霸业，就非得用管仲不可。并说，如果大王您只想把齐国治理好，那么只要有高溪和我就足够了。但是您如果想要称霸诸侯，就不能没有管仲。管仲对待百姓能够宽厚仁义，让老百姓真正得到利益；能够制定法制礼义使百姓有法可依；在治理国家上，能够不失基本策略；能够坐镇前线，振奋军心，使兵士勇气大增。这些方面我都远远赶不上管仲。管仲在哪个国家得到重用，哪个国家就会因此民富国强。管仲是一个难得的人才，您千万不可失去他啊！现在鲁国已迫于您的威名将公子纠处死，将管仲羁押，您要乘此机会，以管仲射杀您，您要将其引渡到齐国审判为由，尽快派人将管仲从鲁国"囚禁"回齐国，而且不能露出半点破绽，以免鲁国不肯放人或将其杀害。

听了鲍叔牙的举荐，齐桓公决定不计前嫌，派使者前往鲁国，按照鲍叔牙的计策，把管仲安全接回齐国。鲍叔牙到了齐国堂阜为管仲行消灾大礼，并郑重将他推荐给齐桓公。桓公厚礼相遇，以管仲为大夫，尊为仲父，任为相国。

管仲为相，行富国强兵之策，齐国国力大增，成为春秋五霸中的第一霸。司马迁在《史记》中这样评说管仲："齐桓公以霸，九合诸侯，一匡天下，管仲之谋也。"（《史记·管晏列传》）孔子也说："桓公九合诸侯，不以兵车，管仲之力也。"（《论语·宪问》）

鲍叔牙知人善任的美德历来为人称颂，管仲曾有感触地说：起初同鲍叔牙做生意时，因为家里比较贫穷，所以在分财利之时我总是多拿多要，可他却不认为我贪图利益，只知道我家里比较贫困；我曾经给他出过很多计策，可都没有成功，他也不认为我愚笨，而是以为时机尚未成熟；我曾经多次在参战中逃走，但他不认为是我胆怯，而是认为我因有老母亲需要赡养；我多次做官被罢职，他也不认为我没有才干，而是觉得我生不逢时；公子纠死了，随从也大半已死，我被囚鲁国，鲍叔牙也同样不认为我可耻，而是认为我各为其主，顾全大局，以不能为天下谋福利为耻。生我的是父母，但真正了解我的人是鲍叔牙啊！

鲍叔牙对管仲的情意、宽容、理解和尊重，往小里想，是两人真挚的友情；往大里想，则能看出鲍叔牙懂得谋全局、识大体。而管仲的诚信、忠贞、睿知、谋略，则正好符合"荡荡乎！其有以殊于世也"的为人处世标准和人生哲学。

所以，从个人品行修养方面分析，君子有才能无才能，有能力没有能力，表现都是美好的。为什么这么说呢？因为如果君子有才能，比如像鲍叔牙、管仲，他们都有很高的修为和很高的才能，有称霸诸侯的才能，但他们却具有宽大的胸怀而能包容万物、平易近人、正直大度，而且善于用自己的所作所为去开导、指引他人向君子学习看齐；反之，如果君子才能不济，也就是品行修养很高但工作、处事的能力不一定很强，有时甚至做事谨小慎微，生怕出错而过于小心，也就是个人不一定有能力，这样的人往往态度恭敬谦虚礼让，以敬畏的心态对待别人和工作，生怕有礼数不周之处，这样的人同样可以称君子。因此，君子有才能，人们就会乐于向他学习看齐，并以向他学习为荣，即这类人为社会树立了标杆，做出了榜样，所以，人们纷纷向他学习；如果没有才能，由于他谦虚谨慎，人们也乐于将他不懂的东西和知识告诉他。

小人就不同了，不管他是否有才能，其行为表现都是丑陋的，也就是思想深处、灵魂深处是错误的。因为，小人如果有才能就骄傲自大、盛气凌人、邪僻不正、奸佞害人；如果没有才能，就嫉妒、怨恨和诽谤他人。比如说一个单位或一个部门，某人工作能力特别强，干一件事成一件事，或者学术水平很高，经常出成果，发表高水平的学术论文，为经济发展或单位发展做出了重要贡献，领导要表扬他，给他发一笔奖金，让他晋级升职。另一个人不仅能力平平，而且是无能之辈，但心胸狭窄、不学无术，却成天想着如何算计别人，自己得不到的别人也休想得到。于是他就到领导那里告状，说这个人能力虽然很强，但不把同事、领导放在眼里，经常背后说领导这也不行那也不行，或者到处寄送匿名信，造谣中伤，说他投机取巧、沽名钓誉，或者说他学术造假，要在工作、学术中找不出问题就说他有生活作风问题。总之，要极尽其能地将他整垮。

这样的小人有没有？回答是肯定的。就以高校为例吧，某人取得了成果，要报奖或申报学位点，材料还未送到主管部门，匿名信就寄到了主管部门，说申报者不按学术要求申报或将他人成果归于自己名下，或说该成果根本就没达到申报的水平。总之要让他申报不成功。最为典型的一个案例就是某大学要申报一个博士学位授权点，材料进入了最后投票阶段，而最终投票专家中刚好有一名专家就是这个学科点调出去的，但最后投票结果却为零票，也就是没有一个人投赞成票，包括该学科点调出去的这名专家也投了反对票。当然可能该申报学科点确实不符合博士学位授权资格，投反对票是正确的，但问题是该名专家投票前打电话告诉该学科点负责人甚至该校校长，信誓旦旦地说，我保证为你们投一票并做好其他专家的工作。我们想一想，假如该申报学科点真得了一票赞成票，那可就不好说了，他完全可以说，这一票是他投的。这类例子还有很多，这里不一一列举。所以说，小人有才能，人们以向他学习为可耻；没有才能，人们就以告诉他为羞耻。

这就是君子与小人的区别。

要讲君子和小人的区别，最为典型的例子就是《水浒传》中林冲和陆谦的故事。

陆谦和林冲本是一起从小玩到大的好朋友，是金兰结义的好兄弟。后来，林冲从军，官至东京八十万禁军，教头，而陆谦却混得特别惨。一天，陆谦流落到东京街头，差点成了喂狗食，刚好遇上了路过的林冲。林冲将其接至家中，一边好酒好菜招待他，一边到处为他寻找工作，将其推荐到高俅高衙内门下做事。由于陆谦生性乖张，不久便混得一个不错的职位——虞侯，即军中执法长官，或殿前司等。按理说，林冲对陆谦有再造之恩，可为什么他却恩将仇报、屡害林冲，非要置林冲于死地呢？这就是小人的本性。

当时陆谦虽为侍卫参谋，但并没有执掌军队，而是高衙内身边的一名帮闲，也就是跑腿的名叫富安的"门下心腹"，足见他不是什么显耀角色。那他为什么会成为高衙内的帮凶而屡次陷害林冲呢？原来是高衙内看上了林冲的娘子，想待机占有林娘子。一天，富安与陆谦商议，安排高衙内躲在陆谦家楼上，由陆谦邀请林冲到酒楼喝酒，然后派人告诉林娘子说林冲在陆谦家喝醉了酒，跌倒了。信以为真的林娘子不假思索地到了陆家楼上却未见林冲，反而被衙内调戏，此乃第一次。如果说这一次还是被动卷入陷害的话，那么接下来的一系列陷害却都是主动的。

陆谦为达到卖友求荣的目的，给高俅和高衙内出了一系列陷害林冲的主意。先是献计高俅，让人贱价将一把上好宝刀当街卖给林冲，然后以看刀为名，将林冲骗入"白虎节堂"，诬陷林冲私自带刀闯入军机要地，意图谋害高俅，将林冲拘捕发配沧州，以达到高衙内霸占林妻之目的。在林冲发配沧州途中，他又向押解的公人董超、薛霸下达途中杀害林冲的指令。当阴谋被鲁智深识破，暗中保护林冲到达沧州后，他一计不成又生一计，干脆赤膊上阵，自己带上富安（现在成为富安的上级）直奔沧州，买通牢头，将林冲派守草料场，妄图利用雪夜将林冲活活烧死，以毁尸灭迹。不料林冲命不该绝，乘天黑外出买酒喝，回来时大雪已将草料场茅屋压垮，林冲只好蜷缩附近破庙。陆谦放火烧了草料场。正当他们来到破庙谈论烧死林冲后如何去领赏时，却被林冲听得真真切切。原来这一切全是自己的金兰兄弟亲自导演的。林冲冲出破庙，一一结果了陷害他的仇人的性命，在手刃陆谦时有一段对话："泼贼，我自来又和你无什么冤仇，你如何这等害我？正是杀人可恕，情理难容！"陆谦告道："不干小人事，太尉派遣，不敢不来。"林冲怒骂道："奸贼，我与你自幼相交，今日倒来害我，怎不干你事！"于是结果了陆谦的小命。

陆谦舍友情而取权势，做出了卖友求荣、助纣为虐、为虎作伥、落井下石的卑鄙选择，当阴谋败露后，又将责任全部推卸干净，把自己打扮成很无辜、很无赖的样子,好像是迫于淫威不得已而为之,这是我们常见的阴险小人常用的伎俩,是一个实实在在的、活脱脱的奸诈小人的标本。

3. 君子的修为

上面讲了君子的具体品行修为。荀子认为,君子与小人比较,在具体品行修养,包括做人、做事、做学问等方面,都有本质的区别。下面接着谈君子的道德修为问题,即君子如何做到以德服人的基本法则问题。

> "君子宽而不慢,廉而不刿,辩而不争,察而不激,寡立而不胜,坚强而不暴,柔从而不流,恭敬谨慎而容,夫是之谓至文。《诗》曰:'温温恭人,惟德之基。'此之谓矣。"

这段话在有些研究荀子学说的学者的视野中被忽略了,但这段话仔细研究起来是很有意思的。文字虽然不多,但讨论了君子如何做到以德服人的八个基本原则问题。荀子以礼义廉耻贯穿其学术思想,尤其是礼义问题,更是荀子学术思想的核心。而此段文字中所讲的八个基本原则问题,就突出体现了礼义问题。所以,这段文字在《不苟》篇中是不得不关注的问题。

第一,做人要心胸开阔。一个心胸开阔的人,他会用一生守望自己的信仰和承诺,会终其一生奉献自己的事业,会尽其所能悦纳自己,容纳他人,不沽名钓誉,不汲汲营营,哺嘈啜醨,皆可以醉,粗茶淡饭,皆可以饱。一个心胸开阔的人,不会因为自己的处境、名利、地位不济而苦恼,也不会因为自己地位显赫而乖张;一个心胸开阔的人,在对待人际关系的问题上,不会轻视、傲慢,而会平易近人,不仅能包容别人的优点,更为可贵的是能够容纳别人的缺点和不足。俗语说得好,"宰相肚里能撑船","海纳百川,有容乃大"。

讲到宰相肚里能撑船,这可是有典故的,①不过都与男女有关,就此讲来,权当笑饵。

相传宋朝宰相王安石早年丧妻,就续娶了一妾名姣娘。姣娘年方十八,出身名门,貌美如花,琴棋书画无所不通。怎奈宰相国事缠身,经常不回家,正值妙龄的姣娘空房难熬,便与府内一家丁幽会。此事传至王安石那儿,非常生气。一天,他谎称上朝,晚上却躲在卧室外窃听,果然听见她与那仆人调情,顿时火冒三丈,正要砸门而入,捉奸在床。但转念一想,自己堂堂一宰相,一品大员,与此等鸟人动怒实在犯不上。于是准备回朝工作,不想正好撞到院内一棵大树,抬头一看,见

---

① 资料出自 baike. baidu. com/2014 – 07 – 26.

有一老鸦窝，便用竹竿桶了鸦窝几下，老鸦惊叫而飞，吓得仆人跳窗而逃。转眼已到中秋，王安石邀姣娘院中饮酒赏月。酒过三巡，王安石咏诗一首："日出东方还转东，乌鸦不叫竹竿桶。鲜花搂着棉蚕睡，撇下干姜门外听。"姣娘是个才女，一听便知事已败露，感到无地自容，扑通一下双膝下跪，也吟诗一首："日出东来转正南，你说这话够一年。大人莫见小人怪，宰相肚里能撑船。"王安石仔细一想，自己已过花甲，终日公务缠身，姣娘正值豆蔻年华，偷情之事理当原谅。随即送给姣娘白银千两，让她跟仆人成亲，远走他乡。于是"宰相肚里能撑船"便成了宽宏大量的代名词。

宽宏大量是一种人生智慧，也是一种人生境界。宽容他人方能建立起良好的人际关系，宽容他人的过错就会赢得朋友，赢得别人的尊敬与佩服。东汉末年，官渡之战，曹操大败袁绍，打扫战场时，在袁绍营帐之中搜到大量书简信函，其中有很多是曹营将士与袁绍的通敌信件。曹营有通敌行为的将领心惊肉跳，有的吓得瘫软在地，心想这回死定了，只等曹操下令斩首。不料曹操轻微一笑，将所有书信投入火炉中"付之一炬"了。并说，战乱四起，群雄逐鹿，我且不知自己生死如何，手下的将士怎能料想胜负归谁呢？给自己留条后路乃人之常情。曹操这一举动不知收买了多少将士的心，这也是他后来成就伟业的重要基础和保证。

想必大家都知道贺龙元帅的故事。他是伟大的无产阶级革命家、军事家，靠两把菜刀闹革命起家。但他同时也是一位气量宏大、知错就改、主动道歉的君子。这里仅举一例说明。[①] 一天，在行军途中，贺龙的大红马突然受惊，踏坏了老乡家的几株苞米。事情发生后，他非常着急，赶忙派战士四处打听老乡的住处，亲自到老乡家道歉，并坚持赔偿老乡的损失。老乡说："共产党为咱老百姓吃苦受累，连命都不要地保护我们，我们不知所报，弄坏几株苞米有啥嘛？"说什么也不肯收钱。贺龙反复给老乡讲道理、做工作，直到老乡收下钱才放心离开。他的这一举动，让老百姓彻底醒悟，真正体会到了共产党伟大、人民军队为人民的真谛。

当然，并非每个人在每一件事情上都能做到宽宏大量。有的人心胸狭窄、小肚鸡肠，不能容人容事；有的人表面上看视名利如浮云，为人处事豁达大度，其实内心深处却总是斤斤计较。一个人气量的大小，根本原因在于他是否志向高远。一个具有远大抱负的人，决不会蝇营狗苟于眼前的成败得失。这就是荀子所说的"君子宽而不僈"的真正含义。

第二，为人应公正廉明。对于文中的"廉"字，古今学者有不同的解读。唐代

---

① 故事选自王修智主编：《"八荣八耻"的故事》（中卷），山东人民出版社 2007 年版，第 1171—1172 页。

杨倞注释"廉"为"棱",即指一个人性格、为人棱角分明,引申为刚正、方正。这句话的出处在《老子》第五十八章:"是以圣人方而不割,廉而不刿,直而不肆,光而不耀。"按照老子的观点,认为圣人虽然方正却不生硬,有棱有角却不伤人,正直却不放肆,明亮却不显耀。后世学者也大都认同杨倞之观点,认为"廉而不刿"即方正而不伤人。也就是说,自己性格很刚毅,个性非常明显,但在言行上不会伤害别人。比如自己的意见、观点与人不一致时,自己保留意见,不将自己的意见强加给别人,给别人留面子,不将话讲太满,留有余地,也就是"打人不打脸,骂人不揭短",这就是不伤人,又不失自己的原则。当今也有学者持有不同意见,如江澜等人就认为,"廉"的意思是指有原则性。① 按照江澜的解释,"廉而不刿"即有原则但不伤及别人。这里更多的是强调内圣之义,即个人对自己要求严格,遵守礼义和社会道德法则,企望用自己的道德人格力量去感化别人。但问题是既要坚持原则又不要伤害别人,如何做到两全其美? 如果一个人无原则地去迁就别人的过错,尤其是"父为子隐,子为父隐"(《论语·子路》),那还叫有原则性吗?

所以,我以为"廉而不刿"的意思应该是,自己做事公正廉明,不徇私情,按照老子的说法就是去骄、去奢、去泰,自己既严格要求自己,又严格要求别人,但不将别人一棍子打死,允许人犯错误,也允许人改正错误。这样可能更加符合荀子当时写作此文的本意,也更加符合荀子的一贯思想。为了说明我的观点,我给大家讲一个故事。

清同治五年至光绪六年间,即 1866—1880 年间,号称"红顶商人"的胡雪岩,②可以说是中国历史上金融界巨子,他构建起了以钱庄、当铺为依托的金融网,开设了国药号。胡雪岩成功的秘诀就是用人,用他自己的话说,"一个人最大的本事,就是用人的本事"。

当时,胡雪岩的生意做得很大,有人因为常年与大额资金打交道,年长日久难免不滋生二心。其中有个叫朱福年的人,拿了胡雪岩店面的银子私自做生意。事情败露后,有人主张一定要彻底清查朱福年的经济问题,狠狠整治一番,然后让他走人。但胡雪岩却没有这样处理问题。他先通过关系,摸清了朱福年开户头划拨商行资金以供自己做生意的底细,然后到商行看账,在账目上点出朱福年的漏洞。然而,他也只是点到为止,不点破真相,也不作深究,让朱福年知错能改。为此,他让朱福年检点账目,并给出时间让其弥补过来,等于有意放他一条生路。最后,则明确告诉朱福年,只要努力,他仍然会得到重用。胡雪岩的做法让朱福年彻底服

---

① 　江澜译注:《荀子启示录》,京华出版社 2009 年版,第 39 页。
② 　故事选编自二月河、薛家柱:《胡雪岩》,长江文艺出版社 2007 年版。

帖,此举不仅救了一个人,而且还留住了一个人才,并让其感激不尽,也达到了堵漏补缺的目的,可谓一举多得。善任厚待、公正廉明、宽严相济的用人方针,不仅使胡雪岩拥有一支为其尽心尽力服务的经营队伍,也成就了他的财富梦想。

古人云:"公生明,廉生威"、"民不服吾能而服吾公,吏不畏吾严而畏吾廉",①是讲作为人民公仆,即公职人员,秉公执法、公平办事就能明辨是非、清正廉洁,不徇私情就能树立威信,从而得到人民群众的拥戴,"民为水,官为舟"(《荀子·哀公》),"水可载舟,亦可覆舟"(《荀子·王制》)。作为国家公职人员,比如国家干部、公务员、事业单位和国有企业的管理者乃至教师、科研人员、公司经理等等,只要掌握有公共资源、公有资源的人,就一定会享有一定的公权,用得好就能得到群众的理解与支持,用得不好则会得到公众的反对甚至抵制。所以,一定要廉洁奉公、以身作则、率先垂范,这样才能得到民心,才能事业有成,否则,就会失民心,就会成为人民唾弃的对象,甚至成为人民的罪人。荀子所谓"廉而不刿",实际上就是一种以身作则、模范引领、榜样示范,做到既不伤人,又能风清气正。

第三,交流应讲究语言艺术。这也是一个大问题。与人交流首先是从语言开始,语言运用恰当,说话有条不紊,言之成理、持之有据,就能获得他人的尊敬与悦纳,这也是良好人际关系的基础和得到他人信任的保证。

"辩而不争",就是与人就某个问题或某些事情进行辩论,据理力争,俗话说"话不说不清,理不辩不明",比如说,我们就某个学术问题展开讨论,大家可以各抒己见,各自发表不同的观点,甚至相反的观点,都是可以的,"百花齐放,百家争鸣"嘛。但要争而不讼,不要进行人身攻击,不要因为辩论某个问题而伤及对方的人格,甚至进行人身谩骂,最后闹得上法庭打官司,这样就不好了,不利于人际交往和人际关系的培养,也不利于和谐社会的构建。

因辩而争讼这类现象,在我国古代历史上甚为常见和普遍。② 宋朝尤甚,特别是宋朝江南一带,如江西、福建、安徽等地,争讼现象尤其普遍。有记载称,有时亲兄弟之间在分家时,因为一根竹竿或晒衣杆之类的小之又小甚至毫不值钱的东西,也要相互争夺,吵到衙门评理,搞得家庭失和、兄弟失欢。亲友甚或父子兄弟之间,如果有竹木因为生长在两家宅基地边界上,那可不得了了,到底归谁家所有呢? 争不休,连年到县衙打官司。由于人人都因为一些鸡毛蒜皮的小事就打官

---

① 据考证,这两句警世之语出自明代山东巡抚年富书写的《官箴》石刻。全文为"吏不畏吾严而畏吾廉,民不服吾能而服吾公;廉则吏不敢慢,公则民不敢欺;公生明,廉生威"。有些学者认为出自明代嘉靖年间无极县知县郭允礼《官箴》石刻。

② 雷家宏:《从民间争讼看宋朝社会》[EB/OL].[2007-02-16],flwh.znufe.cn/arti…百度快照.

司,所以讼师业特别发达,促成了产业发展。有些稍有名气的讼师还招收徒弟讲学。每次打官司都有成群结队的人前往听讼。人与人之间没有信任可言,什么隐私都有人打听和记录在案,以供取证之用。据南京欧阳公墓志铭记载:"民习律令,性喜讼,家家自为簿书,凡闻人之阴私皆记之,有讼则取以证。其视入狴牢、就桎梏,犹冠带偃簧,恬如也。"(《尚书职方郎中分司南京欧阳公墓志铭》)这是记载徽州的情形,如果社会发展到了这种程度,那社会还有何信任可言? 岂不是人心惟危、道心惟危? 所以,作为君子是不屑为之的。

第四,看问题应全面客观。"察而不激"就是说君子看问题应全面客观,不能偏激,也不能斤斤计较于某一点不放。这就要求我们必须事先调查研究,广泛听取各方面的意见和建议。古人云"兼听则明,偏信则暗",意思是要同时听取各方面的意见,才能正确认识事物的全貌,如果只相信单方面的话,仅凭只言片语和一知半解就对问题作出判断和结论,必然会犯片面性的错误。一次,唐太宗问宰相魏徵:"作为一国之君,怎样才能明辨是非,不受蒙蔽呢?"魏徵回答说:"作为一国之君,只有广泛听取不同意见,采纳正确的主张,才能对问题了解得一清二楚,而不至于受欺骗。反之,如果只听一面之词,就会糊里糊涂,常常做出偏激甚至错误的判断。"毛泽东也说过"没有调查,就没有发言权",[1]正确的结论往往产生于全面的调查研究之后。因此,只有多方面听取意见才能辨明是非得失,只听一方面的意见,就信以为真,往往要做出错误的判断。

除此之外,荀子还指出:作为君子,品行正直却不盛气凌人,坚定刚强却不凶暴,性情柔顺温和却不随波逐流,恭敬谨慎而能宽厚容人等等,这些都是君子修养的普遍准则和思想境界,也是君子能够做到以德服人的基本准则。《诗经·大雅·抑》说:"温顺有礼的人,道德就是他的基础。"就是说这样的人。

4. 君子的礼义

作为品行高尚、心胸开阔、为人诚实、公正廉明的有德君子,为人处事堪称楷模。君子善于扬善喻美,把推崇他人的美德、夸耀他人的长处作为自己的美德,不阿谀奉迎,不矫揉造作,能依据礼义曲直应对事物的变化。因此,荀子在充分论证君子的品德和修为之后,紧接着就讨论君子的礼义和心胸问题。可以说,这四个方面是紧密联系、相辅相成的,是君子内修的一个统一整体。下面我们看看荀子关于君子应具备的基本礼义及如何依礼义行事的基本原则问题。

---

[1]　中共中央文献研究室编:《毛泽东著作专题摘编》,中央文献出版社 2003 年版,第213 页。

"君子崇人之德，扬人之美，非谄谀也；正义直指，举人之过，非毁疵也；言己之光美，拟于舜禹，参于天地，非夸诞也；与时屈伸，柔从若蒲苇，非慑怯也；刚强猛毅，靡所不信，非骄暴也。以义应变，知当曲直故也。《诗》曰：'左之左之，君子宜之；右之右之，君子有之。'此言君子能以义屈信变应故也。"

　　荀子指出，作为君子，能够推崇别人的德行，赞扬别人的美德，并不是出于阿谀奉承，而是君子本身具有的美德；对于别人本身存在的缺点、问题、不足乃至错误等等，能够做到公正、客观、坦率地加以指出，也并不是出于诽谤和挑剔，而是真心实意地想帮助他人改过从善。这两个问题都很重要，一个是说别人的好话，赞美别人的优点和美德，这肯定是人人都爱听的，谁不想得到别人的赞扬呢？又有谁不想听好话呢？此乃人之常情，人人都想得到别人的表扬，这是人类的本性，也是人类的缺点或者是人类致命的弱点，不足为怪。好话听多了，表扬多了，如果自己不能正确对待，不能以此为动力时刻要求自己并以此激励自己更加努力的话，就很容易沾沾自喜、骄傲自满，飘飘然不知所以，时间一久，就会认为这是顺理成章的事，甚至于在以后的事业进展中，人生成长中，只要稍微做出了丁点儿成绩，就希望得到赞美或得到组织的表扬奖励。如果这样的话，我以为就是君子之过了。另外一方面，君子客观、公正、坦诚地指出别人的过错和不足，即使不是出于诽谤和挑剔，也要看人，看时机，看场合，不能动不动就给人一个下马威，一番批评指责，这也不利于事业的发展、人际的和谐。因为人与人之间个体有很大的差异，有些人喜欢听好话，也有些人却要在一定的压力下，才能得到良好的发展。有些人天生就需要激励和表扬，而有些人往往要接受更多的批评和指责才能长记性，敦促自己进步。但如何给人提出批评，指出存在的问题和不足，却并非简单容易的事情，如果把捏不当，很容易适得其反，于事无补。因为现实社会中能够做到像唐太宗一样从谏如流的人毕竟是少数，所以，如果我们不看对象，什么人有缺点和不足就加以指责和批评，即使你出于公心、公正、坦率，也不一定能收到好的结果，甚至事与愿违，好心办坏事。

　　正因为如此，所以，我们在对一个人、一件事、一个单位或一个组织如领导班子作鉴定、提意见、作评价时，往往先讲很多的优点、优势、成效、成就，这是非常必要的，也是客观存在的，你讲了并非恭维和奉承。然而任何人和事都有两面性，有好则必定有不好，"金无足赤，人无完人"，①所以，我们讲完好的一面以后，往往用

---

① 出自宋·戴复古《寄兴》："黄金无足色，白璧有微瑕。求人不求备，妾愿老君家。"

一个"但是"作转折，这个"但是"就太重要了，它引导我们转换话锋，转变态度。因此，我们听到某人给你提建议和意见时，只要一讲到"但是"，你就要注意了，肯定要给你指出存在的一些问题和不足了，不管这些问题和不足是不是客观、公正或是否出于对方公心和坦诚，你都要谦虚地听着、记下，以便能够"有则改之，无则加勉"。① 如果听不进不同意见，一听就与之辩解、争论，甚至据理力争、大发脾气，从道理上讲可能正确，但你本身就失去了君子的品德，上面章节已作了分析，这里不再赘述。

这里给大家举两个我亲身经历的案例，用以说明"但是"的妙用。一个是有一年招生时，有一位考生的档案里，班主任在几个学期都有类似的评语，尤其是毕业鉴定意见有这样一句话："但该生性格有点乖巧，手脚比较灵活。"这句话写得特别有水平，它至少可以向我们传递两个信息：一是性格方面的问题，可能不合群，可能性格孤僻，也可能性格比较内向，等等，这属于心理方面的问题；一个是手脚灵活，是说明做事比较灵巧，还是有其他不良习惯而老师看他考上了大学不便于记载呢？结合前一句话，根据我的判断，应该偏向后者，即该生可能有小偷小摸的不良习惯。于是，我就将我的想法向学校负责招生的领导作了汇报，是否可以请求退档。但按照招生基本原则，考生如果没有明确不良记录或者没有明确退档理由的，学校不能凭猜想退档。就这样，我们把该考生招了进来。但进校后不久，该生因参与团伙盗窃，被公安机关刑事拘留并判刑三年零六个月。

另外一个案例是与考生心理问题有关。考生的中学毕业鉴定意见中有这么一句话：但该生性格内向，喜欢独立行事，少与同学交流。一看便知，该生有比较严重的心理问题。进校之后，经过观察发现，除了上述记载的问题以外，该生还有一个显著的不同于常人的特点，即不管什么时候，哪怕是炎炎夏天也是如此：都是穿着长衣长裤睡觉。他有个弟弟与他一同考上大学，他所穿的衣服必先让其弟弟穿两三个月。该生性格也比较怪，脾气比较暴，动不动就打人，与同学关系也比较紧张。多次找其谈话也了解不到实质性的东西。经过与其父母和弟弟交谈，只知道他的性格变化发生在初二的时候。于是，我们找到了他中学的班主任老师了解情况，班主任也不知其所以然，但给我们提供了一个非常有价值的线索：初二时，有一个师专体育专业的实习学生带他们的体育课，一天做双杠翻转训练时，该生因为西装短裤脱落，弄得同学们"哄堂大笑"，带班实习生当场就骂该学生是"流氓"，并将此事告之校长。校长不问青红皂白，将其喊到办公室谈话，要他承认此

---

① 出自《论语·学而》："曾子曰：'吾日三省吾身。'"宋·朱熹《集注》："曾子以此三者日省其身，有则改之，无则加勉，其自治诚切如此，可谓得为学之本矣。"

事是故意行为并写出公开检讨，不然就开除学籍。一个十三四岁的孩子，怎么经得起如此打击，从此便性情大变。经过反复找其谈话，证实了正是这一次经历，让他改变了自己的性情。好在该生并未放弃自己的学业。后来，经过反复做工作，动员他参加公益活动，他的心理问题得到了很大程度的缓解，逐步克服了一些不良的认知，顺利走上了工作岗位。

这两个案例虽然只是用以证明了"但是"的妙用问题，然而却有更深一层的含义：对人的评价应客观真实，否者，就会让人琢磨不透，引起不必要的误解。

荀子讲了君子对他人所具有的品行和美德所应持的基本态度以后，又讲了君子对待自己的态度问题："言己之光美，拟于舜、禹，参于天地，非夸诞也。"常言道：识人易，识己难；知人易、自知难。老子指出："知人者智，自知者明。"（《道德经·三十三章》）了解、识别、评价别人的缺点和不足比较容易，而真正能充分认识自己的缺点和不足则比较困难。这也是人之常情。为什么呢？因为我们人类有一个通病，总是拿自己的优点比别人的缺点，所以越比自己越伟大，越是了不起。而不喜欢拿别人的优点比自己的不足。但荀子不这么认为，他认为作为君子，也要实事求是地评价自己，客观公正地说出自己的美德，并与舜、禹等古圣先贤相比拟，和天地相配合。所以这么说，并不是出于虚夸狂妄，而是把握机遇顺势而为。

这里再给大家讲一个毛遂自荐的故事。① 赵孝成王九年，即公元前251年，秦兵大举进攻赵国，将赵国国都邯郸（今河北邯郸）团团围住，赵国危在旦夕。于是，赵王便派遣弟弟平原君出使楚国求援，合纵抗秦。平原君打算从三千门客中挑选二十名精明强干的人一同前往，可惜只挑中十九人，尚缺一人。此时，有个叫毛遂的门客自我推荐说：听说先生想挑选二十名文武兼备的门客一同出使楚国，谈合纵联盟之事，目前尚缺一人，那就请把我毛遂带上凑足二十人吧！平原君对毛遂这个人并不熟悉，更不了解其才能，便问："先生来我门下几年了？""二三年了"，毛遂答道。平原君问：贤人处世，好比锥子放入囊中，不久便会露锥尖。你来这里已经三年了，左右这么多人都没有向我提起你，这说明你才能不够！毛遂回答说：我不过今天才请求进入囊中罢了。如果我早处在囊中的话，不是芒尖显露出来而已，而是整个锋芒都会挺露出来的。平原君也被他的机智应对才能说动了，于是便带他一同前往楚国。

平原君到达楚国之后，与楚王反复说明"合纵"的利害关系，但毫无进展。楚国自恃是大国，对平原君的合纵策略不予理会。面对盛气凌人的楚王，毛遂手执

① 故事选编自王修智主编：《"八荣八耻"的故事》（上卷），山东人民出版社2007年版，第0153—0154页。

宝剑,挺身而出,直逼楚王,慷慨陈词:古时候,商汤王以七十里之地统一天下,周文王以百里之地使诸侯称臣,难道是他们的军队多吗?是因为他们能够根据条件奋发图强。今楚国方圆五千余里,统军百万,足有称霸的资业,而秦国的崛起,只不过是一个小小的竖子罢了,但他率领几万部队,发兵与楚国交战,一战拿下鄢、郢,再战吃掉夷陵,火烧你祖坟,三战而侮辱你大王的祖先,将你的先王房为俘虏。这是百年大仇,难道大王就不在乎吗?现在我们赵国确实被困,我们也主动来与你"合纵"抗秦,当然是为了我们赵国,但对楚国不是更有利吗?毛遂的凛然正气使楚王大惊失色,满朝文武也纷纷折服,终于使楚国当场结盟抗秦,圆满完成了出使任务。

不久,在邯郸大败秦军。事后,平原君称赞毛遂:"先生三寸之舌,胜过百万雄师。"从此,平原君把毛遂作为上宾对待。

毛遂自荐给我们的启示:一个人光有才能还不行,还要有足够的智慧,要善于抓住机遇,在关键时刻、紧要关头要当仁不让。抓住机会施展才华,才能使自己脱颖而出,对社会做出贡献。

因此,荀子进一步强调指出,君子在时事不利的时候,要能够做到顺势而为,能屈能伸,柔顺得如同芦苇蒲草一样,可卷可张,但该出手时要出手,像毛遂一样,要刚强勇猛而又坚毅,任何时候不屈从于强权。这样做,并不是出于胆小怕事或狂妄自大,也不是逃避责任或骄傲暴戾,而是君子能够根据礼义法则来变通处理复杂矛盾,顺应事情变化,知道是非曲直的缘故,这是君子具有的智慧。所以,《诗经·小雅·裳裳者华》上说:"该往左就往左,君子能应付自如;该往右就往右,君子在右也是常事。"说的就是君子能够依据礼义屈伸来应对变化、贯通权变的真正缘由。

5. 君子的心胸

这又是一个大的哲学问题。荀子在多篇论述中探讨了这一人生哲学问题。荀子之所以如此不厌其烦地讨论这个问题,就是因为这个问题对于个人的成长、修为和事业成败非常重要。在荀子看来,在个人志向方面,君子和小人是完全不同的。君子志向远大,不论是否显达,是否富有,是否得志,他都能保持平常心态,能够很好地适应环境、遵循礼法。而小人则不同,一旦得志,则玩弄权术、阴险奸诈,让人难以捉摸。

"君子,小人之反也。

"君子:大心则敬天而道,小心则畏义而节;知则明通而类,愚则端悫而法；见由则恭而止，见闭则敬而齐；喜则和而治，忧则静而理；通则文而明，穷则约而详。

"小人则不然：大心则慢而暴，小心则淫而倾；知则攫盗而渐，愚则毒贼而乱；见由则兑而倨，见闭则怨而险；喜则轻而翾，忧则挫而慑；通则骄而偏，穷则弃而儑。

"传曰：'君子两进，小人两废。'此之谓也。"

荀子指出，君子和小人是不同的。君子在心志开朗的时候，就会效法上天之道，而顺从事理；在心志微弱的时候，也就是还没有开启心志的时候，就服从正义，而有所节制，即敬畏礼法、自守节操。在明智的时候，就通达事理、触类旁通、正直善良；在智慧闭塞时，就老实诚恳地遵守礼法、诚实端谨、忠厚老实。在得到提拔任用的时候，就恭敬处事、忠于职守，不轻举妄动；在不被启用的时候，也就是被免职以后，就警惕庄重、遵纪守法，时刻整饬反省。在欢喜高兴、心情愉快的时候，就和蔼而守礼义礼法，对人心平气和，自己心情愉快平顺；在自己忧愁的时候，不顺心的时候，或者心情不好的时候，则始终保持恬静的心理、平常的心态，而且谨守礼法，不胡闹不乱来。在地位显达的时候，志得意满的时候，就用文雅的话语阐明事理，洁身自好、文明修身；在命运不济、处境困难甚至穷困潦倒的时候，也不气馁，始终保持平常心态，不改君子之道，简约而安详。

讨论完君子的心境之后，荀子就给小人画像了。他说，小人就完全不同了，他在心态开朗的时候，对他人怠慢而且粗暴；而在心志暗弱的时候，就会淫邪而偏颇。在明智的时候，就盗取而虚伪，骗取功名；在憨厚的时候，就恶毒而昏乱，陷害他人。在被任用的时候，就喜悦而巴结逢迎，倨傲不逊；不被重用时，就怨天尤人，搞阴谋诡计。在欢喜的时候，就轻浮不庄重，骄矜而偏邪；在穷困潦倒之时，就自暴自弃、颓废堕落。

所以，古书上说，君子在顺或不顺的两种情况下都在进步，而小人在顺或不顺的两种情况下都在堕落。

这是荀子给君子和小人画的一个肖像，对比之显著，让人一目了然。古往今来，这两种人在现实生活中实实在在地存在着。和珅、刘墉的例子，①是我们都熟知的。他们两个人的品行、心胸正好印证了荀子的观点。

我们一般人通过看电视连续剧，比如《铁齿铜牙纪晓岚》《宰相刘罗锅》等，了

---

① 资料来源于以下材料：央视国际频道 2004 年 9 月 13 日和 9 月 20 日专题节目《权臣和珅（上、下）》解说词；《刘墉与和珅的较量》[EB/OL]．[2006－10－12]．book．people．cn／GB/…百度快照．

解到和珅是一个大权独揽、残害忠良、嫉贤妒能、不学无术、贪得无厌的奸臣、奸佞小人。所以，在嘉庆皇帝下令处死和珅时，人们无不拍手称快，认为和珅之死是罪有应得、大快人心。但这只是一种艺术表现而已，很多地方与历史记载是有出入的。大家知道，和珅小刘墉三十一岁，且家庭政治背景也没有刘墉好，但为什么和珅却能深得乾隆的赏识，且在短短二十九年时间内能连升四十七次，始终官居刘墉之上呢？

首先，和珅并非人们所想象的那样不学无术。和珅从小天资聪颖，勤奋好学，记忆力超群，知识渊博、聪明善断、办事利索，而且精通满、汉、蒙、藏四种文字。这就为其日后升迁准备了良好的知识基础。

其次，和珅善于揣度乾隆的心思，往往能做到投其所好。如乾隆一生喜好书法、诗词歌赋，而且自己擅长书法和作诗。和珅为了迎合乾隆皇帝，在这些方面下了不少功夫，并达到了较高的水平。和珅经常与乾隆一起探讨诗词和书法方面的问题，还经常与乾隆和诗，而且和珅的字酷似乾隆的字，以至于乾隆后期的不少诗匾干脆交由和珅代笔。

再次，和珅办事干练，该果敢时就果敢，该出手时就出手。这一点深得乾隆赏识。给大家举两个例子，一是彻查大贪污犯李侍尧。乾隆四十五年，三十一岁的和珅受命接手查办李侍尧的案子，他一到云南就拘审李侍尧的管家，取得大量的真凭实据以后，再行缉拿李侍尧，迫使精明干练的李侍尧不得不低头认罪伏法，前后历时仅两个多月。二是乾隆晚年大兴土木，为自己建造专门娱乐的场所和宁寿宫，特别是八十岁举行的千叟宴等，均需大量银两。然而，国库空虚，这么多事情要办，银子从何而来？和珅是弄钱的高手，他在不大动国库的情况下，就想方设法满足了乾隆的需要。其手段不外乎几条：令外省三品以上大员进献；实行议罪银制度，即拿银子抵自己的罪过，少则几千两，多则数十万两银子。这些弄来的银两既入内务府装进皇帝腰包。又入和珅私人腰包。但为了表示自己忠心于皇上，和珅还从自己私人家资中拿钱出来办事，但只是象征性地从自己腰包中拿出银两捐献皇上。

第四，就是和珅是满洲正红旗人，真正的钮祜禄氏，皇上的本家。后来又成了乾隆的儿女亲家，更是亲上加亲。

讲到这里，问题来了，既然和珅这么能干，这么有才能，怎么会成为人们唾弃的千古罪人呢？我的理解不外乎以下三点：

第一，和珅贪得无厌、腐败透顶。和珅家的金银财宝相当于当时乾隆国库七年收入的总和，真是富可敌国。所以，后世有"和珅跌倒，嘉庆吃饱"的说法。

第二，和珅独断专权、排除异己。这与上面的贪是分不开的。和珅政治地位处于一人之下万人之上，因此，可以在朝中大量安插亲信，而对于那些与自己"政见"不合、性格刚毅、为政清廉的文武官员，如刘墉、纪晓岚、王杰、董诰、朱珪、铁保等人，则极尽排斥打击之能事，千方百计要将其治罪或排除政界或发配异地做官，只是乾隆尚是一位明君，既离不开和珅的"弄臣"作风和人品，也离不开刘墉、纪昀等人的"直臣"、"能臣"作风与人品，因此，才得以使这些人能够官居要职、效忠朝廷，而不至于遭受和珅的打击报复。但也不同程度地遭到了和珅的排挤，如王杰、董诰等，特别是刘墉经常被贬职甚至查办，都是和珅使的坏，民间有一种说法，说刘墉当官就好比戴帽，摘了戴，戴了摘，这都与和珅有关。

第三，和珅阴险奸诈、舍车保帅。和珅对于经常向自己"进贡"行贿的官员和与自己站在同一政治立场的官员，都极力保举推荐，让他们"各尽所能"、"各得其所"。于是，他们死心塌地地跟在和珅后面，与之站在同一战壕，一同打击、排斥异己力量。但和珅又是一株墙头草，风吹两边倒，一旦不能力保某人，就痛下杀手，将其置于死地，这样做不外乎四点：一为保全自身，二为"政治交代"，三为"掩人耳目"，四为"杀一儆百"。因此，每处决一人，都会让其他被其护卫的官员胆战心惊，更加紧贴和珅。比如，查办山东巡抚国泰一案就充分说明了和珅阴险奸诈嘴脸。

说到国泰，来头很大：皇妃的伯父，和珅的密友，其父为刘墉的老领导。试想，就凭是乾隆的伯丈人这一条就不得了。所以一路升迁、权倾一方、贪赃枉法、挪用库银、污秽官场，致使山东各府衙国库亏空、官场乌烟瘴气。不仅如此，山东三年旱涝灾害不断，但国泰不仅不体恤民情、放粮赈灾，而且谎报灾情、以荒报丰、横征暴敛、邀功请赏，使得民不聊生、饿殍遍野、民怨沸腾，并残杀进京为民请命的进士、举人九人。大学士阿桂、大将军福康安、江南道监察御史钱沣等朝廷大员联名上书，弹劾国泰，建议乾隆将其调入京师为官，受制于皇上。

乾隆一看，怎么弹劾到我伯丈身上啦？既如此，总得有个交代吧。于是找人向山东布政使于易简了解情况。于氏本来就和国泰沆瀣一气，当然矢口否认国泰的罪行。心中有底之后，乾隆于是就派尚书和珅、左都御史刘墉、右部侍郎诺穆亲为钦差大臣，前往山东"秉公据实查办"。乾隆为何如此安排？ 和珅、刘墉与国泰的关系已交代，而诺穆亲则是皇帝本人的内亲。此三人谁不明白皇帝的心思呢？肯定是想力保国泰顺利过关，又对国人有所交待。如此这般安排以后，乾隆就召集朝廷大员开会下旨，讲了查办国泰一案的方针和办法。并当朝宣布，今派和珅等"严切查究"仓库亏空一事，自然水落石出。对于索贿行贿一事，一经查证属实，其罪当斩。此谕六百里加急传至和珅等人。但和珅对皇帝的意图心领神会，他一路做刘墉的工作，又威胁钱沣等不可太认真，一定要给足皇帝的面子。一面又暗派人通知国泰，赶快填补亏空。但刘墉、钱沣却既不领乾隆的情（有些后世学者认为刘墉根本没有领会乾隆的意图,我不敢苟同,凭刘墉的睿智,连和珅都能体会到的东西,他会不知道? 所以,我认为并非刘墉没有嗅出乾隆的气味,而是装糊涂,这正是刘墉高明的地方),又不买和珅的账,坚持一查到底,致使证据确凿,和珅一看,得,我保不了你了,丢车保帅吧,立即出卖国泰。这让乾隆骑虎难下,不得不处死国泰、于易简二人。

但皇帝心里难过,没法向皇妃交代。我堂堂一皇帝,居然食言,这脸拉不下来呀! 于是总想找机会整治刘墉,这正合和珅之意,经常时不时地暗示乾隆除掉刘墉,不然,这个绊脚石早晚会查到我和珅头上来的。

刘墉就与和珅大不同,①无论为人、为官还是做事,其心胸、品质、修养等均高于和珅。所以,刘墉死后加赠太子太宝,祀贤良祠,谥号文清。刘墉死后之所以享有如此高的评价,与其为官清廉、刚正不阿、秉公办事、为人正直是密不可分的。我这里给大家讲三个案例。

第一,顺应环境、随遇而安。刘墉是官宦之家,从其曾祖父开始,一百三十余年,一直在朝廷官居要职,尤其是其父亲,官居军机大臣,死后封谥为"文正"。能配此称号的,在清朝近三百年历史上也只有八人,而刘统勋位居第二位,已经达到一个文臣所能达到的顶峰了。刘墉工作干得再出色,也不可能超过其父刘统勋。因此他只能顺势而为、随遇而安。另外,俗话说"伴君如伴虎",稍有不慎将引来杀身之祸,为了保全自身及家族的安全,刘墉必须时刻讨皇上欢心,这并非奴颜婢膝,确属环境使然。刘墉觉得个人既然没有办法改变现实,那就只能努力去适应现实,把自己融入现实世界。在这一点上,他与和珅并无本质区别。要说有区别的话,就是刘墉不像和珅那样,为讨皇上欢心而卑躬屈膝、装猫做狗,而刘墉却常常是凭文采、对对子讨皇上欢心,如同荀子所说的,能够做到"大心则敬天而道,小心则畏义而节"。

第二,为官清廉、刚正不阿。刘墉于1719年生,乾隆十六年中进士,时年三十二岁,到八十五岁即嘉庆九年逝世,为官五十四年,大起大落不计其数,这与他为官清廉、刚正不阿是分不开的。彻查国泰一案,即是一例。此外,刘墉在地方为官三十余年,清正廉洁,为地方办了大量实事,深得各地百姓信赖和赞扬。尤其是在他任江宁知府期间,抗总督、斗权贵、破奇案、察民情、得人心,号称包龙图再世,"名播海内,吏民畏服,天下无不服其品谊"。其间,他破除官场旧习,整顿士林风

①　资料来源于以下材料:《刘墉与和珅的较量》[EB/OL].[2006 – 10 – 12]. book. people. cn/
　　GB/…百度快照;《刘墉与乾隆、和珅、纪晓岚的真实关系》[EB/OL].[2009 – 12 – 31].
　　blog. 163. com/qsbwjh/b…百度快照.

气，搜查禁毁书籍，惩治民间会党等，可以说是竭尽全职，不遗余力。乾隆四十五年即 1780 年，湖南多处受灾，哀鸿遍野，盗案迭起，贪官污吏猖獗，百姓怨声载道。刘墉授湖南巡抚，到任之后，查明灾情，赈济灾民，严查贪官污吏，交由朝廷严惩，稽查府库银两，修筑城垣渠道。仅一年余，就使库银充实、民粮丰足，深得百姓爱戴。从这些典型事件中，我们不难看出刘墉的为政之道、为官之道、为人之道，均堪称楷模。

第三，秉公执法、不计前嫌。刘墉前三十年在地方为官，办了很多实事，也未与和珅发生正面交锋和冲突。至乾隆四十七年，即 1782 年，刘墉以六十三岁高龄调入京城出任左都御史，后做到协办大学士、吏部尚书、上书房总师傅等职位，与和珅的接触越来越多，冲突也越来越多，特别是国泰一案，刘墉秉公执法，同时也就大大得罪了和珅。可以这么说，从刘墉进京任职到嘉庆四年和珅被处死，刘墉与和珅明争暗斗了十七个年头，两人之间形成了一条无形的政治鸿沟。但刘墉依然秉公执法、不改初衷。后世一些学者说刘墉后期，特别是国泰一案发生后，变得圆滑世故了，以"模棱为自全之计"，但仍不失清廉之志。特别是在清查和珅结党营私、贪赃枉法、败坏朝纲等案件过程中，一方面做到实事求是、客观公正、证据确凿、据实治罪，另一方面，当嘉庆要将和珅处以凌迟时，又上书嘉庆皇帝，说和珅虽罪大恶极，但毕竟担任过先朝的大臣，不得不为先帝留下面子，请从次律，即赐自尽，以保全尸。同时，为防止有人借和珅案打击报复，避免事态扩大化，又及时建议嘉庆帝应做好善后事宜。结果，在处死和珅的第二天，嘉庆皇帝即发布圣谕，申明和珅一案已经办结，借以安抚人心。从处置和珅案即可看出，刘墉并未因公务而泄私愤，而是秉公执法、不计前嫌，充分体现了一位群臣应有的风范和心胸。

从刘墉与和珅的人生轨迹及最终结果来看，正好印证了"君子两进，小人两废"的观点。

6. 君子的为政之道

荀子在前面论述和讨论的君子的行为、君子的品德、君子的修为、君子的礼义、君子的心胸以及后面将要讨论的有关君子的诚信问题、处世问题、名利问题等，均与为政之道有密切关系。可以这么说，荀子的所有文章均不外乎讨论君子在为人、为政、为学等方面的问题，为什么在这里还要单独专门讨论君子在治国之中的作用以及作为君子，在治国中必须廉洁自律呢？主要涉及君子为政的基本原则问题，即治治而不治乱，去污而非修污。关于这个基本的政治准则问题，孔子在《论语》中有五处讨论：

（1）子曰："宁武子，邦有道则知；邦无道则愚。其知可及也，其愚不可及也。"（《论语·公冶长》）

（2）子曰："直哉，史鱼！邦有道如矢，邦无道如矢。君子哉，蘧伯玉！邦有道则仕；邦无道则可卷而怀之。"（《论语·卫灵公》）

（3）子谓南容："邦有道，不废；邦无道，免于刑戮。"（《论语·公冶长》）

（4）宪问耻。子曰："邦有道，谷；邦无道，谷，耻也。"（《论语·宪问》）

（5）子曰："邦有道，危言危行；邦无道，危行言孙。"（《论语·宪问》）

孔子这五段描述，都是讲邦有道无道的问题，也就是说国家社会政治清明不清明的问题，即荀子所说的治治与治乱的问题。这里孔子赞扬了宁武子、南容、史鱼和蘧伯玉，这四个人的为政之道，从大的原则上分析是基本一致的，但由于个人性格差异，加之跟从的"老板"不同，所以他们在治治与治乱方面又表现出许多不同的特征。

先说宁武子。宁武子是春秋时代卫国有名的大夫，先后侍奉卫文公、卫成公，是卫国两朝元老。卫国几经动乱复国后，已由大国变成弱国，卫文公于公元前659—前635年在位，励精图治，加之宁武子的辅佐，卫国治理得也算井井有条，政治、经济、文化都逐步走上了正轨，社会政局稳定，人民安居乐业，宁武子的智慧、才能、方略等都得到了完美的发挥。可是好景不长，到公元前634年，成公继位之后，由于宫廷之争，兄弟相互残杀，争权夺利，致使国家政治、社会、经济等一片混乱，情况万分险恶，此时宁武子依然在朝，这个时候他就装聋作哑，表现得愚钝无知。大家可能会问，宁武子如此判若两人，岂不是一个滑头？一个见风使舵的两面派吗？如果你是这么认为，那就太小瞧宁武子了。他之所以这么做，一是为了保全自身不受牵连，二是为了国家时局的稳定。大家知道，人类社会历史上，任何一个政治事件的发生，尤其是政权的更迭，有政治才能且精明能干的人，总是最容易遭受忌妒和打击的，搞不好，你就会身首异处。宁武子深知政治斗争的险恶，故而"邦无道则愚"，这正是他的高明之处，不足为外人道。所以，孔子给他一个断语"其知可及也，其愚不可及也"，就是说他的智慧我们能看到、能觉察到，而他的愚钝无知，我们却无法了解。

在评价史鱼和蘧伯玉两个人的为政之道时，又各有特点。史鱼以直著称，而蘧伯玉则以贤能而闻名。二人均为卫国大夫。

史鱼姓史名佗，字子鱼。卫灵公时任祝史，负责卫国对社稷神的祭祀。史鱼品行高尚,时人称其为卫国君子、柱石之臣。他多次向卫灵公推荐蘧伯玉,力劝卫灵王进贤去佞,但灵公却依然重用佞臣——男宠弥子瑕。史鱼为此十分担心,临终前,将儿子叫到身边亲口吩咐说:我在卫朝做官,却不能够进荐贤德的蘧伯玉而劝退佞贼弥子瑕,是我未能扶正君王的过失啊!生前无法正君,无法清君侧,那么死后也无法成礼。你就将我的尸体放于窗下,这样对我就算完成丧礼了。

儿子不敢违抗父命。于是,在史鱼去世后,便将尸体移至窗下。卫国公前来吊丧时,见到此景,大惊失色,责问其子如何对父亲如此不敬不孝?史鱼的儿子只好据实相告。

卫灵公听后十分惊愕,说道:"这是我的过失啊!"于是下令,让史鱼的儿子将其父依礼安葬,并起用蘧伯玉,辞退了弥子瑕。

你想想,史鱼敢于"尸谏"灵公,还不"如矢"吗?所以,孔子说:"直哉!史鱼,邦有道如矢,邦无道如矢。"

再来看看蘧伯玉吧。他自幼聪颖过人、饱读诗书、能言善辩、内直外宽、生性忠恕、虔诚坦荡。他一生先后侍奉过三位卫君(献公、殇公、灵公),主张以德治国,推行无为而治。他认为,作为一国之君,应以自己的模范行为、人格魅力去感化、教育、影响、引导人民,体恤民生,如此才能民富国强。

这便是为君之道、为臣之道、为政之道。由于有像史鱼、蘧伯玉这样一批直臣、忠臣、谏臣和能臣,所以卫国虽几经战乱、内讧和宫廷之争,但仍然能在秦、楚、晋、赵等大国夹缝中求生存,稳立中原,人民安居乐业。

因此,孔子就说,蘧伯玉这个人可真了不起,他能在国家社会政治清明有道之时,出来做事做官,担当大任,而在国家社会政治紊乱无道的时候,卷起铺盖走人,从不发牢骚,也不怨天尤人,始终保持沉默不语,不乱讲话,也不批评朝廷是非,淡泊明志、独善其身。

至于南容,这是孔子自己为侄女挑选的夫婿,当然更应该考察他的品行、才具、学识等等。这是毫无疑问的,也是人之常情。据记载,孔子与其兄是同父异母的亲兄弟,由于哥哥是残疾,所以他特别照顾哥哥一家,对这个侄女也是关照有加,最后将侄女嫁给有德君子南容。

为什么孔子会如此看重南容呢?这是他长期观察、考验的结果。南容学识很高、才具超群、品德高雅、处世圆滑。在国家社会政治清明的时候,他能抓住时机,顺势而为,善于推介自己,将自己的才具贡献给社会,当然就会得到领导的赏识,"不废"就是不会被埋没废弃。但是当社会政治混乱,国家动荡不安的时候,他善于自处、自守,顺应形势发展,可以"免于刑戮",也就是不会招致杀身之祸。

还有一个例子,就是回答原宪的一个问题。原宪问孔子:"孔老师,什么叫耻辱呢?"孔子回答说,你这个问题问得很好,除了做人要知耻外,做官更应该知耻,即"邦有道,谷;邦无道,谷,耻也"。

那什么叫为官之耻呢? 孔子进一步解释道:当国家社会政治清明时,即国家走上了正轨的时候,你出来做官,为国家、社会和人民做事、做贡献,按要求领取国家俸禄,不要贪污腐败,不行贿受贿,得你应得的收入,你不仅不耻,而且还非常光荣。"谷",古时指谷物、收成物,引申为俸禄,即今天所讲的工资外加岗位津贴、奖金、福利,各种社会保障如医疗保险、养老保险、失业保险、住房公积金等等,内容相当宽泛。但是,话又说回来,此时孔子话锋一转,告诉原宪说,如果国家处在一片混乱状态,连年战乱,老百姓苦不堪言,没有饭吃,没有衣穿,妻离子散,在这样的情况下,你不去为民请命,不去为百姓解决衣食住行问题,反而在那里拿政府的俸禄、发国乱财,甚至搜刮民脂民膏,你不仅自己应感到羞耻,而且简直就是人民的罪人。

所以说,对于一个知识分子,要明白自己的责任是什么,比如说我们大学生,你必须首先弄明白,你为什么要读书? 难道只是为了自己穿衣吃饭吗? 仅仅只是使自己有一个窗明几净的家,有漂亮的太太和活泼可爱的子女陪在身边而安享天年吗? 当然这也是必需的,但这只是人的初级需要,而绝非人的高级需要或终极需要。作为大学生,是未来社会发展的精英和知识分子,更应该时刻思考着为社会,对国家有所贡献。假如没有贡献,无论在安定的社会或动荡的社会,都是可耻的。

所以说,孔子就教育他的学生:"邦有道,危言危行;邦无道,危行言孙。"这里的"危"是正、直的意思,而"孙"则通逊,即谦逊的意思。这是孔子教育其学生要学会为人处世之道、为官为臣之道,即做干部和做人的基本原则。天下太平了,国家社会政治清明了,上正轨了,作为一个正人君子,一个国家干部,一名公务员,说话正直、行为端庄,没有关系,不会有斗争的。但当社会动荡不安,国家社会政治没有走上正道时,作为国家公务员,人民的公仆,就应该做到行为端正、不贪赃枉法、不行贿受贿,规规矩矩、堂堂正正,以免让人抓着把柄。在言论上,要谨慎小心,少发牢骚,不要得罪人,否则就会出问题,甚至引来杀身之祸。这就是孔子人生的感悟和经验,也是历史的真实写照,绝不是孔子要滑头。

讨论完孔子的邦有道无道的治世原则和策略以后,再回过头来分析荀子的治世和修身思想。

"君子治治,非治乱也。曷谓邪? 曰:礼义之谓治,非礼义之谓乱也。故君子者,治礼义者也,非治非礼义者也。然则国乱将弗治邪? 曰:国乱

而治之者，非案乱而治之之谓也，去乱而被之以治。人污而修之者，非案
污而修之之谓也，去污而易之以修。故去乱而非治乱也，去污而非修污
也。治之为名，犹曰君子为治而不为乱，为修而不为污也。"

荀子指出，君子治国理政的基本原则就是治理整顿安定的国家，即政治清明、
走上正轨的国家，而不是治理整顿混乱的国家。这是什么意思呢？荀子认为，符
合礼义就是安定，就能治理得好，反之，违背礼义就会使国家、社会混乱，天下大
乱。所以，作为一名君子，是整顿符合礼义的国家，而不是整顿不符合礼义的国
家。如果按照荀子以上观点，那么是不是不符合礼义的国家，即混乱的国家，就不
去治理，不去整顿呢？当然不是。就是说如果国家出现混乱，处处违背礼义道德，
国家社会不上正道，的确要去整顿治理它。荀子的意思是绝不能按照原有的混乱
即不符合礼义的路线方针政策去治理整顿，而是要拨乱反正，彻底除去原有的乱
源，然后再加以治理整顿。比如说，一个人的身体肮脏了，臭气熏天，肯定要清洁
它，把臭气去掉，但并不是根据原有的肮脏清洁它，也就是说，不仅仅只是用花露
水喷一喷，或涂点乳液去掉身上的臭气，那是治标不治本。正确的做法就是先用
清水彻底清洗干净，从根本上去掉身上的臭气，然后再喷上花露水或涂上乳液。
人的思想品德也是一样，品质不好就要去掉这些不良品质，但并非做一两件好事
就能掩盖得了自己的不良品质，而是要长期修炼以锤炼自己优良的思想品质。所
以说，要彻底地根治混乱，而不是仅仅平治混乱或以乱治乱，以毒攻毒，那肯定是
行不通的。

所以，荀子得出治乱的基本结论是：君子治乱是要彻底地根治混乱，而不仅仅
是以乱治乱、治标不治本；去污就是要根治思想深处、灵魂深处的腐朽思想，而不
是仅仅用一种简单的方式方法去掩饰自己的不良思想和品质。因此，荀子认为君
子整顿的根本，就是为了实现安定团结，而不仅仅只是为了除去混乱；是只做美好
的事情，做于社会、人民有益的事情，而不去做污浊、有损于人民和社会的事情。

"君子洁其身，而同焉者合矣；善其言，而类焉者应矣。故马鸣而马
应之，牛鸣而牛应之，非知也，其势然也。故新浴者振其衣，新沐者弹其
冠，人之情也。其谁能以己之潐潐受人之掝掝者哉？"

这里，荀子进一步强调指出，如果君子能够做到整洁自身，有崇高的品德修
养，能够做到廉洁自律，那么，那些具有志同道合思想的人就会团结在自己的周
围；如果君子能修好自己的言论，说话合乎礼仪道德，那么，那些具有共同理想的
人，就会相互响应，与自己一同做好整治工作。这就好比马鸣牛叫，马和牛会相互
应和一样，这并不是它们有什么智慧，而是因为它们是同类，其自然本性本来就

如此。

所以,洗了澡而换上新衣裳的人,总要对着镜子整一整自己的衣服,而洗了头的人,总会弹弹自己帽子上的灰尘,这本是人之常情。有谁肯以自己的明察和纯洁的思想,而接受别人的昏乱呢?

7. 君子的诚信观

荀子指出,君子修身养性,应讲究诚信,致诚是为人处世之道、立业成事之本、家国和谐之基。

"君子养心莫善于诚,致诚则无它事矣。唯仁之为守,唯义之为行。诚心守仁则形,形则神,神则能化矣;诚心行义则理,理则明,明则能变矣。变化代兴,谓之天德。天不言而人推其高焉,地不言而人推厚焉,四时不言而百姓期焉。夫此有常,以至其诚者也。

"君子至德,嘿然而喻,未施而亲,不怒而威。夫此顺命,以慎其独者也。善之为道者,不诚则不独,不独则不形,不形则虽作于心,见于色,出于言,民犹若未从也,虽从必疑。

"天地为大矣,不诚则不能化万物;圣人为知矣,不诚则不能化万民;父子为亲矣,不诚则疏;君上为尊矣,不诚则卑。夫诚者,君子之所守也,而政事之本也。唯所居以其类至,操之则得之,舍之则失之。操而得之则轻,轻则独行,独行而不舍则济矣。济而材尽,长迁而不反其初,则化矣。"

讲到君子的诚信问题,除孔子在《论语》中有详细的阐述外,最为系统地论证诚信问题的应该算是《大学》《中庸》了。

《大学》中有一章专门讨论诚意的问题。指出,作为有德君子,要使自己的意念诚实,关键是应坦坦荡荡,不能自欺欺人。要如同厌恶污秽的气味那样厌恶不端的行为,如同喜欢美貌的女子那样喜欢善良。只有如此,才能说自己意念诚实,为人做事才能心安理得。所以,道德修养高尚的人必须谨慎地对待独处,使自己中规中矩。一个人要能够做到谨慎的地步和境界,确实太难了。你想呀,一个人单独处于一个非常具有诱惑力的环境之中,比如莺歌燕舞、美女如云的环境条件下,你能不为之所动吗?你能抵挡得住名利美色的诱惑吗?俗话说,英雄难过美人关。古今中外的实例真是太多了,齐宣王可谓历史上比较有道的明君,尽管自己的老婆很丑,但他却不嫌弃她,相敬如宾。然而,他在一次与孟子的对话中也说了一句大实话:"寡人有疾,寡人好色。"(《孟子·梁惠王下》)就是他对孟老夫子说，我这个人有一个毛病，什么毛病呢？我喜欢女人，一看到美丽漂亮的女人就心动，就想要做朋友。这也是人之常情，窈窕淑女，谁不好逑？连古公亶父这么品德高尚的圣贤君王，也喜欢女色，更何况是一般常人呢？再说金钱诱惑也是人们难于抵挡的，有多少官员不惜冒丢官下狱的危险，也要大肆聚敛钱财。钱财未必对于他来说就那么重要，再说，金银财宝生不带来死不带去，要那么多何用？但这恰恰反映出了人性的致命弱点：贪欲。所以，要真正做到慎独确实难上加难。所谓"钱财如粪土，仁义值千金"（《昔时增广贤文》），只是一种理想的概念或描述，真正能够达到如此境界的人恐怕少之又少，但关键是应"君子爱财取之有道"（《昔时增广贤文》），还得要有度，千万不可贪得无厌。正如孔子所说的"富与贵，是人之所欲也，不以其道得之，不处也；贫与贱，是人之所恶也，不以其道得之，不去也。君子去仁，恶乎成名？君子无终食之间违仁，造次必于是，颠沛必于是"。（《论语·里仁》）

而那些没有道德修养的人，或者说道德修养不高的人，在闲居独处的时候，更是什么坏事都能干得出来。特别是在现代社会，由于网络信息高度发达，网络的隐蔽性、虚拟性、快捷性、及时性等特征，使得人们利用网络干坏事的可能性和机会大大增加。比如一些心术不正的好色之徒就利用网聊谈恋爱的形式，或骗取钱财或骗取感情，特别是那些涉世未深或本身家庭感情不和的男女，更容易在网上聊天被骗取感情和钱财。还有一些人利用黑客攻击打开家庭电脑摄像头，窃录别人的私密生活过程，然后在网上大肆传播，以诈取别人钱财或感情，并导致别人名誉被毁、家庭感情破裂。有的则利用针孔摄像头或窃听器，盗取别人情报和私密生活与谈话，以此骗钱偏色。但是，往往这些人在大庭广众之中、众目睽睽之下，却装得很得体，他们极力掩饰自己，装扮成有德君子，并极力彰显自己的美德，这是一种极不诚实的小人。

所以，《大学》指出，一个人拥有大量财富，可以修饰房屋。比如说，你有上千万，甚至上亿的钱财，那你可以建别墅，可以建高楼大厦，可以建豪华庄园。但是你不一定能买来幸福和美德，更不能买到诚信。甚至别人还可能认为你的财产来源不明。当前，某些党政官员，到处购置房产，仅凭他当公务员的工资、奖金、岗位津贴等，能办得到吗？俗话说，"马无夜草不肥，人无横财不富"（《昔时增广贤文》），古今皆然。所以，如果政府官员有多处房产，你只要用心去查处，保证一查一个准儿，他不是做兼职赚钱，就是有贪污受贿行为，要不然，怎么会有那么多钱买房购车？所以，财富只能润屋，只有德才能润身，才能使人身心开阔，思想品质高尚，才能使人成为一个诚实的君子。

《中庸》指出："诚者，自成也；而道，自道也。诚者，物之终始，不诚无物。是故，君子诚之为贵。诚者，非自成己而已也，所在成物也。成己，仁也；成物，知也；性之德也，合外内之道也，故时措之宜也。"这段话用现代语言解读，就是所谓真诚，是指自己成全自己，而道则是自己引导自己的意思。真诚贯穿于万物的终始，没有真诚就没有万物。因此，君子把真诚看得非常珍贵。进而指出，所谓真诚，并不只是自己成全自己就够了，还要成全万物。成全自己是仁义，成全万物则是智慧。这是发自本性的品德，是结合了天地内外的道理。所以，适合在任何时候运用和实施。

为什么说君子把真诚看得如此珍贵呢？《中庸》进一步指出："唯天下至诚，为能经纶天下之大经，立天下之大本，知天地之化育，夫焉有所倚！肫肫其仁，渊渊其渊，浩浩其天。苟不固聪明圣知，达天德者，其孰能知之？"什么意思呢？就是说，作为君子，只有具备了至真至诚，也就是能达到与天相配的品质，才能成为治理国家和社会政治的崇高典范，为天下树立根本大德和法则，掌握天地、化育万物的深刻道理，成为世人效法的楷模。中国古代思想家、哲学家、教育家，都将君子的高尚品德、圣人的品德与天媲美，以德配天，以德化育万物，特别推崇品德高尚的古代圣贤。

那么，要达到这样的品德标准和思想境界，需要依靠什么，要具备哪些条件呢？主要推崇三条：一是要仁心诚挚，就是对任何人和事都要充满仁爱之心，哪怕是自己的敌人、仇人甚至有杀父之仇的人，也应该以仁人之心对待他、感化他，要做到以德报怨；二是要思虑幽深，即具备大智慧，善于顺势而为，与时俱进，思人之所未思，像宁武子那样"其知可及也，其愚不可及也"。有人说过，圣人的思想可以延续永恒，伟人的思想可以影响百年，常人的思想只能影响自己，最多能影响周围的人。所以，思虑幽远，必然是具有大智大德的圣人和伟人；三是德可配天，也就是要使自己成为一个品德高尚、堪称万世楷模的人。当然，这样的标准确实太高了，极少有人能达到这样的要求。但作为君子，我想至少要心胸开阔、公正廉明、为人诚实可靠。所以，如果不是真正聪明睿智、通达品德高尚的人，是不可能做到真诚的。

讨论完《大学》《中庸》中有关诚实、真诚的问题以后，再回过头来分析荀子这段文字的内涵就清晰、容易得多了。

首先，荀子认为，君子修身养性，没有比诚实、真诚更为重要的了。因为除了至诚之外，没有其他更好的修养身心的方法了。一个人只要以仁德作为立身的操守，以礼义作为行为的准则，以诚实之心保持仁义，就一定会在自己的言行中表现出来。

人的诚信决定人的品质，也会成就人的一生。这里给大家讲一个因诚信成就自己的事例：清顺治十五年，即 1658 年，常熟人孙承恩在殿试中夺得魁首。但此前孙承恩之弟孙旸在乡试中中举，后由于犯罪而被流放到边疆。这件事无疑对孙承恩能否当上状元具有决定性的影响，但孙承恩却因诚实而博得顺治皇帝的充分信任，结果夺得头名状元。①

事情的经过是这样的：殿试时，由主考官根据成绩取前十名考生的试卷呈送皇帝，由皇帝钦定前三名参加皇上亲自主持的殿试。皇上阅读完十位考生的试卷后，觉得孙承恩试卷中有一句"克宽克仁，止孝止慈"的颂辞，写得很有文采，整篇文章一气呵成，言之成理、持之有故，皇帝很是欣赏。正要点他做状元时，突然想起前不久有一个发配边疆的孙旸与其是一个地方的人，他们有什么关系呢？是不是一家人呢？为此，顺治就让大学士王熙前去查证，如果属实，就得考虑这个状元到底应该钦定给谁了。王熙接到顺治的指令后，立马赶到孙承恩的住处，把皇上所说的话如实告诉孙承恩，并说：今天你是升天还是沉渊，全凭你一句话。孙承恩如实相告：我和孙旸本是一家人。王熙觉得非常遗憾，继续对他说：这件事情只有皇上、我和你知道，别人都不知道。你这句话将决定你一生的命运，你再慎重考虑后回答我。孙承恩说：孙旸确实是我弟弟，我要诚实、要忠诚、要如实报告。王熙非常惋惜，打马回皇宫，将调查结果如实报告顺治皇帝。不想顺治皇帝却说：这个人很忠诚、很正直，于是钦定他为状元。

孙承恩不隐瞒事实真相，如实告诉自己的身世，深得顺治皇帝信任，被钦定为状元，充分说明一个人的真诚可以完全赢得他人的信任。试想，如果孙承恩撒谎欺瞒皇上，也有可能钦定头名为状元，可一旦查明真相，不但名声不保，还可能犯欺君大罪，轻则杀头，重则满门抄斩，甚至夷灭九族。即使不被皇上发现，也可能受人牵制，被人利用。

其次，在言行中表现出仁义，就会显示出神奇的本领。具有神奇的本领，就能使人的言行发生改变。以诚实之心推行仁义，办事就会条理清晰。办事条理清晰，就会明白易懂。能明白易懂，就能使人的言行发生改变，改变与转化相互更迭，这就叫作德可比天。

古人总强调以德配天，德可比天，尤其对君王的要求更是如此，而且常常用公刘、古公亶父、尧、舜、禹、文武周公等作为榜样案例进行描述、论证，以此教育当时乃至后世之人。据中国文献记载与传承，这些人确实品德高尚，但这些人毕竟距离我们时代太久远，就连最近的周文王姬昌的第四子周公旦，也生活在大约公元前1100 年，早于孔子五百多年。因此，对于这些人的生平事迹，也只是传说而已。

① 故事选自傅开沛编著：《尊荣知耻故事新编》，深圳报业集团出版社 2006 年版，第 168 页。

按照历史越久远,则实事越简单,记载越张扬和越虚幻的原则,这些人的功绩、人格、品德修为是不是真的如传说中所说,还有待考证。当然我们没有必要过于怀疑古代文献及历史记载,但不管真实性有多大,都足以说明:一个人真要使自己的品德言行与天相配,那可真是要求太高了、太难了。

我倒觉得清朝乾隆年间的岳起的品德言行可以很好地解释和印证荀子关于"诚心行义则理,理则明,明则能变"的论点。

岳起名少宝,满洲镶白旗人,素有"一尘不染,汤文正公后一人"之美名。① 岳少宝于乾隆三十六年考中举人,先后任户部员外郎、翰林院侍讲学士、詹事府少詹事等职,乾隆五十六年升任奉天府尹。一生为官清廉、刚正不阿。因前任府尹贪得无厌、搜刮民财、索贿受贿,岳起到任后的第一件事情,就是要求随行的工作人员、家眷,将房屋、器物里外彻底洗刷一遍。并说:"一点也不要沾染前任长官的污迹。"过了一年,岳起升为内阁大学士。不久,被派任江西布政使,尽心于民事。在任期间,由于江西水灾,岳起出行查勘圩堤,落入水中而患病,乾隆下诏嘉奖他勤政为民的高尚品德,允许卸任养病。

嘉庆四年,朝廷重新起用岳起为山东布政使,不久又提升江苏巡抚。他为官清正廉洁,为人耿直诚实,所用僮仆仅有几人,外出时从不乘轿坐车,而是骑马列行,穿着破旧、节俭素行,沿途百姓均以穷书生待之。他从不出入娱乐场所,禁止歌姬舞女相伴,从不用公款宴请宾朋。江南一带的奢侈之风,由此得以改变,他待手下人很宽厚,但从不给他们以公权。亲戚朋友投奔他门下,他仅仅让他们做一些洒扫、跑腿、烧茶点烟之类的家务事,从不给他们交办公事。并对手下公仆说:"公署中的政务,是天子交付给我们的,他们不能参与。自古以来,位居高官而又不得善终者,都是任用其亲戚为心腹的缘故呀!"

岳起廉洁正直,还得益于有一个贤德廉明的妻子。她不仅亲自为岳起掌握文书印鉴,而且时时监督他的工作,整饬他的生活。据记载:"岳起为巡抚时,一日亲往籍毕沅家。暮归,饮酒微醺。妻正色曰:'毕公耽于酒色,不保其家,君方未戒之不暇,乃复效彼耶?'"就是说岳起在任江苏巡抚期间,有一天亲自到毕沅家查抄没收其财产,晚上回家后,喝酒稍带醉意,妻子正颜厉色地说:"毕公因沉溺于酒色,没有保住家产,你难道不考虑以此为戒,还要再效仿他吗?"因为一生为官清正廉洁,以至于岳起到京城后,因为没有官邸居住,只好住在寺庙之中,后死于寺庙,妻子终生以纺织为生。苏州百姓特别思念岳起的德操,称他为"岳青天",说他堪称汤文武一样的清官。

---

① 本故事根据《清史稿·岳起传》改编而成。

　　第三，如同天地之大道一样，君子的大德并不一定要自我张扬，人们自会认可。荀子指出上天不说话，人们认为它最高；大地不说话，人们认为它最厚；春、夏、秋、冬四时不说话，老百姓都能预知季节的更迭变化。这都是因为它们有不变的规律可循，从而达到了它们的至诚。同样的道理，君子有大德，虽不作声，但老百姓都明白他的德行操守；即使对别人并没有施予什么恩惠，但人们仍然亲近他；即使不用发怒，却仍然显示其威严。这是因为他们能够顺应自然规律，尊崇礼义法则，在独处之时始终能够保持诚实的缘故。

　　因此，荀子明确指出：善于行道的人，没有诚心就不能独处；不能独处，就不能把"道"表达出来；不能把"道"表达在外，即使发自内心，表现在脸面上，吐露在言词之中，人们仍然不会顺从他；即使顺从他，也必然疑虑在心。天地是最大的了，如果不真诚，就不能够感化万物；圣人是最明智的了，但如果不真诚，就不可能感化万民；父亲是最亲近的了，但如果不真诚，就会导致父子相互疏远；君子是最尊贵的了，但如果不真诚，就会受到臣下的鄙视。

　　按照荀子的观点，从天地四时，到人事活动，都应该真诚。如是，人们可能会问：人能做到真诚，只要他肯加强自我修养，就一定能做得很好，但天地万物，四时季节是无生命的东西，它们如何能做到真诚呢？这就是古人的高明之处，古人特别推崇天人合一的自然天命观，荀子也不例外，他的名著《天论》就是其典型而杰出的代表之作。特别是老子，他提出了"人法地，地法天，天法道，道法自然"（《道德经·二十五章》)的宇宙伦理观。在老子看来，在自然天理的循环运动中，人必须服从地球运行规则，用现在的话说，就是人类的一切活动必须遵循自然规律，不能违背，违背了就必然会遭到其严厉地惩罚。如果大地狂风暴雨、洪水肆虐、地动山摇，哪怕只有那么几分钟甚至几秒钟，你就受不了。2008年5月12日汶川大地震仅仅22.2秒钟，就带来了近7万人生离死别的深重灾难。再如日本海啸导致核泄漏，制造了日本及其邻国巨大的恐慌。所以，人类必须遵守自然规律。同样的道理，地球作为一个星球，也是天体中的一个小球体，必须遵循天体运行规则，不能违背，违背了同样会受到惩罚。地球通过自转和绕太阳运转而有序运动，昼夜分明，四时清晰，一年365天。如果地球不按规则运行，一年少转或多转那么几分钟，几个小时，甚至不是一年365天，而是364天或366天的话，是一个什么结果？保证天崩地裂。天体之间也是一样，众星球必须有规律，按照自己的位置运行，如果你撞我、我撞你，今天木星撞土星，明天金星撞火星，那么整个银河系就会大乱。因此，天体也必须有规律地运行，遵从宇宙之道，遵从大自然之道。这就是老子所说的宇宙五大伦理。这里的道即规则、法则，遵循，还有至诚、真诚的含义。我觉得荀子应该充分吸收了老子的宇宙伦理思想，才会由天而地，由地而人、而圣人、而君子。

第四,荀子进一步将其引申到治国理政的层面和高度。荀子指出:这种真诚是君子所要执守的,而且是政事的基础和根本。作为君子特别是治国理政的君王、将相,只要时时保持至诚,那么不管远近,人民必然会归附于你。这个事例,在国共两党的发展历史中得到了极好的证明。国民党由于失信于民,得不到人民的拥戴,军队所到之处,没有一个老乡为其端茶送水,更不用说送米送粮了。所以,国民党的八百万军队由强变弱乃至消灭。而共产党则深得民心,所领导的军队处处维护人民的利益,保卫老百姓的生命财产,所到之处不拿群众一针一线,一旦休整,则帮老百姓收粮割谷,一同劳动,与人民似似一家人。所以,由弱变强,打垮国民党反动派,最终建立了新中国,这是人民的胜利。所以,"得道者多助,失道者寡助"。① 正如荀子所说:"操之则得之,舍之则失之。"这就是国共两党发展史的真实写照。

所以,作为君子,只要掌握了真诚又得到了它,办事就轻松愉快,轻松愉快就能专心仁义之事不断地实行,所干的事就能取得成功。事业成功了,自然就会得到充分发展,经过长期的变迁而不再返回到它最初的状态,这就叫作变化。引申到人事方面,就是说,作为君子,只要保持真诚并获得了同类,那么感化他们就容易了;感化他们了,那么慎独的风气就能流行了;慎独的风气流行了再紧抓不放,那么所做的事情就会成功。事情成功了,他们的才能就会完全发挥出来,永远前进而不后退,他们就完全被感化了。这就是君子诚实的力量所在。

8. 君子的处世原则

荀子认为,作为有知识、有学问、有修养、品德高尚的君子,虽然身份、地位可能很高贵、很尊贵,但内心深处,对人对事却非常恭敬、小心谨慎,心思缜密,但理想高远。这就是君子与常人不同的地方。

> "君子位尊而志恭,心小而道大;所听视者近,而所闻见者远。是何邪? 则操术然也。故千万人之情,一人之情是也;天地始者,今日是也;百王之道,后王是也。君子审后王之道,而论于百王之前,若端拱而议。推礼义之统,分是非之分,总天下之要,治海内之众,若使一人。故操弥约而事弥大,五寸之矩,尽天下之方也。故君子不下堂而海内之情举积此者,则操术然也。"

---

① 《孟子·公孙丑下》:"得道者多助,失道者寡助。寡助之至,亲戚畔之;多助之至,天下顺之。"

　　这段文字包含了中国文化哲学和政治哲学的大问题，即处世原则与办事方法问题。为什么君子处于尊贵的地位而态度却谦恭、内心谦虚，心思缜密而理想高远，所听视者近，而所闻见者远呢？这是因为君子掌握了很好的为人处事的原则和方法。因为方法得当，所以君子能见人所未见，能闻人所未闻，能想人所未想。总之，立意高远、理想远大，而行事谨慎、为人谦虚，不轻易表露自己的能力和本事，这是有德之人的基本原则。

　　大家知道，古人推崇"学而优则仕"（《论语·子张》）。人们读书学习的目的就是为了加官晋爵、光耀门楣。这也难怪，因为古代不像今天社会这样发达，而且在自然经济条件下，重农抑商，商品经济不发达，物质缺乏流通，人们过着自给自足的生活，"鸡犬之声相闻，老死不相往来"。① 根本没有就业渠道和机会，人在社会上要立足，要出人头地，要光宗耀祖，靠什么？读书。

　　所以，古人总结出了很多读书的好处和金玉良言，如"天子爱英豪，文章在尔曹。万般皆下品，唯有读书高"，②"书中自有黄金屋，书中自有颜如玉"。③ 而且汉朝以前崇尚养士，即天子、诸侯、士大夫如孟尝君、春申君、平原君、信陵君等，常常网罗很多门客。这些门客大部分是学识文化和修养很高的人，也不乏奇异之人。养士之风的出现，促使很多人靠读书出名，特别是处于社会底层的人，唯有读书才能有出息。自西汉至隋朝，国家通过察举方式选拔人才，但由于门阀制度的影响，察举制度的弊病越来越突出，大部分被选拔上来的人是纨绔子弟，导致不理政事的现象，不利于政权建设和国家事业的发展。因此，自隋朝开始，国家通过科举考试层层选拔人才，以充实各级领导岗位。但科举选拔人才的制度也出现了很多营私舞弊的现象。特别是自宋朝开始，舞弊之风日盛。但不管怎样，古代的选士制度，确实也将社会中的一些有用之才，特别是普通百姓子弟中的有用之才选拔到了各级政府部门和领导岗位，为改革中国古代的吏治和革除"血而优则士"的世卿袭禄制，产生了良好的效果。

　　总而言之，古代的选人用人制度，虽然有不少弊端，但总体上说，还是保证了绝大部分有学识、有修养、有能力的君子走上社会的管理阶层，从而保证了社会政治的有效运转，对推进社会的发展产生了巨大的作用和影响。

　　荀子同时强调指出，作为君子尤其是国君、诸侯、卿大夫等高官，一定要有崇

---

① 《道德经·八十章》："邻国相望，鸡犬之声相闻，民至老死，不相往来。"
② ［元］郑廷玉《金凤钗·第二折》："天子爱英豪，文章在尔曹。万般皆下品，唯有读书高。"
③ ［宋］赵恒《励学篇》："富家不用买良田，书中自有千钟粟。安居不用架高楼，书中自有黄金屋。娶妻莫恨无良媒，书中自有颜如玉。出门莫恨无人随，书中车马多如簇。男儿欲遂平生志，五经勤向窗前读。"

高的理想、缜密的思绪、高深的学问,要有包含宇内的气度、海纳百川的胸怀,要能够做到推己以及人、举一而反三,体现民本情怀。所以,作为统治者和地方长官,在治国理政的理念中,要使众人的思想情感,如同一个人的思想情感一样,达到思想认识的高度统一,这样才能使百姓、各级官吏心往一处想、劲往一处使,共同把各项事业办成、办好、办出成效。不仅如此,作为有道君子,对历史事实的把握,对客观规律的把握,一定要真实客观,了如指掌,做到"天地始者,今日是也;百王之道,后王是也"。法先王之道,察后王之道,知先王之法,懂后王之法。如果一个为政者特别是君王、诸侯真能做到如此,那么,在实施统治的过程中,就能明了和做到推广礼义的统绪,分析是非的等次,总揽天下的纲要,平治天下的人民。总之一句话,即如同指挥、调遣一个人一样,真正做到上下一条心、官民一家人。就会真正达到老子所说的"无为而治"的境界,真正做到"五寸之矩"能"尽天下之方",从而实现"君子不下室堂,而海内之情举积此"的太平盛世局面。

下面,我们再回过头来讲一讲"君子位尊而志恭,心小而道大"的深刻内涵和人生哲理。要想准确理解这句话的深刻哲理,先给大家讲一个三国时期的故事。

三国时期,有一个叫祢衡的人,①此人自恃才高,目空一切,走到哪里都希望别人对他高看一等、礼让三分,稍不如意,便破口大骂。

一天,他来到曹操营帐,以为曹操会对他礼贤下士、敬重三分,可是令他非常失望的是,曹操对他的态度与对一般谋士的态度并没有什么两样。这让他很没有面子,于是来到曹操帐下非得讨个说法。曹操对他说,你比我麾下谋士大将有何过人之处? 于是祢衡就当着曹操和很多谋士、将军的面,将曹营中机敏过人的谋士、勇不可当的将军大加贬责,说得一文不值:荀彧只可吊丧问疾,荀攸只能看坟守墓,程昱只够关门闭户,郭嘉只能自词念赋,张辽可使击鼓鸣金,许褚只够牧牛放马,乐进只配取状读诏,李典只能传书送檄,吕虔只够磨刀铸剑,满宠只能饮酒食糟,于禁只配负版筑墙,徐晃可使屠猪杀狗,夏侯惇称为完体将军,曹子孝呼为要钱太守。其余皆为酒囊饭袋、衣架肉钵也,根本不值一提。但对自己却评价很高,吹嘘自己"天文地理,无一不通;三教九流,无所不晓;上可以致君尧舜,下可以配德于孔颜。岂与俗子共论呼!"

对于这个狂妄至极的狂徒,曹操当然置之不理。于是又去见刘表,没过多久,祢衡又觉得自己没有得到应有的尊重和重视,于是又骂骂咧咧离开了刘表,而投奔黄祖。没过几天,老毛病又犯了,见谁不顺眼开口便骂。这次,黄祖没有容忍他的狂妄,叫手下一刀结果了他的性命。这就叫做自以为是、目空一切,结果聪明反

---

① [明]罗贯中:《三国演义》,岳麓书社1995年版,第124—125页。

被聪明误,年仅二十六岁便断送了卿卿性命。

平心而论,祢衡确实有才华,理应得到别人的尊敬。但由于他狂妄自大,自恃才气过人,致使他不懂得去尊敬别人,不懂"寸之所长,尺之所短"的深刻道理。所以,空有满腹经纶,不得施展机会,反而断送了自己的卿卿性命。

所以说,一个人要想得到他人的恭敬,自己首先应懂得真诚地善待他人,《圣经》中有一句名言,是耶稣说的:"你愿别人怎么待你,你就应怎么对待别人。"美国大思想家、大文学家爱默生有一句名言:"宁可让人待己不公,也不可自己非礼待人。"

但是,在我们的现实生活中,很多人却不懂得这些浅显的道理。无论自己所处何位、身居何职,也不论自己是否有所成就,总是一味地想获得周围人的尊重、爱戴、表彰,但他自己却对他人表现冷漠、不屑一顾。更有甚者,有些人还充分利用自己所掌握的公权力,打压、排挤、威胁那些有可能影响自己权势、地位、利益的人,或者散布流言蜚语,捏造事实中伤别人。但这种不理智、不合公德的行为是不可能得到好结果的,即使一时得逞,也不会长久。中国有句俗话说得好:"路遥知马力,日久见人心。"(《昔时增广贤文》)是骡子是马,终会暴露原形。因此,只有先弯下腰,恭敬地对待他人,才能获得他人真心的爱戴和敬重。

人们常说,事若知足心常乐,人至无欲品自高。《诗经·小雅·小弁》上有"战战兢兢,如临深渊,如履薄冰"的记载,说的就是一个人为人处世、待人接物、成事立业一定要有一种高处不胜寒的感觉,时时警醒自己,小心为人、谨慎做事。万小遥在《低调做人密码》这本书中写道:要想出头,先学会低头。低头不是自卑,不是怯懦,不是软弱,更不是无能和退缩,低头是一种大智若愚的智慧,是清醒中的嬗变,是理智中的圆滑,是愚钝中的机智。学会低头,并且低得恰到好处,是一种处世的艺术,做人的原则,它能使我们从低处走向高处,从幕后走到台前,能使我们的人生从平凡走向精彩。①

美国著名科学家、政治家、哲学家、文学家本杰明·富兰克林就是这样一位典型代表。他为人谦虚、思维缜密、志向高远,但却从不锋芒毕露。他在自传中这样评价自己的为人处世态度:我给自己立下一条规矩,决不正面去反击别人的意思、也不让自己武断。我甚至不准自己表达文字上或语言上过分肯定的意见,决不用"当然"、"无疑"这类词,而是用"我想"、"我假设"或"我想象"这类词语。当有人向我陈述一件我所不以为然的事情时,我决不会立刻驳斥他,或立即指出他的错误,而是表示在某些条件和情况下他的意见没错,但目前看来好像稍有不同。

① 万小遥编著:《低调做人密码》,北京工业大学出版社2011年版,第1页。

这样做,我很快就得到了收获。凡是我参与的谈话,气氛变得融洽多了。我以谦虚的态度表达自己的意见,不但容易被别人接受和采纳,而且冲突也减少了。我最初这么做时,确实感到困难,但久而久之,就养成了习惯。也许,五十年来,没有人再听到我讲过太武断的话。这种习惯,使我提交的新法案能够得到同胞的重视和认可。尽管我不善于辞令,更谈不上雄辩,遣词用字也很迟钝,有时还会说错话,但一般来说,我的意见还是得到了广泛的支持。

不仅如此,他还在自传中这样描述自己美德的养成过程:我的目的就是养成所有美德的习惯。最好的是在一个时期内集中精力掌握其中的一种美德。当我掌握了一种美德后,接着就开始注意另外一种,这样下去,直到我掌握了十三种为止。因为先获得的一些美德可以便利其他美德的培养。他的十三种美德分别是:节制、寡言、生活有序、决心、俭朴、勤勉、诚恳、公正、适度、清洁、镇静、贞节和谦虚。

正是因为富兰克林具有以上十三种美德,尤其是谦虚和诚实的品德,使得他在科学、经商、外交、文学、政治、哲学等领域均取得了辉煌的成就,特别是在政治生活中获得了众多的支持者。

这是讲"君子位尊而志恭"的道理。下面我们再讲一讲君子"心小而道大"的深刻内涵。

君子"心小而道大"这句话译成白话文就是,君子的心只有方寸之地,但心怀的理想却很远大。"两弹一星"功勋钱学森的故事就能很好地诠释这一道理。①

钱学森用一生的实践,履行着他"作为一名中国科技工作者,活着的目的就是为人民服务"这个平凡而伟大的诺言。为了实践这个诺言,新中国成立以后,他不顾美国软硬兼施的挽留和阻挠,毅然决定放弃美国优厚的待遇,经过多方努力,回到了祖国的怀抱,为祖国航空航天事业的发展和"两弹一星"的研制做出了卓越的贡献,赢得了祖国和人民的充分尊敬和信赖,为科技工作者做出了光辉的榜样。1994年,国务院、中央军委授予他"国家杰出贡献科学家"荣誉称号;1999年中共中央、国务院、中央军委授予他"两弹一星"功勋奖章。

从钱学森的身上,我们看到了他对祖国的热爱,对人民的忠诚。因为胸怀祖国和人民,以钱学森为代表的老一辈科学家为祖国的现代化建设和航空航天事业贡献了自己的聪明才智和毕生精力。新一代的知识分子只有不断传承这份赤子之情,祖国的未来才能更加灿烂辉煌,中华民族才能屹立于世界民族之林。

---

① 故事选自王修智主编:《"八荣八耻"的故事》(下卷),山东人民出版社 2007 年版,第 1875—1876 页。

　　说到心小而道大的道理,中国佛学大师星云大师在其专著《厚道》①一书中有比较独到的描述:心是人生的主宰和指挥中心。人和大自然、社会、他人的关系,总起来说,都不及与自己内心的关系重要。心是宇宙人生的主宰,心虽然是人体里一个很小的部位,但它有指挥眼耳鼻舌身的功能,它有策划人生何去何从的功力,它领导人时而上天,时而下地,不时地遨游在宇宙大千世界。它可以带你飞黄腾达,也可以让你一蹶不振,穷困潦倒。因此,社会、自然、身体虽然与人的关系密切。但总是客体,总是客观的世界,心才是人的根本领导。心领导得好,眼耳鼻舌齐心合作;领导得不好,则各自分裂,甚至和社会、自然、大众的关系也会搞得不能调和。我们平时要凭着正念、正勤、正道来做人处事;通过般若观照,培养自己的耐心、虚心、诚心、赤子心、清净心、慈悲心、宽恕心、欢喜心、平等心、忍辱心、惭愧心、感恩心……

　　所以说,心为万物之主,心能指挥万物,人只要懂得善用自心,则没有办不成的事情。

9. 君子与小人的差别

　　在讨论完君子的胸怀和基本原则以后,荀子紧接着就讨论了士君子的几种基本类型,从通士、公士、直士、悫士直到小人,均作了画像。

> "有通士者,有公士者,有直士者,有悫士者,有小人者。上则能尊君,下则能爱民,物至而应,事起而辨,若是则可谓通士矣。不下比以暗上,不上同以疾下,分争于中,不以私害之,若是则可谓公士矣。身之所长,上虽不知,不以悖君;身之所短,上虽不知,不以取赏;长短不饰,以情自竭,若是则可谓直士矣。庸言必信之,庸行必慎之,畏法流俗,而不敢以其所独甚,若是则可谓悫士矣。言无常信,行无常贞,唯利所在,无所不倾,若是则可谓小人矣。"

　　荀子认为,上能尊重君主,下能爱抚百姓,事情来了能应付自如,事情发生了能立刻处理,具有这些品质的人就可以称为通达之士。在下能与同辈和谐相处,在任何情况下都不结党营私去蒙蔽上司,对上司不一味迎合其不合理的指示、意见去欺压、残害百姓,对待利害得失、荣誉名利,能保持平常心态,不贪赃枉法,不以私害公,不损公肥私,这样的人就可以叫作公正、正直之士。自己存在某种长处和能力,即使上面不知道,也不违背君主之意;自己有了某种缺陷和短处,即使上

---

　　①　星云大师:《厚道》,江苏文艺出版社2010年版,第239、181页。

面不了解、不知情,也不冒功邀赏,对自己存在的长处、优势和短处与不足泰然处之,不加以掩饰,如实地说出来,这样的人就可以叫作耿直之士。说一句平常的话也能老老实实,做一件平常的事情也一定谨慎小心,不盲目效法当下流行的习俗,从不凭自己的一己之长而自以为是,这样的人就可以叫作诚实之士。如果讲话没有分寸,办事没有原则,唯利是图,为了获取自己的一己私利而无所不用其极,这样的人则只能算作小人。

　　总体上来说,世间有两种人:一种人叫君子,另一种人叫小人。君子即我们口头上所称的"好人"、"善人",而把小人叫作"坏人"、"恶人"。每个人从内心深处都愿意做君子而不愿意做小人。因为君子与小人有显著的差别。这里,我将星云大师讨论君子与小人的八个问题归纳分析如下。①

　　第一,君子成人之美,小人助人为恶。孔子指出:"君子成人之美,不成人之恶,小人反是。"(《论语·颜渊》)作为君子,别人有所长,自己不但不嫉妒,反而助推其长;别人做好事,自己不但不为难他,反而促成他、宣扬他。自己有所长,即使别人不了解、不知道,也不到处张扬,从不凭自己的一己之长而自以为是,相反,事事处处谨言慎行,这就是君子之美。相反,事事处处小人则讨厌别人为善,你为善,他远离你,你为恶,他反而奉承你。所以,小人最大的缺点是助人为恶。不仅如此,小人以为恶为最大快乐。

　　第二,君子从不害人,小人从不害己。君子上能遵从长辈、长官、上司,下能团结同事,与同辈和谐相处,爱护、保护下属、百姓和晚辈,从不结党营私,从不以公肥私,以私害公。在某些条件下,君子即使不能帮助别人,但却从不会伤害别人。君子时时觉得自己不是,总觉得对不起别人,常常以责人之心责己,以恕己之心恕人。但小人却不这样,他们从不会认为自己不对,即使自己干了坏事也心安理得,一旦不顺利则怨天尤人,怪你怪我怪他怪大家,为自己寻找各种借口开脱,恕己而不责己,毫无责任心。

　　第三,君子坦荡荡,小人长戚戚。作为君子,做人做事做学问等等,坦坦荡荡,没有丝毫可隐藏的。君子在与人相处的过程中,总是喜欢为别人扬善,张扬别人的优点与长处;在处事过程中,一丝不苟,认认真真,不敢有丝毫马虎;在做学问时,坚持实事求是,从不弄虚作假,坚守职业操守和学术道德。而小人则与此完全相反,千方百计隐藏自己的缺点和不足,张扬自己的长处和优势,揭露别人的短处和不是;讲话没有分寸,做事毫无原则,一事当前,先替自己打算;处处弄虚作假,欺上瞒下,唯恐天下不乱。

---

　　①　星云大师:《厚道》,江苏文艺出版社 2010 年版,第 124—125 页。

第四，君子改过从善，小人傲慢冷酷。作为君子，常怀惭耻之心，唯恐自己的所作所为对不起国家、社会、组织和他人。正如曾子所说"吾日三省吾身：为人谋而不忠乎？与朋友交而不信乎？传不习乎?"（《论语·学而》）我觉得，每个人都应该经常反省自己：受人所托，终人之事，也就是说替人家做事，或者人家拜托你的事情，你是不是真心实意地为别人做好做到位了。如果不能办成或能力不足办不好，就应该老老实实地告诉人家，不要误了人家的大事；与人交往是不是言而有信，说到做到，说话兑现；老师教授我的知识是不是都弄懂了；自己教授别人是否专心致志，等等。作为君子，能够时刻反省自己的修为。但如果是小人，他绝不会有这样的修为，他总是不知惭愧，心有傲慢，总觉得天下都对不起他，对他不够赞美和崇拜。

第五，君子诚而有信，小人伪而不真。君子最讲诚信，视诚信为生命，为了真理，任何牺牲损失都在所不惜，唯有诚信不可缺失。孔子认为诚信是一个人立身处世的基础，他明确指出："人而无信，不知其可也。大车无輗，小车无軏，其何以行之哉?"（《论语·为政》）即一个人如果不讲诚信，不讲信用，真不知道他如何立身处世。这就好像车辕横木之上两端没有木销子，马车车辕横木两端没有门闩一样，根本无法行走。

孔子认为，在社会生活中，"信"是一个人立身之本，如果没有诚信，也就失去了做人的基本条件。因此，孔子将"信"作为对学生教育的"四大科目"①言、行、忠、信和"五大规范"②恭、宽、信、敏、惠之一。不仅如此，孔子甚至认为，作为治国理政的理念之一，"民无信不立"，（《论语·颜渊》）就是说大到国家政权政党、组织，小到家庭、个人，如果得不到老百姓和周围人的信任、信赖，那就什么事也办不成，甚至会人亡政息。这是政治伦理和人生哲学的大道理。小人就完全相反，做人做事虚伪应付，没有真实的言论、行为和心灵，"巧言令色"，③能欺则欺，能骗则骗，只想要弄花样、玩弄权术，缺乏诚信，或者没有丝毫诚信可言。

第六，君子雪中送炭，小人落井下石。社会上有多少善良之人，只要一听到哪里有灾难、哪个人有困难，就会毫不吝啬、争先恐后地捐赠与帮助。比如说，2008年5月12日，四川汶川发生特大地震，消息传来，全国人民一方面为汶川大地震遇难、受灾的人们祈祷，一方面伸出援助之手，纷纷捐钱捐物。我还清楚地记得，

----

① 见《论语·学而》《论语·子路》《论语·颜渊》《孔子家语·儒行解》《孔子家语·五仪解》。

② 见《论语·阳货》。

③ 《尚书·皋陶谟》："何畏乎巧言令色孔壬。"

地震当天，我校师生就组织了募捐活动，共捐募现金五万多元。以后又多次捐募和交纳特殊党费。我也清楚地感受到了，我们的很多农民，不论老少，都积极捐献钱物。我的老娘——一位七十多岁的农村老太太，都自觉捐献了五十元钱，但她平时连一件衣裳也不舍得买。这许许多多的捐赠者，很多人可能并不富有，甚至自己日子都过得紧巴巴的，但他人有难，国家有难，自己都会尽绵薄之力。我觉得，只要有爱心，捐献一分钱也是爱的奉献。而小人却不如此想，不仅置他人的困难、民族的灾难于不顾，反而落井下石、趁火打劫，所谓"拔一毛以利天下，不为也"（《孟子·尽心上》），正是小人的真实写照。

第七，君子推己及人，小人自私自利。孔子指出："己所不欲，勿施于人。"这句话有两种解释：一是自己不愿意做的事情，不要强加给别人；二是自己不希望他人对待自己的言行，自己也不要以那种言行去对待他人。比如说，天气冷了，你有保暖衣，有羽绒服穿，想到别人也有衣服穿吗？你自己肚子饿了，有饭吃，会想到别人也有饭吃吗？总之，君子能够将自己的情感、思想和大家融合在一起，这是一方面。另一方面，自己不想要的也不要强加给别人，如自己讨厌噪音污染，你就不要大声喧哗，以免影响他人。还有一层意思，就是你自己不想要，但别人却特别喜爱，也不要强行阻止，比如你自己不喜欢饮酒，有食物禁忌，但别人却特别喜欢，你就不能因为自己不喜欢饮酒而强行要求别人也不能饮酒。这就是孔子所说的推己及人的思想或者说"恕"道的思想。但小人就完全不一样，他总是将自己的幸福、欢乐与大众割裂开来，心中只有自己、自私自利。

第八，君子乐天知命，小人怨天尤人。老子明确指出："知足不辱，知止不殆，可长久矣。"（《道德经·四十四章》）意思是说，如果一个人知道满足的道理就不会遭到困辱，知道适可而止的道理就不会遇到危险，即保全自我的本性，不被名利所左右，如此就可以长久地修养自我。同时，老子还指出："祸莫大于不知足，咎莫大于欲得，故知足之足常足矣。"（《道德经·四十六章》）就是说灾祸再也没有比不知道满足更大的了，罪过再也没有比贪得无厌更严重的了，所以，懂得知足才会满足，这是一种长久的满足。在老子看来，人存于世，最重要的是持养和饱满自我的生命，摒弃一切物欲对自己的诱惑，剔除名利对自我的束缚，使自己成为物的主宰而非奴隶，努力克服世俗享乐对自身的危害，不汲汲于富贵，不戚戚于贫贱，做到适可而止、知足常乐。作为君子，对于利害得失并不会那么重视和在乎，所以凡事乐天知命、知足常乐。而小人对于自己的名利得失则是殚精竭虑、蝇营狗苟，顺境时忘乎所以，逆境时则怨天尤人，"受利则善，受损则怨"，每天都在郁郁寡欢、患得患失中度过，心情自然不会开朗，心胸也不开阔。

正因为如此，所以君子常常能心情畅快，事业有成，一生顺风满帆地发展，遇有高兴之事，就会得到周围人的分享，使人生更加快乐；遇到困难之事，就会得到周围人的同情和帮助，化不利为有利，变被动为主动，更加促进自己成长进步、事业发达。而小人却成天郁郁寡欢、诸事不顺，人生处处碰壁，因为在他志得意满时忘乎所以，在他遭遇困境、步入逆境时，得不到别人的援助，常常成为孤家寡人。因此，人生在世，当为君子，勿为小人。

10. 公生明，偏生暗

"公生明，偏生暗，端悫生通，诈伪生塞，诚信生神，夸诞生惑。此六生者，君子慎之，而禹、桀所以分也。"

对于荀子这段话，我的理解是，作为为官之人，只要出于公心，公正办事，什么事情都能明察秋毫，什么问题都能辨明；如果出于私心，偏离公正轨道，那就什么事情也办不好，什么问题也断不明，就会导致昏暗。不仅党政官员如此，只要掌握有公权力或受托具有一定公权行使力的人，在行使权力的时候，如评奖评优、评审成果、课题推荐、编审发表文字成果等等，都必须公正廉明、实事求是，如此才能公正裁定、树立正气。否则，就会导致不公，失去诚信和公信。只要端正诚信地为人做事，就会事事顺心、处处通达，但如果欺诈虚伪、愚弄别人、玩弄权术，就会导致信息、言路阻塞，那就什么事情也办不好，什么问题也解决不了。只要诚实守信、信守承诺，就会产生神奇的力量，促使你达到胜利的彼岸，也会使你产生崇高的人格力量，那就没有什么事情可以阻拦你了，但如果虚言妄语、浮夸狂言，就会导致言路闭塞、迷惑无知，既欺骗自己，也欺骗他人，这样的话，必定导致失败，甚至身败名裂。这六种情况的出现和发生，对于君子来说都非常重要，必须谨慎对待、认真反思、时刻警醒，这也是圣人夏禹王和暴君夏桀王的区别所在。

众所周知，夏禹王是我国古代治水英雄大禹。[1] 古代舜帝时期，中原地带洪水泛滥，黄河四处肆虐。水患给人民生命财产安全带来了深重的灾难。于是，舜帝就任命他为大司空，专门负责治理天下的水患。军令如山，大禹告别了白发苍苍的老母亲和年轻美貌、身怀六甲的娇妻，带着伯益、后稷和一批助手，急忙赶往洪涝灾区。他们一路跋山涉水、风餐露宿，走遍了山山水水、大江河流，穷乡僻壤、人迹罕至的地方均留下了他们的足迹。大禹吸取其父采用堵塞治水的深刻教训，转而采用疏导的方法，把黄河水系的主河床加深加宽，把支流疏理通畅，终于在十三年后取得了治水大捷。

---

① 故事选自王修智主编：《"八荣八耻"的故事》（上卷），山东人民出版社 2007 年版，第 0016—0017 页。

大禹治水十三年,三过家门而不入,一生为民造福,尽心国事。舜帝有感于大禹治水的功劳和高尚的品德,终于把王位传给了大禹。

大禹这种甘为人民公仆、公而忘私的精神品质和人格魅力,一直为后人所敬仰。后代之人为感念他的丰功伟绩,为他修筑庙宇神殿,尊他为"禹神",我们整个中华大地也被称为"禹域",就是因此而来。

说起夏桀,①大家也不陌生,他本名履癸,"桀"是商汤给他的谥号,表示的原意是凶猛、凶残,成语桀骜不驯即因此而来。

夏桀是夏朝第十七代君王,也是末代君主,在位五十二年(公元前1818—前1766年)。开始十年左右时间,夏桀也能广纳良言、勤于政事、造福百姓,但随着时间的推移和自己功绩的积累,自恃功高、居功自傲、自以为是,加之佞人重用、忠臣遭贬,整个政事操纵在少数祸国殃民者手中,导致夏桀后来荒淫无度、暴虐无道、不思国政、残害人民,内政不修、外患不断,阶级矛盾日趋尖锐,民不聊生,危机四伏。但夏桀不思改革,骄奢自恣。"筑倾宫,饰瑶台,作琼室,立玉门。"从各地搜寻美女,藏于后宫,日夜与妹喜及宫女饮酒作乐,肉林酒池、醉生梦死,酒池溺死的事件时有发生。

同时,夏桀重用奸佞小人,排斥打击忠良之臣。有一个叫赵梁的小人,专投桀所好,教会他如何寻欢作乐,如何勒索、搜刮民脂民膏、残杀百姓、坑害忠良。伊尹本是一代仁人名相,有着崇高的政治理想和抱负,夏桀继位后的第十七年,有人将伊尹引荐给他,伊尹以尧、舜之德劝夏桀实行仁政,希望夏桀能够体谅百姓疾苦,用心治理天下,但夏桀却置若罔闻,伊尹只得离夏桀归商汤。

还有一位名臣太史令终古,他眼见夏桀荒淫奢侈、不理朝政,便进宫哭谏道:"自古帝王,都是勤俭爱惜人民,才能够得到人民的爱戴。大王您不能把人民的血汗供你一人娱乐啊。这样奢侈只会亡国!"夏桀听后大发雷霆,斥责终古多管闲事。终古眼见夏桀无可救药,知道其政权一定会灭亡,也就投奔了商汤。大臣关龙逄苦谏夏桀说:"天子谦恭而讲究信义,节俭又护贤才,百姓才能归顺,天下才能安定,王朝才能稳固。如今陛下您奢侈无度、嗜杀成性,弄得百姓民不聊生、人心大散,大家都期盼着夏朝早些灭亡。陛下啊您已失去人心,只有赶快改过自新、励精图治,才能挽回人心、扭转乾坤!"夏桀听后气急败坏,下令杀死了关龙逄。从此,夏朝再无人敢给夏桀进言了,众叛亲离,人心大散。到了晚年,更是荒淫无度,竟命工匠在倾宫建造了一个夜宫池,他带着三千宫女臣男杂处一池,酗酒行乐,溺死酒池者不计其数,并以此博妹喜欢笑,从而不理朝政,天下大乱。夏桀的所作所

---

① 资料来源于baike. baidu. com/2014 - 07 - 28.

为已经把夏朝一步一步推向了灭亡。商汤在名相伊尹、终古等一批人的谋划辅佐之下,起兵伐桀,人心归顺。汤先攻克了桀的党羽韦国、顾国、昆吾国,然后直逼夏的老巢重镇——鸣条(在今山西省安邑县西)。夏桀惨败而逃,商军在其后紧追,夏桀带着妹喜和金银珠宝,仓皇渡江逃到南巢(今安徽省巢县),最终于瑶台跳崖自杀。一代暴君连同他的王朝双双断送了自己的生命。

夏桀的一生留给我们的启示很多:

首先,夏桀本来文才出众,力大无比,武艺超群。他赤手空拳可以格杀老虎豺豹,能把铁钩铜卯象拉面条一样随意弯曲拉直,按理讲,这样一位文韬武略的男人是有能力和条件成为一代明君的。但非常遗憾的是,夏桀没有把自己的聪明才智用在治国理政、执政为民的方略上,相反,却把自己的聪明资质用在了残暴无道、欺凌百姓、残害忠良、奢侈享乐和武断折腾方面,为人民也为他自己带来了灭顶之灾。这说明中国古代帝王从一开始就拥有了不加约束和限制的无限广大的权力,只有无限的不加约束的权力才具有猛烈的毒性,使一个传奇式的英雄人物逐步沦为一个禽兽不如的恶魔。像后世的商纣王、周幽王、周厉王、卫灵公、隋炀帝等等,举不胜举。正如《明史》所载,几乎如出一辙,那就是"陛下专志财利,自私藏外,绝不措意中外群工,因而泄泄。君臣上下,曾无一念及民;空言相蒙,人怨天怒,妖祲变异,罔不毕集。……天欲蹶我国家,章章明矣。臣观十余年来,乱政亟行,不可枚举,而病源止在货利一念。今圣谕补缺官矣,释系囚矣,然矿税不撤,而群小犹恣横,间阎犹朘削,则百工之展布实难,而罪罟之罗织必众。缺官虽补,系囚虽释,曾何益哉!陛下中岁以来,所以掩聪明之质,而甘蹈贪愚暴乱之行者,止为家计耳。不知家之盈者国必丧。如夏桀陨于瑶台,商纣焚于宝玉,幽、厉启戎于荣夷,桓、灵绝统于私鬻,德宗召难于琼林,道君兆祸于花石。覆辙相仍,昭然可鉴。陛下迩来乱政,不减六代之季,一旦变生,其何以托身于天下哉?"这绝非危言耸听,而是历史的真实写照,永远值得后人深思。

其次,为官之人,特别是位居重要岗位的高官,一定要善用、慎用手中的权力,不能将公权私有化、商品化、特殊化和家长化。我们的权力是人民给的,无论你官居何职都必须权为民所用,而不能将人民赋予你的权力变成个人、家庭、小团队谋利益的手段和资源。夏桀乃至后世很多君主家败国亡的原因,很大程度就是自视自己是天子——上天之子,因而没有任何人和制度可以约束他。他认为自己的统治永远不会灭亡,并说"天上有太阳,正像我有百姓一样,太阳会灭亡吗?太阳灭亡,我才会灭亡"。正因为有这样一种心理和宿命论的思想,才促使他将自己凌驾于人民之上、国家之上,恣意妄为,毫无约束和节制,最后只能身败名裂、遗臭万年。

第三，为官之人应清正廉明。历代昏君、暴君和腐败官员都有一些共同的特点:贪婪、自私、好色。因为贪婪成性,所以到处搜刮民脂民膏,弄得民怨沸腾、民不聊生、饿殍遍野。因为自私,所以视天下财货为己有,奉行"天下乃皇帝天下,人民乃陛下之臣民","普天之下莫非王土,率土之滨莫非王臣"(《诗经·小雅·北山》)。连土地和人民都是我君主的,还有什么不是我的? 因为好色,所以皇帝总是三宫六院七十二嫔妃,甚至"有不得见者三十六年"(《阿房宫赋》),整天花天酒地、寻欢作乐、醉生梦死。前面讲了夏桀的自私与贪婪,其实,夏桀也是一个地地道道的酒色之徒:夏桀继位后不久,即发兵征伐有施氏,有施氏抵挡不住,请求讲和,给夏桀送了大量金银珠宝和美女,其中有一个叫妹喜的女子,秀色可餐,深得夏桀的宠幸。为讨妹喜欢心,夏桀不顾文武大臣反对和国力贫弱,特地为其建造了富丽堂皇的琼室、象廊、瑶台和玉床。而这一切开销的负担全部落在了老百姓的头上,人民痛苦异常,敢怒不敢言。而妹喜本是有施国败降的贡品,专为倾覆夏朝而来,因此她总是变着花样来使夏桀浪费民力财力。但夏桀却对她的要求百依百顺、样样照办。妹喜喜欢裂帛的声音,夏桀就命老百姓大量进贡锦帛,叫臣男宫女每天撕裂锦帛给妹喜听。夏桀的所作所为,使人民对其暴政已经达到了忍无可忍的程度,因此都愤怒地说:"时日曷丧,予及汝皆亡!"(《尚书·汤誓》)意即太阳啊你什么时候才灭亡,我们愿意与您同归于尽! 后商汤起兵伐桀,振臂一呼,云者响应,最终导致了夏王朝的灭亡。夏桀挟妹喜逃往南巢,死于瑶台。这是必然的结果。

现代社会,很多政府要员因为贪婪自私、贪恋美色而行贿受贿、贪污腐败,自甘堕落,最后纷纷落马、身败名裂。所以,为官之人,必须清正廉洁、洁身自好。

11. 应全面地看问题

如果要考量我国古代真正的哲学家,尤其是辩证唯物主义哲学家,那还真是不多,屈指一算,能够有此资格者恐怕只有荀子一人。或许我这样下结论可能有些武断,但也不无道理。大家只要完完整整看完荀子留给后世(经西汉刘向整理)的三十二篇文章,就不难发现,荀子的每一篇文章甚至于每篇文章的每一段话语,都无不充满着辩证法思想的光芒,下面这段话就充分体现了这一点。

> "欲恶取舍之权:见其可欲也,则必前后虑其可恶也者;见其可利也,则必前后虑其可害也者;而兼权之,孰计之,然后定其欲恶取舍。如是则常不失陷矣。凡人之患,偏伤之也;见其可欲也,则不虑其可恶也者;见其可利也,则不顾其可害也者。是以动则必陷,为则必辱,是偏伤之

患也。"

这段话可以理解为承上篇"公生明，偏生暗"而来。依然讲一个人在为人做事时应从辩证的角度思考问题。如果只见一事的可欲而不见其可恶，或者只见其利而不见其害，这就会导致主观片面性，即所谓的"偏"，而不会产生公正客观的结论。荀子不仅继承而且发展了他先前的唯物主义认识论，显示他在战国时代"百家争鸣"中的特殊价值。这一特殊价值对后世的统治者产生了深远的影响，而且对目前我们认识事物、处理问题依然具有重要借鉴价值。

荀子指出，我们衡量一个人对于利欲是贪图还是厌恶，是求取还是舍弃的标准是什么呢？这个问题提得很好，也特别重要。在我们现实生活中，人常常有一个致命的弱点，喜欢接近对自己有用、有利的人和事，而厌恶、远离不利于自己的人和事，想要得到自己所要的东西，而厌恶、舍弃自己不想要的东西。比如说，某人是自己的上司、是政府要员、是企业老总等等，他对我的发展、进步、升官、发财等等，都有帮助或阻碍作用，应该趋利避害，怎么办呢？想尽一切办法接近他、亲近他、笼络他，有关系的抓住不放，没有关系的找关系也要套上近乎。总之，要让他们心中时刻记得自己，心里总是装着自己。于是请吃、请玩、送礼、行贿等就会顺理成章。久而久之，就成为一种潜规则和社会思潮，随之就形成一个关系圈甚至形成一个产业链：有人专门为别人拉关系、找门子。通过介绍业务、请托、打招呼等方式，为当事人创造条件，自己从中收取一定的中介费或指定当事人认购自己的产品或工艺，从而达到赢利的目的。正因为如此，所以，也有很多特权关系者包括政府官员，利用自己的公权资源创办企业、公司或参与公司、企业的经营，或者聘请有公权的人参股入伙自己的公司、企业。这是历代以来导致腐败的源头活水，减少或杜绝此类现象的发生，一要有严格的法律法规进行约束和惩办，让想贪、能贪的人不敢贪，没有机会贪；第二个就是要求个人必须加强自身修养，常思贪欲之害，常怀感恩之心，不去贪、不去取自己不应该得的东西和不属于自己的东西。

所以，荀子告诫人们，见到可以贪图的事物，你就必须前思后想，考虑它给你带来灾祸的方面或可能性，见到可以求取、可以得到的事情，你就要反复再三地思考、分析它给你造成伤害或导致不利的可能性。也就是说，你认识、接受或舍弃一个事物，必须要从正反两方面来权衡利弊，熟练的计算判断一下它可能的危害性或不良后果，然后再决定自己的欲求和厌恶、求取和舍弃。如果你能时刻保持警醒的头脑和敏锐的思维判断能力，就不会遭到失败或别人的算计。相反，如果一见到可以贪图的事物或利益，就一心喜欢或迷恋于它，而不去思考一下它厌恶的一面或可能给我们的事业、家庭、人生带来灾害的一面；一见到可以取利的事物或利益就抓住不放或耿耿于怀，而不去考虑它的危害性或不良后果。那么，你的一切举动就必然会遭到失败，做一切事情必然会遭到侮辱。这就是失之于偏邪和片面性的根本原因所在。

但现实生活中，人们往往只考虑到利，没有考虑到害，或者只认眼前之利，根本不计背后之害，或者认为自己位高权重，根本不可能会有害，有些请托、送礼、行贿之人往往信誓旦旦地对当事人说：这件事情只有天知、地知、你知、我知，不会有其他人知道，而当事人却也信以为真。殊不知，中国有句老话讲的好，"要想人不知，除非己莫为"。① 既已为之，焉为有无人知道之理？还有一些领导或手中掌握一些特权的人，往往认为每次接受的礼品、礼金数额不大，又是朋友关系，应该不会出问题的。但须知，量的积累必然诱发质的飞跃。

大家知道，江西省人民政府原副省长胡长清，本为一介贫民官员。② 从小家里很穷，常常靠卖小菜和柴火维持生计，勉强度日。早期当兵为官时，对自己的要求确实很严格，业余生活除了喜欢书法创作外，别无其他爱好。但恰恰就是这一喜好，被请托人牢牢抓住并巧妙利用，最终导致走上违法犯罪、赔上身家性命的穷途末路。成为中国改革开放以来第一个因贪污受贿数额巨大，于 2000 年 3 月 8 日执行死刑的副省级干部。

其实，胡长清的思想退化是从 1995 年调往江西省任省长助理、副省长时开始的。当时江西奥特汽车租赁公司总经理周雪华以攀老乡的名义，投其所好地赠送文房四宝给胡长清，胡长清欣然笑纳。慢慢地熟悉以后，周雪华便成为胡长清的家中常客，也就发展到从送文房四宝到送金银珠宝和现金美钞，到胡长清本人心安理得的索要包括周雪华在内的 18 人及有关公司的行贿达 544 万元。

俗话说，拿别人的手短，吃别人的嘴软。收受请托人的现金、珠宝和贵重礼品以后，胡长清便利用手中职务之便，为请托人、行贿人谋取投资、商业便利，导致国家巨额财产损失。最终走上了断送身家性命的不归路。这就是不计后果所导致的必然结果。正如他自己在悔过书上所说的：我曾错误地认为，"民以食为天"，谁不吃喝？吃一点、喝一点算不上啥，根本没有去思考吃喝之中大有文章。今天在一起吃喝一顿，明天就有可能同你拉上关系，很快就会有事找你。他跟你拉上关系，再千方百计找到你的住处，送上些钱和物品，说是关心你，给你零花钱，自己的钱，没关系，其实背后藏匿着要你办事。今日不找你，总有一天要找你。找你办不

---

① ［汉］枚乘：《上书谏吴王》："欲人勿闻，莫若勿言；欲人勿知，莫若勿为。"

② 资料来源于 baike. baidu. com/2014 - 07 - 16.

办？事情不大,但他要达到自己的目的,就要你出出面、说说话、帮帮忙。拉上关系的、送钱的人大多是请吃饭而联系上的。时间一长,接触你的次数就多了,也就无所拘束了,违法乱纪的事也就干起来了。明知送的钱不能要,但又觉得是"朋友"相送,也就收下不感手烫。拿了人家的钱,人家请你打个电话,出面办个事情,也就顺理成章了。这次找你,下次还可能找你;这次办的事情不多也不大,下次很可能更多更大。这岂有不犯错误甚至严重错误的？吃了、喝了、拿了,你就必然被他牵着鼻子走,陷入深重的泥潭而不能自拔。

所以,我们做人做事必须左思右想、正反对比,方能认清形势,顺势而为,顺利发展。如果失之偏颇、以偏概全、是非不明、界限不清,终有一天会自食恶果。

从对荀子这段话的解析和理解中,我们可以清楚地看出,荀子确实是一位了不起的思想家、哲学家和政治家,他对问题的分析和判断往往能考虑到各种有利因素和不利因素,能够从正反两方面辩证地分析问题和判断利害得失。

12. 做人做事切不可沽名钓誉

人人都想追求好的名声和地位,就连孔子、孟子这样具有崇高道德仁义修养的圣人也不能例外。但是,在追求名利的方式方法上,却因个人的修为和理解不同而又各种各样。孔子杀身成仁,孟子舍生取义,他们追求名声、地位的出发点只是为了推行自己的治国理想和思想学说。同时,他们一贯强调"己所不欲,勿施于人"(《论语·颜渊》)就是说,自己所不想要的,千万不可强加给别人。荀子不仅继承了孔、孟的这一思想观点,而且有所发挥,他不仅肯定人对财富存有欲望,而且鼓励人们通过正当手段去追求自己的财富。在这一点上,荀子比孔子、孟子更注重实际价值,是一位实用主义哲学家。

比如说荀子关于"人之所恶者,吾亦恶之"的观点与孔子所说的"恕道"原则有异曲同工之妙,也就是"己所不欲,勿施于人"。做得到吗？我看相当难。随便举几个例子就能说明问题。比如说某人喜欢抽烟,而你又特别反感别人抽烟,那是不是因为你对烟有所不欲,就一定要对方也对烟无所欲呢？显然办不到。另外,就我个人来说,我对于开车毫无兴趣,也从不学开车,因此,开车对于我来说是不欲的。但我并不反对别人开车,我还极力鼓励我的太太和儿子开车,这样既方便自己出行,又满足了我太太和儿子喜欢开车的欲望,一举两得。如果因为你不喜欢开车就不让你的太太、儿子乃至周围的人开车,那你就永远只能靠两条腿两只脚步行了,这显然极不现实,也不符合现代社会发展的潮流。

与此相反,就是"己所欲"是否一定会或者一定要"人所欲"呢？我看也不能这么武断。比如说,有人喜欢户外活动,喜欢登山、周游四方,恨不能天天旅游,而他的一位朋友却喜静,喜欢天天坐在家里、办公室、图书馆看书、写作等,你就不能以你之所欲硬要你的朋友也跟你同欲,这显然不行。既然孔子的"己所不欲,勿施于人"很难做到,同样的道理,荀子的"人之所恶者,吾亦恶之"也是很难实现的。因为在现实生活中,人与人的好恶是不一样的,比如说有人特别不喜欢某种颜色的服装,而你对此种颜色的服装却情有独钟。再比如,一般的人都厌恶粪尿和臭肥,但这些东西却恰恰又是农民朋友所喜欢的东西,因为有了它,就可以使农作物增产,使土地肥沃。我有一个忘年朋友,他有一个嗜好,就是喜欢吃臭鱼。无论什么鱼,他都要放臭以后再吃,这种嗜好恐怕很少有人喜欢。正因为如此,他的家人始终同他搞不好关系,尤其是儿女们极为反感。为了解决这一矛盾,他只好平时不多吃鱼,等到农闲时季,自己在外搭一个窝棚,专门做臭鱼,然后放在密封的坛子中,放在另外的地方,等到想吃的时候,自己单独做。这一事例,显然与"人之所恶者,吾亦恶之"的观点相悖。因此,对于好恶的问题,不能一概而论,而应该辩证地分析和判断是非曲直,不然的话,我们常常会陷入以偏概全的泥泞中。

这个问题讲清楚以后,我们接下来看荀子的另一个观点:

> "夫富贵者则类傲之,夫贫贱者则求柔之,是非仁人之情也,是奸人
> 将以盗名于晻世者也,险莫大焉。"

什么意思呢?这句话充分反映出了荀子的义利观。他指出,如果对富贵之人一律傲视,看不起他们,认为他们之所以富贵,均是通过不正当手段获得,或是贪赃枉法而来;而对于那些贫贱之人则一味屈就,认为他们可怜,值得同情,应该给予帮助,让他们摆脱贫贱的处境,这并不是一种仁义之人的高明或明智的做法,或是应该采取的态度,相反,这恰恰是那些奸邪的人用来在乱世盗取名誉、沽名钓誉的做法,其用心之险恶没有比这更大的了。

的确如此,对于富贵、贫贱不能一概而论地加以排斥和迁就,应该分清情形区别对待。对于那些通过合法经营、诚实劳动而致富的人,我们不但不傲视、轻蔑他们,相反,我们应该鼓励和支持他们通过诚实劳动与合法经营先富裕起来,以此回报社会,建立健全社会慈善事业,这一观点在荀子的著作中多有体现,如在《修身》篇中就有"行乎冥冥,而施乎无极",即暗中施舍穷困之人;如《仲尼》中有"富者施广",就是说,你自己富贵了,就广泛地加以施舍等等。都是讲富则济穷,也就是富贵者如何广泛实行慈善事业的。荀子认为,像这类富贵之人,我们就不能"类傲之",相反,我们还应该加以大力弘扬和倡导。只有那些通过非法手段、利用自己的公权贪赃枉法、收受贿赂而"致富"的人,通过投机经营、欺行霸市"致富"的人,通过拉关系、走门子而"致富"的人等等,我们才会傲视他、憎恶他、制裁他。

与此相反，对于那些贫贱之人，我们也不能够一律屈就、迁就或同情他们，也要区分情况分别对待。如果是那些游手好闲、好吃懒做、混时度日、骗吃骗喝、不劳而获的所谓"贫贱"之人，我们不仅不能同情、怜悯他们，相反，我们应更加鄙夷他们，看不起他们。而对于那些因为自然条件本身就差，自己即使忘我劳动也无法脱贫的人；或者因为自身生理、身体条件不能容许自己劳动而导致"贫贱"的人；或者因为家庭突然发生重大变故而导致"贫贱"甚至由富变贫的人等等，我们则应该寄予同情和帮助，以帮助他们逐步摆脱"贫贱"的处境。

以上这些现象在现实生活中是很普遍的。我给大家讲一个"傻子瓜子"的故事。①

"傻子瓜子"是一个炒货品牌，其创始人是安徽芜湖市个体经营者年广久。因邓小平三次（分别是1980年、1984年、1992年）提及此人并收入《邓小平文选》（第3卷）而闻名全国，号称"中国第一个商贩"。

改革开放初期，他依靠雇工经营、制作和销售炒货瓜子，得以致富。至1982年即已成为百万富翁。这在当时是不可想象的。大家知道，80年代初，当时一个国家普通干部一年的收入还不到三百元，你就能成为百万富翁？一个国家的公职人员、国有企业的工人一个月工资也就十八到三十元，而你年广久的雇工人员包吃包住，人均月收入超过了二十元，实际上，比国有企业工人、国家干部的工资还要高。特别是到1984年组建合资公司以后，公司管理人员的月工资高达五百元，高出国家干部十倍以上，炒货工人的工资也在二百元以上，这在当时经济社会条件下是不敢想象的。就是这么一位开启中国个体经济改革大门的拓荒者，在事业的发展道路上，可以说是跌宕起伏，悲喜参半。有人支持，有人反对，有人鄙夷不屑，甚至还有人制造不实罪名，使其判刑入狱。但不管怎样，年广久走出了一条个体经营之路。

年广久出生于1937年抗日战争全面爆发时期，从小家庭特别贫穷，一辈子没有上过学，目不识丁。但这个人做生意却是一块好料，从小就靠做小生意（跑腿买卖）维持家庭生活。这一本领成就了他精彩的人生——一直靠个体经营发家致富。"文革"以前，年广久因为贩鱼，于1963年被定为投机倒把罪，判刑一年。出狱以后，他继续从事个体贩运业。1966年，他因贩卖板栗被定为"牛鬼蛇神"，又被关了二十多天。出来以后，他又开始卖水果、卖炒货（瓜子），基本上天天被抓，抓了放，放了抓。但他始终坚定一个信念：只要不抓就卖。到了1979年，党的十

---

① 贾云勇、姜英爽：《小平一句话，"傻子"无罪释放》，《南方都市报》，2008年3月24日：AA14.

一届三中全会召开以后,指出了人民可以通过发展个体经营、依靠诚实劳动脱贫致富。这为他指明了一条发家致富的康庄大道,他如鱼得水,驾轻就熟地开始了他的炒货经营之路。

年广久的炒货因为物美价廉,加之诚信经营、科学管理,仅仅两年多时间,他就成了百万富翁,在当地乃至全国炒货市场独占鳌头。他的事迹经媒体报道以后,一方面得到了多数人特别是中央领导人的充分肯定,但年广久的行为也引来了大量非议,有人说年广久雇用了一百多人,是一种资本主义性质的剥削行为,是资本主义经济。还有人四处告状,说芜湖有个傻子赚了一百多万,大字报都贴到了市委门口:"傻子瓜子呆子报,呆子报道傻子笑,四项原则全不要,如此报道实胡闹。"1987年底,芜湖市又以经济问题对年广久正式立案调查。其实,他就一个体经营户,赚与赔都是他自己的事,有什么经济问题? 调查整整拖了三年,因证据不足,又改判他有流氓罪,判处有期徒刑三年,缓刑三年。直到小平同志1992年初南方讲话,第三次谈到"农村改革时期,安徽出了个'傻子瓜子'问题。当时许多人不舒服,说他赚了一百万,主张动他。我说不能动,一动人们就会说政策变了,得不偿失"。①

正是"傻子瓜子"独创的个体经济发展之路,使得芜湖成为了全国名副其实的瓜子城,其产品畅销全国各地,很多人正是在年广久的带领下,由穷光蛋变成了百万甚至千万富翁。

我始终在思考这样一个问题:年广久在自己贫困的时候,常常能够得到周围人的接济和帮助,为什么一旦成为百万富翁以后反而会引来这么多的非议和不公正待遇呢? 我觉得恰恰印证了荀子所提出的"傲富贵"、"柔贫贱"的论点。这样的一些观念,直到现在依然没得到妥善解决,比如现在的仇富心理就成了一种社会的普遍现象和心态,而这种现象和心态也成为了阻碍经济社会发展的原因,是很危险的社会病态,必须彻底根除,方可使中国的经济社会健康快速可持续发展。

正因为如此,荀子在文章末尾批评了这种观点的危害性:"故曰,盗名不如盗货。田仲、史蝤不如盗也。"盗窃财货者本来就十分可恶,也是荀子极力反对和批评的,但荀子认为盗取名誉的人还不如盗取财货的人,也就是说盗取名誉的人比盗窃财货者更可恶可恨。为此,他列举了田仲、史蝤两人,认为他们欺世盗名的行为还不如盗窃者光彩。我在《荀子全本注译》中多处有注:田仲又名陈仲子,战国时齐国人,因其兄在齐国做官,便认为其兄之俸禄为不义之禄,兄之室为不义之

---

① 《邓小平文选》(第3卷),人民出版社1993年版,第371页。

室,便离兄独居,不食兄禄,以廉洁清高著称。荀子认为这是一种不合时宜的自视清高,是一种欺世盗名的行为。史蝤又名史鱼,相传是春秋时期卫国大夫,曾多次劝谏卫灵公罢免、远离佞臣弥子瑕未果。临终时吩咐其子:自己死后不入殓,将其尸停于窗前不下葬,以尸谏灵公来尽忠臣之道。孔子称他"直哉,史鱼! 邦有道如矢,邦无道如矢"(《论语·卫灵公》)。就是称赞他无论国家、社会是否政治清明和安定和谐,都能保持刚直不阿的高风亮节。但荀子却批评他是"沽名钓誉"、"欺世盗名"。我也甚为同意荀子的观点,哪有人死不下葬之理? 不然,岂不传染病流行? 我以为他的这一举动纯粹是制造轰动效应,甚至有欺世盗名之嫌。

　　综观全篇,荀子主要讨论一个人如何立身行事的问题。荀子认为,一个人生活在人类社会之中,所作所为一定不能苟且,必须遵循礼义、淡泊名利、讲求信誉、廉洁自律,如此才能求得好名声,才能得到人们的推崇、尊敬和爱戴。荀子通过列举古往今来现实生活中一系列鲜活事例,充分论证了礼义是衡量、评判一个人行为道德的最高准则,只有符合礼义的才是值得推崇的。荀子进一步论证,评价一个人的行为道德的高低、为人处世的态度、立身行事的品行,不能光看其言行和声望,而应着重看其内心信念和修为是否符合礼义的要求和标准。因此,荀子强调,具备合乎礼义的行为道德,对于社会的和谐、稳定起着决定性的作用。

第四篇

知荣明耻篇

　　荀子在讨论完一个人立身行事应遵循的基本礼义问题之后,紧接着在《荣辱》篇中从人性的角度较为系统地讨论了个人荣辱观的问题。荀子以《劝学篇》中提出的"荣辱之来,必象其德"为基本观点立论,从人性的角度出发,通过一系列现实生活中的事例,如骄傲轻薄、以言招祸、记恨诽谤、口舌是非、争强好胜、尖刻寡情、贪图私利、交友不慎、独断专行等等,全面而系统地讨论了荣誉与耻辱之间的界限问题及其产生的基本原因。比较全面地阐述了一个人在社会中为人处世、待人接物、成事立业等应遵循的基本原则,讨论了在现实社会中,人与人之间应建立的基本伦理关系以及个人应如何正确对待名利、荣誉、地位等基本问题。在荀子看来,人的本性是趋利避害、好荣恶辱的,在这一点上,圣人、君子与盗跖和小人没有什么区别,只是由于后天的修养不同,环境和教育的影响,才使得他们彼此之间具有重大差别。

　　所以,荀子特别强调,在社会中,每个人都必须遵循礼法,尊师重教,尊重长辈,切实加强自身道德品质的修养,身体力行仁义道德,主动节制个人欲望,知荣明耻,才能获得尊敬、荣耀和平安,也只有如此,人与人才会和睦相处,社会才会和谐稳定,人们才能安居乐业。

1. 为人应该谨言慎行

　　人们常说:良言一句三冬暖,恶语伤人六月寒。病从口入,祸从口出。(《傅玄·口铭》)这些传世警言俗语,常常在现实生活中得到印证,人们往往不自觉地犯这样的"口误"毛病,有时甚至一句话语不当或不和,导致兄弟反目、朋友成仇,甚至丧生亡国、自取灭亡。所以,荀子说:

　　　　"憍泄者,人之殃也;恭俭者,偋五兵也。虽有戈矛之刺,不如恭俭之利也。"

　　这句话,如果用现代语言表达,就是说如果一个人在为人处世、待人接物方面狂妄自大、轻慢骄傲、蛮横无理,就会麻烦不断,祸患可能立马到来。相反,如果对人恭敬有礼、谦虚谨慎、谨言慎行,不仅可以免除祸患,其高尚品德甚至可以屏退五兵,也就是可以免除杀身之祸。由此可知,即使一个人拥有戈矛的尖刺和威力,也不如有恭敬谦逊的道德品质厉害。

在现实生活中,做人做事千万不可太较真,眼里容不得半粒沙子。总以为张三轻薄、李四浮躁、王五孤陋又寡闻,谁也看不起,只有自己行,样样能干、事事精通、学富五车、才高八斗,别人都不如我。有这种心气的人,对什么也看不惯的人,在工作、学习、生活中自命清高的人,一准要失败,决不会成功。因为你什么都行,别人什么都不如你,你必定没有一个朋友,至少不会有真心交往的朋友。久而久之,你就会成为孤独者,就会自我封闭,就会失去与外界的沟通与交流。太较真的人同样也不可能人生快乐、生活幸福,一定会心情不畅,这样的人最容易得抑郁症、孤独症,心胸始终不开阔。见谁谁不顺眼,逮谁骂谁,现实生活中这种人随处可见。我给大家举在同一地方、几乎是同一时间发生的两起因小冲突而诱发的暴力事件:

这两起暴力事件均发生在广州梅州地区。一起是因为老师管教太严而遭学生报复,[①]一起是因深夜饮酒与人发生口角而蓄意将人砍伤。[②] 这两起事件前后只相隔一天半的时间。

2013 年 7 月 17 日上午,在五华县双华中学执教多年的张老师,驾驶摩托车到县城办事。一出校门即被三个驾驶同一辆摩托车的小年轻跟踪。他们一会儿超车在前,一会儿又行车在后。起初,张老师并没有在意,后来发现三个小伙子中驾车者竟是自己当年任班主任时,班上的一名同学小霖。此时,张老师才意识到,他们是冲着自己来的。原来早在 2009 年,小霖在初二时因交友不慎,不仅变得无心向学,成天出入网吧、娱乐场所,而且还时常伙同他人打架斗殴、欺凌同学,专门惹是生非。身为班主任,张老师开始对小霖进行严厉管理和教育,但小霖不但不领张老师的情,反而变本加厉,越发桀骜不驯,无心悔改,终于在初二下学期辍学回家,成为了终日无所事事的社会"小混混"。今天如此阵势,看来是冲自己而来的。张老师正想着,突然在途经一个下坡路段时,小霖和他的两个同伴将车停在了张老师前头挡住了其去路。张老师只好停下车,小霖二话不说,向前冲着自己的老师就是一顿拳打脚踢,其中一同伙还手持摩托车大锁恐吓张老师,叫道:如果你敢

---

① 魏清芳、谢伟霞、许文凭:《老师严管学生竟遭报复》,《梅州日报》2013 年 7 月 28 日。
② 陈晓东、李舒:《小时起冲突:报复砍人被拘留》,信息来源:梅州市公安局. www. gdga. gov. cn/jwzx/g…2013 – 08 – 15…百度快照。

走我就打扁你！经过一番"泄愤"之后，小霖冲着张老师甩下一句话："这只是给你个教训！"随后便同自己的同伙开着摩托车扬长而去。

无独有偶，2013年7月18日，梅州市发生了一起因饮酒争吵导致蓄意伤人的事件。

这天傍晚时分，刚满十八岁的小年轻傅某和亲戚、朋友一同到蕉岭县城关镇一小酒店饮酒。酒过三巡，傅某因琐事与自己身边的亲戚发生争吵。同在店内饮酒的张某和李某也一时借着酒兴帮助其亲戚骂傅某，并发生了肢体冲突。后来民警赶到调解，才使事态得以平息。

本来经民警调解以后，事情应该平息下来了，可不想傅某年轻气盛，始终咽不下这口怨气。回到家里之后，他带上砍刀，骑着摩托车连夜赶到蕉城，决定找打他的人"报仇雪恨"。在蕉城镇一医院，傅某发现当晚殴打自己的李某正躺在门口草坪上，不觉怒火中烧，抽出随身携带的砍刀，冲着李某就是一顿疯狂乱砍。毫无防备的李某身上多处受伤，血流不止，好在在医院门口，才得以及时救助，否则，后果不堪设想。而傅某在砍伤李某后迅速骑车离开了现场，第二天便乘车前往广州了，毫无悔过和惧怕心理。

两起事件的肇事者虽然都得到了法律的惩治，但认真分析两起事件的诱因，都是因为蛮横无理、轻狂自大、桀骜不驯、言语不和等导致的悲剧，都是"骄泄者，人之殃也"的有力佐证。

所以，我们做人做事切不可太较真、太过分，尤其是年轻人，更应该力戒"血气"之气。说话做事留有余地，自己才能从容转身，话说绝了，事做尽了，没有任何回旋余地了，还要别人如何应对你、适应你。同样的道理，凡事不可强出风头，不要过于引人注目，否则就很容易使自己成为众矢之的。要时刻牢记，给别人面子就是给自己留面子，给人方便就是给自己方便，放人一马就是等于放自己一马。做人不可太霸道，千万不要将自己的意志强加于人，要给别人选择的权利和余地。低调是一种智慧，低调是强者最好的护身符，低调就像种子那样默默地生长，但却能冲破厚厚的覆土层，把自己深深地扎入土壤之中，永远立于不败之地。

所以，我常常想，我们何不省去较真的时间和精力，去做自己喜欢的事情和值得做的事情呢？这样，我们就会更成功，也会交到更多的朋友，从而就会让我们的生活更精彩，人生更有价值和意义。就像荀子在下面一段话所表述的那样：

"故与人善言，暖于布帛；伤人以言，深于矛戟。故薄薄之地，不得履之，非地不安也，危足无所履者，凡在言也。"

在荀子看来，和别人说善意的话，多说别人的好话，多赞美和表扬别人的长处

135

和优点，比给他穿上高贵的衣服还要温暖和幸福。相反，如果你总是说别人的坏话，对别人说长道短、口无遮拦，得理不饶人，那就如同用矛戟刺别人的心，让人无法忍受。为此，他进一步用现实生活中的事例加以佐证自己的观点：磅礴宽广的大地，让人不能踩在它的上面，并不是地基不牢，地面不安稳，踮着脚却没有地方敢踩下去的原因，都在于说话伤了人心的缘故啊！让人没有立锥之地呀！

　　我们人类有很多人性的弱点和不足，比如总喜欢拿自己的长处去比别人的短处，越比就越觉得自己比别人伟大，越比就越觉得自己光辉灿烂，越比就越觉得别人一无是处。只看到自己的长处，看不到自己的短处，这种人注定要失败，绝不可能成功。"满招损，谦受益"，①这是古人的教诲，也是做人的智慧，是人生哲学的大问题。说话不看对象，口无遮拦，不给别人留余地，不管黑白是非，非要同别人争个高低、辩个曲直，这样的人，必定不会有好结果，因为别人首先已经看不起你了。俗话说，说话不揭短，打人不打脸。你动不动就说别人这也不是，那也不行，似乎这世界就你行，嬉笑怒骂随心所欲，别人表面敬重你、恭维你，背后一定看不起你。如果遇到一个与你同性格的人，一定是针尖对麦芒，不断激化矛盾，形成对峙，剑拔弩张，对于解决问题毫无益处，反而搞得同事、上下、亲戚、朋友关系紧张，对自己身心健康也极为不利。所以，千万不可把话说绝，一定要留有余地，不要得理不饶人，让人无立足之地。

　　"一言兴邦，一言丧邦"之事绝非危言耸听。前面我就列举过晋孝武帝因为一句戏言而丧命的故事。1976 年粉碎"四人帮"以后，中央于 1978 年召开了党的十一届三中全会，拨正了中国政治、经济、文化、社会发展的航向，提出了"实践是检验真理的唯一标准"，"科学技术是第一生产力"，"发展才是硬道理"，"贫穷不是社会主义，发展太慢也不是社会主义"，"不管黑猫白猫，抓住老鼠就是好猫"，"社会主义的本质是解放和发展生产力，消灭剥削，消除两极分化，最终达到共同富裕"等等，每一句话不正是起到了"一言兴邦"的作用吗？

　　说话是一种艺术，也是一种诀窍。一个人只有熟练掌握了说话的艺术和诀窍，充分利用自己的三寸不烂之舌，完整而准确地表达出自己的思想和意见，才能在各种场合游刃有余、取得成功。说话不看对象，不顾及别人的感受和反应，上来就是一通噼里啪啦，唯我独尊，甚至庸言俗语，揭人疮疤，道人短处，保证不会有好结果，甚至会弄巧成拙。我给大家讲一个"说者无心，听者有意"的故事：从前有一个人，大概做生意发了财，有一天他突然给几个昔日关系不错的朋友送去请帖，说某天请您及您的太太到鄙舍一聚。到了这一天，有几个客人先到了，一直等到开

_____

　　①　此典出自《尚书·大禹谟》《拟御试武举策》《文心雕龙·丽辞》《千金记·延访》等记载。

餐前，仍有几个朋友未到，主人当然就有点着急了，一面招呼客人，一面自言自语说：怎么搞的，该来的不来！先到的几个朋友一听，看来我们是不该来的，然后纷纷找借口离开了。过不多久，其他朋友都来了，他又说了句：怎么不该走的又走了呢？几个后来的朋友一听，什么？我们是该走的呀！后来的朋友也纷纷找借口走了。结果是客没有请成，却把朋友得罪了。这就是说话不注意导致的结果，恐怕相当长时期都难以平息误会。

再给大家讲一个"说人不揭短"的故事：据古书记载，我国古时候有个叫吴丑的人，此人有一个最怕别人揭穿的短处：怕老婆。而他的朋友中有一个叫鱼子的人，此人天生尖酸刻薄，一生以揭人短处为乐事。有一天，朋友一起饮酒聊天，其中吴丑只饮了几小盅就不再饮了。朋友都劝他饮酒助兴，他始终坚持不喝了。此时该鱼子上场了，他对大伙说：你们知道吴丑为什么不敢再喝了吗？他是因为怕老婆。有一次他多喝了几杯酒，回到家里以后被他老婆一顿好打呢！

本来一个男人怕老婆也不是什么大不了的原则问题，有时怕老婆还是男人的福气。朱元璋如果不是怕自己的老婆马皇后而不敢任意生杀予夺，明朝不知有多少开国大臣要人头落地。可吴丑不这么想，他认为我堂堂七尺男儿，安有惧内之理？所以，他就特别害怕别人揭他这个短处。不想今天当着这么多朋友的面被鱼子揭了伤疤，于是恼羞成怒、拍案而起、拂袖而去，结果大家不欢而散。①

现实生活中像鱼子这样的人大有人在。他们以揭人短处、说东道西为人生乐事，常常认为只有揭了别人的短处，才能彰显出自己的长处。殊不知这种以追求自我虚荣心为满足的行为举动，恰恰暴露出了你的鄙陋无知、心胸狭小，注定将被人瞧不起或让人敬而远之。

所以，荀子提醒人们："巨涂则攘，小涂则殆，虽欲不谨，若云不使。"就是说人生旅途上拥挤不堪、崎岖险要，如果自己不谨慎从事、小心说话，是万万不行的，是注定要失败的。

2. 勿逞小人之勇

讨论清楚为人处世应谨言慎行的大原则问题以后，荀子利用以下篇幅探讨了小人的各种逞勇行为，也就是为小人画了一幅肖像。

"快快而亡者，怒也；察察而残者，忮也；博而穷者，訾也；清之而俞浊者，口也；豢之而俞瘠者，交也；辩而不说者，争也；直立而不见知者，胜

① 柳明：《做人做事有门道》，湖南人民出版社2007年版，第2页。

也；廉而不见贵者，刿也；勇而不见惮者，贪也；信而不见敬者，好剸行也。

此小人之所务，而君子之所不为也。"

这段文字不仅文采很优美，而且用词精当，尤其是动词用得特别好，惜字如金，每句话就几个字，把小人的各种嘴脸、身段描写得惟妙惟肖。可见，荀子不仅是伟大的思想家、政治家、哲学家，而且也是伟大的文学家和心理学家，他对人的观察细致入微，对人的心态描写可以说入木三分。仅仅用了七十八个字，便将小人的形象跃然纸上。

荀子首先指出，一个人如果做事不计后果、肆意妄为、狂躁盛怒，就会导致身体伤害甚至搭上自己的身家性命。电视剧《三国演义》，我相信很多人看过，里面有一个情节，就是魏延被杨仪激怒连喊三声"谁敢杀我！"结果殒命马下。

魏延一辈子追随刘备，是蜀汉的一名悍将，深得刘备器重。刘备入川时，魏延因屡建奇功而被任命为牙门将军，刘备夺取汉中后又将其破格提拔为镇远大将军，镇守汉中近十年。之后又屡次随诸葛亮北伐，功勋卓著，以致功高盖主，不可一世，早在心中埋下了叛逆之心，只是慑于诸葛亮尚健在不敢为而已。

魏延的一举一动包括其心理变化均为诸葛亮所掌控。公元 234 年秋天，诸葛亮病情加重，自知不久于人世。但他料定自己死后，蜀军之中无人能管制魏延，他必定反叛蜀汉。于是在临终前秘密与长史杨仪、司马费祎、户军姜维等做身后安排：秘不发丧，以免引起军心不稳，曹军反攻；军队按节次撤回汉中，令魏延断后，如果魏延不从，即随其便，撤军之事依然进行；密授杨仪一锦囊，并嘱咐在魏延谋反时打开锦囊，自有妙计除掉魏延。

诸葛亮死后，杨仪派费祎前往魏延营帐揣摩其意图。魏延竟毫不客气地说：丞相虽然身亡，蜀汉不还有我魏延吗？怎么能够因为一个诸葛亮的死而荒废蜀汉大业呢？再说，杨仪是个什么东西，怎敢令我做断后的将领呢？谋反之心溢于言表。就在大军随杨仪徐徐撤退魏延断后时，魏延大发雷霆，全速赶到杨仪大军前面，企图阻止大军后撤。此时，杨仪开启锦囊，上面写着：激诱魏延连喊三声"谁敢杀我"。于是杨仪就对魏延说，你若是能够对天大喊三声"谁敢杀我"，我便放下军队听命于你。

魏延此时已自信满满、目空一切，狂笑答道：若丞相在时，我尚且有所顾忌，今丞相已死，我何所惧！莫说是三声，就是叫上三万声又有何妨？于是便对天长啸：谁敢杀我。等喊第三声的当口，魏延身边副将马岱突然大喊一声："我敢杀汝！"随着一溜寒光闪耀，手起刀落，魏延已人头落地。一代骁将身首异处，殒命于骄狂。

后来我一直想一个问题：为什么诸葛亮留给杨仪的锦囊是诱引魏延只喊三声

"谁敢杀我",而不是两声、一声或是四声、五声呢? 后来我终于想明白了,这是一种高级的心理战术。

大家想一想,魏延是蜀汉中一员骁勇善战的猛将,深得刘备赏识,而且跟随诸葛亮五次北伐。不仅如此,他也是一位足智多谋的能将,多次给诸葛亮建言献策,但始终未被诸葛亮采纳。自己长期处于诸葛亮压制之下,早就憋着一肚子窝囊气没地方发泄。今天自己的"死对头"已经殒命黄泉,我还有何惧怕,于是发出了声如雄狮、振聋发聩的第一声怒吼:谁敢杀我! 这一声叫喊是释放长期积压心中的郁气,是挑战,是叫板。叫完之后,见军中无人敢动,个个战战兢兢、胆怯后退。此时,自己心中更有底气,更加自信膨胀了。于是他发出了威震三军的第二声"谁敢杀我!"环顾四周,竟然无人敢应。此时魏延已经到了忘乎所以、旁若无人的境地,有的只是洋洋得意、狂傲自大、一身怒气。这怒气是冲着杨仪的,这怒气是冲着眼前大军的,这怒气更是冲着诸葛亮的。他似乎要将自己长期受诸葛亮压抑的愤恨、憋屈、羞辱、郁志等等统统发泄出来。他要向诸葛亮示威、挑衅、炫耀:诸葛亮啊诸葛亮,你在世时我尚且惧你三分,现在你已死,看你奈我何? 于是憋足了劲地发出了第三声"谁敢杀我"的呐喊。也就是这一声呐喊,自己的自信心达到了顶点,而防备之心却降到了最低值。也就在此时,马岱从自己身边闪出,以迅雷不及掩耳之速,抽刀就势,势如破竹,令魏延惊慌失措,猝不及防,命丧黄泉。

我认为魏延之死有三个原因:其一是自视战功卓著,功高盖主,不把他人放在眼里,树敌过多。如《三国志》卷四十中的一句话:"且魏延何人,当为杨仪所部勒,作断后将乎!"①即能说明问题;其二是狂妄自大,目空一切,狂躁盛怒,不除不足以绝后患;其三是确有反叛降曹魏之心,例如杨仪按照诸葛亮的遗嘱,领军依次南撤汉中,"延大怒,搀仪未发,率所领径先南归,所过烧绝阁道"。② 实际上是想断杨仪南撤之路,"延先至,据南谷口,遣兵逆击仪等"。③ 等到除掉杨仪后再率军北降曹魏,这就是魏延的真实心态。

要说杨仪的为人也不咋地。他先是背叛荆州刺史傅群,后又假公济私,将蜀汉大将魏延杀死,并诛灭其三族。

杨仪之所以深得刘备、诸葛亮赏识,从荆州刺史主簿(相当于现在的市政府秘书长之类的官),一路升迁为军中长史(相当于军中总参谋长之类的官),全凭自己的小聪明和嘴上功夫。对于杨仪的性格与为人,诸葛亮早有评说:"狷狭",意即胸

---

① [西晋]陈寿:《三国志》,[南朝宋]裴松之注,江苏古籍出版社 2006 年版,第 852—853 页。
② [西晋]陈寿:《三国志》,[南朝宋]裴松之注,江苏古籍出版社 2006 年版,第 853 页。
③ [西晋]陈寿:《三国志》,[南朝宋]裴松之注,江苏古籍出版社 2006 年版,第 853 页。

襟狭窄,性情急躁,器量狭小。

杨仪自认为自己功勋至大,当代诸葛亮秉持朝政,不料诸葛亮遗意却在蒋琬,自己只拜为中军师,没有实权,只是一个空头衔而已。于是,杨仪愤愤不平,常常满腹牢骚和怨言,并说:"往者丞相亡没之际,吾若举军以就魏氏,处世宁当落度如此邪!令人追悔不可复及。"①就是说,杨仪认为如果想到会有今天的结果,还不如当初就随了魏延。可见,杨仪也是一个卖主求荣的小人。后来杨仪被贬为庶人,自己自杀,毫不令人惋惜。所以,陈寿在《三国志》卷四十一最后评论说:"魏延以勇略任……咸贵重。览其举措,迹其规矩,招祸取咎,无不自己也。"②《三国志》卷三十九裴松之注引《襄阳记》孙权的评论说:"杨仪、魏延,竖牧小人也。虽尝有鸣吠之益于时务,然既已任之,势不得轻,若一朝无诸葛亮,必为祸乱矣。"③不幸言中。

这是讲"怏怏而亡者,怒也"的道理。那么"察察而残者,忮也;博而穷者,訾也;清之而俞浊者,口也"是什么意思呢?它实际上是告诉我们这样一个深刻的道理:做人不可太精明,难得糊涂才是人生的最高境界。现实中,有相当一部分人,自己精明能干、知识渊博、明察秋毫,好像什么事情都在他的预料之中,未卜先知。还有一些人,本来没有什么本事,强装自己能干,喜欢与别人辩论,总想分出高低胜负、是非曲直。实际上,这类人往往并不能达到自己的预想效果,甚至事与愿违。所以,荀子就说,一个人能够明察一切,却反而遭到残害,这是什么原因呢?就是因为他喜欢嫉妒贤能的缘故;一个人本来知识非常渊博,为什么却处境困厄呢?这是因为他喜欢诽谤别人;有些人本想澄清事实,为什么却愈来愈混沌呢?原因就在于口舌过多、言多必失。

我这里依然给大家举《三国演义》中的人物故事作为案例来说明以上问题。

周瑜这个人物可以说家喻户晓。周瑜的性格特点、心胸气量非常复杂而鲜明,其思想轨迹和处事原则令人难以揣测。比如说在军事战略方面,一方面,他雄才大略、指挥若定。如赤壁之战,他先用离间计诱使曹操将曹军水师都督蔡瑁、张允杀掉,使其失去水上作战指挥战将,继而又采用苦肉计和火攻,一举击败曹操数十万大军,扭转了战争局面。另一方面又目光短浅、意气用事。比如说孙刘联盟期间,周瑜有一次想派诸葛亮领军前往铁聚山去断曹操的粮道,其真实想法是想借曹操之手除掉诸葛亮,以绝东吴后患。不想诸葛亮明知是周瑜的借刀杀人之

① [西晋]陈寿:《三国志》,[南朝宋]裴松之注,江苏古籍出版社2006年版,第854页。
② [西晋]陈寿:《三国志》,[南朝宋]裴松之注,江苏古籍出版社2006年版,第854页。
③ [西晋]陈寿:《三国志》,[南朝宋]裴松之注,江苏古籍出版社2006年版,第840—841页。

计,非但不推诿,反而欣然应允。临行前对周瑜说:我听说江南有儿歌这样唱道:
"伏路把关饶子敬,临江水战有周郎"。① 意思是说,现在连江南小儿都知道你周
瑜只善水战,而陆战却不如鲁肃鲁子敬。这本是一句戏言,但周瑜听后勃然大怒:
"何欺我不能陆战耶! 不用他去,我自引一万马军,往铁聚山断操粮道!"②仅仅一
句戏言,竟让他置统帅职守于不顾,可见其冲动、意气用事到了何种程度。在对待
人才的态度方面,周瑜一方面举贤荐能、气度恢宏。如他向孙权举荐张昭、张纮和
鲁肃等贤良之才,特别是在其病危时向孙权表荐"鲁肃忠烈,临事不苟,可以代瑜。
人之将死,其言也善,倘或可采,瑜死不朽矣"。③ 为孙权奠定了东吴智囊集团的
坚实基础;但是另一方面,周瑜又器量狭小,嫉贤妒能。如小说《三国演义》第四十
四回写道:孙权决定联刘抗曹,并与周瑜共议组织迎敌之策。此时,诸葛亮却对周
瑜说,在破曹问题上孙权仍有顾忌。周瑜立即去见孙权,陈述抗曹之策,探出孙权
的心思果然与诸葛亮所说的意思完全一样。于是周瑜倒嘘一口凉气,暗自思忖:
"孔明早已料着吴侯之心。其计画又高我一筹,久必为江东之患,不如杀之。"④并
且后来多有此想法和行动,特别是诸葛亮在七星坛借东风,周瑜派丁奉、徐盛各带
刀斧手一百余人,企图从水陆两路将诸葛亮杀死,每次都被鲁肃化解劝阻了。大
家想一想,如果周瑜真要把诸葛亮杀了,孙刘联盟就可能破裂,赤壁之战就不可能
大获全胜,也就不可能形成魏蜀吴三足鼎立的政治格局。由此可见周瑜是一个器
量狭小、嫉贤妒能之人。

正是因为周瑜是一个多面性格,而且自相矛盾的人,所以,赤壁之战后,才会
有诸葛亮三气周瑜,使其发出"既生瑜,何生亮"⑤之感慨后气绝身亡的悲惨结局。

至于"豢之而俞瘠者,交也",就是说有些人对亲人、对朋友在物质供应方面做
得非常到位,让亲人、朋友衣食无忧,但是在人情冷暖、人际交往、交情方面却并不
紧密,甚至交情反而越来越淡薄,这是什么原因呢? 荀子认为,出现这种情况的真
正原因并不是物质供给方面的问题,而是待人接物出现了问题。比如,我们时常
在电视剧甚至我们身边看到这样的场景:某个家庭,住着豪华别墅,家里豪车多
台,朋友往来也很频繁。但细一观察,他的家庭并不和睦,夫妻之间矛盾重重,子
女骄纵成性、好吃懒做,成天无所事事、惹是生非,朋友之间除了物质利益关系外,
没有感情可言,相互之间不信任、不理解、不支持,各有各的小九九。更有甚者,有

---

① [明]罗贯中:《三国演义》,岳麓书社 1995 年版,第 236 页。
② [明]罗贯中:《三国演义》,岳麓书社 1995 年版,第 236 页。
③ [西晋]陈寿:《三国志》,[南朝宋]裴松之注,江苏古籍出版社 2006 年版,第 1075 页。
④ [明]罗贯中:《三国演义》,岳麓书社 1995 年版,第 235 页。
⑤ [明]罗贯中:《三国演义》,岳麓书社 1995 年版,第 295 页。

些大老板、公司老总身边的人，拿着单位丰厚的薪水，背后却时刻玩弄小动作：挖空心思捞取好处，将公司的情报倒卖、提供给竞争对手，挪用、套取或转移公司资金，抛售公司股权而使公司倒闭等等。为什么会出现这些情况呢？最后看结果，绝大部分是老板的认知问题，以为只要给家人、朋友物质待遇，一切均可搞定。殊不知，在这个衣食不愁、飞速发展的社会，人们对精神方面的追求往往超过对物质方面的期待。你总是对下属、朋友、亲人颐指气使、指手画脚，让他们在你面前只能一味屈从，毫无人格尊严可言，谁受得了呢？特别是现代社会，竞争越来越激烈，人们心理问题很多、很脆弱，生理疾病更多，思维的独立性也很强，如果在平时你不关心他的这些问题，只是一味以金钱、物质为基础，保证行不通。

接着，荀子指出：有些人巧舌如簧、能言善辩、知识渊博、出口成章，但却得不到同行的信赖和喜欢，那是因为自己喜欢争强好胜。现实中这样的人不少，这恐怕也是我们人性的弱点，总想在某些方面超过别人。我们有些人尤其是年轻干部，政绩观念很强，很想在自己工作的领域取得"辉煌"成果，好得到领导的赏识、群众的信赖，于是无所不用其极。

还有一些人，自身廉洁正直，为人做事刚正不阿，但却不被人理解，不受人尊重，这是什么原因呢？荀子认为，主要是因为这些人在对人对事处理上，方式方法不对、态度生硬，要么盛气凌人，要么尖酸刻薄，以致伤了周围人的自尊心。这种人在现实生活中也是存在的，比如有些领导、部门负责人办事非常认真细致，天天提早上班，推迟下班，生怕工作做不完。但就是不敢或不愿放手让手下人去做，或者虽然让手下人去做了，但总是不放心、不满意，稍不如意就严厉批评，而不是耐心指导，搞得周围同事和下属谁都不敢接近他，对他敬而远之，甚至寻找各种借口推脱安排的事情。要么不敢独当一面，事无巨细，一应请求领导，搞得同事下属成天战战兢兢、如履薄冰。这里再给大家讲因待人处事不当而导致两种截然相反结果的真实故事：有一位大学老师，一辈子严谨治学，课讲得特别好，再深奥的课程和专业知识，一经他讲出，不仅生动易懂，而且让人如同身临其境、置身事中。学问也做得非常出色，在国内同行中屈指可数。从教近五十年，毕业学子上千人，研究生上百人，弟子遍布海内外。但由于他对人要求太苛刻，再就是科研经费由自己个人一手操控，同事和学生很难从其科研经费中获得资助，既难以参加同类学术会议，又难以在科研攻关上获得突破。致使学生一个个远离他另谋高就，导致这位老师人一走，学科势力就下降了。相反，另一位老师因为为人随和，爱生如子，结果其弟子中有很多人成了学校教学科研骨干、校级领导和中层干部。所以，我们做人做事、当公务员乃至当领导，一定要辩而不争、直而不胜、廉而不刿。

至于说有的人勇猛无比而不受人敬畏，恪守信用而不被人尊敬，那都是因为这些人贪得无厌和喜欢独断专行。

荀子认为，以上这十种行为和表现，都是小人的行径，作为有道德有学问修养的君子是不齿于这些行径的。

3. 勿逞一时之勇

俗话说"冲动是魔鬼"，这句话蕴含着深刻的哲学道理。自古以来，由于一时冲动而干出伤人害己的事情可以说不胜枚举。我们看现在的小年轻，往往因为一点小事情，便与对方发生争执，双方都不相让，于是发展成为群殴、搏杀，导致流血事件时有发生。一旦触犯了法律，问他为什么这么做，他会追悔莫及地回答：当时真是气昏了头，竟干出如此荒唐的事来！我们人类都有一些致命的毛病，血性一上来，往往无法控制自己，常常在一些本来很不起眼的事情上，因为咽不下那口所谓的"窝囊气"，而逞一时之勇，干出无法原谅的蠢事，害人害己害家庭。隋炀帝就是一个典型的例子。①

隋炀帝十分暴戾，而且疑心重重，稍不如意，不是杀头就是罢官下狱，以致各地农民起义风起云涌，隋朝的很多官员也纷纷倒戈，转向农民起义军。李渊本是隋炀帝的国舅（李渊的外甥女是隋炀帝的妃子），因为隋炀帝的暴戾和猜疑，导致李渊奋戈一击，推翻了隋炀帝的政权，建立了李唐天下。但李渊在隋炀帝开始怀疑他时，并未逞一时之勇，马上与之对抗，而是故意沉溺于声色犬马和收受贿赂，极力败坏自己的名声，到处招摇撞骗，大肆张扬自己。隋炀帝听后说，如此贪婪好色之徒，定不可能成为得势者。于是便放松了对李渊的怀疑和警惕。从而使得李渊能够得以发展壮大，最后夺取天下。

大家不妨设想一下，如果李渊面对一个如此残暴的国君，不主动低头，不学会在夹缝中求生存，早就被隋炀帝除掉了，哪里还会有后来的太原兵变和李唐天下的建立呢？

所以，荀子指出：

> "斗者，忘其身者也，忘其亲者也，忘其君者也。行其少顷之怒，而丧终身之躯，然且为之，是忘其身也；室家立残，亲戚不免乎刑戮，然且为之，是忘其亲也；君上之所恶也，刑法之所大禁也，然且为之，是忘其君也。"

---

① 故事选自王修智主编：《"八荣八耻"的故事》（上卷），山东人民出版社 2007 年版，第 0473—0474 页。

　　什么意思呢？就是在荀子看来，那些喜欢打架斗殴的人往往是忘记了自己身体的人，是忘记了自己亲人的人，是忘记了自己君主的人。现实生活中，有些人为了发泄一时的愤怒，往往丧失了终身的身体乃至身家性命，但他依然去干这种打架斗殴、争强好胜的营生，这就是忘记了自己的身体，不把自己的生命当回事儿；有些人，明明知道自己的行径会使家庭遭到摧残，甚至亲戚也免不了有被判刑杀身的下场，但他却依然我行我素去打架斗殴，这便是忘记了自己的父母、亲人的逆子；还有一些人，明明知道自己打架斗殴、恃强逞勇是君主所厌恶的，也是国家刑法所严格禁止的，但他却仍然胆大妄为地去做，这便是忘记了自己的君主的人。

　　撇开君主这一说法不谈，单就自身及家人来说，因为你的一次冲动而遭到伤害，这便是有百害而无一利的傻事、蠢事。

　　这样的事例不胜枚举。古时有因为欺君之罪而夷灭三族、九族的说法和记载，我们也就不去说了，光说现在社会上发生的现象，就让人触目惊心。

　　据中央电视台一套2013年12月19日中午报道，在内蒙古某地发生这样一起惨案：一上网成瘾的青年，在乘坐一个体司机的车返回县城时，因为乘车费用问题，与司机发生争执，竟然趁司机不备而将其活活勒死。之后，又用此车将尸体运到异地一口水井中抛尸，并将司机身上的四百元钱和一台手机抢走。然后弃车进城上网，毫无惧怕之心，像没事人一样地玩他的游戏。不仅如此，在受害人家属与受害人联系时，罪犯居然毫无畏惧地与受害人家人玩绑架勒索游戏。天网恢恢，疏而不漏，罪犯最终落入法网，一审判处死刑。罪犯及其家人不服，提起上诉，二审维持原判，执行死刑。该罪犯三十多岁，家有妻儿老小，因为他的一时冲动，导致整个家庭遭到毁灭性的打击。不仅如此，今后他的家人尤其是小孩，在当地根本无法堂堂正正地做人，可能会导致心理问题甚至不能健康成长。这就是一起典型的因逞一时之勇而酿成的"毁其身，害其亲"的例子。

　　因此，我们无论做什么事情，无论遇到什么麻烦事、烦心事，甚至遭到人身侮辱和攻击时，自己一定要冷静处理、依法处理，千万不可意气用事，逞一时之快而做出追悔莫及的事情来。而一个人真要能够做到这一点，真正是太难了。有时甚至就是一个暴发点，就可能引发矛盾冲突甚至流血事件。我们知道，现在拆迁可以说是天下第一难事，不光中国难，国外同样也难，钉子户多的是。据说德国为修一条高速公路需要拆迁民房，一个钉子户就是不拆，最后没有办法，致使高速公路绕道八公里。我们中国更是如此，进入新世纪以来，全国各地建设如火如荼，扩城改造、修公路铁路、城乡基本建设，尤其是房地产业飞速发展，全国进入大拆迁时代。在拆迁过程中，绝大多数群众能够理解、支持国家建设发展，但仍有少数所谓钉子户，不管你给多少钱，如何安置舒适，就是不配合当地政府的拆迁工作，所谓重庆拆迁"牛人"、北京抗法"牛人"等等，就是这样产生的。还有一些被拆迁安置人员，明明当时已按政策要求拆迁安置到位，而且还给出了特殊的安置补偿，安排家庭成员就业以及为被拆迁无业人员购买各种社会保险等。时过境迁，随着人们收入水平的提升和整个物价水平的提高，极少数被拆迁人员又反过来要求再行拆迁补偿，哪有这样的道理呢？如此，他们中的极个别人员就暗中操纵一批老人天天上访、静坐、游行、喊口号、围堵办公楼等。不仅如此，他们还利用阻工、冲击办公地点、堵塞交通、与工作人员争吵、谩骂领导等行径制造事端，引发矛盾。工作人员如果稍不冷静就会遭到围攻和辱骂，引发事端。这个时候，就是真正考验工作人员的关键时刻，一定要冷静、冷静、再冷静，千万不要做出傻事、蠢事来。

所以，荀子进一步发出忠告：

"忧亡其身，内忘其亲，上忘其君，是刑之所不舍也，圣王之所不畜也。"

意思是说一个人如果遇事不冷静，喜欢争强好胜，易于冲动行事而不计后果的话，就是忘记了自身的生命安危；从家族内部来说，就是置妻儿老小和亲戚朋友的生命财产安全于不顾；从对君上来说，就是忘记了君主，用现在的话来说，就是在给组织添麻烦，甚至是无视组织决定。因为，现在处理群体性事件的基本做法是：矛盾可解不可结，群众可散不可聚，宁可伤自己也不可伤群众。如果做不到这些，按照荀子的说法，就是法纪法规不允许。也就是说，因为你在工作中的一些鲁莽行径，不仅可能伤害你自己和你的家人，甚至还可能触犯法律法规、违背组织原则。到那时，就真正是得不偿失，于公于私都不利。这是我们在工作、做人过程中要特别注意的大问题，决不可掉以轻心。

为了说明以上问题，荀子列举了动物界的两个案例以佐证自己的观点：

"乳彘不触虎，乳狗不远游，不忘其亲也。"

就是说正在哺乳的母猪不会去触犯老虎，正在喂奶的母狗不会跑得很远和到处游逛，这是为什么呢？这是因为它们没有忘记自己的亲骨肉啊！母猪到底敢不敢与老虎争斗我不敢妄下结论，也可能在荀子的时代有这种现象发生，比如说疣猪凭借自己两支长长的獠牙，常常可以和老虎、豹子、狮子一争高下，它当然不是狮子、老虎、豹子的对手，但在哺乳期因为母性的本能，完全可能拼死护子。这里我推测，荀子可能是意在说明正在哺乳的母猪发现老虎以后，一定会带着自己的幼崽躲在安全的岩石洞中，这种可能性是比较大的。乳狗不远游的例子比较好理解，因为母狗产下的幼崽一般要五到七天才能睁开自己的眼睛。这段时间，母狗基本上是不离开幼崽的。直到现在，我们饲养的家狗依然有这样的母性：不仅在产仔时要选择僻静安全的地方，而且在半个月时间内，哺乳母狗离幼仔的距离不会超过方圆百米的范围，也不会随便让人知道它的产房在哪里。如果有人即使是自己的主人试图跟踪它，它都能想办法把你甩掉。这是为什么？就是为了保护幼崽的安全。

以上现象在动物界是很普遍的。如果你喜欢看《环球地理》《动物世界》之类的电视节目，你就很容易发现这样的现象。比如非洲野牛、斑马等动物产下幼崽以后，常常是将幼崽夹在大群中间加以保护，遭受老虎、狮子等猛兽的追捕时，它们常常群起而攻之，竭尽全力保护幼仔不受杀戮。狮子有咬死同类幼仔的行为。一般来说，一头发情期的雄狮，一旦发现某头母狮所生的崽不是自己的后代，都会想方设法将其咬杀，目的是促使哺乳母狮提前发情，以便传递自己的优质基因，这也可能是狮子等动物优胜劣汰的选择效应。老虎就不一样，俗话说"虎毒不食子"，就是对老虎爱护同类的描述和评价。但不管怎样，母狮一旦发现非亲生的雄狮在其周围活动时，都会极小心谨慎地将幼崽藏好，尽量避开雄狮的追杀，万一遇到此情此景，母狮往往会拼死保护自己的幼崽，除非自己不在现场。其他很多动物都有这种母性之爱，这是一种母性的最伟大的爱。

动物界尚且如此，何况我们人类呢？人类是有思想、有理性、有道德的社会性动物，如果做事不计后果，感情用事，以致忘记了自身，忘记了家人，忘记了君主，那就连猪狗都不如了。所以，我们常常听到有些人对那些道德败坏、为非作歹、为虎作伥、杀人越货的人，会骂上一句"猪狗不如的东西！"我想其典故可能就出自此处。

所以，荀子对此作了一个结论："人也，忧忘其身，内忘其亲，上忘其君，则是人也，而曾狗彘之不若也。"这是很精辟的结论，很值得我们深思。

4. 己是人非终害己

以上三个方面的大问题实际上都是讲同一个问题：逞勇与善斗、骄傲与轻狂。所导致的结果就是害人害己害家庭，违法违纪违原则。

荀子在全面分析上述因恃强逞勇、轻狂骄傲而引发的种种不良后果之后，接着就分析和评价了这种人的心理动机和自我感觉。

荀子首先指出：

> "凡斗者，必自以为是，而以人为非也。己诚是也，人诚非也，则是己君子而人小人也。"

大凡在社会各个方面都善于争斗的人，往往都是认为自己是对的，什么事情都是别人的错,是别人不对。荀子进一步指出,即使自己真的是正确的,别人真的是错的,那也是你自己把自己当成君子而把别人当成小人看待的原因和结果。

　　人非圣贤,孰能无过? 孔子一直被后人称为大圣人,他不一样也有过错吗? 他任鲁国代理宰相仅仅几天时间,就把当时非常有才华且常常把孔门弟子吸引过去的少正卯给杀了。他的弟子不解地问老师:您任宰相才几天就把少正卯杀了,而他是鲁国一个非常有才华的人呢? 您不会是搞错了吧? 孔子不但不承认自己做得不对,还举出了少正卯存在五大罪状:①脑子精明而用心险恶,行为邪僻而冥顽不化,说话虚伪而头头是道,专门记述一些丑恶的东西而十分广博,顺从错误的东西而又竭力加以粉饰润色。还美其名曰,一个人只要有上述五种情况的任何一种,就不能免于君子的杀戮,现在少正卯集五大罪状于一身,真是死有余辜。我觉得就算少正卯真的具有以上所谓五种罪状,应该也是罪不容诛,不至于判他死刑吧,这是不是孔子公报私仇就不得而知了。因为少正卯讲学非常受学生欢迎,常常将孔子的学生吸引到自己的门下,致使孔子办学“三盈三虚”。

　　所以,我们在与人相处的过程中,一定要相互谅解,相互理解尊重,要有海纳百川、有容乃大的胸怀,不要眼里容不得沙粒,动不动就与人争斗,挑人毛病,什么鸡毛蒜皮、鸡零狗碎的小事情都要论个是非短长,得理不饶人,无理辩三分。如果那样的话,你就不可能会有朋友,就会成为孤家寡人。

　　我们有时候参观寺庙,常常见到弥勒佛腆着个大肚子,满脸笑容可掬,大门两边还配上一副对联:大肚能容容天下难容之事,开口便笑笑天下可笑之人。电视剧《西游记》中唐僧师徒历经千难万险,遭受九九八十一难,不远万里从东土大唐到达西天如来佛祖处索取真经,两个佛徒因为唐僧师徒未给礼品礼金,估计是因为没有贿赂他们,于是,给他们的全是无字“经书”,上面空无一字。此事被弥勒佛发现了,他没有当面揭穿两位佛徒的行径,而是扮成老鹰将唐僧师徒所取的所谓“经书”全部叼落地下,真假立马见分晓,让唐僧师徒自己发现问题。这一招达到了既发现问题的目的,又没有导致因当面揭穿事件真相而使矛盾激化。事实上,这两个佛徒就是利用如来佛给他们的发经文的权力而干不正当的勾当,只是这种行径为如来佛祖所包容罢了。由此看来,不光人间有不正之风,仙界净土同样也有此风。

　　所以,古今中外,大凡能成大事者,无不具有一种优于常人的品质和风骨,那

---

①　《荀子·宥坐》:“人有恶者五,而盗窃不与焉:一曰心达而险,二曰行辟而坚,三曰言伪而辩,四曰记丑而博,五曰顺非而泽。此五者有一于人,则不得免于君子之诛,而少正卯兼有之。”但孔子是否诛杀少正卯却是历史悬案。

就是能容人所不能容，能忍人所不能忍，善于化解矛盾，求同存异，团结多数人。特别是在一些公众场所，如车站、机场、商店、酒店、娱乐场所、电影院、旅游景点、会场甚至家庭朋友聚会等等，遇到不和谐、不痛快、不顺心的事是常事，根本用不着生气，既伤身体又伤和气，搞得心情不爽。特别是对于素不相识的人不小心冒犯了你，用不着犯别扭，毕竟别人不是有意的。就算有意冒犯了你，与你找茬子，跟你过不去，只要没有出格的举动，你也用不着行为失控，可以好言相劝，晓之以理，一笑了之。相信你的举动会感化他和周围人，这种以柔克刚的做法往往能够收到意想不到的效果。如果真要较起真来，大动肝火，互不相让，对着干，酿出个什么严重后果甚至触犯法律，实在是得不偿失，跟这种人较真也犯不上。如果对方本来就品质低下，又没有文化品德修养，本来就是个泼皮，你与他较真，不也显得你的档次低了吗？而且，对方冲你来也有可能是为了转嫁自己的痛苦和发泄自己的不满情绪。虽说你没有理由和义务为他分摊痛苦和不满，但你却在客观上帮助他减轻了痛苦和不满情绪，那你不也在无形之中做了一件好事吗？如此想来，我们还会有什么过不去的坎呢？

隐忍不露、韬光养晦是成就人生事业的高级学问。一次在网上浏览到这样一个故事，说的是一位名牌大学毕业的学生，到一家公司上班的第一天，下班回家以后便兴高采烈地告诉家人说，公司老总今天在职工大会上表扬了他。他的父亲听后神情紧张地问老总是如何表扬他的。年轻人说，总裁先生说我是公司来的第一个名牌大学毕业生，也是公司花重金聘请来的专家，希望大家多跟我学习。

父亲听后不仅没有半点高兴劲，而且连连摇头道：总裁先生怎么能够这样说呢？你还是一个刚毕业步入社会的新人、生手，怎么就成了专家呢？我得去跟你们总裁说清楚，不然是会误事的。年轻人以为父亲老糊涂了，总裁表扬他，自己竟然不高兴，是不是要人家骂我你才高兴呢？一气之下便摔门而出。

没过几天，这位年轻人满脸沮丧地回到家中对父亲说：大家为什么都不理我呢？我又没有得罪他们，凭什么孤立我？父亲这次倒是如释重负地对儿子说：这就对了，你是才毕业的新人，别人对你不太友好是对的，只要你好好工作，虚心向他们多请教，多学习别人的长处，不出多久，他们就会慢慢接纳你、认可你的。

没过多久，年轻人再次回到父亲身边，他告诉父亲，自己终于被同事们认可和接纳了，而且总裁也再次表扬了他，说自己不但专业水平高、学问大，而且还善于团结同事。

听了年轻人的表述和语气，父亲会心地笑了。年轻人不解地问父亲这究竟是怎么回事。父亲告诉他，这就是职场上的"猫的哲学"。大家知道，猫在捕老鼠时，其爪子是尖锐锋利的，目的是为了捕捉老鼠，一击致命。而当它同我们人类嬉戏玩耍的时候,它却是温柔善良的,其爪子也是柔弱的。如果它在跟人类玩耍的时候也锋芒毕露,谁还敢养猫呢?

年轻人终于明白了父亲的良苦用心,不断改进和克服自己的不足,工作绩效显著,深得同行和上司信赖和好评。不久便得以升任,在自己的工作岗位上成就了一番事业。

中国有一句俗语,叫作"枪打出头鸟"。如果一个人锋芒太露,必然会遭到周围人的非议,而此时你又针锋相对地与别人要一争高下,一辩是非,那么矛盾、积怨就会越积越深,于人于己均不利。如果因此而引发更深层次的矛盾、冲突甚至相互争斗、戕害,大动干戈,导致相互伤害,那就既伤自己又害亲友,还可能触犯法律,那就更不应该了。

所以,我们要多发现别人的优点和长处,多容忍别人的缺点和不足,要"以君子之心度小人之腹"。① 这样,一切矛盾和问题就会迎刃而解。

其次,荀子进一步论证了君子与小人相争斗所导致的危害性。指出:

> "以君子与小人相贼害也,忧以忘其身,内以忘其亲,上以忘其君,岂不过甚矣哉? 是人也,所谓以狐父之戈钃牛矢也。将以为智邪,则愚莫大焉;将以为利邪,则害莫大焉;将以为荣邪,则辱莫大焉;将以为安邪,则危莫大焉。"

荀子认为,你本来是一位谦谦君子,在周围人群和社会上也享有很高的威望与信任度。但你不能把持自己,情绪容易激动,去跟一个本来就是小人的人争斗,从忧虑方面来说,你是忘记了这会伤害到你的身体,从家庭的角度来考虑,你是忘记了这可能会伤及你的家人和亲友,以对上司来说,你的行为举动还可能给上司和组织带来麻烦。如果真要是出现这样的情况和局面,那你谦谦君子的身份和形式安在? 这难道不是错得离谱、错得太厉害了吗? 这种人,就像是我们平常所说的用狐父(古代地名,在今安徽省砀山附近,以出产优质的戈而闻名)出产的利戈来斩牛屎的那种人,真是太愚蠢了。"狐戈斩牛屎,愚蠢之极"的谚语即由此而来。

在中国老百姓中,自古以来就流行一句谚语,叫作"杀鸡焉用牛刀",意即只是杀只鸡,用得着杀牛的刀吗? 这岂不是大材小用? 常常用这句话来形容一个人很有才能,堪当大任,可以当一个省长甚至国务院总理之类的高官,现在却只让他做

---

① 典故出自《左传·昭公二十八年·魏舒辞贿》:"愿以小人之腹为君子之心,属厌而已。"现在常用"以小人之心度君子之腹"来指拿卑劣的想法去推测正派人的心思,或指拿自己的想法去推测长辈人的心思。本人此处用"以君子之心度小人之腹"意在表达用坦诚的心、宽广的胸怀去看待周围的人和事。

了个村委会主任,真是屈才了。这使我想起了《三国演义》中的庞统来。① 本来他投刘备是想干一番惊天动地的伟业,不想刘备没有重用庞统,只是派他前往耒阳做了一个县令。庞统到任之后,不理政事,终日饮酒睡觉,一副醉生梦死之态。张飞视察耒阳时,发现庞统并未办公而是在树荫底下呼呼大睡。张飞见状大怒:主公派你来主持县令之事,你却终日不理政事,我今天非得教训教训你! 不料庞统却说,区区一县之事,不到一个时辰即可办妥,焉得天天坐堂上班? 张飞将信将疑。那我今天倒要看看你如何能在一个时辰内将一县之事处理清楚,否则,我必将斩下你的脑袋。只见庞统井然有序地将一件件工作安排处理妥当,真不到一个时辰。此时张飞喜形于色,不想庞统有如此能力,我得赶快向主公举荐。庞统号称凤雏,非常有才华,与诸葛亮(称卧龙)齐名。据《三国志》卷三十七记载,鲁肃评价:"庞士元非百里才也,使处治中、别驾之任,始当展其骥足耳。"②也就是说,庞统完全可以做军中的副统帅或者国家副主席,你刘备只安排他做一个县令,当然是不重视人才和知识分子嘛。

现在回过头来说,狐父的利戈是用来打仗的,你却用它来砍牛屎,真正是大材小用,辱没了狐戈的英名美誉。荀子用此案例说明君子不可与小人争高下、曲直和是非,那样会降低你的身份,有失你的人格和品德修为。

如果你真这样做了,按照荀子的说法,那不是聪明之举,而是愚蠢之极;不是有利于你,而是更加有害于你;不是荣耀了你,而是更加羞辱了你;不是使自己及家人安全,而是使自己和家人处于更加危险的境地。

经过上述分析以后,我们再回过头来看第三个问题及荀子是如何评价这种喜欢争斗的人的。

> "人之有斗,何哉? 我欲属之狂惑疾病邪,则不可,圣王又诛之;我欲属之鸟鼠禽兽邪,则不可,其形体又人,而好恶多同。人之有斗,何哉? 我甚丑之。"

荀子指出,人们往往有争斗的行径,究竟是为什么呢? 这个反问问得精妙,妙就妙在前面已经做出了明确的回答,为什么还要提出这一反问呢? 接着荀子就从人性、法礼的角度回答了这一问题。针对这种喜欢争斗、斗殴的匹夫勇士,荀子说,把这类人归属于疯狂、惑乱和患有精神病吧,但又不可以,因为这类人常常干出一些法礼不容的勾当,圣明的帝王还是要处罚这些行为、诛杀罪大恶极的人的。

---

① ［明］罗贯中:《三国演义》,岳麓书社1995年版,第298页。
② ［西晋］陈寿:《三国志》,［南朝宋］裴松之注,江苏古籍出版社2006年版,第816页。

古时候的礼法和现今的法律有很多共同点,比如对于患有精神病或有重大疾病的人违法犯罪,除了进行有效管制和保外就医外,一般是不追究法律责任的,特别是不执行死刑。但既然圣明的帝王要追究这些争斗之人的法律责任,那当然这些人就不属于法外开恩之人。不仅如此,为了整饬社会风气,净化社会环境,让人们安居乐业,对这类喜欢争斗、扰乱社会秩序、甚至违法乱纪的人,更应该实行法律严惩,对于罪大恶极的人应该执行死刑,非如此不足以惩恶除害,社会也不可能安定和谐。

2013年12月19日晚,长沙政法频道报道了这样一则新闻,说某公交车上一乘客发现自己上衣口袋被什么东西用力拽了一下。他一看,原来是坐在自己旁边的一名男子用刀片划开了自己的上衣口袋,正在用手拿钱包。于是该乘客起身要司机将车开到附近派出所。不料一下子上来三个中年男子,对着该乘客就是一顿毒打,并用剃须刀在该乘客脸上划出了一道长长的伤口,鲜血直流。然后,三名扒手强行打开车门,扬长而去,毫无羞耻之心。类似伤人事件时有发生。如果这些社会丑恶事件和现象不能得到有效遏制,任其蔓延,还何谈社会安定、人民安居、社会和谐呢?

所以,政府一定要加强社会综合治理,依法打击违法犯罪分子,还老百姓一片安静而安全的生活环境。我们的公安执法机关在这方面应该有更大的作为。当前,老百姓之所以对公安执法人员、政府官员有意见和看法,这是一个非常重要的因素。这也就是为什么一旦有人在网络媒体上发布一些社会突发事件、政府部门不作为事件或一点小小的执法不到位事件,就能引来网上新闻发酵、聚焦的重要原因。因为老百姓已经将对事的看法转向了对政府行为和执政能力的看法,这是非常危险的社会信号和社会问题。

荀子进一步指出,我想把这类喜欢争斗的人归属于鸟鼠禽兽中去吧,但也觉得不可以,因为他们的形体又是人,具有大多数人相同的习性和喜怒哀乐。所以,荀子认为喜欢争斗的人的行为是丑陋的,思想是肮脏的,他为之而羞耻。

5. 应倡导君子之勇

前面四节内容都是讨论因小人之勇而导致的各种危害性,本节主要从人性、义利观的角度讨论不同类型的人所表现出的不同之勇。

荀子将人的勇敢划分为四大类:

　　"有狗彘之勇,有贾盗之勇,有小人之勇,有士君子之勇者。"

荀子将人的勇敢划分为四大类,或许有不全面的地方,但总体看来,荀子的这种分类还是有一定道理的。荀子认为，人的最低层次的勇敢就是其动物性本性的反映，是为生存而逞勇。那人的最高勇敢当然就是其智慧的运用，是士君子之勇了，越到高层就越突出智慧的较量。这也是荀子人性观思想的表达和反映。

首先是"狗彘之勇"。这是为了求得生存和繁衍后代而表现出来的一种动物性本能。大家如果仔细观察动物世界，就会发现，各种动物为了求得生存，都是使尽浑身解数来保存自己。强大的动物靠自己的本事硬拼以独占鳌头，成为动物界的顶级生存高手，如老虎、狮子、大象、鳄鱼、河马、鲨鱼等等。而那些处于食物链底层的动物如何求生存呢？靠仿生、保护色、隐蔽、短时间大量繁殖、群居、独门秘笈和杀伤性武器等而生存。总之，每种动物之所以能在自然界生存并繁衍下来，都有其生存的法则和生存本领。动物界具有层级性，相互之间具有制约性。某类动物必须靠某些动植物而生存，一旦这些动植物减少或灭绝了，那相应的它也就无法生存繁衍了。这就是自然界的自然选择、适者生存的法则。倒是我们人类，常常胆大妄为，破坏自然环境，灭绝动植物品种，弱肉强食，赶尽杀绝，导致自然界对人类的惩罚：地震、海啸、飓风、旱涝灾害、泥石流、山体滑坡等等频频发生，给人类带来巨大的灾难甚至毁灭性惩罚。

所以，荀子指出："争饮食，无廉耻，不知是非，不辟死伤，不畏众强，悼悼然唯饮食之见，是狗彘之勇也。"狗和猪为了饮食、交配繁衍后代，当然是没有任何廉耻之心的，这就是动物的本能。我们看非洲大草原上的野狗，都是群居性生活，三五十条狗为一群。平时捕猎都是成群出动，一旦得手，便群起而争食，甚至群内为争得一块食物也撕咬对方，没有廉耻可言，这是生存，谁能多吃一块肉就意味着谁的生存机会多。有时，为了不劳而获，甚至连虎口、狮口的食物也敢争夺，且常常获胜，毫无惧怕心理，根本不避死伤，不畏狮虎之强，一心一意就是要夺得食物以生存。尤其是在交配季节，我们知道，很多动物在交配时是避人和其他动物的，一般在隐蔽处或夜晚交配，而猎狗交配根本不避讳人类和其他动物，毫无羞耻之心。

荀子在这里借用动物的本性和生存法则来喻指我们人类中的某些人，与猪狗之勇也差不了多少。

现实生活中，常常有一些人，做出一些出格的事来，让人扼腕惋惜、痛心疾首。社会上有这样一些人，为了贪慕虚荣、追求物质享受和所谓的荣华富贵，不是凭自己的劳动双手去争取和获得，而是靠为非作歹、出卖人格和灵魂尊严而不劳而获。如社会上一些地痞流氓靠争抢地盘收取经营者的所谓"保护费"，砸场子抢劫；一些女孩不顾廉耻而去干出卖肉体、伴大腕、做第三者等不光彩的事，妄想一夜暴富；一些人从事贩卖毒品、绑架人质、拐卖妇女儿童、抢劫银行、商店等违法犯罪活动；一些政府官员或国家公职人员不顾党纪国法，收受贿赂，出卖情报，通敌卖国，吃喝嫖赌,花天酒地,醉生梦死等等。这些人的所作所为、心态动机、人生价值观尚处于一种动物本性阶段,与狗彘之勇不相上下。

其次是"贾盗之勇"。也就是商人和盗贼的勇敢。荀子指出:"为事利,争货财,无辞让,果敢而振,猛贪而戾,悍悍然唯利之见,是贾盗之勇也。"

众所周知,商人肯定是唯利是图的,追求利润的最大化是商人的唯一目标。正如马克思在《资本论》中援引英国经济学家和评论家托·约·邓宁的话说:"资本害怕没有利润或者利润太少,就像自然界害怕真空一样。一旦有适当的利润,资本就会胆大起来。如果有10%的利润,它就保证到处被使用;有20%的利润,它就活跃起来;有50%的利润,它就铤而走险;为了100%的利润,它就敢践踏一切人间法律;有300%的利润,它就敢犯任何罪行,甚至冒绞首的危险。如果动乱和纷争能带来利润,它就会鼓动动乱和战争。"①所以,马克思指出:"资本来到世间,从头到脚,每个毛孔都滴着血和肮脏的东西。"②从资本原始积累的历程看,它总是以牺牲道德、挑战法律、践踏人性、破坏环境为代价的。事实上,利润从50%上升到300%的过程,就是资本家和商人从无耻发展到无赖的过程。

不管是国家企业还是个体小商贩,所获取的利润越高,其追逐的欲望就越强烈。只要是企业,就有商业的本质,不管是私营、民营、合资、独资企业和个体经营者还是国有、集体企业,追求利益最大化是其首要目标。与此同时,只要是商人,就以追逐利益为天职。从贩卖小菜和摆地摊卖小玩意儿的小商人到中国移动、中国联通、中国石油、中国石化,都想追逐300%的利润。有些商人甚至可以为300%的利润而践踏人间的一切。比如那些干走私勾当、倒买倒卖、偷税漏税、欺行霸市、抗蒙拐骗、囤积居奇、开黑作坊、制假售假、行业垄断,等等,哪一个不是为了追逐300%的利润而变成无赖的呢?

当然,我这样评说,并不是要否定那些合法经营者。但即便是合法经营者,也无不希望自己的经营利润最高。这是商业性质使然,并不会以人们的意志为转移的。比如说,你的产品是市场稀缺产品和资源,按通常经营即可获得300%的利润,你会因为利润太高了,就自愿降价销售吗?我敢相信,没有一个商人会这么傻。他宁可以适当方式回馈社会也不会降低价格,因为回馈社会不仅可以获得好名声,而且更加有利于自己事业的发展壮大,更加能够获取高额利润。因此,国家只能通过征收高额营业税和累进税进行调剂。

荀子把商人的本性和盗贼的本质放在一起进行讨论,其实是严重了。我觉得

---

① 《马克思恩格斯文集》(第五卷),人民出版社2009年版,第871页。
② 《马克思恩格斯文集》(第五卷),人民出版社2009年版,第871页。

盗贼更为可耻和无赖。商人不管怎样还是靠自己的双手和勤俭节约、科学经营管理而获利，可是盗贼呢？他完全是不劳而获。不仅如此，而且心肠歹毒至极，有些盗贼不光偷盗财物，而且杀人越货、残害无辜、不择手段、惨无人道，什么坏事都能干得出来。

所以，荀子指出，商人和盗贼的共同特点就是：做事图利，争夺财物，没有推让，行动果断大胆而振奋，心肠凶猛，贪戾成性，贪婪得只看见财利。

三是"小人之勇"。关于小人之勇，我在前面四节均进行了分析和讨论，荀子也用四节内容进行了分析和概括。因此，荀子在这里只用"轻死而暴"一句话进行概括。

四是"士君子之勇"。关于士君子为人处世的问题，我在第三篇立身处世篇中已进行了一些必要的探讨，涉及了勇敢方面的问题。下面，我想顺着荀子的观点，从义利观的角度进行必要分析。

荀子指出："义之所在，不倾于权，不顾其利，举国而与之不为改视，重死、持义而不桡，是士君子之勇也。"

这里的"勇"实际上可以当作正直、坦荡、公正无私、重义轻利等理解。荀子指出，对于士君子而言，只要是合乎道义、合乎道理的事情，决不会因为权势的作用而改变自己的观点和认识，也不会因为贪图财利而改变自己的主张和原则，即使是把整个国家都托付给他，也不会改变自己的思想观点，甚至为了真理和正义可以献出自己的生命。

中国自古以来就有"士可杀不可辱"①的价值信仰和人格追求。它是中华民族战胜各种天灾人祸的精神依托和智慧来源，也是中国知识分子、仁人志士面对强权和利诱不屈不挠、视死如归的精神品质和崇高气节。千百年来，许多志士仁人重气节如泰山，轻生死如鸿毛。比如说，公元前100年，汉朝皇帝为了与匈奴新政权单于和好，派遣苏武率领一百多人，携带大量金银珠宝和布帛锦匹，出使匈奴。苏武因不屈匈奴威逼利诱，受尽了折磨和欺凌。先是被单于关在冰天雪地的露天大地窖濒临死亡，继而又被流放西伯利亚贝加尔湖牧羊十九年，受尽人间煎熬和困苦，但他始终不改民族气节。终于在十九年之后，回到了自己的国家。苏武崇高的民族气节已经深深扎根于中华民族的土壤，成为了中华民族一种文化心理要素和伦理人格。②

① 《礼记·儒行》："儒有可亲而不可劫也，可近而不可迫也，可杀而不可辱也。"
② 故事选自傅开沛编著：《尊荣知耻故事新编》，深圳报业集团出版社2006年版，第234—235页。

在现实社会中,这样的例子也不少。据1995年《珠海日报》报道,位于珠海市南山工业园区的韩资电子公司,因工人们于工休间隙在工作台上打盹,韩国女老板金珍仙要求一百二十多名打工者集体下跪。此时,工人中一位来自河南的小伙孙天帅却坚定地立在地上,决不下跪,并在女老板和监工的辱骂声中毅然离开了月薪一千三百元(当时是比较高的)的工作岗位。孙天帅不仅不下跪屈服,而且及时向市劳动监察大队投诉韩国老板肆意践踏中国工人的尊严、侮辱中国工人的人格的事件。孙天帅说:"我当时只有一个念头,那就是誓死不向外国人下跪!因为我是一个有尊严、有血性、有人格和国格的中国工人!"其气节是何等高尚啊!

无论是两千多年前的苏武,还是当今时代的孙天帅,都在向中国人民展示着一种精神品质、人格追求和价值信仰,"宁可站着死,绝不跪着生","士可杀不可辱"的民族气节和个人品格。

我这么说,是不是与前面所讲的应低调做人的观点相矛盾或冲突呢?不是这样的。

首先,低调做人是讲个人的修为,是指个人在为人处世、待人接物、立身行事时,不张扬、不显摆,是自谦,是宽容,是圆融。而"士可杀不可辱"则是讲一个人在面对强权、威逼和利诱时不屈服、不退缩、不让步,是坚贞不屈、视死如归的个人气节和民族品格。

其次,低调做人是讲个人在对名利、地位、荣誉时,不争不抢,凭能力和本事得到别人的认可和支持。而"士可杀不可辱"则是指一个人在大是大非问题甚至国格人格等原则问题上,立场坚定、态度鲜明,不随波逐流,始终保持自己的高风亮节。

6. 千万不可怨天尤人

荀子讲完人的各种逞勇行为及危害之后,利用下面一段话来谈怨天尤人的问题,似乎与前面所谈不搭界。其实,荀子下面要谈的内容与前面是紧密相连、一脉相承的。大家知道,人之所以会出现争斗,以及各种不理智的行为举动,全都是因为不能正确把握好自己的命运所致。有的人因时运不佳而怨天尤人,有的人因命运不济而唉声叹气,有的人因不务正业而前途暗淡,有的人因好吃懒做而一无所有,有的人因恃强凌弱而害人害己,有的人因腐化堕落而自毁前程,等等,不一而足。

所以,荀子用一段话特别讨论这一问题。

荀子首先引用了我们生活中熟知的淡水鱼类作为借喻,引申到人类自身的命运完全掌握在自己手中。

"儵鳎者,浮阳之鱼也,胠于沙而思水,则无逮矣。"

在这里,有必要将"儵鳎"这类鱼的种类和习性给大家作一下简单的说明与解释。"儵"(读 tiáo),通"鲦"(tiáo,在南方很多地方也读 diáo,即刁子鱼)。

对于儵鱼,除荀子的记载与描述外,还有一种传说,就是说这是远古时代生活在水中的强大凶兽。大约有一人多高,看起来雄壮有力,周身皮肤以墨绿色为主,但在胸腹间是金铜色。有四个头,六只脚,三条尾巴。四张嘴能发出婴儿般叫声,让人心神不宁;六只脚均长有尖锐的指甲,指间有墨绿色的蹼;三条尾巴均有两米多长,拖在地上。全身布满金色鳞甲,十分凶悍,令人生畏。

事实上,这只是一种远古传说而已。真正的儵鱼就是荀子所记载和描述的这个样子,我们一般称之为白鲦。鱼体细长,约十五厘米左右,很小,体形狭窄扁平,类似柳叶,鳞细而整洁,洁白可爱,体背部呈淡青色,鳍部均为浅黄色。广泛分布于我国各地河流、湖泊、池塘等淡水之中。喜欢群集于沿岸水面戏游,行动极为迅速敏捷,常以藻类、高等植物碎屑、甲壳动物及昆虫等为食,冬季居于深水区。这种鱼味甘、温,无毒,有暖胃、止冷泻的食物疗效,对脾胃虚弱或虚寒、少食腹泻等有一定效果。宜与生姜、胡椒等温中健味品煮汤食用,也可煎食或炸食等。

"鳎"(jiǎo),通"鲌"(bó),一般有十余种,其中有一类就是鲦鱼类,其他如翘嘴、鳟类等也属于"鳎鱼"类。这里给大家介绍一下刁子鱼的习性及食用价值。

刁子鱼实为白鲦鱼的代表,包括翘嘴红鲌(俗称翘鲌刁子)、红眼鳟(俗称红眼刁子)、麦穗鱼(俗称麦楞子、麦刁子)、餐鱼(俗称游刁子)、激浪鱼(俗称激浪刁子、鸡卵刁子)等。除翘嘴红鲌体形较大(可重达十公斤左右)外,其他体形均在十到二十五厘米之间。

刁子鱼对水质要求很高,一般难以饲养,以野生为主。体背部呈蓝绿色,腹部银白,体侧正中上方有一条浅黄绿色的纵带,尾鳍呈灰黑色,其他鳍均呈橘黄色或深灰色。食物以水生昆虫、枝角类、小鱼、小虾等动物性食谱成分为主,也食油糠之类浮游食物。

刁子鱼性味甘、温,有开胃、健脾、利水、消水肿等功效,对治疗消瘦浮肿、产后抽筋等均有一定效果。

介绍完白鲦鱼的习性及价值后,下面回过头来再看荀子的观点。

荀子对动植物的习性和价值的观察细致入微,在他的多篇文章中均有体现。由此看来,荀子有关生物学方面的知识也是很全面的,而且还研究得比较深入而细致,比如他对白鲦鱼的研究就是如此。因此,可以毫不夸张地说,他也是一位古代生物学工作者。

荀子指出,白鲦这类鱼,虽然个体小,但行动迅速,对生存环境的要求特别高,对时季的把握也很准确,一般春、夏、秋三季都生活在水的上层,喜欢浮游到水面晒太阳,喜欢嬉戏,成群结队地生活在一起,七到九月份产卵繁殖,繁殖力强,但生长缓慢。它们以浮游生物、昆虫、小鱼、小虾等微小型动物为主要食物,但它们自己也是被其他肉食性鱼类或鸟类攻击的对象,同时也是人类特别喜爱的餐桌上的美味佳肴。

因此,它们必须能够大量繁殖,能够准确把握自己的命运,适者生存。否则,就会种类灭绝。但这种鱼也有一个致命的弱点,就是一旦脱离水体以后,或者一旦处于小面积"死水"中后,要不了多长时间,最长几个小时,就会死亡。不像其他鱼类,比如鳝鱼、胡子鲶、黑鱼等等,虽然也离不开水,但在无水或少水条件下还是可以存活一段时间,哪怕是在水桶或水缸中,也能存活几天或更长时间。这也就是荀子为什么要用白鲦这种鱼的命运喻指人的命运的主要原因和目的。因为命运完全掌握在自己手中,不能怨天尤人。你说白鲦被搁在沙滩之上,如果没有水能行吗?不行。所以,这种鱼一旦搁浅,再想得到水,肯定来不及了。也就是说,这种鱼必须能够感知水体的变化、季节的变化、生存环境和条件的变化,不然的话,就会被环境无情淘汰,怨不得天,也怨不得地。

由这种白鲦鱼的生存状态引申到人类,也是异曲同工的。想想我们人类,与大自然相比是极其渺小的。自然界哪怕只要稍不如意,给我们设置一下障碍,我们人类就受不了。比如说冰灾、水灾、飓风、海啸、山体滑坡、泥石流、急性烈性传染病等等,哪一次灾难不是导致很多人家破人亡?特别是地震灾害,更是凶猛可怕。比如2008年"5·12"汶川大地震,真正震动的强震灾区只有22.2秒钟,仅仅一名运动员跑完200米的时间,就导致近7万人生死离别,其凄惨场面惨不忍睹。所以,我们应顺势而为,千万不可违背大自然逆势而动。

而且,在生存法则和对环境的适应方面,人类远远不及动物。自然界除人类以外的所有动物,都各自能够寻求自己的生存环境和法则,唯独我们人类自己,如果离开了基本的生存条件,如衣服、建筑物或洞穴、熟食或经消毒处理的生食、医疗卫生条件、结成有组织的社会群体等等以外,根本或者说很难生存下去,甚至可能成为自然界其他动物的腹中物。

所以,人类必须能够结成社会群体,共同适应、改造和抗击强大的自然界,切实掌握好自己的命运,共建人类美好的生存家园。

因此,荀子指出:"挂于患而欲谨,则无益矣。"意思是,人如果不遵循自然规律,不遵守人类自身的生存法则,整个人类社会不能做到和平相处,来共同抗御大自然给人类带来的灾害和有效化解人类自己制造的诸如战争、核泄漏、疾病、矿难、环境污染等人为灾祸的话，一旦发生天灾人祸，再想扭转局势、控制灾祸、化解灾情等等，就为时已晚了。即使你再小心谨慎，也于事无补。也就是说，我们人类一定要致力于生存环境和生存空间的建设，一定要科学把握自己的命运。

但在如何对待自己的人生与命运方面，有两种截然相反的观点或理念：一种是消极无为的观点和理念；一种是积极作为的思维和理念。因为观点和理念的不同，从而导致对人生命运的把握所采取的措施和手段也不同，从而导致的结果也完全不同。消极无为导致人生暗淡，一生碌碌无为；而主动作为则导致人的一生大放异彩、成绩卓著。

持消极无为观念的人认为人无法掌握自己的命运，理由就是人无法决定自己的性别、家庭出身和环境，无法控制自己的生老病死，无法选择自己的工作职位和升迁途径与高度，无法按照自己的心愿去随心所欲地选择发展方向，等等，所有这些，很显然是一种典型的唯心主义的宿命论。持有这种观念的人，常常不思进取，也不去努力奋斗，一切听任命运的安排，相信命中注定，"命里有时终须有，命里无时莫强求"（《昔时增广贤文》）。所以，这类人一辈子碌碌无为，无所事事，"今朝有酒今朝醉，何必等待到明天？"①这种人心情时常不愉快，精神斗志不高昂，往往导致生理、心理疾病的发生，怨天尤人、无所作为。

而持积极作为人生观的人则认为，一个人虽然无法后天决定那些先天注定的命运，如性别、家庭出生环境、出生时代背景等等，但一些后天发生或注定将要发生的事件却完全掌握在自己的手中。这种人真正懂得与其成天怨天尤人，不如当下努力奋斗，把握自己的人生奋斗目标和方向。比如说，人的生老病死虽然不以自己的意志为转移，是客观规律。但一个人却可以通过加强体育锻炼，保持良好的生活起居习惯，修养自己的心性等措施和途径来减少疾病的发生和延缓自己的衰老与死亡时间，这是完全可以做得到的。同样的道理，一个人可能无法完全选择自己心仪的事业和职位，但你可以在自己现在的岗位上勤勤恳恳、兢兢业业地工作，相信终有一天，你会得到同事、领导和组织的认可与支持，得以提拔重用。即便得不到提拔重用，自己在职位上干得出色认真，心安理得，又有何遗憾呢？平平安安度过一生不也是一种快乐和享受吗？为何非得怨天尤人呢？恰恰相反，倒是那些通过不正当手段、非正常途径以达到个人目标的人，才是真正的游戏人生、自毁前程的人。

因此，我们应学会主动掌握自己的命运，正确面对自己的人生选择，客观对待

---

① 典故出自［唐］罗隐《自遣》诗："得即高歌失即休，多愁多恨亦悠悠。今朝有酒今朝醉，明日愁来明日愁。"人们常用"今朝有酒今朝醉"来比喻只顾今天不管明天如何。

和冷静处置所谓人生命运的不济、不公,正确地面对人生所有的挫折、灾难、疾病、打击、不顺和不如意等等,时刻感恩这些挫折、打击、疾病和不顺。这样,你的眼前就会一片光明。这就是所谓"退一步海阔天空"的人生写照,也是"人贵有自知之明"的具体表现。

所以,荀子指出:

"自知者不怨人,知命者不怨天;怨人者穷,怨天者无志。失之己,反之人,岂不迂乎哉?"

在荀子看来,一个有自知之明的人,不管他在人生旅途中如何的不顺,如何的一蹶不振、苦恼不断,他都能独自承担,绝不会怪怨责备别人,不会认为命运跟自己过不去,与自己较真。一个真正能够懂得命运和能够把握命运的人,不管自己的命运如何,都不会去哭天喊地,怪怨上天不公。相反,荀子认为,如果一个人在自己的人生旅途中,事业道路上,总是怪怨别人不理解、不支持、不帮助自己,那心情不可能舒畅,事业、人生也不可能一帆风顺。与此同时,如果你老是埋怨上天不公,那也是没有知识和智慧的表现。明明错误在自己,却总是苛求于人,总是怨天尤人,那岂不是错得太厉害、太离谱了吗?

7. 利害得失总相伴

我在读一本佛学著作时,读到书里有这样一个故事,这个故事是释迦牟尼在一次法会上说给众佛徒们听的,我给大家复述如下:

有一天,一个人在旷野游玩,突然发现一头凶猛的大象向他猛冲过来,追着他东奔西跑。正当他走投无路时,突然发现身边有一口空井,井中有树根附于其上。于是他急忙顺根下井,以为可以藏身井中躲过此劫。不料刚回过神来,却发现上面两只黑白老鼠正在啮啃他赖以生存的救命树根。更为可怕的是,在井的周边还有四条张着血盆大口的毒蛇,井下又有毒龙翘首以待。

正当他既怕恶龙毒蛇,又怕树根断掉,惊魂未定之时,竟然发现树上正有蜂蜜滴落下来。他为了让蜂蜜能滴入自己口中以增强体力,又弄得树动蜂散,蜜蜂们不分青红皂白地向他俯冲而来蜇他。他自己意识到无论如何不能松手。但不幸的是,上面野火也来了,烧着了那棵得以让他活命的树。

这个故事讲到这里就戛然而止了,按照佛家解说,故事中的旷野比喻无明长夜旷远,游人喻异生,象喻无常,井喻生死险岸,树根喻命,黑白二鼠喻昼夜,啮树根喻念念生灭,毒蛇喻地、水、火、风四大,蜂蜜喻财、色、名、食、睡五欲,蜜蜂喻邪思,火喻病、老,毒龙喻死。

大家认真分析上述故事的喻指意义,就会明白,事实上,它们是相生相克的:有生就有死,有黑就有白,有天就有地,有火就有水,有欲就有物,有利必有害,有得必有失等等。因此,这个故事意在提醒人们,人由生老病死所构成的命运是非常值得敬畏的,我们要常怀敬畏之心,常思贪欲之害,千万不要被五欲所吞噬。

讲完这个故事,再回过头来分析荀子下面一段话的意思,我们就会豁然开朗。

> "荣辱之大分,安危厉害之常体:先义而后利者荣,先利而后义者辱;荣者常通,辱者常穷;通者常制人,穷者常制于人,是荣辱之大分也。材悫者常安利,荡悍者常危害;安利者常乐易,危害者常忧险;乐易者常寿长,忧险者常夭折,是安危利害之常体也。"

荀子的这段话,主要是阐述和分析荣辱与利害得失的关系。荀子指出,光荣和耻辱、安危和利害的一般情况主要体现在以下几个方面:一个人在为人处世、待人接物、成事立业方面,如果先考虑道义后考虑利益,就会得到荣誉。相反,如果先考虑利益后考虑道义,也就是一事当前先替自己打算而不顾及他人得失,就会遭到大众的指责、非议,就会深受耻辱。那些重视荣誉的人,有信誉的人,讲道义的人,先人后己的人,常常就会通达,事业就会越做越大,财运越来越旺,官运越走越通畅。相反,如果别人不信任你,不支持你,甚至鄙视你,那你肯定事事不顺,必然走入穷困之途。

这是显而易见的,大家想一想,一个心胸狭窄的人,一个小肚鸡肠的人,一个遇事想不开的人,一个鼠目寸光的人,一个一事当前先替自己打算的人,一个自私自利的人,他能有担当吗? 能得到周围人的支持、接纳、帮助吗? 不可能。所以,这种人的人生之路必然越走越窄,事业必定越做越小,困难一定越来越多,最后必步入人生的死胡同。

这种人在现实中也是存在的。比如说,在我的老家就有这么一家子人,父母、兄弟姐妹七人,组成了六个家庭,这在地方上,尤其是在农村不可谓势力不大。而且老大还是20世纪70年代的高中毕业生,在农村也应该算是有知识的人了。但非常可惜的是,这个家庭几代人均有一些共同的毛病:一是家庭内部极不团结,各打各的小九九。兄弟姐妹为赡养老人之事没有结论,结果两位年近八旬的老人不得不在村外搭一个窝棚单独生活,连基本的生活用品和资料,如用水、烧柴、粮油、蔬菜等等都是自己解决。逢年过节从不请老人聚餐,当然,兄弟姐妹之间也很难一起聚餐,一点家庭亲情也没有。祖孙三代了,代代相传,下一辈又继承了上一辈的衣钵;二是只要村组有什么事情,如分配田地、承包鱼塘、分配财物等等,个个都想占便宜,从老到小。每次集体开会都大吵大闹,搞得会议无法进行,不欢而散。

为了开成一个会,常常得请乡镇干部出面主持。他们一家子人对村组的每个人都不放心,生怕吃亏;三是喜欢搬弄是非。村组有个什么事情,哪家有个什么事情,他们均要到处你找茬子、弄是非,搞得人家心神不宁。中国有句俗话说:"宁拆十座庙,不毁一桩婚。"他们倒好,只要哪家谈婚论嫁、迎亲嫁女,他们一家子保准说东道西,大谈该家条件不好,经济基础差等,该男女思想素质、道德品质低,好吃懒做,似乎以拆散别人婚姻大事为乐事。事实上,这么多年了,也没有听说他们拆散一桩婚事,倒是他们一家人在当地"恶名昭著",根本没有人信任他们,搞得自己灰头土脸的,在当地无法抬头做人。这就是一种典型的只讲利益不讲道义的"辱莫大焉"的人。

所以,荀子就指出,通达的人常常统治别人,成为统治者、领导者,而穷困之人却常常受人统治,成为别人制约的对象。这是光荣与耻辱的主要区别所在。

道理非常简单,一个有心胸的人,一个通达的人,一个明事理的人,一个品德高尚的人,一个脱离低级趣味的人,一定是一个品德高尚、受人尊重的人,也一定是一个让组织放心、让老百姓信赖的人,这样的人当然应该走上领导岗位,成为领导者、组织者。只有这样的人担任各级领导,才能领导、组织、带领人民努力构建和谐社会大厦,实现国家富强、人民富裕,实现中华民族的伟大复兴。

当然,在现实生活中,也并不是只要具备知识和能力,就能够当领导和老板,更主要的是智慧。也就是说,你光有智商还不行,还得有高度发达的情商和良好的心理素质。在现实社会中,我们常常听人抱怨:你看他,什么也不是,怎么就能比我上升快呢? 怎么就能当厅长、省长呢? 我的能力、资历、理论水平等等都比他强,在很多部门工作过,又在基层锻炼过,为什么他就比我上升、提拔得快呢? 很不服气。

但是,你只看到了问题的一面,而没有看到问题的另一面。你就没有看到人家在对人处事方面有多平静,对自己的得失处之泰然,而对权力、金钱、地位、名利、荣耀等等,心态很平和。这就是一个人的智慧。所有这些,你都达不到,你怎可怨命运对你不公呢?

所以,一个人的心胸有多大,世界就有多大;承载的智慧就有多大,他的事业就有多大。

这是从政治伦理的角度分析,从经济伦理分析也是一样。比如说,你要创办一个企业,干一番事业,闯出自己的一片天地,你是先考虑道义呢还是先考虑利益? 这个选择和思维方式就决定你的事业的成败兴衰。

如果你先考虑道义的话,那你就会首先考虑办企业的真正目的是什么,从长远看是否有利于保障人民的根本利益,是否有利于保护生态环境,原材料的供应质量和生产出来的产品质量、安全性能等等是否有保障,工人们的生产生活条件、作业强度和工资收入是否符合要求等等。只有这些条件考虑清楚、处理妥当以后,你才会考虑企业经营赢利问题。这就是先义后利的具体体现。如果你这样一个企业家,保证你的事业会越办越大,也会越来越获得社会的认可和支持。相反,如果你先利后义或只考虑利不考虑义的问题,那你就会首先考虑企业如何赢利,要达到100%甚至300%的利润,要降低原材料和生产成本,如何达到目的呢? 降低工人工资,延长工人劳动时间,增加工人劳动强度,掺杂使假,高价出售等等,这显然是只考虑自己赢利,没有考虑社会道义问题。这样的企业必然只是昙花一现,甚至要受到法律的制裁,闭门大吉。这在社会上也是屡见不鲜的,比如假食品、假奶粉、假药品等等,这些关乎人们生命健康的东西都敢制假售假,还有什么不敢为? 这也就是利润从50%增加到300%,不法商人可以践踏人间一切伦理、法律,甚至敢冒绞首的危险而为之的真实写照。当然,这种人最后也必将断送自己的事业甚至身家性命。

前者就是我们所说的诚实经营者,是儒商,而后者则是投机钻营者,是奸商;前者必将得到社会的支持和认可,事业将越办越大,而后者则必将得到社会的抛弃、淘汰甚至法律的制裁。这就是光荣和耻辱的分水岭。

讲完义利得失的问题以后,我们再看看荀子如何分析安危利害的问题。

荀子认为,有才能,有智慧而又谦虚谨慎的人,常常安全得利,而放荡凶悍的人却常常危险受害;安全得利的人常常快乐舒坦,而危险受害的人却常常忧愁而有危机感;快乐舒坦的人常常健康长寿,而有忧愁危机感的人却常常夭折。这就是安危和利害的一般规律和规则,也就是安危利害的一般常态。

荀子采用层层递进推理的方法,从两条不同的线路论证了两类不同的人的不同结果:一条线是谦虚谨慎→安全得利→快乐舒坦→健康长寿;另一条则是放荡凶悍→危险受害→忧愁危机→夭折短命。

为什么会出现以上两类情况呢? 其实这个问题也不难理解。古今中外的案例也很多。我在这里给大家讲一个我新近在网上看到的故事。① 这个故事发生在一个小酒店里,故事的主人翁是一个八十岁高龄、参加过解放战争和抗美援朝战争的残疾老兵。

有一天,两个小年轻闲来无事,便来到一个小餐馆小酌闲谈。不一会儿,一个老乞丐推门而入,向年轻人讨要一碗饭充饥。起先,两个小伙并没有把老乞丐当

① 资料来源:《人到无求品自高》[EB/OL]. [2012 – 03 – 05]. read. goodweb. cn/newsvi…asp? n…百度快照.

回事。倒是饭店老板挺乐善好施,马上掏出两元钱递给老人。奇怪的是,老人明确表示只想讨口饭吃。两位年轻人立马觉得这位老人与众不同,对老人产生了兴趣,于是叫服务员为老人拿来一把椅子,让老人坐下与他们一起吃,老板还让服务员为老人拿来一碗烧卖,请老人品尝。老人受宠若惊,连连向两位年轻人和店老板道谢。坐下之后,老人战战兢兢地从包里摸出一个搪瓷缸子,想要点水喝。其中一个年轻人一眼就看到搪瓷缸上依稀可见一行红字:献给最可爱的人!①

他们立即对老乞丐手中的缸子产生了极大的兴趣,马上询问缸子的来历。老人说这缸子是他的,是部队发给他的。在场所有人都为老人的身份惊呆了,决定好好跟老人聊聊。

一番交谈之后,他们才知道老人来自安徽。1946 年入伍当兵,当时是新四军第六军,也就是后来的华野六纵。这是我军历史上一支著名的英雄部队,因为在孟良崮战役中一举歼灭国民党王牌军张灵甫部而誉满中国。老人还参加过抗美援朝战争,因在战争中受伤才退役的。老人正说着,在场的人个个面带狐疑。按理说,像他这样的英雄应该是国家离休干部,怎么会复员而且沦为乞丐呢?

老人见他们不相信,急忙解释说,因为自己没有文化,又受了重伤,当不了干部,也不想给国家添麻烦,于是就复员回家了。为了证实他的说法,他又从怀中摸出了用手帕仔细包着的两个红色塑料皮小本,一个是复员军人证书,一个是二等伤残军人证书。然后,老人慢慢卷起了左腿的裤管,竟然是一条木腿。在场的人都被惊呆了。

一位年轻人见老人手帕包里还有一张叠得工工整整的白纸,拿起一看,半晌没有说话,泪流满面。那是一张村委会的介绍信,大意是说持信者是该村的残疾复员军人,没有结婚,孤身一人,因年老体衰,丧失劳动能力,而本村财政困难,无力抚养,特许其外出就食,希望各地政府和好心人鼎力帮助。落款上还盖有村委会印章。

听到这些,看到这些,在场所有的人都目瞪口呆,好久才缓过神来。饭店老板哽咽着说:"老人家,从今以后,您就天天到我店里吃饭。我这店开一天就供您一天……"老人打断了他,说:"不,只要我还能走一天,我就要走。"

不居功,不自傲,从不计较本应该得到却没有得到的东西。这就是一位可敬可爱的老军人的精神品质和人生价值。

我被这位老军人的精神感动了。这使我想到了古人陈伯崖的一副对联:"事

---

① 1951 年 4 月,为赞美抗美援朝志愿军的英雄事迹,作家魏巍亲临朝鲜战场,写下了气壮山河、催人泪下的《谁是最可爱的人》一文。这几个字应该即取自这篇战地文章。

能知足心常泰，人到无求品自高。"这位老者是知足的，知足常乐，不为身前身后事所累；这位老者也是无欲的，不欲世间荣华富贵，不欲自己功高该取，不欲政府抚恤抚养。谁是最可爱的人？他才是真正最可爱的人！他是健康的，他的思想健康、心灵健康、精神健康。所以，他是长寿的，即使年高八旬，依然自食其力。我相信，他即使肉体死亡，但他的精神、他的人生价值、他的崇高品质，将成为人们心目中的永恒丰碑！

8. 个人存在的价值

一个人出生于当今时代，成长于当前环境，生活于当下社会，不论你的地位有多高，身份有多显赫，权力有多大，财富有多少，也不论你是贵为皇亲国戚，还是贱为庶民百姓，每个人都是社会群体中的一分子，每个人都发挥着不同的作用，承载着不同的功能。因此，每个人能正确认识评价自己，摆正自己的位置，知道我是谁，我该做什么，我能做什么，等等，至关重要。

对此，荀子为我们作了非常精辟独到的分析。荀子指出：

"夫天生蒸民，有所以取之。"

在荀子看来，自然界造就人类，本身就为人类创造了生存的空间和环境条件，每个人都有在自然界选择自己生存的权利，创造自己生存的环境和条件。

这个理论是显而易见的。众所周知，自然界生成万物的前提条件和基础，就是自然界首先要为万物创造出其生存的条件和环境，同时，也要为万物创造出生存的理由和价值，不管是动物、植物、微生物还是我们人类，之所以能够在自然界生存、繁衍和发展进化，全凭自然界为其创造了生存的空间和环境。而作为人类自己，不仅可以适应自然界为我们创设的生存环境和条件，而且我们还可以充分发挥自己的主观能动性，来认识、改造、利用自然界，使其朝着有利于人类生存、发展的方向转化，以适应人类自身发展的需要。

但荀子引出这个自然进化与选择的理论，并非要论证这一理论的现实基础和条件，而是要借助这一个理论来论证各类人群能够生长生存于当今时代和社会的缘由和道理。

首先，荀子指出，天子之所以能够取得天下，就在于其志意修、德行厚、智虑明。

"志意致修，德行致厚，智虑致明，是天子所以取天下也。"

这里的"致"字是至关重要的。在荀子看来，天子是天生之子，是上天赐予人间从而统领人间的领袖。所以，无论是意志、品德、智慧，还是体力、心理等方面，都应该比常人有更加超常的地方和表现。

台湾学者徐复观指出:"一切民族的文化,都从宗教开始,都从天道天命开始。"①这一点在中国文化传承与发展中表现得尤为明显和彻底。中国从旧石器时代(距今约一万年)开始,一直到今天,其历史文化的发展和政治意识的变迁,经历了由原始宗教信仰、天命神权论、宗法等级制、君权神授、封建礼法制到现在的民主法治社会,每一个时代,其政治伦理都是不同的。荀子所处的时代,正是一个社会政治大动荡、思想意识大变迁、学术思想大怀疑的时代。这个时代的特征导致荀子一系列思想大变迁:一方面,他毫不保留地批判了历史上和当时社会现实中的一些迂腐、过时的政治思想观念、封建伦理思想和社会等级观念,这在《非相》《非十二子》《天论》《性恶》《解蔽》等文章中都有充分的体现。另一方面,他又自觉不自觉地陷入封建等级伦理思想的泥潭而不能自拔,这在他的几乎所有文章中均有体现和折射。一方面他极力反对和否定天命神权、天命神授和宗法等级制度,提倡礼法之于人事、社会、政治的作用,如他相信"涂之人皆可成为尧禹"(《荀子·性恶》),"涂之人积善而全尽谓之圣人"(《荀子·儒效》)等。另一方面,他又极力维护君权神授的观点,相信天子是代天行事的人,并且在多篇文章中将其神圣化。

荀子的这种矛盾而复杂的心态是与其所处的时代背景相依相存的,我们不能苛求荀子思想的完美。不管荀子如何美化、神化天子,他提出的天子能取得天下的三条基本理由,却是值得充分肯定的。

一是"志意致修"。就是志向极其远大,也就是具有崇高的理想信念,但光有理想还不行,还要有矢志不渝的志向和追求。这种高于常人的意志、品质和理想信念,只有以超乎常人的修炼才能达到和完成。荀子认为,这种修炼成果只有天子才能做得到,一般常人是难以达到的。

二是"德行致厚"。也就是说道德品质、思想行为要极其高尚和宽厚。天子乃上天之子,说明在中国古代文化体系中,天子是代天行使职权的人,应该德可配天,"黄天无亲,唯德是辅"②就是对天子治国理政的真实写照。所以,在荀子看来,天子除具有理想、信念和坚强意志外,还必须具有高尚的思想道德品质和仁慈、宽厚的胸怀。只有如此才能以德服民、以德治国。

---

① 徐复观:《向孔子的思想性格回归》,《新儒家学案》(下册),中国社会科学出版社1995年版,第608页。
② 《尚书·蔡仲之命》:"皇天无亲,唯德是辅。民心无常,惟惠之怀。"《三国志·魏书二十五》:"夫皇天无亲,惟德是辅。民咏德政,则延期过历,下有怨叹,掇录授能。"

三是"智虑致明"。也就是说天子要智慧超群、决策英明,身居一室、心怀天下。我们时常讲某人有知识、有智慧、很聪明,但将这三个词语的真正含义和他们的内在联系搞清楚的人并不多。一个人的知识渊博,天文地理、历史人文无所不知、无所不晓,记忆力强,一目十行、过目不忘等等,肯定很聪明。但这个人是不是一定有智慧呢? 不一定。聪明不等于智慧,再多的聪明也只能算是小聪明,够不上智慧。人们不是常常看到、谈到、听到这样的案例,说有的人聪明一世,最后到老了什么都不是吗? 而智慧不仅仅是指一个人的聪明,还包含超越世俗的认识能力、判断能力、规整能力、想象能力、忍受能力、审美能力以及情感、心理、悦纳等非智力性因素。所以,再聪明的人也不一定是一位智者,而即使是稍有智慧的人也一定是个非常聪明的人。大智若愚就是这类智者的真实写照。因此,荀子认为,天子首先是一位智者,一位思虑精明、谋略极高的统帅。

其次,荀子从四个方面讨论了诸侯能够取得国家的原因。荀子指出:

> "政令法,举措时,听断公,上则能顺天子之命,下则能保百姓,是诸
> 侯之所以取国家也。"

中国古时候的国家概念和今天的国家概念是完全不同的。古时所谓天下即为今天的国家,"普天之下莫非王土,率土之滨莫非王臣"。就是指普天之下的土地和臣民都是天子的,所以,天下即现在的国家。而古时候的国家则是由几个行政区域组合而成的地域性概念,多为天子分封给有功之臣或自己兄弟、儿子的一片领地。也有靠武力夺取的领地,自立为王,相当于现在的一个或几个县市,有的则相当于一省或数省组成的范围。古时候的国王相当于今天的省长之类的地方政府官员。比如,古时候周武王因为姜子牙有功于周天子而封于齐国,即现在的山东淄博一带,使姜子牙成为齐国的缔造者和齐文化的创始人。又如周公旦分封了大量的同姓国和异姓国,据《荀子·儒效》载:周公摄政,辅佐成王,"兼制天下,立七十一国,姬姓独居五十三人"。充分证明古时候的国家概念与今天的国家概念是完全不同的。古时候的国家很多,但天下却只有一个,如周天下,秦始皇一统天下等等。

那么作为一个诸侯国的国君,要想治理好自己的国家和人民,使国泰民安、人民和睦、政权稳固、人民富裕安康等等,在荀子看来,必须具备四个条件:

一是政令通畅,法度严明,政令合于法度。

二是举措得当,因时制宜,措施切合时宜。

三是处事公正,决策果断,处理决断政事公正。

四是上能尊顺天子,下能安抚百姓,上下和睦一心。

我们展开历史画卷,翻阅中国五千年历史文化,就会发现一个非常有趣的历史文化现象,即在中国的政治伦理文化方面,总是反复推崇、强调、灌输一个观点:以德治国。到了春秋战国时期,不仅强调国王、君主要树立和落实以德治国的理念,而且还要求礼法并用、德主刑辅、恩威并施。

我们看看孔子的德政思想吧。中国自古以来就流行着半部《论语》治天下的说法,为什么会有这一说法呢? 主要是《论语》中包含有大量的治国理政的思想和内容。

在孔子心目中,民治则国治,民怨则国乱,国乱则天下亡。所以,统治者必须以善政治民,以善德养民,这样才能得民拥戴,国家政权才能稳固,国运才能昌盛,天下才能太平。为此,孔子提出了一系列基本的治国之策,略举如下:

一是治国的首要任务是明确方针、把握方向。孔子认为国家的大政方针必须清楚明了,而作为为政者必须认真学习、深刻理解、准确把握。如此才能确保政策导向,否则就会"差之毫厘,失之千里"。① 为此,孔子强调:"知之为知之,不知为不知,是知也。"(《论语·为政》)"名不正,则言不顺;言不顺,则事不成;事不成,则礼乐不兴;礼乐不兴,则刑罚不中;刑罚不中,则民无所措手足。"(《论语·子路》)"不在其位,不谋其政","君子思不出位"(《论语·宪问》)等等。此外,孔子还依据当时的社会经济现实,提出了国家发展的三大举措:增加人口,增加财富,加强教育,即著名的治国理政三部曲:庶之,富之,教之。(《论语·子路》)其中的教育就是以道德、礼义教化人民,不断提升人民的思想道德文化素质和各种生存能力。

二是治国的有效途径是体恤民情、节用爱人。为此,孔子提出了很多有见地的论点,如"使民以时"(《论语·学而》),"政在节财"(《孔子家语·贤君》),"厚施薄敛"(《左传·襄公十二年》《孔子家语·贤君》),"富而后教"(《论语·子路》),"尊五美,屏四恶"(《论语·尧曰》),"载舟覆舟"(《荀子·王制》《荀子·哀公》),"民信国立"(《论语·颜渊》)等等。这些论断,不仅反映出孔子作为一名政治家的成熟与高瞻远瞩,而且反映出孔子对治国理政者的政治规劝与告诫,凸显着孔子不朽的治国思想光芒。

三是治国的基本方法是以德治国、文武相济。孔子一贯主张德治,认为为政者如果能够做到用道德礼教治理国家、教育人民,那就好比北极星一样"居其所而

---

① 典故出自《大戴礼记·保傅》《旧唐书·朱泚等传》《汉书·司马迁传》,后来常用"差之毫厘,失之千里"比喻做任何事情开始一定要认真,如果做差了一丝一毫,结果就会相差很远,导致无法弥补的损失。

众星共之"(《论语·为政》)。说明得民心者得天下。孔子强调"自古皆有死，民无信不立"(《论语·颜渊》)。"道之以政，齐之以刑，民免而无耻;道之以德，齐之以礼，有耻且格。"(《论语·为政》)"君子之德风，小人之德草。草上之风，必偃"，"足食，足兵，民信之矣。"(《论语·颜渊》)充分说明了德治的重要性。但孔子在强调德治重要性的同时，并未低估政令、刑罚在治国中的地位和作用，他在主张"君子怀德"(《论语·里仁》)的同时，也提出了"君子怀刑"(《论语·子路》)和"刑罚不中，则民无所措手足"(《论语·颜渊》)的为政主张。

四是治国的重要措施是反腐倡廉、勤政为民。孔子倡廉，千古绝唱，如"周急不继富"(《论语·雍也》)，"邦有道，富且贵焉，耻也"(《论语·泰伯》)，"百姓足，君孰与不足? 百姓不足，君孰与足?"，"苟子之不欲，虽赏之不窃"(《论语·颜渊》)，"不义而富且贵，于我如浮云"，"奢则不孙，俭则固。与其不孙，宁固"(《论语·述而》)等等，举不胜举。孔子的勤政廉政思想是在其"正身"而"爱人"的为政思想基础上建立起来的，也是对当时为政者中所存在的有违礼法的贪欲行为和奢靡之风进行的抵制、批判和反对。充分反映了孔子在反腐倡廉、勤政为民这一治国根本原则上的坚定态度和决心。

荀子继承和发扬了孔子的治国理政思想体系，提出了礼法并重、隆礼重法、化性起伪、使民以时、勿伤农事、先予再取、赏罚有度、厚施薄敛等治国理政的主张。

再次，荀子从四个方面论述了士大夫能够取得田地封邑的缘由。指出:

> "志行修，临官治，上则能顺上，下则能保其职，是士大夫之所以取田邑也。"

就是说，作为士大夫，能够做到思想行为美好，不贪赃枉法，不为非作歹，不祸害人民，为官清廉，善于管理，办事公正，对上能够顺从国君，不犯上作乱，对下能够恪守自己的职责，不渎职，不违法，就能获得国君的信任和赏识，就能取得田地，获得封邑，不光可以继续为官，加官晋爵，而且可以光宗耀祖、富甲一方，还可以收徒养士，替自己办事。

我国古代的官吏制度和现在的大不一样，是以世袭、分封为主的选官用人制度。这里给大家简单介绍分封制。

分封制就是狭义的封建制，即封邦建国。① 分封制正式起源于何时，古今学者说法不一，但倾向性意见是起源于周朝。由天子、国王给王室成员、贵族和功臣分封领地，所封之地称为"诸侯国"、"封国"或"藩国"等等，统治封地的君主被称

---

① 资料来源:《分封制》[EB/OL].[2013 - 11 - 14]. Baike. baidu. com/…百度快照.

为"诸侯"、"藩王"。同时,诸侯、藩王在自己的封疆内对卿大夫实行再分封,卿大夫再将封地分封给士大夫,从而形成了由"天子—诸侯—卿大夫—士—平民—(奴隶)"组成的等级森严的封建政治模式。上层对下层具有至高无上的权力,下层必须对上层服兵役、纳贡、朝觐,等等。

分封制度的政治格局在秦始皇统一天下后被打破,主要以实行郡县制为主。但中国一直沿袭到清代,各朝各代仍保留着分封制这种政治治理模式,但性质已发生了很大变化,各级诸侯、藩王以中央任免为主,可以实行罢免。

分封制在一定时期和一定范围内产生了积极的影响,如有利于政权巩固,有利于中央集权,有利于社会结构稳定,有利于经济发展,有利于文化传播,等等。但分封制也促使了地方割据、战乱不断、群雄逐鹿的混乱局面,春秋战国礼崩乐坏、诸侯争霸、民不聊生,等等,与当时的分封制不无关系。

所以,荀子特别强调士大夫对上要效忠国君,对下要谨守本分,恪尽职守,端正思想,行为举止得当,做好自己分内的工作,办事公正廉明,善于管理公共事务,等等。

第四,荀子认为,对于官人百吏等各级地方基层官员来说,要想取得俸禄,坐稳自己的位子,必须做到"循法则、度量、刑辟、图籍,不知其义,谨守其数,慎不敢损益也;父子相传,以持王公"。实际上,在中国古代,地方官吏也属于士的范畴,荀子在这里将其单独列出,显然已将其列到士之外了。我的理解,荀子所指的官人百吏可能是介于士与老百姓之间的一种替士一级的地方势力和官员办事、跑腿的人。比如说一个县衙内就有很多为县令(官)服务的人员,有文职人员、捕头、衙役等等,他们都是官吏。通俗地说,官与吏的区别主要是两点:①官是有权力的人员,在中国古代有从正一品到主簿九品几十级之多,是一个庞大的官僚体系,共同维护朝廷统治大权;而吏则是无职无权的办事人员,分布在各级官员府或有权有势人的府衙和家中,他们完全按照长官意志办事,不得越雷池一步,相反,长官有问题时,他们往往冲锋在前,替长官受过顶罪。官是通过世袭、举荐和考试层层选拔上来的,由政府财政发工资和各种奖励津贴,购买各类保险,甚至连衣食住行全由政府大包大揽,这显然是官员的权力运作结果;而吏则是招聘的人员,相当于服务员、临时工,最多是"以工代干"的身份,他们的俸禄往往是其上司供给、发放、施舍的,没有任何保障保险,随时可能被解雇或辞退。

① 资料来源:《官吏的区别是什么?》[EB/OL].[2009-07-31].wenwen.soso.com/z/91467713…htm-百度快照;《官吏制度》[EB/OL].[2013-12-27].baike.baidu.com/…百度快照.

　　所以，在荀子看来，作为各级官吏人员，他们必须依法依规行事，即严格按照法律条文准则、规矩、尺度、量器、刑法、地图、户籍等具体制度来办事，即使不懂得它们的旨意、内涵、作用，也要严格地遵守法律准则和具体条文，小心谨慎地办好分内之事，决不可随意删减或增加事项、事实。这些做法，必须代代相传，父亲传给儿子，以此来辅助王公大臣、各级政府官员。"是故三代虽亡，治法犹存。"所以夏、商、周三代虽然都灭亡了，不存在了，成为了历史，但夏、商、周三代制定的各种政策措施、法律条文、具体规定等，却得到了传承、发扬和完善，就是代代相传、相继承的结果，也"是官人百吏之所以取禄秩也"的原因和理由。

　　荀子的这一观点和分析既对又不对。从具体规章制度、政策措施和法律条文的实施和落实来分析，确实在基层，在社会各级层面，它们必须靠各级官吏来具体执行，以施惠于社会和人民，从而确保国家富裕安康，人民安居乐业，社会和谐稳定，政权稳固发展。但是，从另一方面来分析，所有这些政策措施、法律条文、大政方针等等，必须取决于上层建筑的正确性。

　　何谓上层建筑？在马克思主义哲学体系中，所谓上层建筑就是指建立在经济基础之上的各种社会意识形态，以及与之相适应的政治法律制度和设施、组织、运行机器等等的总和，包括政治上层建筑和思想上层建筑两部分。具体地说，政治上层建筑是指人们在一定经济基础之上建立起来的政治法律制度以及与此相适应的各种国家机器和组织，如军队、警察、监狱、法庭、政府、党政及社会团体等等。而思想上层建筑则是指为适应经济基础和政治上层建筑而建立和巩固起来的各种社会意识形态及其运转模式，包括政治思想、法律思想、文化艺术、哲学、美学、道德、宗教、大众传播媒介、各种新兴媒体等等。

　　只有上层建筑正确了，才能名正言顺地贯彻执行，否则就会名不正、言不顺，使民手足无措。

　　第五，作为庶人，也就是普通老百姓，主要目的是家业兴旺，衣食无忧，健康长寿和遵纪守法，以免受刑罚杀戮。为了达到这些，荀子认为"孝弟愿悫，軥录疾力，以敦比其事业，而不敢怠傲，是庶人之所以取暖衣饱食、长生久视以免于刑戮也。"这段话包含了普通老百姓为达到"暖衣饱食、长生久视"而"免于刑戮"的三个方面的内容和做法。

　　一是孝顺父母长辈、敬爱兄弟姐妹。"孝"在中华五千年文化体系发展进程中，占有举足轻重的地位，孔子专门著有《孝经》一书，对不同类型、不同地位和身份的人提出了不同的孝道观念。他认为，孝是一切德行教化的根本，"夫孝，德之本也，教之所由生也"，"夫孝，始于事亲，中于事君，终于立身"（《孝经·开宗明义章》），"夫孝，天之经也，天之谊也，民之行也"（《孝经·三才章》）。对于平常老百姓来说,如果能用孝道治理自己的家庭,就能做到"父慈、子孝、兄悌、友爱",①使家庭成员相敬如宾、邻里和睦相处。这样,一个自由、平等、公正、法治、诚信、友善、文明、和谐的社会也就形成了。这就是古代思想家、政治家、教育家,尤其是孔子、荀子等古代先贤们终生为之奋斗的理想目标。

二是老实谨慎,恪守本分。在荀子看来,作为普通老百姓,主要是遵纪守法、谨慎做事、老实做人、勤俭治家。做工的做工,务农的务农,从商的经商。做工的认真负责,不偷工减料,不以次充好;务农的不误农事,不违农时,精耕细作,确保农作物增产增收;经商的货真价实,童叟无欺,不掺杂使假,不欺行霸市,不坑蒙拐骗。能够做到这些,就是谨守本分。

三是勤劳刻苦,努力工作。第二点是从个人修养和礼法的方面讲老百姓应如何做的问题。这个问题主要是讲作为普通老百姓如农民、商人、各类技师工人、当兵的等等,如何在各自的岗位上尽职尽责,按照要求做好各自的工作。在某些方面,如战争、灾害、紧急抢险、危机事件等的处置方面,要拼力工作,甚至献出自己的生命也在所不辞,也就是荀子所说的"觕录疾力"。

在荀子看来,作为普通老百姓,"孝弟愿悫,觕录疾力"的目的是什么呢? 就是"以敦比其事业,而不敢怠傲",也就是说作为老百姓,只要做到孝顺父母、敬爱兄长、老实谨慎、恪守本分、勤劳刻苦、努力工作,以此来从事各自的工作和事业,而不懈怠轻慢,能够做到这些或能够做到这个层面上,那你就能家庭和睦、丰衣足食、健康长寿、免受刑戮。

第六,对于奸邪凶悍的人、违纪违法的人、粉饰太平的人、骄横残暴的人等等,之所以会导致自取其辱、刑罚杀戮等为人不齿的境地和下场,完全是咎由自取、轻慢懈怠、不思选择的结果。所以,荀子用一段话进行了完整的概括和分析。

> "饰邪说,文奸言,为倚事,陶诞突盗,惕悍骄暴,以偷生反侧于乱世之间,是奸人之所以取危辱死刑也。其虑之不深,其择之不谨,其定取舍楛僈,是其所以危也。"

在荀子看来,社会上那些奸佞凶险之人,总是粉饰邪恶的学说,美化奸诈的言论,从事荒诞怪异的事情,到处招摇撞骗,为人放荡凶悍、骄横残暴,靠这些在混乱的社会中苟且偷生、不安其位。荀子认为,这是奸邪的人自取危险、耻辱、死亡、刑罚的缘由。分析这些问题的出现,荀子认为,他们考虑问题不深,他们选择人生道路不谨慎,他们确定自己的取舍时粗疏而漫不经心,这就是他们危亡的原因。

---

① 《礼记·礼运》:"何谓仁义? 父慈,子孝,兄良,弟悌,夫义,妇听,长惠,幼顺,君仁,臣忠。"

9. 君子与小人性同而道异

荀子认为，如果仅仅从人的自然秉性、生理机能、欲望取舍等方面来说，君子与小人与生俱来或从理论上来分析，都是一样的。

> "材性智能，君子小人一也。好荣恶辱，好利恶害，是君子、小人之所同也。"

就是说，从理论上分析，君子与小人在智力、体魄、性格、能力、欲望等方面都是一样的，没有什么特殊的区别。谁也不会从一生下来就是君子或小人，他们天生是一样的。比如说，在荣辱利害得失等的取舍上，君子与小人完全相同，都是趋利避害，也就是都有追求利益和避免灾害的心理和行为，都喜欢荣誉，希望得到上级、他人、社会的好评和赞美，都不想遭到他人的批评和指责，这是人的一种普遍的心理，谁都不可否认，绝不会有人站出来说：我不喜欢荣誉，我不喜欢获得利益，不想得到社会的赞誉、组织的表扬，相反，我喜欢大家天天指责我、批评我、漫骂侮辱我，你说社会上有这样的人吗？绝对没有。如果有，不是神经病就是傻子。有些生理机能也是相同的，比如疲劳以后就想睡觉，饿了就会寻求食物充饥等等，这是生理的本能反应，更何况一个正常人呢？所以，荀子关于人性的论述和分析是非常到位和精辟独到的，这在他的很多文章尤其是《性恶》中有充分体现。这里仅就性同而道异进行分析。

荀子认为，君子与小人虽然材性知能、荣辱利害等方面有相同之处，但"若其所以求之之道，则异矣"。什么意思呢？在荀子看来，如果要深入考察君子与小人的不同之处的话，就是君子与小人在追求荣誉利益、避免耻辱和危害等方面所采取的手段方法不同。到底有哪些不同呢？

荀子首先指出："小人也者，疾为诞而欲人之信己也，疾为诈而欲人之亲己也，禽兽之行而欲之善己也。"意思就是说，作为小人，肆意妄为、荒诞不经、胡言乱语、信口开河，没有任何事实依据地乱发议论，随便指责别人等等，却反过来要求别人亲近自己、信任自己；他们极力掩盖自己的缺点和错误，竭尽全力地欺诈别人，无所不用其极地诬陷别人，无中生有地指责别人等等，却反过来要求别人亲近自己、拥护自己；行为低级庸俗，言语肮脏下流，行为举止如同禽兽一般，却还要求别人赞美自己、表扬自己。这就如同痴人说梦，终究是竹篮打水一场空，绝不会有结果的。我们在现实社会中常常能够看到这样的一些人，无论是当官的、当老板的还是从事学术研究的，都有这类人存在。

俗话说，明枪易躲，暗箭难防；贼为小人，智过君子。就是说，小人既是暗箭，也如盗贼。从而提醒我们，通过智谋行事的小人，会耍弄各种伎俩，让你防不胜防。比如说，小人专门盯着别人的软肋，然后大做文章，出手打击，让你毫无还手之力；小人自己在事业中毫无建树，不学无术，但嗓门喊得比谁都响，夸夸其谈，粉饰太平；小人具有两副嘴脸，当面阿谀奉承、溜须拍马，以此讨好上司和同事，极力败坏别人名声和信誉，以此抬高自己的身份，掩饰自己的缺点和不足，博取上司和同事的信任和同情。但这种人背后却挑拨离间，搬弄是非，到处嚼舌头，混淆视听，无中生有，以败坏别人、成就自己；小人行事处处阳奉阴违，见利忘义，为了达到自己个人的目的，他们可以违背集体利益，甚至为了自己的那点小利益和贪图小便宜，可以出卖自己的团队和共事多年的伙伴、战友、同事及亲友；小人在工作中见到好事揽在手，遇到困难绕着走。这种人在工作中，凡是能在领导、上司面前露脸、出政绩、展风采的事情就抢着干、争着干，先把好事揽到手，在领导、上司面前信誓旦旦，背后就叫其下属、同事为他拼死累活、加班加点地干，以此在领导面前抢功劳。而一旦工作出现差错或领导不满意时，保证他会将责任一推六二五，把责任全部推给别人，自己不担任何责任，也不敢担责。如果你在领导面前说这事是按照他的意图做的，保证他会寻求机会报复你、打击你，心胸极为狭窄；小人趋炎附势、嫉贤妒能。这种小人对于有权有势有财的人极尽巴结、讨好之能事，想方设法"攀龙附凤"，以此提升、抬高自己的身价，扩大自己的影响，一旦他所攀附的人失权失势或破产，便会弃他而去，另择高枝。不仅如此，这种小人对于能力、学识、品行比自己强的人，必定会想尽一切办法实施打击报复，总想把人踩在脚底下，凸显自己的能力和水平等等，不一而足。

那么，这类小人为什么会产生呢？荀子有他独到的见解，"虑之难知也，行之难安也，持之难立也，成则必不得其所好，必遇其所恶焉"。

在荀子看来，小人之所以为小人，就在于他们考虑问题不明智，做事不稳妥，坚持的理论观点难以成立。结果就一定不能得到他们所喜欢的荣耀和利益，而必然会遭受到他们所厌恶的耻辱和祸害。

荀子的小人概念与孔子的小人概念在本质上是相同的，但也有一些不同的地方。孔子的小人概念，更多的是从利益层面定义的，道德层面的含义不是很透彻，比如"君子怀德，小人怀土；君子怀刑，小人怀惠"，"君子喻于义，小人喻于利"（《论语·里仁》），"唯女子与小人难养也"（《论语·阳货》），等等，都是从利益观照的角度定义小人的，虽有道德层面的讨论，如"君子周而不比，小人比而不周"（《论语·为政》），就是说君子讲团结但不结党营私，小人则喜欢结党营私而不讲团结。但这种道德层面的探讨远不如利益层面深刻和全面。而荀子对小人的定义就宽泛和深刻得多，他不仅仅从利益关涉的角度讨论了小人的性格和心理特征，而且更多的是从道德、礼法、人性等形而上的层面定义了小人的性格特征、行为规范和行事处世的原则，这不仅在本篇中体现得很充分、很全面，而且在其他篇章中也有较为完整的体现。这恰恰是荀子比孔子高明的地方。

在荀子的笔下，君子与小人在为人处世、个人修养、知荣明耻等方面，是完全不同的：

> "故君子者，信矣，而亦欲人之信己也；忠矣，而亦欲人之亲己也；修正治辨矣，而亦欲人之善己矣。虑之易知也，行之易安也，持之易立也，成则必得其所好，必不遇其所恶焉。"

在荀子看来，作为品德高尚、学识修养都很高的君子，他的作为和品行就是对别人诚信讲真话，也希望别人相信自己、信任自己；对别人忠诚老实、信守承诺，也希望别人亲近自己；品行端正，善良正直，办事公正合时宜，也希望别人赞美表扬自己。他们考虑问题全面、明智，做事认真、稳妥，坚持的观点证据充足、持之有故，结果必然会得到他们所希望得到的荣耀和利益，而不会遭到他们所厌恶的耻辱和祸害。

这是显而易见的。众所周知，一个品行端正、正直善良、办事公道、作风正派、忠诚老实的人，一定会在众人面前树立起一座伟大的丰碑，一定会获得众人的敬仰和信任，即桃李不言，下自成蹊。①

"是故穷则不隐，通则大明，身死而名弥白。"因为君子品德高尚、心胸宽阔、公正无私、诚实守信，所以，他们即使身处穷困之地，名声也不会被埋没，而一旦人生、事业通达之时，名声则会十分显赫，即使死后名声也会更加辉煌。

中国自古以来对君子都寄予很高的期望和要求，最为重要的评价君子的标准就是道德标准，即"天行健，君子以自强不息"（《易经·乾卦》），"地势坤，君子以厚德载物"（《易经·坤卦》），也就是说君子应该像天体宇宙一样运行不息，各安其位，即使身陷囹圄、颠沛流离，也应该坚贞不屈、百折不挠；如果你是一位品德高尚的君子，在接物度量方面就应该像山川大地一样，能够承载包容一切生灵万物。也就是说，作为君子，你首先应该是一个有责任心的人，无论面临什么样的艰难困苦，受到什么样的屈辱和挫折，都不能忘记自己所承担的责任，不推卸责任，不逃避困难；作为君子，一定要有仁爱宽容之心，坦坦荡荡做人，老老实实做事，容人之所不容，忍人之所不忍，时刻保持一颗宽容、善良、仁爱之心；作为君子，一定要率先践行自己的诺言，言必行、行必果，以自己的诚信品质和人格力量取信于民，永

---

① ［西汉］司马迁：《史记》，岳麓书社1997年版，第785页。

远做人民的楷模、标杆。果能如此,则"身死而名弥白"。

所以,荀子认为,对于君子,"小人莫不延颈举踵而愿曰:'知虑材性,固有以贤人矣!'"这是小人评价君子的一句话,"延颈举踵"就是伸长脖子踮起脚尖的意思,就是小人无不伸长脖子并踮起脚尖而仰慕地说:"这些人的智慧、思虑、资质、品性、才能等等,本来就有超过常人的地方,他们本来就是贤达之人啊!"言下之意,就是说这些人天生就是贤人、君子,我们这些平常人不管怎么修养,都是不可能达到这样的标准和要求的。实际上,在荀子看来,这完全是小人的一种推脱之辞,是完全没有任何根据的胡诌。

恰恰相反,在荀子看来,君子与小人在知虑材性方面并无显著差异,或者说并无先天性差异,只是小人"夫不知其与己无以异也,则君子注错之当,而小人注错之过也"。也就是说,小人与君子的不同之处就在于小人不知道君子的资质、才能、品性等与自己并没有什么不同,所以不同的恰恰是君子将它们安排措置得恰到好处,而小人却将这些资质、才能、智慧、品德等安排措置错了。也就是小人没有将这些用在正道上,而是把它们用在歪门邪道上了。

因此,荀子就得出了如下结论:

> "故孰察小人之知能,足以知其有余,可以为君子之所为也。譬之越人安越,楚人安楚,君子安雅;是非知能材性然也,是注错习俗之节异也。"

什么意思呢?荀子认为,在智慧、才能以及所能到达的品质、人生境界等方面,小人与君子并不存在多大差异,或者根本不存在任何差异。所以,仔细地考察一下小人的智慧才能,就能够完全知道,小人实际具备做一个君子的所有才能与智慧。那为什么小人不能达到君子的境界呢?荀子认为是后天的修为,是风俗环境的影响和熏陶的结果。荀子在此打了一个比方,用以说明他的观点。他指出这就好比越国人习惯于待在越国,楚国人习惯于待在楚国,君子习惯于待在中原地区一样,都是为了习惯和适应自己所生活的地理环境、风俗习惯和文化氛围,与一个人的智慧、才能、资质、本性没有什么关系,即不是这些方面造成和影响的。那根本的原因是什么呢?荀子认为,是由于君子与小人对其智慧、才能、资质、本性尤其是品行修为等方面的措置以及风俗习惯的节制不同造成的。

最后,荀子运用如下一段话归纳总结了他的以上论述和观点:

> "仁义德行,常安之术也,然而未必不危也;污侵突盗,常危之术也,然而未必不安也。故君子道其常,而小人道其怪。"

在荀子的思想观念中,他始终相信并且亲身践行着上述观点。他认为,一个

175

时时心存仁爱、崇尚德行的人,是一个能够常常得到安全保障的人,但并不能保证不会发生危险;同样的道理,污秽卑鄙、强取豪夺、横暴营私,是一个人或者一个国家经常遭受危险的办法,然而也不一定就不能获得安全。所以,作为君子,无论为人处世也好,治国理政也罢,要想常常处于安全顺利的境地和状态,根本原则和方法就是掌握准确的途径和举措。只有方法、措施得当,才能使自己常处安全之境,否则就会危机四伏,麻烦不断,困难重重。为什么小人常常处于危险境地,不被人们同情和理解呢? 就是因为小人不遵循正道而采取歪门邪道和荒诞不经的举措以危害他人和社会,最终必然危及自己的身体乃至自己的性命。

10. 个人的发展在修为

本节承上节,依然谈人的本性问题。荀子认为:"凡人有所一同。"在荀子看来,只要是人,不管你是贵为天子,还是贱为盗跖、暴如桀纣,从生理本能和机能来说都是一样的,没有什么区别,即"饥而欲食,寒而欲暖,劳而欲息,好利而恶害"。就是从动物的本性来说,人饿了就想吃东西,冷了就想暖和些,累了就要休息,喜欢对自己有利或能够得利,而极力避免或逃避对自己不利的因素。

这是显而易见的,只要是一个生理机能正常的人,不管是好人还是坏人,不管是健康正常人还是病人,都会有饥而欲食、寒而欲暖的本能反应。至于说劳而欲息,好利而恶害的本能性反应,只有生理机能正常的人才具备这样的本能感觉。

这是为什么呢? 荀子说:"是人之所生而有也,是无待而然者也,是禹桀之所同也。"荀子认为,这是一个人与生俱来的本性,是天生的,无须依靠什么教育、引导、示范,无论是德可配天的夏禹王,还是残忍无道的夏桀王都具备这样的生理本能。

也就是说,这种人的本能反应并不会因为你是夏禹王,是明君,是天子,就特别的眷顾你,特别地施恩于你,也不会因为你是夏桀王,是暴君,是昏君,就会对你不公。荀子在这里列举夏朝的开国贤君夏禹王和夏朝末代暴君夏桀王这一极端相反的两个例子,主要是用以论证人的生理机能具有相同的特性,即人的自然属性是一样的,是没有什么分别的。

以上是荀子从人的生理需求方面分析了人的本性是相同的这样一个自然属性问题,下面又从生理感官能力方面进一步分析了人的自然本性也是相同的,是没有什么差别的。

　　"目辨白黑美恶,耳辨音声清浊,口辨酸咸甘苦,鼻辨芬芳腥臊,骨体
　　肤理辨寒暑疾养,是又人之所常生而有也,是无待而然者也,是禹桀之所

同也。"

这段话有几个字词我们首先要搞清楚。古时用词和现代用词有时在意义上不太一样。古时候的合成词较多,往往一个词分别代表不同的意思。比如说,在古代,"音"代表多重声音的合成音,即按照《礼记·乐记》的解释,称"宫、商、角、徵、羽"五音合成的复合音为"音";而单独发出的音则叫"声",也就是说耳朵能够辨别出是单音还是合成音。再比如"芬芳腥臊"分别代表着四种不同的气味。"芬"指花草的香味给人有一种清香的感觉,是一种淡雅之香;而"芳"也是指花草的香气,但它更多的是特指鲜花之香,是一种浓郁的花香之气,有时用它特指人的品行美德,如流芳百世;"腥"字在古时候特指从猪身上散发出的一种浓烈的腥臭味。古时候的猪一般饲养在阴暗潮湿的水沟旁,长年累月,会散发出一种特别难闻的气味儿,即腥臭味。后来泛指所有动物包括人特别是鱼死后因腐烂而散发出的一种特别难闻的恶臭味,所以有"钻燧取火以化腥臭"(《韩非子·五蠹》)的记载。同时,也指生鱼生肉等散发出来的腥味,代指生鱼、生肉等,如"君赐腥,必熟而荐之"(《论语·乡党》)。就是说君主赐给你的生鱼、生肉,一定要煮熟了先供奉祖宗以后,自己才能享用。同时还指人的一种丑恶与道德败坏的名声,如"腥闻在上,故天降丧于殷"(《尚书·酒诰》);"臊"原指尿或狐狸散发出的气味,即臊气、狐臊,这里泛指一切未经清洗的动物尤指狗身上散发出的腥臭气味,如"臊,豕膏臭也"(《说文解字》),"犬赤股而躁臊"(《周礼·内饔》),"狗若如此,其肉臊恶"(《礼记·内则》)等等。后世也比喻人的德行丑恶、名声败坏等,如"臊声布于朝野"(《北史·抱老寿传》),"其政腥臊"(《国语·周语上》)等等,也可形容害羞、羞辱。

有了上面的解释以后,我们再回过头来看荀子是如何评价人的感官性能的。荀子从目、耳、口、鼻、身五个方面评述了人的自然本性,即感官性。

第一,目辨白黑美恶。眼是用来干什么的?从表现特征看,即感官性。荀子认为人的眼睛是用来分辨颜色和外观表象的,如黑白美丑等等,它们都可以通过人的双眼分辨得清清楚楚,这是显而易见的。但我认为这还不是眼睛的本质功能或根本性的功能。我认为眼睛最核心的功能应该体现在两个方面:一是辨明方向。大家想一想,如果人没有眼睛,或者是盲人,那怎么知道自己的行走方向在哪里呢?那就真正是盲人骑瞎马,不知所终了。所以,辨明方向应该是眼睛的头号功能。眼睛的第二个功能就是传递感情,如眉目传情,就是说人的眉宇、眼睛可以表达人的喜怒哀乐。人们可以通过一个人的眼神知道他的心理感情,如果一个人心情特别的高兴和激动,往往可能喜形于色。再就是两个知心恋人在一起,一见钟情,就可以通过眼神表达出来,如暗送秋波。如果一个人对待另一个人或一件坏事坚贞不屈或毫无惧畏,就可以由眼神表达出来,如横眉冷对、不屑一顾等等。总之,人的眼睛具有很多的功能和特长,可以表达人的喜怒哀乐,辨明人的善恶美丑,区分万事万物的颜色好坏等等。

第二,耳辨音声清浊。耳朵具有听觉功能,这是任何人都不会持怀疑态度的。声音的好坏、清扬、激越、高亢等等,只要我们一听就知道。但除此之外,耳朵还有一个非常重要的功能,即平衡功能,这可能是我们很多人所不能完全了解的。耳朵为什么具有平衡功能,能够帮助我们保持平衡呢?主要是我们每个人的耳朵里面有三个充满淋巴液的半规管。当头部因受外界因素或自主支配产生运动或震动时,位于半规管内的淋巴液就产生流动,感受器就向脑内传送关于头部位置改变的信号,于是指令全身发生相应运动以确保身体的平衡。有些人在坐车乘船或快速旋转时会出现晕车晕船或呕吐现象,便是因为半规管中淋巴液体的流动而导致身体失衡所致。很多人把晕车晕船作为一种病理反应,是缺乏科学依据的,但服用药物可以抑制其反射倒是具有一定的科学性。

第三,口辨酸咸甘苦。人有一张口,具备两大功能:一是吃东西;二是说话,交流表达思想感情。前者是感官功能,属于荀子所讨论的范畴。后者是传导或表达功能,是人的思想感情的表达渠道,是人所具有的生理功能和社会功能的综合体,在此不属于荀子所表达的范畴。所以,我们只是讨论第一种功能:吃的功能,即感知功能。

要说吃啊,中国人可真是无可挑剔,用"当惊世界殊"①来形容一点也不过分。一是敢吃。天上飞的,地上跑的,水里游的,土里钻的,地上长的,只要是能吃的,都敢吃,来者不拒。致使中国的生态环境遭到严重破坏,人的疾病种类繁多。二是好吃。中国人好吃是世界闻名的。为什么中国的餐饮市场这么发达,三步一店五步一馆,就与中国人好吃有很大关系。所以,中国餐饮市场很多,浪费也相当严重。中国人爱面子,爱比阔,爱摆谱,一桌饭花上几千上万甚至几十万人民币毫不心痛。三是吃得讲究。中国人讲究吃可以说到了无与伦比的程度。几千年来,形成了洋洋大观的食文化。中国人吃东西不像西洋人,西方人吃东西只要熟了有营养就能吃。大家到肯德基、麦当劳这些西式餐馆体验一下就清楚了,什么汉堡包、

---

① 出自毛泽东1956年6月畅游长江时写的一首词《水调歌头·游泳》:"才饮长江水,又食武昌鱼。万里长江横渡,极目楚天舒。不管风吹浪打,胜似闲庭信步,今日得宽余。子在川上曰:逝者如斯夫!风樯动,龟蛇静,起宏图。一桥飞架南北,天堑变通途。更立西江石壁,截断巫山云雨,高峡出平湖。神女应无恙,当惊世界殊。"

炸薯条、烤鸡腿、烧牛排什么的，就那么几样，简简单单，也无什么调味品和佐料。而中国人做餐饮，最讲究色香味俱全，一桌七大碟八大碗，让你看了就直咽口水。

正因为饮食文化的发达，所以，中国人凭一张嘴，可以感知各种味道，酸、甜、苦、辣、咸、涩等等。即使多种味道混合在一起，只要用嘴尝一尝，基本上可以区分得出各种味道。这是我们中国人特有的本能，比西洋人厉害得多，他们常常自叹不如。不仅如此，中国人还将嘴巴的味觉功能上升到了人生、社会的高度，比如，口蜜腹剑就是指一个人表面与你称兄道弟，心中却对你恨之入骨，再比如尝尽人间辛酸苦辣也是由口的感知功能引申而来的。

第四，鼻辨芬芳腥臊。这是讲鼻子的嗅觉功能。嗅觉是一种感觉，它主要由两个感觉系统共同参与完成，即嗅神经系统和鼻三叉神经系统。嗅觉常常和味觉相互整合作用，嗅觉是一种能挥发带有刺激性的化学物质作用于嗅觉系统所产生的神经性反射运动。相对于味觉而言，嗅觉更多的是一种远距离刺激性感觉。能够引起嗅觉的物质必须是能够溶解于水和有机溶剂中的挥发性物质。

嗅觉不同于味觉，它是一种单效应刺激反应，即嗅觉每次只能感觉一种刺激物的气味，如果是几种气味的物质相混合的话，鼻子一般是感觉不出来的。此时就引起了所谓的嗅盲，或者几种气味混合产生了一种新的气味。总之，人的鼻子每次只能感觉一种气味。

人的鼻子还有呼吸功能、发声功能、保护功能等等，这里不作讨论。

第五，骨体肤理辨寒暑疾养。骨体肤理实际上就是指人的身体，人的身体对寒来暑往、疾病痛痒、冷热压拉等等的感知功能是很强烈的。不仅如此，皮肤还对外界尤其是强光照、营养缺乏等非常敏感，所以人类尤其是女人特别注重皮肤的护理和保洁，为的就是保持青春靓丽、容颜焕发，这也是人类爱美的表现。

以上是荀子从人的感觉功能讨论了人体一些器官与系统的感知功能。毫无疑问，只要是一个功能正常的人，这些功能就是与生俱来的，是不需要学习、教导就具备的功能，它们不会因夏禹王品德高尚就存在，也不会由于夏桀王荒淫无度而消失。

既然如此，那为什么有的人"可以为尧禹，可以为桀跖，可以为工匠，可以为农贾"呢？是因为"在势注错习俗之所积耳"。这就是荀子的结论。

在荀子看来，有些人之所以成为像尧禹这样品德修养高尚的圣王贤君，有些人之所以成为像桀跖这样残暴、荒谬、贪得无厌的害群之马和人间败类，有些人之所以成为手艺精湛的能工巧匠，有的人之所以成为老实本分、谨守其耕的农民和诚信无欺、善于经营的商人等等，不在乎他们的本能有什么特别不同的地方，而在于他们对于这些本能的态度、认知以及措置的不同，追求的理念不同，所受的环境影响及风俗习惯不同。

现代社会,现代化程度很高,物质财富极大丰富,人们的文化艺术生活丰富多彩、精神生活异彩纷呈。但是,这种高度发达的现代化发展过程,也导致了物欲横流、人心不古、世风不纯,人们为了追求利益,满足自己的口腹、耳目之欲和感官刺激,往往不择手段,无所不用其极,甚至不惜损人利己、损公肥私、道德沦丧。用荀子的话说,就是没有从个人的私欲中摆脱出来,还没有脱离人的本能欲望,是"注错习俗之所积耳"。

因此,荀子特别提醒人们要加强道德修养,要努力使自己成为一个品德高尚、行为世范的君子,不要做一个遭人唾弃、背信弃义、十恶不赦的小人、恶人、坏人。为此,荀子作了如下归纳:

> "为尧禹则常安荣,为桀跖则常危辱;为尧禹则常愉佚,为工匠、农贾则常烦劳。然而人力为此而寡为彼,何也? 曰:陋也。尧禹者,非生而具者也,夫起于变故,成乎修为,待尽而后备者也。"

荀子认为,如果我们每个人都能够切实加强个人修养,使自己成为像尧帝、禹帝那样品德高尚的人,那么就会时时身处安全之境,且荣耀之至。相反,如果一个人不加强自己的修养,无恶不作,荒诞不经、为虎作伥,就会成为像夏桀、盗跖那样的害群之马,那么就会危险缠身、耻辱不断。能够成为尧、禹那样的贤人君子,就会常常愉悦而安逸;如果成为工匠、农民、商人那样的人,就会因为工作压力、身心疲惫而常常身感劳累和烦恼。然而,在现实社会中人们往往喜欢做这种危辱烦劳的事情,而很少去做那种光荣而悦逸的事情,这是为什么呢? 就是因为认识浅陋无知的缘故。荀子认为像尧禹那样品德高尚的圣贤君子,并不是一生下来就天生具备了做圣贤君子的条件,而是通过各种各样的磨难、反复学习修为,从而不断改变他们原来的不好的本性,以不断成就自己美好的德性开始的,是由于他们自己不断地整饬自己的身心才成功的。而整饬身心的所作所为,只有等到原有的恶劣本性都除去以后才具备。

我们通过这段话语的分析,似乎觉得荀子在这里有蔑视工匠、农贾、商人的倾向。事实并非如此,荀子历来重视工、农、兵、学、商,这在他的著作中有着充分的体现。之所以会有本段的论述,主要是从道德修养的角度来讨论人的思想境界问题。在荀子看来,工匠、农民、商人整天劳于事功,成天忙忙碌碌,没有时间和精力加强学习和自身品行的修养,因而不可能达到像尧、禹那样的圣贤君子的修养境界,因而显得浅陋寡闻。我认为世间本来就有大量这样的人,整天从事着简单的体力劳动而惰于修身治学,他们虽然达不到尧禹的境界,但决不会成为桀跖那样的人。相反,他们往往思想纯洁、心灵美好、诚实待人,工作兢兢业业、劳动勤勤恳恳,对待自己的事业一丝不苟。

11. 唯利是图是人的本性

从原始本性或自然属性来说,人都是自私的。所以,荀子认为人之性恶,对传统人性本善的思想提出了巨大的挑战,甚至是颠覆性的否定。荀子人之性恶的观念自成一体,尤以《性恶》篇体现得最为彻底和全面。在本篇中,虽然他主要讨论的是君子与小人的一些问题,实际上仍以讨论人的本性为主体。在他看来:

> "人之生,固小人,无师、无法,则唯利之见耳。人之生,固小人,又以遇乱世、得乱俗,是以小重小也,也乱得乱也。君子非得势以临之,则无由得开内焉。"

仔细品读这段文字,你会觉得非常有意思。荀子作为伟大的教育家、思想家和哲学家,他认为,人从娘胎呱呱坠地开始,就是自私自利的小人。这个理论可不可信呢?我认为荀子的观点是有一定道理的。比如一对双胞胎婴儿同时吸奶,比较强势的那个小孩总是用手推或用脚踢对方,待到再长大一些,这种反抗就更为明显了,尤其是到了半岁以后,不光会争奶吃,而且对于任何能吃的、好玩的,强势者均会争抢到自己手中。相信带双胞胎的母亲,一定有这样的感受和体验。如果你是一对双胞胎姊妹或兄弟,你可以问问你的母亲,看是否如此。再就是以前没有牛奶也没有奶粉可买的情况下,往往有一种风俗,就是有的产妇无奶水或奶水不足时,就会向邻居带小孩的产妇借奶水,如果是别的孩子与自己共同吸食自己母亲的奶时,往往反抗更厉害,有时甚至哇哇大哭,以示抗议。如果借奶吃的小孩大些,就会施对方以拳脚。这是动物性的本能反应,是生理条件反射,除非使用外力,否则没有办法更改。这种生理本能反应在动物界表现得尤为突出,我们看动物世界就会发现,像狮子、老虎等多胎动物,只要是比较强势的小崽,往往在吸奶或吃食时,会攻击其他同伴。这一点也可以在母猪产仔后猪仔的哺乳习性方面得到验证:强势、个体大的猪仔往往优先占据奶水多的第二对奶头,有的甚至同时占领两个或多个奶头。这就是生存本领的反映,也是人之性恶的有力佐证。

荀子为此提出,对于人具有的这种自然属性,如果没有老师的教诲、长辈的教导,没有礼法、制度的约束和管制,任由这种本性自由自在地发展,那么人们就会成为只认钱财不认人的唯利是图的小人、贱人和坏人。荀子进而指出:如果这种人生逢乱世、沾染恶俗的话,那就会成为小人中的小人、乱世中的枭雄。那么,小人中的小人是什么样的人呢?荀子这么伟大的思想家居然写出这么蹩脚的话语,你是不是觉得挺可笑的？其实，这句话是有其深刻含义的。

大家知道，荀子在其思想体系中，始终将人分为君子、小人和独夫三大类。君子又分为圣王，如尧、舜、禹等等。在荀子的眼中，小人的种类就太多了，首先，荀子认为凡是学识浅陋、礼义修养水平不高、只知小家不知大家的人均可以称为小人，包括士、农、工、学、商等等，当然也包括盗贼。所以，在荀子的眼中，小人无所谓好人和坏人之分，只是由于他们的走向不同，对自己人生把握的不同，对社会他人的态度、实施手段的不同，才出现了所谓好人与坏人的概念或区分。至于说独夫，则是指那些荒淫无度、残暴无道、亡国败家的人，如夏桀、商纣等等这些人，这在荀子眼中，就是一种极端的例子。所以，荀子用"以小重小"一句进行归纳和概括是有一定道理的。

所谓"以小重小"，就是你本来就是小人了，如果没有师法、礼仪制度来约束、管教于你，你就可能变成奸佞小人。这种小人是个什么样子呢？我想就是荀子在《不苟》篇中描述的"大心则慢而暴，小心则淫而倾；知则攫盗而渐，愚则毒贼而乱；见由则兑而倨，见闭则怨而险；喜则轻而翾，忧则挫而慑；通则骄而偏，穷则弃而儑。"这种小人光干坏事不干好事，好逸恶劳、无事生非、挑拨离间、偷盗扒窃、轻佻狂躁、荒诞不经等等，这就是小人中的小人。当然，这种人在社会中所占比例不大，但其危害却非常巨大，尤其是他们一旦拉帮结伙组成团体，那对社会的危害、破坏就更为严重了。所以，荀子特别提出来进行了讨论，这只是一个论述小人的插曲而已。

为了有效遏制、限制、禁止小人的所作所为，荀子认为，作为君王，必须用权势来统治他们，用礼法来整饬他们，用老师来教育、引导他们，想方设法开启他们的心志。向他们灌输美好崇高的思想道德品质和科学文化知识，通过有效措施和途径，将他们的心志纳入善道。这个有效措施和途径就是师法礼义、刑法制度。

荀子进一步指出小人的所作所为及其表现行为和举动：

> "今是人之口腹，安知礼义？安知辞让？安知廉耻、隅积？亦呥呥而嚼、乡乡而饱已矣。人无师、无法，则其心正其口腹也。今使人生而未尝睹刍豢稻粱也，惟菽藿糟糠之为睹，则以至足为在此也。俄而粲然有秉刍豢稻粱而至者，则瞚然视之曰：'此何怪也？'彼臭之而无嗛于鼻，尝之而甘于口，食之而安于体。则莫不弃此而取彼矣。"

这又是荀子关于人之性恶的理论假设。荀子在这里指出，现在这个社会呀，人们只知道喂饱自己的肠胃，享受自己的口福之欲，根本不知道什么礼节道义、推辞谦让、廉洁羞耻、局部和整体的关系问题。在荀子的思想观念中，这里的人们显然是泛指小人。荀子认为,小人的心志就这么大,他们不知道小局大局、局部整体的关系,也不懂得什么礼义廉耻,他们的关注点不在这里,他们能够满足的心志就是只知道慢吞吞地嚼东西、香喷喷地填饱肚子。因此,如果没有老师的教育引导和道德礼仪的灌输,不让小人懂得礼仪道德,不引导他们修养身心和懂得文化科学知识;如果没有各种社会制度、法律法规等的有效约束和制裁的话,那么,作为小人,他们的心灵、心志也就完全像他们的嘴巴和肠胃那样,只知道吃喝享受了。

我认为荀子在这里对人性的假设还是比较绝对化的。如果他的这种人性假设只是特指某类或某几类人,那倒也可以,但如果上升到全社会的一种普遍现象,那就言过其实了。如果荀子的人性假设成立,那当时的社会情况是何等的礼崩乐坏啊!我想,任何一个社会,无论乱到何种程度,人们的思想观念、行为举止也不可能乱到或退化到如此无序的程度。因此,我们只能将其作为一种极端的理论假想来对待。

为此,荀子进而指出,假如人们从一生下来就没有看见过或尝食过如牛羊猪狗等等肉食产品和稻米谷子等等细粮作物,只是见过或尝食过豆叶之类的蔬菜和糟糠之类的粗粮杂食的话,那么,他们肯定会认为这些食物就是世上最美好的食物了,而不会有其他任何非分之想,也不会知道这个世界上还有肉食和稻米等精美食物。这是显而易见的道理,因为人们从出生开始,第一口尝到的食物足可以影响和跟随他一辈子,除非有其他口味的食物可以代替以前的食物。所以,荀子马上就提出了这一观点:但是,如果突然有人端着精美肉食和精细的细粮米饭来到这些人的面前,那么他们首先就会用惊奇的眼光看着这些食物,并说:"这些是什么怪东西呢?"然后,他们闻到那香喷喷的气味儿,觉得神清气爽,用嘴尝尝这些东西的滋味儿,觉得很美妙,吃下这些东西以后不但对身体无害,而且觉得对自己身体很有好处,特别滋养身体,久而久之,他们觉得吃了这些东西以后就会身强体壮。如果这样的话,那么,人们就会抛弃以前食用的豆叶糟糠之类的粗食而求取这些肉食细粮。

荀子通过分析人的本性以及人们对饮食的体验和感受,进而上升到政治的高度来论证社会统治和政治治理举措,充分体现和表达了荀子的政治理想和抱负。这里,荀子依然从理论假设开始:

> "今以夫先王之道、仁义之统,以相群居,以相持养,以相藩饰,以相安固邪?以夫桀跖之道,是其为相县也,几直夫刍豢稻粱之县糟糠尔哉?然而人力为此而寡为彼,何也?曰:陋也。陋也者,天下之公患也,人之大殃大害也。"

　　这段文字说明了一个非常深刻的政治道理,即统治之道或治国之道的选择问题。荀子认为,就目前情形和社会现实情况分析,我们是用古代圣贤帝王的政治思想、治国办法和仁义纲领来协调人与人之间的关系,帮助人们和睦相处、相互照顾,帮助人们相互支持、相互保养,帮助人们得到服饰,帮助人们得到安全和稳固呢? 还是用那残暴、凶恶的桀跖的办法达到这样的目的呢? 这显然是不言自明的道理。所以,荀子提出,这两种办法是相差悬殊的,绝不仅仅只是人们选择肉食佳肴和叶菜糟糠的饮食那么简单和悬殊的问题。但是,现在的有些统治者为什么总是乐于效仿桀跖,而很少去效法古代圣贤帝王的那一套治国理政的政治原则呢? 荀子认为,这主要是人们浅陋无知的缘故。因此,荀子指出,浅陋无知,实在是天下人的通病,是人们的大灾大难啊!

　　这样问题就来了,前节荀子说人们不愿为尧禹却愿为桀跖、工匠、农贾是因为浅陋无知,这里又提出人们不愿效法古代圣贤帝王的治国之道而愿意效法桀跖之道也是因为浅陋无知。两个"愿与不愿"和"浅陋无知"到底有什么分别呢? 我认为是有区别的,区别主要体现在四个方面:

　　第一,前者是从修身养性的角度谈愿和不愿的问题,而后者则是从社会治理的角度谈愿与不愿的问题。

　　第二,前者是从个人安危荣辱的角度谈愿与不愿的问题,而后者则是从社会安稳的角度谈愿与不愿的问题。

　　第三,前者是从个人具体事务方面谈愿与不愿的问题,而后者则是从治国理政的原则方面谈愿与不愿的问题。

　　第四,都是浅陋无知,前者主要是从个人既得利益的角度考虑问题,而后者则是从群体利益的角度考虑问题。

　　人们之所以愿意成为工匠、农贾、盗跖甚至桀纣等等这样的人,处处坚持这些人的为人做事原则,而不愿意成为像尧禹这样的圣王明君和坚持他们的为人处世、治国理政原则,主要是基于以下理由:

　　首先,从个人既得利益方面分析,为工匠、农贾、盗跖、桀纣这样的人,可以获得眼前利益或短期内可能获得意想不到的利益,即以利为利;尧禹等明君则考虑让人民获得利益,为此,可能要放弃自己的很多既得利益,即以义为利。

　　其次,从个人修为方面分析,圣贤明君必须切实加强自身的道德修养,用自己的行为规范为人民做出表率,必须慎独,用自己的人格魅力赢得人民的爱戴、尊敬和拥护,这是一个非常艰难痛苦的过程;而做一个工匠、农贾、盗跖、桀纣则容易得多,没有约束和限制,自作自为。

　　再次,从社会安全稳定、政治治理的角度分析,作为像尧禹这样的圣王明君,要用正确的政治思想、原则和举措治理国家和人民,使人民安居乐业,使国家兴旺发达,使社会和谐稳定,这就必须要求帝王具有仁德之心,要心忧天下,心中始终装着百姓和人民;而作为工匠、农贾、盗跖、桀纣这样的人,他们所关注的仅仅只是自己的事功范围,除此之外,他们不可能会有国家的观念、人民的观念、统治者的观念等等。这里还必须特别指出的是,像桀纣、盗跖这样的人,不仅贪婪成性,而且残忍无道,毫无道德礼义廉耻可言,他们根本不可能关注他人,不可能关注社会公共利益。所以,他们往往只能是自取其辱、自我灭亡。

因此,荀子得出结论:

"故曰:仁者好告示人。告之、示之、靡之、儇之、铄之、重之,则夫塞者俄且通也,陋者俄且僩也,愚者俄且知也。是若不行,则汤武在上曷益?桀纣在上曷损?汤武存则天下从而治,桀纣存则天下从而乱。如是者,岂非人之情固可与如此、可与如彼也哉?"

在荀子看来,一个讲究仁德的人,一个品德高尚的人,总是乐于把道理告诉给别人。也就是说讲究仁德的人,喜欢用礼义道德教育人民,为人民树立良好的榜样,高度重视宣传思想工作,传播正能量。以此让人们遵从社会公德,通达明白事理,遵循仁义礼法。通过向人民进行反复宣传教育引导,那么,那些思维闭塞、见识短浅的人很快就会开窍,就会明白事理;那些孤陋寡闻、固执己见的人很快就会眼界开阔、见识广博;那些智能愚钝、心志狭窄的人很快就会聪明睿智、心胸开阔。如果作为一个仁德之人不这样做,那么像商汤、周武这样的圣王明君处在统治地位对治国理政又有什么好处呢?像夏桀、商纣这样的昏君暴主处在君王的位置上对治国理政又会有什么害处呢?

我们知道像尧、舜、禹、汤、文武周公等等圣王明君,不仅自己品德高尚、宅心仁厚、爱民如子,而且还善于驾驭时局、使民以时、不误本事,并且乐于以此教育引导人们向善、谨守其事、谨遵仁义礼法,使天下太平、社会和谐、人民和睦、时局稳定、政权稳固、天下统一。而像桀、纣、幽、厉等等昏君暴主,只知道寻欢作乐、荒淫无度、戕害百姓、搜刮民财、残害忠良,致使政治荒芜、社会混乱、民心涣散、盗贼四起、民不聊生,最后落得国破家亡、身首异处,成为千古罪人的下场。

所以,荀子指出,商汤、周武在位,那么天下随之而安定;夏桀、商纣在位,那么天下便跟着混乱。出现这样的情况和局面,都是因为个人的修为和心胸不同所致。从而也充分证明了,人的本性原本并没有什么根本差别,可以成为像汤武这样的圣贤明君,也可以成为像桀纣这样的昏君暴主,关键看作为,看个人的修为,同时靠教育引导,靠礼义约束,靠法制管制。

12. 人贵有自知之明

中国自古就有"人贵有自知之明"的经典名言。这句话是根据老子《道德经》第三十三章中的"知人者智也,自知者明也"一句总结归纳而来的。自知之明就是自己能够认识自己,自己能够了解自己,自己能够规约自己,自己能够驾驭自己。自知即自我认知,是个体对自我存在的觉察和认识,包括对物质自我、精神自我和社会自我的认识。

所谓物质自我认识就是对自己身体状况、体貌特征、衣着打扮等等方面的认识。社会自我认识包括对自己名誉声望、权力地位、社会影响等方面的认识。而精神自我认识则主要包括对自己的人生价值观、能力大小、智力水平、性格气质、兴趣爱好、身心健康等等方面的认知和把握。

但大千世界,茫茫人海,真正能够做到自知之明者能有几人? 倒是不能自知之明的人不少。自知之明主要是受私欲和心境的影响和干扰而产生。在一个人心浮躁和物欲横流的社会中,如果一个人不能正确地对待自己和认识自我,缺乏自我驾驭能力,就很容易受权、钱、物、色等物欲的诱惑和腐蚀,沉湎于声色犬马之中而不能自拔。正如荀子指出的:

> "人之情：食欲有刍豢,衣欲有文绣,行欲有舆马,又欲夫余财蓄积之富也。然而穷年累世不知不足,是人之情也。"

什么意思呢? 就是在荀子看来,人们通常的心理和常情,也就是人的本性就是吃东西希望有美味佳肴、生猛海鲜,穿戴总希望有绣纹刻花的锦绣绸缎,出门时总希望有骏马舆车,也就是有豪华小轿车,如奔驰车、宝马车等等。不仅如此,人们还希望拥有绰绰有余的财富积蓄。然而他们一年到头、世世代代都只知道财物不足,这就是人之常情。

人生不知足并不是坏事,因为不知足就会促使你去追求、去奋斗、去努力拼搏,以求达到人生追求目标,尤其是在求知求学做事方面,越不知足越能催人奋进。但是,这里的不知足绝不是一个人对个人财富的追求。对个人的欲望而言,如果这种不足仅仅限于物欲范畴,那就会使人利令智昏,成为一个自私自利、受制于物的利己主义者。

当今社会,物质财富极其发达,人们的物质财富越来越丰富,经济能力也越来越强,尤其是一些年轻人,父母为其创下了优越的物质条件和丰厚的经济基础,致使很多年轻人物质欲望越来越强烈,穿戴要名牌衣物,出行要名牌小车,自己觉得只有高档消费才是享受人生,以为有了钱就可以使自己的人生快乐,却不知不觉使自己陷入了巨大的痛苦之中而不能自拔。最后反而发现，金钱并不等于快乐，财富丰厚并不等于享受。为什么呢？因为今天的年轻人啊，精神财富极其贫乏，身心压力特别大，心理问题非常突出，工作的压力、学习的压力、生活的压力、家庭的压力、人际关系的压力等等，压得自己喘不过气来。

荀子生活在一个礼崩乐坏、仁义不施、礼法不用、教化不成的乱世社会，这就促使他对人的本性有深刻的探讨和思考，从而劝导人们要知足常乐，要有自知之明。

> "今人之生也，方知畜鸡狗猪彘，又畜牛羊，然而食不敢有酒肉；余刀布，有囷窌，然而衣不敢有丝帛；约者有筐篋之藏，然而行不敢有舆马。是何也？非不欲也，几不长虑顾后而恐无以继之故也。于是又节用御欲，收敛蓄藏以继之也，是于己长虑顾后，几不甚善矣哉？今夫偷生浅知之属，曾此而不知也；粮食太侈，不顾其后，俄则屈安穷矣。是其所以不免于冻饿，操瓢囊，为沟壑中瘠者也。"

荀子在这段文字中提出并讨论了非常重要的三个问题：积蓄财富、厉行节约、量入为出。下面我们分别讨论荀子提出的这三个问题。

第一，荀子指出，人们要能够长久发展、免受冻饿，就必须不断创造和积蓄物质财富。所以，人们生长、生活于现实社会中，一定要辛勤劳动，增加物质财富和积累，以使自己财产丰厚，家庭余粮充足。为此，荀子认为一是要加强农业生产，增加粮食产量，使谷仓地窖充盈、余粮充实，以应不测和荒年。二是饲养畜禽，以此增加肉食产量，提供交通工具如马、牛、骆驼和供人使用的皮革制品等等，以此提高自己的生活质量和水平。三是加强市场交换，用自己生产的多余的劳动产品到市场中交换自己所需的商品和货币，以增加自己的财富积累。荀子认为，如果人们能够做到这些，那么就会畜禽蓄、刀布余、囷窌盈，个人、家庭、社会财富就会极大丰富。

第二，荀子认为小到一个家庭，大到整个国家，要想府库充盈，财富丰硕，必须注意，厉行节约。荀子在文中提出了三个问题：一是食不敢有酒肉，二是衣不敢有丝帛，三是行不敢有舆马。这是为什么呢？前提明明说得很清楚了，自己的物质财富已经很充裕了，金银珠宝、稻米细粮、衣锦布帛、盈库满仓、牛羊成群等，为什么还不懂得享受呢？不搞高消费呢？不盖高级别墅，不购高档小车呢？难道是不懂得或不想享受吗？不是的。这是因为人们在为自己作长远打算啊！他们在想，如果不留足物质财富和积蓄，假若今后一旦遇到灾荒、饥年、战争等天灾人祸导致歉收或绝收了，自己拿什么东西来继续维持生计和养家糊口呢？因此，人们就节约费用、抑制欲望、积蓄财物、贮藏粮食，以便能够继续维持以后的生活，做到以应不测之需。作为一个国家也是如此，如果不懂得积蓄贮藏，一旦出现灾祸，就会天下大乱。

第三，除厉行节约之外，荀子还提醒人们应量入为出，应坚决反对铺张浪费。荀子强调，人们为了自己的长远打算和顾及自己今后的生活，加强农业生产，饲养家畜家禽，积蓄粮食财物，倡导厉行节约等等，本来是很好的传统和习俗。我们大家都知道，无论做什么事情，都应该留有余地。俗话说，弓满易折，水满易泄，人满易损。什么事情都做得太绝对，没有张力和弹性了，能不出问题吗？肯定要出问题的。过生活、做事业也是如此，一定要留有余地、量入为出。但是在现实社会中，那些苟且偷生、浅陋无知的人，竟连这种道理都不懂，他们坚持今朝有酒今朝醉，享受人生每一天，过分浪费钱财粮食，不顾后果，因此不久便将自己的财物消费得精光而限于困境了。这就是导致他们受冻挨饿，拿着讨饭的瓢儿布袋而成为山沟之中的饿死鬼的真正原因。

你看两千多年前的荀子多有智慧和眼光啊，他能提出对现在也具有指导意义和价值的增产节约、增收节支的观点和主张，我们不得不佩服他的战略思想。

倒是我们现时代的人，很少或根本不懂得这一道理。铺张浪费、高档消费、奢华享受、透支消费等等现象随处可见。据新华社 2013 年 1 月 15 日所撰写的调查报告《网民呼吁遏制餐饮环节"舌尖上的浪费"》显示，中国每年用于餐桌上的财政性消费就达 5000 亿元，仅浪费一项即高达 2000 亿元，被倒掉的食物相当于 2 亿多人一年的口粮。还有公务用车、高级享受等等的浪费也非常惊人。曾记否，一条香烟可以卖到 39000 元，一瓶 50 年的陈酿茅台酒可以卖到 50 万元，一套所谓的宾馆总统套房一晚花费 2 万元，等等。仅靠自己的工资能够消费得起吗？这一切均是公款或变相公款消费，都得国家财政花钱。相比之下，我们的教育事业、扶贫助困、医疗保险、社会保障，"三农"问题等等，每年国家财政支出还是偏低的。人民群众对餐饮浪费等各种浪费行为，特别是公款浪费行为反响极为强烈，极为不满。古人云：成由勤俭败由奢。

以习近平同志为总书记的党中央，狠抓党员干部作风建设，反腐倡廉建设，倡导厉行节约，轻车简从，真抓实干，反对官僚主义、形式主义、贪污腐败、奢靡之风等，这是固本强基之举，深得民心。

由此，我们不难理解，为什么荀子会提出以下观点：

"况夫先王之道，仁义之统，《诗》《书》《礼》《乐》之分乎！彼固天下之大虑也，将为天下生民之属长虑顾后而保万世也，其流长矣，其温厚矣,其功盛姚远矣,非顺孰修为之君子莫之能知也。"

荀子在这里指出,现在那些苟且偷生、浅陋无知、受冻挨饿的人,连怎样狠抓生产、积累财富、安生过日子都不懂,怎么会懂得、理解和掌握古代圣王明君和诗书礼乐的思想原则、仁义纲领、礼法制度、理论基础呢? 这些原则、纲领、礼法制度和理论基础是治理天下、统治人民的重大战略规划和谋略,是要为天下所有人作长远考虑,照顾到以后的生计从而保住子孙万代的。它的流传虽然已很长久,它的蓄积虽然已更深厚,它的丰功伟绩虽然已很遥远,但是,如果不是遵循它、精通它、学习研究它、实行它的君子,是不能够理解它的深刻意蕴、掌握它的精神实质并正确运用它来治国理政和统治广大人民的。

这段文字中包含这么三层意思:第一,统治者不重视生产和增加社会财富的积累和丰富,只知无节制地消费和享乐,必将导致社会财富贫乏,导致人民生活贫困,对政府、统治者失去信心和信任。第二,纲举不张、礼法不明、制度不严,而作为统治者,又不能遵循古代圣王明君的治国之道,必然会导致国家治理混乱,人民不知礼义廉耻,导致社会秩序混乱无序。第三,作为统治者,不顾人民利益,不能做到权为民所用,利为民所谋,情为民所系,只知道一心一意谋一己之私,毫无廉耻之心,就会失去民心,失去政权,沦为人民的罪人,留下千古骂名,夏桀王、商纣王、周幽王等等,就是这方面的典型代表。荀子通过这段文字,意在提醒和告诫人们和统治者,一定要效法先王之道,遵循仁义礼法纲领,以民为本,为民谋利,如此才能长虑顾后而保万世。

荀子进而指出:

"故曰:短绠不可以汲深井之泉,知不几者不可与及圣人之言。夫《诗》《书》《礼》《乐》之分,固非庸人之所知也。故曰:一之而可再也,有之而可久也,广之而可通也,虑之而可安也,反铅察之而俞可好也。以治情则利,以为名则荣,以群则和,以独则足乐,意者其是邪?"

在荀子看来,用短绳系的水桶是不可能用它来汲取深井中的泉水的,同理,那些知识不到家、认识不充分的人是不可以同他来谈论圣人的言论道理的。《诗》《书》《礼》《乐》中所记载的言论道理,本来就不是平庸浅陋之人所能理解和掌握的。因此,可以这么说,只要精通了其中的一点就能精通其他,只要掌握了其中的道理就可以长期运用于治国理政,将它们推而广之就可以触类旁通,经常地思考并按照它们去谋划就能确保为人处世、治国理政平安无事,反复遵循它们的原则道理去考察事理就可以把事情办好,用它们来调理情欲就能得到好处,用它们成就名声就会荣耀,用它们的道理来和众人相处就会和睦融洽,用它们来修养身心、独善其身则会心情愉悦。想来大概就是这些吧！

　　荀子意在提示人们，在做事、作决策之前，一定要将情况把握清楚，包括有利因素、不利因素、成功和失败的可能性及其后果等等，均需充分论证，做到心中有数。只有准备就绪了，条件成熟了，时机到来了，也就是天时、地利、人和均具备了，才会有成功的可能性。否则，如果不做调查，妄自尊大，一意孤行，那就是不仅"短绳不可汲深井之泉"，而且还可能会出现脱绳失桶甚至失身落井的危险。同样的道理，面对一个德行平平、才智低下的人，却偏要同他谈论圣人君子之道，诗书礼乐之理，治国理政之举，不仅达不到预想效果，反而会贻笑大方。下面有关宋襄公的事例就足以说明这一道理。

　　春秋时期，中原有一个小国宋国，土地方圆只有几百里，人口也只有数十万。国君宋襄公才智平庸，论国力只能聊以自保，论智谋和治国之道只能勉强应付。但这个襄公却妄自尊大、好大喜功，成天幻想着自己能够有朝一日成为像齐桓公那样一匡天下、九合诸侯的盟主，以名留青史，供人敬仰和颂扬。而其身边的一些奸佞小人则投其所好，竭尽巴结奉承之能事，鼓吹襄公德配尧舜、智过姜尚，将来一定能成就万世功业。到那时，宋国的国土面积一定会无限广阔，人口定当极大增长，财富必会极大丰富，四方诸侯一定心悦诚服，天下百姓都会匍匐归附，国王不光是统合诸侯，而且一定会一匡天下，成为万世圣王。

　　宋襄公被朝中一些小人吹得飘飘然不能自已，真把自己当成了万世盟主。朝中一些忠贞大臣见襄公不自量力地整天做白日梦，便纷纷劝谏襄公：大王您一心想称霸诸侯，一匡天下，我们并不反对，但大王您应该好好考虑一下宋国的实际情况呀！我们宋国只不过是一个方圆几百里，只有几十万人口的小国，能求自保就不错了，怎么可能抗衡像齐、楚、韩、卫、赵这样的大国呢？所以，臣下请求大王您一定要有自知之明啊，不可奢求太多呀！

　　可是，宋襄公一心想当盟主，对于这些忠臣的逆耳之言根本听不进去，而且固执地反驳道：国不在大小，而在于上天的保佑。倘若上天想让谁当盟主，其他国家再强大，也得听命于他。现在，上天已经把君临天下的命运赐予给我了，宋国马上就要成为盟主之国了，我们从此以后就再也不用低声下气、低三下四地讨好大国了，再也不用向他们进献金银珠宝和财物了。

　　众大臣听了，个个面面相觑、目瞪口呆。襄公见此，更加高兴了，他洋洋得意地说：就在前不久，我正在宫中欣赏音乐，忽听得一声轰隆隆的巨响，我忙跑出去，只见一块碗大的宝石从天而降，落在了我的后花园内，这难道不是上天降福于我吗？还有，三天前的一个早晨，天空万里无云，忽然狂风大作，只见天上一只老鹰倒着飞行，这难道不是一件奇异之事吗？所有这些，都预示着我将要成为盟主呀！

　　大家听了，觉得好生奇怪，有的信以为真，有的将信将疑，有的则断然不信。其中一位大臣笑着对襄公说：大王呀，就凭这两件事就预示着您将成为盟主吗？这简直是滑天下之大稽，一旦传出去，恐怕会让天下诸侯笑掉大牙的。这两件事根本不是什么上天降命于您，而是一种非常正常的自然现象。天上掉宝石是陨石，我家屋后还有比您园中大得多的一块"天石"呢，根本不是什么神灵、宝物。至于老鹰倒飞，那是因为风太大，老鹰无力抵挡才会后退着飞的。

　　襄公一听便大发雷霆，大声怒斥道：你给我住口，我说是神灵保佑就是神灵保佑，用不了多久，我便能当上盟主啦，到时看你还敢不敢这样说！

　　一些正直、忠诚之臣见劝说无效，只好作罢，任由他去。没过多久，他主持召集盟会，见郑国未到，便以为郑国对他不忠，决心拿郑国开刀，杀鸡儆猴。于是，他不顾群臣极力反对，亲率大军到郑国兴师问罪。楚国是郑国的盟国，得知此事后，立马派兵增援，一举大败宋军，襄公重伤而返，第二年便死了。

　　宋襄公不自量力而行，不听劝谏，一意孤行，以小国之力抗强国之兵，结果只能是自食恶果，自取灭亡。

　　宋襄公的故事留给我们很多启示：第一，做人做事千万不可急功近利，一定要考虑长远，顾及全面；第二，作为领导者尤其是国家领导人，一定要广泛听取意见，不能偏信偏疑，更不能一意孤行；第三，做任何事情尤其是在战争方面应学会变通、懂得变通，不能死守所谓"善道"和规则；第四，实力决定成败；第五，应有自知之明。

　　当然，这只是一种古代历史记载，尚不足为凭。但在现实社会，一些人成天不务实事，总想有朝一日一举成名，这根本是一种痴心妄想，是绝不可能取得成功的。

13. 各尽其职才能各得其宜

　　汉文帝主政时期，有两个丞相，分别是左丞相陈平和右丞相周勃。周勃为人老实厚道、不善言辞，陈平机智乖巧、能言善辩。①

　　一天上朝时，汉文帝问周勃："天下凡一年内，决狱几何？"就是问周勃，我大汉天下，一年内有多少人因犯罪被判入狱。作为一国丞相，全国一年内有多少犯人下狱这样具体的事情如何掌握得那么清楚，周勃只好如实回答说不知情。文帝又问："每年钱谷出入多少？"也就是全国每年粮食收成、财政预决算等收支情况，这就涉及统计局的工作了。但周勃仍然回答不出，也可能统计局长、财政部长、税务局长等未将统计数据和财政预算上报给周勃，所以周勃只好如实回答说不清楚。

---

　　①　故事出自《史记·陈丞相世家》。

此时,汉文帝就不太高兴了,心想作为右丞相,本应你管辖的工作范围,结果却一问三不知,只好转向问陈平。

陈平从容奏道:"这些问题自有人知道。决狱之事可以问廷尉,钱谷多少要问治粟内史。"文帝听了非常恼火,你们两个谁都不知道这些事情,我要你们两个丞相干什么用?

陈平不慌不忙地回答:上佐天子,下安百姓,内使大臣各尽其职。这便是作为丞相的职责了。文帝听了转怒为喜,大夸陈平机智敏锐。

本来嘛,作为一国之丞相,全国各地发生的一些具体事件不可能样样皆知,他们的主要职责是协助天子治国理政、考察大臣、协调各方,使朝野上下正常运转。至于像决狱几何、钱粮出入等具体数据问题,应该由分管大臣据实上报。

但话又说回来,作为丞相的周勃和陈平,对于这些带全局性的问题一问三不知,也是说不过去的,要不然,怎么辅佐天子治国理政呢? 这也难怪汉文帝心里不爽。

按照荀子的观点:

> "夫贵为天子,富有天下,是人情之所同欲也。然则从人之欲,则势不能容,物不能赡也。故先王案为之制礼义以分之,使有贵贱之等,长幼之差,知愚、能不能之分,皆使人载其事而各得其宜,然后使悫禄多少、厚薄之称,是夫群居和一之道也。"

荀子在这里依然还是谈人的本性问题。他指出,每个人都想高贵得像天子,富裕得拥有整个天下,这是每一个正常人共同的目标追求。谁不想高官厚禄呢? 更不要说是贵为天子了。作为天子,整个天下都归他所有,"普天之下莫非王土,率土之滨莫非王臣"。其权力之大、地位之高、财物之丰,可以说无与伦比,这肯定是人人向往的目标。但是天子毕竟只有一个,丞相大臣也不多,不可能人人都能成为位高权重的天子、诸侯、大臣,这不现实。如果顺从人们的欲望追求,不仅从权势地位、官位职数上不可能容许,而且从物质财富的分配上也不可能得到满足。如果不加节制和限制,任由这种情况自由发展,必将天下大乱,血流成河。

所以,古代的圣明帝王为了避免这种情况和局面的出现,据此给人们制定了礼义法度来加以区别和限制。使人们有高贵、低贱、君子、小人的等级之分,有年长、年幼、男女老少的年龄性别之别,有聪明与愚钝、贤能与无能、勤快与慵懒等等分别,从而促使他们每个人都能各尽其能地承担起自己应尽的义务、应做的工作,而使其各得其所、各尽其宜,然后使他们所获得的俸禄财富的多少、厚薄与他们的地位、职位职责、工作种类与性质相对应、相协调,从而使人们不至于出现纷争与矛盾,这就是人们能够群居在一起而能协调一致的最好办法啊!

不光人类如此,就连动物界也是如此。如果动物界没有层级、等级之分,任由每种动物自由平等发展,整个自然界保证杂乱无章,最终整个动物界和人类也无法和谐相处。发生在15世纪末16世纪初的"羊吃人"现象即能说明这一道理。

15世纪末16世纪初叶,当时英国、荷兰等欧洲国家,由于毛纺织业和出口业的迅猛发展,厂商对羊毛的需求量急剧增加,养羊便成为非常赚钱的行业。这些国家的地主纷纷把自己的土地和公共土地用篱笆圈起来,放牧绵羊。为了扩大产量,他们还无情地将农民的土地强行征收与占有,致使农民丧失赖以生存的土地而沦为流浪汉或成为廉价纺织工人。这便是英国等欧洲国家资本主义血腥发展史上的"羊吃人"的"圈地运动"。所以,英国空想社会主义者与人文主义学者托马斯·莫尔在他的名著《乌托邦》里写到英国的"羊吃人"现象时说:"你们的绵羊本是那么驯服,吃一点点就满足,现在据说变得很贪婪、很蛮横,甚至要把人吃掉!"①

有一则故事讲得很有趣。说的是一只棕熊和一只黑熊各自拥有一只蜂箱和相同数量的蜜蜂。一天,两只熊在一起探讨如何让自己的蜜蜂产蜜多,于是开展了一场生产大比武运动,双方约定比赛时间为三个月。②

两只熊都清楚蜜蜂的产蜜量与其花蜜采集量成正相关。黑熊为了刺激自己的蜜蜂多产蜜,花高价购置了一套非常先进的技术指标考评体系,主要用于测量蜜蜂对花蜜的访问量,并对访问量最高者予以重奖。结果黑熊的蜜蜂对花蜜的访问量增加了三成以上,但产蜜量却不及棕熊蜜蜂产蜜量的三分之一。黑熊非常纳闷,忙问其故。蜂王告诉它,蜜蜂产蜜多少不在于对花蜜的访问量,而在于对花蜜的采集量。你现在只测定访问量,蜜蜂为了争取高访问量,每次只采少量花蜜,以保证飞行速度,来争取最高访问量和获得奖励。

但棕熊不是这样进行绩效考核的。它只考核每只蜜蜂每天的花蜜量,高者有奖,按月考核整个产蜜量,如果上升了,每只蜜蜂都会受到不同程度的奖赏。结果蜜蜂生产积极性大为提高,产蜜量也大大增加。

不同的绩效考核手段所达到的绩效目标完全不同。黑熊所采取的考核奖励手段是数量和个体,所以访问量增加了,但产量并未增加。而棕熊注重考核质量和奖励群体合力,不仅数量增加了,更重要的是产量得以大幅增加。

---

① [英]托马斯·莫尔:《乌托邦》,戴镏龄译,商务印书馆1997年版,第21页。

② 资料来源:《两只熊的绩效考核》[EB/OL].[2012–11–02].www.bosshr.com/shownew…
百度快照.

这就是各尽所能、各尽其职而达到的不同效果。下面是荀子有关各司其职、各尽其能、各得其所的全面而具体的论述和讨论。

> "故仁人在上，则农以力尽田，贾以察尽财，百工以巧尽械器，士大夫
> 以上至于公侯，莫不以仁厚知能尽官职，夫是之谓至平。"

在荀子看来，国家只要有好的政策，好的领导班子和领导人，采取有效的措施和政策加以领导和引导，那么，人人都会各尽其能、各负其责、各尽其职。农民就会把自己的力量全部用在农业生产上，精耕细作，不误农时和农事，以增加农业生产，确保农产品特别是粮食的供应和安全；商人就会把全部的精力用在经商理财上，诚实经营、童叟无欺，不掺杂使假，使货真价实，让人们买得放心，吃得放心，用得放心；各种工匠就会把自己的技能智巧全部用在制造器械设备上，精工细作，不偷工减料，使自己生产出的产品经久耐用；而作为各级政府官员、地方官吏，从士大夫以上直到公侯伯爵、王公大臣，没有不将自己的聪明才智、仁慈厚爱都用在履行公职上的。整个国家出现如此局面，就叫作大治。大治的社会必定是平稳安定、和谐有序的社会。

荀子通过对人性问题和荣辱观问题讨论以后，最后得出以下人伦关系的基本结论：

> "故或禄天下，而不自以为多；或监门、御旅、抱关、击柝，而不自以为
> 寡。故曰：'斩而齐，枉而顺，不同而一，夫是之谓人伦。'《诗》曰：'受小
> 共大共，为下国骏蒙。'此之谓也。"

荀子认为，一个人，不管你从事什么职业，不管你是工人、农民、军人还是国家干部，不管你的工作岗位是高贵还是低贱，也不管你是贫穷还是富有，只要是你尽心尽力工作或劳动，通过自己勤劳和诚实的双手所获得的财富，再多也心安理得，再少也心满意足。所以，有的人富有天下，也不认为自己拥有得多；有的人只是一个城门官、旅馆服务员、门卫关卡的守卫甚至一名巡逻打更的更夫，收入微薄，也不认为自己所得的少。

所以说，整个人类社会，有了参差才能达到整齐，有了枉曲才能归于和顺，有了不同才能达到统一，这就叫作社会人伦关系。《诗经·商颂·长发》上说"接受小法与大法，庇护各国安天下"，说的就是这个道理。

大家知道，我们国家现在正在致力于全面建成小康社会。在这一伟大而艰巨的历史进程中，要促进人的自由与全面发展，要求社会每一个成员都能做到各尽其能、各负其责、各得其宜。因为整个社会的自由全面科学健康发展是建立在每个个体自由全面协调发展基础上的，而每个个体的自由全面协调发展又是建立在

每个个体自己对各自工作、职责、职能各负其责、各尽所能的基础之上的。

为此,政府必须切实做好以下工作:一是要努力创造有利于培养公平公正的社会氛围。没有公平公正的精神,各尽其能的意识就不可能形成,没有公平公正的竞争机制,各尽其能的意识就不可能转化为有效的实践。二是要努力创造可以使人各尽其能的机遇。一个人虽然有各尽其能的意愿和动机,但如果缺乏让人们各尽其能的机会和环境,那么人们的愿望也会落空。三是要有效树立有利于社会每一个成员积极发展其聪明才智的社会风尚,努力创造出激发人人各尽其能的社会氛围。四是要尊重知识、尊重科学、尊重人才、尊重创造,让人们在各尽其能的基础上,能够实现各得其宜的价值目标。尤其是在当下,人才是强国之本,是增强国家核心竞争力的战略资源。拥有什么样的人才,如何充分发挥人才的聪明才智,决定一个国家的未来。作为国家发展不可或缺的人才,必须尊重科学、尊重真理、善于创新、攻坚克难,充分展示自己的聪明才智,各尽其能、各司其职,为全面建成小康社会贡献自己的聪明才智。

第五篇

择术思辨篇

　　本篇以《非相》篇为研究对象。荀子著《非相》的主要目的就是要批评、驳斥和否定以相取人的唯心主义观点。荀子认为"相形不如论心,论心不如择术"。他认为一个人的善恶美丑、吉凶祸福、才智禀赋等等,与一个人的外表相貌没有必然的联系。相反,一个人的内心修养、学识水平、品德思想、心理素质等等,才是一个人的真正高尚之处。所以,荀子告诫人们,在现实中,我们不能以貌取人。在文中,荀子列举了尧、舜、禹、文武周公、公孙吕、徐偃王、孔子、皋陶、伊尹等例子,以此论证他们的相貌与他们的功业并无必然联系。相反,他们这些人的外貌个个都异常奇特和难看,但他们却均成为人人称道仰慕的圣王贤相、贤人君子。而夏桀王、商纣王这样的暴君却仪表堂堂、身材魁梧、武力超群,但他们因为道德败坏、荒淫无道,最后只落得个亡国败家、身首异处、遗臭万年的可耻下场。从而得出结论:相术是"学者不道也"的巫术,而一个人要想祛邪避穷、趋贵离贱,关键是必须将礼义、法后王。

　　当然,本文还用大量的篇幅论述了有关辩说问题。据此,后世许多学者认为本篇并非讨论相术问题,而是讨论辩说的必要性和方法,讨论的是如何法后王、讲礼义的问题。但我认为,全篇以"择术"这条红线贯穿始终,将全篇联为一体,并未失荀子文体的严谨性。

1. 相人之术缺乏科学依据

　　自古以来,相术、算命、占卜、问卦等在民间存在且流传甚广。所谓相术,就是以人的面相、五官、骨骼、气色、体态、手纹、外表等的不同特征及表达方式来推测人的吉凶祸福、贵贱寿命、事业成败、人脉关系等的一种相面之术。① 相面之术在中国古已有之,据《大戴礼记》记载:"昔尧取人以状,舜取人以色,禹取人以言,汤

---

① 资料来源:《相术》,baike. baidu. com/2014－01－15;《相术学》,zhidao. baidu. com/link? url＝m_ikkosmkA60Vcx…2010－08－08.

取人以声,文王取人以度。"(《大戴礼记·少闲篇》)由此可知,中国的相人之术至少起源于尧舜时代,说明在三皇五帝时期,相人之术已不知不觉地萌发起来了。到了汉代,相术已成为一门独具理论体系的学问,并出现了一些专门的相书及从业人员。到宋代,相术发展到鼎盛时期,出现了完整的相术专著,如《麻衣相法》,①开拓了以五官为主要内容的相人之术。清末以来,随着自然科学知识特别是信息科学、计算科学、统计学和心理学知识的普及与推广,相术逐渐成为末流小道,仅流于市井乡陌。但近来,由于人们精神价值的多元化及信仰的错位与缺失,这种以算命、相面、占卜、求签、求神拜佛等为主要内容的封建糟粕似有抬头并扩大之势。这在科学飞速发展、现代化程度如此高的今天,是令人匪夷所思的。

既然相术早于荀子就已出现并流行于世,难道凭荀子的学识和智慧,他会不知道或不了解吗? 非也。他这样做的核心原因,我以为是要破除迷信、倡导科学。

荀子是一位唯物主义哲学家。他始终运用自然界和人类社会中存在的客观现实问题立论他的理论观点,不相信鬼神的存在,认为相面之术缺乏科学依据,是一种迷信活动。因此,他始终以发展变化的观点分析、看待自然界和人类社会中存在的一些现象和问题,包括异常现象和问题,如他在《天论》中开宗明义指出:"天行有常,不为尧存,不为桀亡。应之以时则吉,应之以乱则凶。"他认为,人们之所以会做出一些不合常规、常理的分析判断和结论,往往是被事物的某一局部或某一方面所蒙蔽而缺乏或者不明白全局性的问题和道理,正如《解蔽》篇中指出的:"凡人之患,蔽于一曲而暗于大理。"

所以荀子明确指出:

"相人,古人之无有也,学者不道也。古者有姑布子卿,今之世,梁有唐举,相人之形状、颜色而知其吉凶、妖祥,世俗称之。古之人无有也,学者不道也。"

这段文字说明了三个问题:第一,荀子认为自古无相人之术;第二,学者不称道相人之术;第三,现实生活中的所谓相术是一种世俗之说,缺乏科学依据。

在荀子看来,用观察人的相貌的办法来推测人的吉凶祸福、贵贱夭寿、事业家庭等等,自古以来就没有这种事情,有学识的君子也是不谈论这件事的。荀子为什么会提出这一论题呢? 这是一个大的社会问题,也是一个哲学的形而上的问题。人类社会的发展,到底有没有相术? 以占卜的形式能否推测人的吉凶祸福和

---

① 《麻衣相法》相传为宋初麻衣道者创作,是中国现存最早的相术著作。但是否具有科学性是值得怀疑的,我们在学习研究过程中,只能将其作为一种文化社会学现象,千万不可视为金科玉律,否则就会陷入唯心主义泥坑。

事物发展趋势？抽签问卦到底灵不灵？等等，这一系列的问题，存在了几千年的时间，而且代代相传，尤其是《易经》一书，从哲学的高度和辩证思维的角度，全面而具体地探讨了自然界、社会、人事等方面存在的一些鲜为人知的问题，而这些现象往往非人力所能解决，于是算命、卜筮、求卦、占卜等等便应运而生。但并非科学规律，正如朱熹在《朱子语类》卷六十六章中所言："盖上古之时，民淳俗朴，风气未开，于天下事全未知识，故圣人立龟以与之卜，作易以与之筮，使之趋利避害，以成天下之事，故曰开物成务。"也就是说，这些做法实事只是人们的一种精神寄托而已。意味着人类对自然界、人类社会和自己发展信心不绝，也意味着人或人类的命运并不一定全是由自己决定的，①可能还有很多鲜为我们知晓的超自然力量在决定我们人类的命运。

荀子之所以会怀疑甚至否定相术存在的科学性和价值，主要是在荀子看来，不能以貌取人。但他并未否定自然力量对人类发展的影响和作用。这在下面各节次甚至其他相关文章中均有详细的讨论和论述。荀子认为，一个人如果选择了正确的思想方法和正确的发展路径，即可以成为道德纯备的善人和圣人。因此，荀子依据唯物主义的自然观以及人类社会发展的必然规律和人之性恶的理论观点，对迷信、相术予以彻底的批判，充分显示了荀子古代朴素唯物主义的思想光芒和卓越智慧。

在谈到姑布子卿和唐举可以相人之形状而推测人的吉凶祸福的具体案例时，荀子用了一个非常得体而恰当的词，即"世俗"之人，也就是民间普通老百姓相信有这样的人，但荀子认为有学问、有修养的君子依然不信也不谈这样的事情。这实际上是他自己的思想观点和理论升华。

荀子谈到的古代的姑布子卿，据史料记载，即春秋战国时期著名相士，先后为孔子和赵襄子(无恤，赵国创始人)看过相。

据《韩诗外传》记载，一次，孔子带领弟子出卫国东门时，远远看见了姑布子卿，于是对众弟子说："你们要记住高人对我的看法。"姑布子卿此时也看见了孔子，便对自己的徒弟们说："徒儿们礼让些，有智者来了。"于是，两人都同时下车步行，以示礼让。这本是常识性也是礼节性地表示对对方的尊敬之意，并没有什么了不起的地方。我们现在的人也会如此，在路上碰到熟悉的人，相互打一下招呼，问候一声。驾车时看到对面来了一辆熟悉的车，知道是朋友的车来了，相互低按几声喇叭，以示问候，如果路上无车，也许会停下来互相问好。所以，孔子和姑布子卿同时下车步行不足为怪。但这个故事妙就妙在下面的记载。

---

① 孟泽注译：《中国四大宝典(易经、老子、论语、庄子)》，海南出版社1995年版，第15页。

　　相遇之后,姑布子卿迎着孔子的面看了一下,又跟在孔子身后走了五十来步,便对子贡说:你的老师额头像尧,脖子像大禹,嘴巴像皋陶。从正面看,相貌过人,有圣王之气。但从身后观察,却是肩耸背瘦,这样的不足与缺陷比不上四圣,足以使其一生郁郁不得志,没有坐堂观朝南面之富贵。不仅如此,子卿还对子贡说:他出汗没有酸臭之气,吃东西狼吞虎咽不叼食,隔远望出有如丧家之犬。

　　子贡将姑布子卿的原话告诉了孔子。孔子对此深有感触,认为王道衰落,政教丧失,社会上恃强凌弱、以大欺小、相互吞并,人们尤其是各级官员随心所欲、为所欲为,没有法治纲纪,礼崩乐坏,自己确是有如丧家之犬。

　　但这个故事的真实性是值得怀疑的。其一,对孔子描述的地点不同,关于孔子如丧家之犬的典故,据考证共有五处,分别是《史记·孔子世家》写作"累累若丧家之犬",《孔子家语·困誓》写作"累然若丧家之犬",《韩诗外传》写作"赢乎若丧家之犬",其余两处分别是《白虎通·寿命》和《论衡·骨相》,均写作"傫傫若丧家之犬"。其中除《韩诗外传》外,其他四部著作均记载的是孔子在郑国与弟子失散以后,其他人对孔子外形的描述,唯独《韩诗外传》记载的是孔子在卫国出东门时遇见姑布子卿。其二,孔子是否认识姑布子卿值得怀疑。如果孔子认识姑布子卿,为何在《论语》中从未提及呢? 如果不认识,为何双方都提醒自己的弟子注意对方呢? 其三,姑布子卿只看孔子外相像丧家之犬,并未将其上升到政治的高度,但《韩诗外传》却将其上升到治国理政的高度,与孔子一辈子的政治理想相衔接,似有牵强附会之嫌。

　　关于姑布子卿为赵襄子即赵国开国者看相一事,在《史记·赵世家》中有比较详细的记载:"姑布子卿见简子,简子遍召诸子相之。子卿曰:'无为将军者。'简子曰:'赵氏其灭乎?'子卿曰:'吾尝见一子于路,殆君子之子也。'简子召子毋恤。毋恤至,则子卿起曰:'此真将军矣!'简子曰:'此其母贱,翟婢也,奚道贵哉?'子卿曰:'天所授,虽贱必贵。'自是之后,简子尽召诸子与语,毋恤最贤。简子乃告诸子曰:'吾藏宝符于常山上,先得者赏。'诸子驰之常山上,求无所得。毋恤还,曰:'已得符矣。'简子曰:'奏之。'毋恤曰:'从常山上临代,代可取也。'简子于是知毋恤果贤,乃废太子伯,而以毋恤为太子。"①

　　这个故事大概发生在公元前500年前后,晋出公十七年(公元前456年)赵简子卒,"太子毋恤代立,是为襄子"。但这个故事记载的事实是姑布子卿只起到了向赵简子推荐毋恤的作用,具体看相的细节及结论,也就是说毋恤为何为将军相却未记述。倒是后期赵简子的长期考察、考验起到了关键的作用。同时,这个故

———————————
① [西汉]司马迁:《史记》,岳麓书社1997年版,第366页。

事也充分说明,选人用人应以德为先,以能为重,也就是应坚持德、能、勤、绩、廉的标准选人用人。这显然是对古代立长不立幼、立嫡不立庶选人用人及世袭制度的冲决和挑战。

此外,关于姑布子卿为赵毋恤看相之事,在司马光的《资治通鉴》中也并无记载,倒是赵简子考察其子的事实有详细记载。据《资治通鉴·周纪一》记载:"赵简子之子,长曰伯鲁,幼曰无恤。将置君,不知所立。乃书训诫之辞于二简,以授二子曰:'谨识之。'三年而问之,伯鲁不能举其辞,求其简,已失之矣。问无恤,诵其辞甚习,求其简,出储袖中而奏之。于是简子以无恤为贤,立以为后。"①

这个故事更加直截了当地记载了赵简子以德才标准选定接班人,而非以相貌取人,也充分说明了一个人的成败得失决定于细节,决定于智慧与学识。"诵其简甚习"和"求其简,出储袖中而奏之"两句足以证明无恤是有心之人、有德之人和善于学习之人。

有关唐举看相之事,在《史记·范雎蔡泽列传》中有一段记载,他先后为李兑、蔡泽看过相。据说,唐举后来随着这两个人的飞黄腾达和声名雀起而一举成名,成为天下有名的相师。

据《史记》载,蔡泽从小饱读诗书,曾游说求职于各诸侯国,均不得见用,于是来到唐举家请唐举为他看相。并说,我听说唐先生曾经给李兑看过相,说他不出百日即可执掌赵国政权,后果应验了,有这么一回事吗?唐举说:没错,是有这么回事。那你给我看看相,看看我的发展如何?唐举仔细看后笑答:先生天生鼻孔朝天,肩膀高耸,凸额亮头,鼻梁塌陷,天生一副罗圈腿。果真是难得的异相。我听说圣人不在相貌,大概就是说像先生这样的人吧!蔡泽知道唐举是在跟自己开玩笑,于是一本正经地对唐举说:富贵那是我本来就有的,我只是想知道自己寿命的长短,想请先生测一测。唐举也一本正经地说:先生的寿命,从今天算起还能有四十三年。蔡泽笑着表示感谢便离开了唐举家,随后跟驾车的车夫说:我端着米饭吃着鱼肉,坐着马车奔驰,手抱黄金大印,腰系紫色丝带,在人主面前备受荣华富贵,还能活四十三年,该满足了。②

荀子列举姑布子卿和唐举能够通过察看和观测人的形状和颜色而知道人的吉凶祸福、前程事业等等,只是想论证他的观点:这种相术在民间、在普通老百姓中是存在的。但他并不相信这是科学,相反他坚信这种相术不符合客观规律和人类社会发展规律,完全是一种迷信活动。

---

① [北宋]司马光编纂:《资治通鉴》(第一卷),岳麓书社1994年版,第2—3页。
② [西汉]司马迁:《史记》,岳麓书社1997年版,第601页。

本人更是不相信相术、算命、占卜等等迷信的东西。因为人类社会发展到今天，一步步进步和发展，无不是人类自己劳动的结果。因此劳动创造了人。而社会中发生的所谓异常事件与人间吉凶祸福等一些人事事件相应验，纯粹是一种偶然事件、是巧合，决非必然结果。

正如《天论》中所说的："星队木鸣，国人皆恐。曰：是何也？曰：无何也！是天地之变，阴阳之化，物之罕至也。""雩而雨，何也？曰：无何也，犹不雩而雨也。"因此，"怪之，可也；而畏之，非也"。荀子对于古时占卜问卦从而决定政事的事件也有论述。如《天论》中就有"日月食而救之，天旱而雩，卜筮然后决大事，非以为得求也，以文之也"。荀子认为这种以占卜问卦决定政事、求雨的做法，并不是因为能够有求得求，而是用来文饰政事。用现在的话说，就是故弄玄虚以忽悠百姓。所以"君子以为文，而百姓以为神。以为文则吉，以为神则凶也"（《荀子·天论》）。为了进一步论证自己的观点，荀子提出了下列论点。

2. 人的吉凶祸福与其体貌无关

荀子坚决反对人的体型外貌与人的吉凶祸福、事业成败有关，明确指出：

> "故相形不如论心，论心不如择术。形不胜心，心不胜术。术正而心顺之，则形相虽恶而心术善，无害为君子也；形相虽善而心术恶，无害为小人也。君子之谓吉，小人之谓凶。故长短、小大、善恶形相，非吉凶也。古之人无有也，学者不道也。"

在荀子看来，决定一个人的善恶美丑、吉凶福祸、事业成败的关键性因素，并不是看他的体形外貌，而是取决于这个人的思想品德、处世原则、行为方法等等是否高尚和正确。所以，他提出了"相形不如论心，论心不如择术"的著名思想论断。

这是一个非常重要的哲学问题，说明一个人的成败得失、吉凶祸福，取决于人的内因，即一个人的思想境界的高低，即心，也就是个人的内心修为，以及由心、由思想所主导的外在行为与表现。我们知道，大圣人孔子对一个人的观察与评价经历了两个不同的阶段，第一阶段是"听其言而信其行"（《论语·公冶长》）。是什么意思呢？就是孔子起初在考察和评定一个人的行为品德时，往往是听这个人说得如何如何好，他就认为他的行为举止、做人做事做学问也是如同他所说的那样，不会有什么差别。但事实上并非如此，现实生活中，有相当部分的人是"说话的巨人，行动的矮子"，往往所说非所行。比如说，有些人在接受某项工作任务时，表决心、表态、做可行性报告等等，比任何人都快、都科学，但一旦批准通过，让他去执行、去按要求完成时，不是"改旗易帜"，就是"抛诸脑后"，置若罔闻，导致工作无法完成和推进,甚至导致全局性失败。三国时期的马谡因为刚愎自用,不听诸葛亮的军事安排和王平的当面提醒,坚持扎营山上,在魏军围困火攻山头的威逼之下,导致街亭失守。①

马谡这个人确实读了不少兵书,平时老喜欢谈论军事。每次诸葛亮找他商量战事,他总是说得头头是道,也确实为诸葛亮出过一些好主意。因此,诸葛亮还是比较相信他的。但刘备却始终认为马谡只会口头功夫,没有实战经验,做事不够踏实。因此,于临终前嘱咐诸葛亮:"马谡这个人言过其实,不能派他干大事,要在实际工作中多考察他。"②但诸葛亮没有把刘备的叮嘱放在心上,加之在派谁驻守街亭时,马谡又大谈特谈自己的战略设想,并以人头担保坚守街亭,决不让魏军进犯。所以,诸葛亮不顾众将的反对,毅然派马谡前往街亭。但诸葛亮毕竟听了刘备的话,随派沉稳、老练、熟悉地形的王平做副将,一同前往街亭。可马谡不听王平的驻军意见,并将诸葛亮临行的嘱咐"在街亭安营扎寨,坚守城池"抛诸脑后,致使诸葛亮痛失街亭,错失战机,只好挥泪斩马谡,班师回汉中。

这就是"听其言而信其行"所导致的恶果。所以,随着人生阅历和生活经历的丰富,孔子提出了另外不同的评定人的思想品行的观点"听其言而观其行"(《论语·公冶长》)。从"听其言而信其行"到"听其言而观其行",是一个人认识上的质的飞跃,这种观察人的方法能够很好地规避言过其实、夸夸其谈、好大喜功、文过饰非的小人。听其言观其行的实质就是注重一个人的实干精神、实际工作能力。

西汉刘向的《说苑·尊贤》中记载了这样一个故事:一天鲁哀公请教孔子一个问题:应该如何选取和选取什么样的人才? 孔子答道:弓与箭协调配合才能要求它射中目标;烈马进行驯服老实、服帖以后才能成为骏马;一个人必须忠实、诚恳、稳重、朴实,然后才能要求他具有智慧和才能,也就是一个人必须德才兼备。但孔子马上对鲁哀公说:现在这个社会,特别是在你鲁哀公的身边,有人不忠实、不诚恳、不稳重、不朴实却富有才能和智慧,像这样的人犹如虎狼一般,您千万不可靠近它呀! 正因为如此,您首先必须判定他确实是一个仁厚、诚实、守信的人,然后才可以亲近他,如果判定这个人确有智慧和才能,然后才能启用他为朝廷、为国家服务。所以说,要亲近仁厚的人并任用他的才能。因此,选取人才的方法,不仅要听他说得怎样,更重要的是观察他的思想行动,即"听其言而观其行"。为什么呢?孔子说:言语是用来抒发他胸中的志向和感情的,能干事的人,一定能用语言表达

---

① [明]罗贯中:《三国演义》,岳麓书社1995年版,第505—507页。

② [西晋]陈寿:《三国志》,[南朝宋]裴松之注,江苏古籍出版社2006年版,第837页。

出来。因为这个缘故,所以您首先要考察他所说的,然后再考察他的行为。用语言来考察他的行为思想,即使是为非作歹的人,也无法掩饰他的真情。

那孔子作为圣人大师,既然如此重视一个人的思想言行的统一性,又为何会仅凭宰予因为白天睡懒觉就会发出"朽木不可雕也,粪土之墙不可圬也!于予与何诛"(《论语·公冶长》)的感叹,进而得出"始吾于人也,听其言而信其行;今吾于人也,听其言而观其行"(《论语·公冶长》)的结论呢?这不是说明孔老夫子没有宽容之心,对宰予不信任,进而推广为对普天下的人都不信任吗?我认为不是这样。孔子在这里只是想以宰予的事情为例教育提醒大家,要求我们多做少说、言行一致。因为,毕竟在这个世界上确实存在那么一些人,说的比唱的还要动听。

一个人是否诚信,是否言行一致,需要实践和时间来检验。有的人,自以为自己很聪明,常常言非所行,以为别人都是好欺骗的,因此长于言而短于行。但是,人毕竟是不能靠欺骗来生活,再傻的人也不可能长期受你欺骗。而一旦你的这种欺骗把戏被大家普遍知晓的时候,你就将变成为人不齿者,成为孤家寡人,再也没有信任的市场了,人人对你敬而远之。历史上周幽王用点狼烟的办法召集各地将领到国都以博妃子一笑,但真等敌人到了再点狼烟时,各地将领以为又是欺骗伎俩而未到,从而导致周幽王国破家亡的故事,伊索寓言"狼来了"的故事,等等,就是很好的证明。

这是从"心"、"术"两字引发的思考,似乎扯远了点,下面言归正传。

荀子进而指出,相貌不如思想重要,而思想又不如立身处世的方法和原则重要。一个人,只要立身处世的方法和原则正确,而思想又顺应了它,那么体形相貌即使丑陋凶恶,也不会妨碍他成为道德高尚的君子。相反,一个人的形体相貌即使非常俏丽,貌比潘安、美若西施,只要是思想行为肮脏、龌龊,立身处世的方法和原则丑恶,也不能掩盖他成为一个无耻小人。

很显然,在荀子看来,一个人是否有作为,事业能否成功,品德是否高尚,不在于其外表美丑,而在于他是否加强自身修为,行为品德是否高尚。只要有能力、有志向、有智慧、有勇气,即便是奇丑无比,也一定能够成为一个大有作为的人。相反,一个人如果无所作为,碌碌无为,整天沾沾自喜于自己的容貌可人,貌若天仙,必将一事无成。战国时期发生在齐宣王身上的"有事钟无艳,无事夏迎春"的故事,①即能说明问题。

据史料记载,战国时期,齐国无盐(今山东东平市)地区,有一名女子叫钟离

---

① 相传钟无艳和夏迎春都是齐宣王身边的女人。夏迎春虽然美若天仙,但除了会哄齐宣王开心、与宣王寻欢作乐外,没有其他任何本事见功于齐国。

春，因生在无盐这个地方，人们称其为无盐女、钟无盐、钟无艳。此人奇丑无比。据刘向《列女传·齐钟离春》载："其为人极丑无双，臼头，深目，长壮，大节，卬鼻，结喉，肥项，少发，折腰，出胸，皮肤若漆。行年四十，无所容入，行嫁不售。"

　　大家通过这段文字一看便知，无盐女丑到何种程度了。正因为如此，所以，地方上没有一个人愿意娶她为妻，乃至"丑名远扬"，整个齐国都知道她奇丑无比，四十多岁了还没有出嫁。但她却凭借自己的聪明智慧，成了齐宣王的正后，也就是皇后。我认为无盐女的成功，体现在她与众不同的聪明睿智。

　　第一，自强自立，不卑不亢。她知道自己很丑，没有人愿意娶她为妻，但她不气馁，不自暴自弃。"于是乃拂拭短褐，自诣宣王，谓谒者曰：'妾，齐之不售女也。闻君王之圣德，愿备后宫之埽除，顿首司马门外，唯王幸许也。'于是宣王乃召见之，谓曰：'昔者先王为寡人娶妃匹，皆已备有列位矣。今夫人不容于乡里布衣，而欲千万乘之主，亦有何奇能哉？'钟离春对曰：'无有。特窃慕大王之美义耳。'"（《列女传·齐钟离春》）大家想想看，一个连乡里布衣都不愿意娶做妻子的丑女，居然年过四十了，还有胆量毛遂自荐给齐宣王，愿意做一个侍妾"顿首司马门外"。光凭这一点，就足以证明她勇气可嘉。当齐宣王说，自己已侍妾成群，而且个个美丽佳艳，寻问她何德何能敢毛遂自荐时，她只说了一句"特窃慕大王之美义耳。"足以证明她富有智慧、不卑不亢。

　　第二，直言相谏，智慧超群。当齐宣王第一次召见她时，她不是阿谀奉承齐宣王，而是"扬目衔齿，举手拊膝，曰：'殆哉殆哉！'如此者四"（《列女传·齐钟离春》）。就是钟离春双眼紧盯着宣王，双手拍着大腿说："大王啊，您的政治和国家已处在危险的状态了啊"，这样连叫了四声。齐王被她这么一说，如坠五里雾中，立即感到问题的严重性，连忙对钟离春说："我愿意听您的意见，请您快说吧！"钟离春见齐宣王确有诚心，于是郑重其事地对宣王说，您的政治存在如下四大危险：

　　第一种危险是外患威胁，内政不举。您所统治的国家，西边有秦国横环之患，南面有楚国虎视眈眈。这两个国家势力强大，对齐国构成了重大威胁。而大王您身边却围着一大群只知享乐的奸臣佞子，他们不以国事为重，成天趋炎附势、阿谀奉迎、结党营私，而贤能之人却得不到启用，内政不举、忠奸不辨。您年过四十了，还未立太子，却终日饮酒作乐、亲近小人、沉于美色、疏于政务。国人对您的所作所为早已不服了，一旦您百年驾崩，齐国将发生大乱，社稷不保啊！

　　第二种危险是聚敛钱财，脱离群众。作为一国之君，不恤民情国力，奢侈无度，大兴土木，雕梁画栋，聚敛钱财，国库空虚，而宫内金银珠宝、翡翠玛瑙比比皆是，宫廷嫔妃珠光宝气，文武大臣玩物丧志、利令智昏，而老百姓却疲于奔命、朝不保夕、流离失所。这样下去，天下苍生都会离您而去，国家将会不攻自破。

第三种危险是言路不畅,腐败成风。因为您不能选贤任能,导致大批德才兼备的贤人志士,遁隐山林,而大批谄谀奸佞小人伴您左右,致使小人得志,政治昏暗,言路不畅,腐败成风,朝中乌烟瘴气。对此,老百姓早已忍无可忍、恨之入骨,一旦政局动荡,便会揭竿起义,导致朝政崩塌。

第四种危险则是礼义不修,纲纪废黜。您作为一国之君,整天聚集满朝文武大臣、宫廷嫔妃、朝中歌女饮酒作乐、歌舞升平、醉生梦死,而致使国内政治不修,与诸侯各国外事中断,礼义不修、纲纪废黜、唯乐是求。您现在已是危机四伏,但您却浑然不知。所以,我才来提醒您一定要以国事为重,千万不可图一时之快而导致亡国败家之恨啊!

齐宣王听了钟离春之言,顿觉如芒在背、愧疚不已,同时,对钟离春刮目相看、崇敬不已。"于是拆渐台,罢女乐,退谄谀,去雕琢,选兵马,实府库,四辟公门,招进直言,延及侧陋。卜择吉日,立太子,进慈母,拜无盐君为后。"(《列女传·齐钟离春》)

无盐女虽然外貌丑陋不堪,但她却凭借敏锐的政治洞察力、高尚的道德情操和渊博的学识,赢得了齐宣王的钦佩,不仅由卑而贵,改变了自己的命运,而且成了母仪天下的王后。

无盐女的故事告诉我们:人的外形丑陋怪异并不可怕,也不能决定一个人的吉凶祸福、成败得失,关键是一个人有没有志向、勇气、决心、毅力、智慧,以及高尚的道德品质和思想行为。所以,荀子指出,作为君子,总是大吉大利,而作为小人,总是凶祸缠身。而人的高矮、胖瘦、美丑等形体上、外貌上的特征,并不是一个人吉凶祸福的标志。

为了进一步论证他的这一理论观点的合理性和正确性,荀子用下面一段比较长的文字,列举了尧、舜、禹、文王、周公、仲尼等历史上的圣君贤人作为论据,证明体形外貌是外因,不能决定人的吉凶祸福、成败得失,而理想、志向、智慧、品德以及毅力等内因才是决定性因素。

3. 人的成败得失与其体貌无关

下面一段文字进一步证明了荀子的论点:人的体貌不能决定一个人的成败得失和吉凶祸福,而一个人的才学、志向、理想、信念、勇气、毅力以及道德品质、心理素质等等,却是一个人成败得失的关键。也就是说,善恶美丑、吉凶祸福、成败得失取决于人的内因,而不是体形外貌是否高大、俊美等外在因素。

"盖帝尧长,帝舜短;文王长,周公短;仲尼长,子弓短。昔者,卫灵公有臣曰公孙吕，身长七尺，面长三尺，焉广三寸，鼻、目、耳具，而名动天下；楚之孙叔敖，期思之鄙人也，突秃长左，轩较之下，而以楚霸；叶公子高，微小短瘠，行若将不胜其衣，然白公之乱也，令尹子西、司马子期皆死焉，叶公子高入据楚，诛白公，定楚国，如反手尔，仁义功名善于后世。

"故事不揣长，不楔大，不权轻重，亦将志乎尔。长短、小大、美恶形相，岂论也哉？且徐偃王之状，目可瞻焉；仲尼之状，面如蒙倛；周公之状，身如断菑；皋陶之状，色如削瓜；闳夭之状，面无见肤；傅说之状，身如植鳍；伊尹之状，面无须麋；禹跳，汤偏，尧、舜参牟子。从者将论志意，比类文学邪？直将差长短，辨美恶，而相欺傲邪？"

荀子在这段文字中，一气列举了十六位外形体貌均非常怪异、丑陋的历史名人。他们个个虽然生得与众不同，但是他们都各自成就了常人无法企及的伟大成就。尧、舜、禹、汤、文武周公自不必说，他们均为一代圣明君王，几千年来备受人们景仰和缅怀；孔子作为大圣人，几千年以来一直是被效法、学习的楷模，把他作为中国文化、文明承上启下、承前启后的第一人毫不为过。特别是他作为儒家文化的创始者，所创新的儒家文化体系，以及他作为古代教育家所提倡的"因材施教"、"有教无类"、"实践教学"、①"不愤不启，不悱不发"（《论语·述而》）、"举一反三"、"学思结合"、"知行统一"②等教育理念和思想，已成为世界文化遗产，受到全世界各国政府和有志之士的认可和推崇。自 2004 年 11 月 21 日韩国成立第一所孔子学院开始，截至 2014 年年底，短短十年时间，全世界已建立孔子学院 475 所和孔子课堂 851 个。这些学院或课堂分布在全球 126 个国家和地区。仅美国就有孔子学院 108 所，孔子课堂 451 个。预计到 2015 年底，全球孔子学院将达到 500 所，孔子课堂将突破 1000 个，受众人群将超过 500 万人。但孔子的体形外貌却不甚佳。据《史记·孔子世家》记载，孔子身高 9 尺 6 寸，按照战国当时的尺寸标准，1 尺合现在的 22.5 厘米。由此计算，孔子身高达到了 2.16 米，就是现在也少见，做一个篮球队员绰绰有余。看他的外形，脸上好像被蒙上了一个丑恶难看的驱鬼辟邪面具。按照姑布子卿的说法：正面像圣人，背面则肩耸背瘠，出汗无酸臭之气，隔远望去如同丧家之犬。但这丝毫不影响他为人类做出的巨大贡献，不妨碍他成为"万世师表"。

我们再来看看历史上几个有名的人物的丰功伟绩和他们的形状、体貌特征。

首先，看一看公孙吕。公孙吕是卫灵公的一名忠心耿耿的大臣，一心为了天

---

① 分别由《论语·先进》《论语·述而》概括而来。
② 分别由《论语·为政》《论语·先进》《论语·颜渊》概括而来。

下的黎民百姓。但这个人是个什么样子呢？身高只有 7 尺，也就是 1.57 米左右。够矮的吧。不光如此，他的脸有多长呢？3 尺长，也就是大约有 67 厘米长的脸。他的额头是多少呢？只有 3 寸，就是他的额头只有 6.7 厘米宽。如果用百分比表示，脸长是身高的 43%，而额宽只有脸大小的 10%。而且鼻子、眼睛、耳朵相距很远不对称。也没有办法不相距很远。大家想一想，他的脸那么大，鼻、眼、耳能不相距很远吗？如果据此将公孙吕的肖像画出来，那简直难看极了。可是，就是这么一位奇形怪状的人，为巩固卫灵公的政权，却立下了汗马功劳，名声震动天下。

卫灵公只活了四十七岁（公元前540—前493年），但在位却有四十二年，也就是六岁不到就继位了。历史上关于卫灵公的是非功过也有不同的评说。一说灵公足智多谋，他在平定国内暴乱时，年仅十八岁。先是与北宫氏盟约稳定国内局势，杀了叛乱根源之一的宣姜（卫襄公夫人，无子，即非卫灵公之母）。接着又借助齐景公的势力，削弱北宫氏的势力，再与强齐结为盟友，以巩固自己的政权。但另一说却称其为著名昏君之一，爱好男宠。他的男宠不是别人，一个是他的侄子弥子瑕，另一个则是他的叔叔公子朝。同时，他多猜忌，而且脾气暴躁。

这样一个具有双面人格的君主，如果没有一个能干而又忠心耿耿的臣子，是不可能做到政权稳固、国家强盛的。所以，公孙吕便担起了这一重大责任和千斤担子。

其次，我们再来看孙叔敖。孙叔敖的寿命并不长，只活了三十八岁（公元前630—前593年）。这个人的特点非常鲜明：其一，由于其父在朝为官时遭人陷害，孤儿寡母只得在其父旧友的相助下迁往期思之地，即现在的河南省淮滨县乡下避难，成为一个乡下粗野之人，也就是身份地位低下。其二，相貌特别，头秃发少，且左手长而右手短。其三，身材矮小，身高不及马车前面的横木高，估计比公孙吕还要矮。但正是这么一个人，却凭借自己的杰出才能，官拜至楚庄王令尹即宰相，使楚庄王成为春秋五霸之一。

孙叔敖虽然从小没有父亲，成了乡野粗人，而且发育又不良，其貌不扬。但他刻苦学习，年纪轻轻即已显露卓尔才华。公元前605年，淮河洪灾频发，孙叔敖便自告奋勇，倾尽家资，广泛筹集财物，带领乡亲们兴修水利。历时三载，终于修筑成了我国历史上第一座水利工程——期思陂，供泄洪灌溉之用，造福当地广大黎民百姓。毛泽东在视察淮河时多次提到孙叔敖，盛赞他是我国历史上了不起的水利专家。

不仅如此，他还是一位了不起的政治家、军事家和经济学家。因此，深得楚庄王赏识，于公元前602年前后官拜宰相之职。按照司马迁《史记·循吏列传》记载："三月为楚相，施教导民，上下和合，世俗盛美，政缓禁止，吏无奸邪，盗贼不起。

秋冬则劝民山采,春夏以水,各得其所便,民皆乐其生。"①

虽然官至宰相,一人之下、万人之上,但他却为官清廉、勤政爱民、作风硬朗、办事公正,虽"三得相而不喜,知其材自得之也;三去相而不悔,知非己罪也"。②荀子有一段记载孙叔敖的文字,写得非常精妙:"缭丘之封人,见楚相孙叔敖曰:'吾闻之也:处官久者士妒之,禄厚者民怨之,位尊者君恨之。今相国有此三者而不得罪楚之士民,何也?'孙叔敖曰:'吾三相楚而心愈卑,每益禄而施愈博,位滋尊而礼愈恭,是以不得罪于楚之士民也。'"(《荀子·尧问》)

孙叔敖一生勤政为民、清廉为官、正直为人。正因为如此,所以仅仅只做了三个月的地方官就被楚庄王晋升为宰相。他在全国施行教化以引导人民向上向善,使全国人民上下和睦、戮力同心、风俗醇美;他施政宽缓,让人民能够理解掌握政策并依政策行事,但能够做到有令必行、有禁必止,各级官员均能勤勉工作,不敢做欺诈邪恶之事,社会一片祥和,没有偷盗扒窃、杀人害命的事情发生;他利用秋冬时间,组织农民有计划地上山采伐林木,利用春夏雨水多时,将木材运到市场出售,使百姓均有便利的谋生之路,老百姓生产生活都很安逸。也正因为如此,他的某些做法必然会得罪朝中某些大臣乃至楚庄王本人,让他们的利益受损。所以,他在宰相职位上三上三下,但他既不沾沾自喜,也不闷闷不乐、郁郁寡欢,而是认为被任用是凭自己的能力和水平,被罢黜并非自己的政治过失。而当缭丘(今湖北随州地区)掌管边疆的人对他说:"做官长久的人容易招致士人的嫉妒,俸禄丰厚的人容易遭到民众的怨恨,地位尊贵的人容易遭致君主的憎恶。而您现在已经具备了这三种情况,却没有得罪楚国的民众,而且还能得到君王的赏识,这是什么原因呢?"孙叔敖坦然答道:"我的做法主要是三条:第一,我三次任楚国的宰相,心里却一次比一次谦卑;第二,我每次增加俸禄报酬以后,都会广泛地施舍给那些急需钱财的穷人和百姓;第三,虽然我的地位尊贵显赫,但我待人接物、为人处事的礼节却越来越恭敬。我一生能够做到这三条,世人百姓没有妒恨我的理由啊,国君也没有道理憎恶我呀。"

最后,我们再来分析一下叶公子高。叶公子高姓沈名诸梁,字子高,因封于叶邑,故称叶公。春秋末期楚国军事家、政治家,官至楚国宰相。

此人是个什么样子呢?荀子说,这个人身体瘦弱,身材矮小,走起路来甚至连自己的衣服都撑不住。然而,正是这么一个其貌不扬的人,在平定楚国白公胜叛乱、安定楚国内政外交方面,却如同翻转自己的手掌一样轻而易举。

① [西汉]司马迁:《史记》,岳麓书社1997年版,第863页。
② [西汉]司马迁:《史记》,岳麓书社1997年版,第863页。

　　子高生于公元前550年,卒于公元前470年,与大圣人孔子同时代。历经楚康王、楚敖王、楚灵王、楚平王、楚昭王、楚惠王六代君王。

　　大约在楚惠王八年(公元前481年),楚国发生了白公胜宫廷叛乱①。白公胜与石纥合谋袭杀了令尹子西和司马官子期,并劫持惠王逼宫,使楚国顿时处于风雨飘摇、战云密布之中。为了平息叛乱,子高立即在叶邑整顿军马杀入宫廷。原来参与白公胜叛乱的将领见子高的军队作战英勇、纪律严明、代表正义,纷纷阵前倒戈。叛军顷刻间土崩瓦解,首领白公胜上吊自杀,合谋者石纥被烹杀。叶公子高救出惠王,收拾残局,重整朝纲,楚国得以转危为安。

　　子高因为救驾护国有功,被惠王封为令尹与司马,身兼军政大权于一身。但子高并不居功自傲,而是选贤任能。公元前475年,他急流勇退,将令尹之职让位给公孙宁,而把司马一职让位给公孙宽,自己则赋闲在家,安享晚年。其伟大功绩和两袖清风、一身正气的优秀品质,得到楚国朝野及四境诸侯的景仰,其仁义功名也深受后人赞美。

　　所以,荀子指出,对于能力、学识、品德高尚的君子、士人,不是去测量他们个子的高矮,围量他们身材的大小,也不是去称量他们体重的轻重,关键在于看他们的志向、理想、信念、意志和品质。高矮、大小、美丑等形体外貌怎么能够用来测评一个人的能力和水平呢? 为此,他又列举了几位历史上功勋卓著的人物以佐证其观点。

　　一是徐偃王。徐偃王大约生活在公元前1000年左右,是徐国第三十二代君王。此人文韬武略,以仁义治国而著称于世。但这个人是个什么样子呢? 荀子说:"目可瞻焉。"就是说他自己可以看到自己的前额,说明他的眼睛凸出得相当厉害,或者说前额伸得很远。

　　二是皋陶。皋陶生于公元前2280年前后。按照有关神话记载,皋陶是一位公正无私的法官,清脸鸟嘴,铁面无私。按照荀子的说法,其面色好像是被削去了皮的青瓜那样呈青绿色。总之,外表不是特别好看。但他却与尧、舜、禹被后人尊为"上古四圣",也是舜帝执政时的司法长官,被史学界和司法界称为人类"司法的鼻祖"。他辅佐禹王理政、治水和发展生产,并为华夏民族的融合团结统一做出了巨大贡献。

　　三是伊尹。一般史料记载伊尹生卒年不详,有些史料记载他的生卒年代约为公元前1630年至公元前1550年之间,商汤王(公元前1617年—前1588年在位)的贤相。协助商汤王消灭夏朝末代暴君夏桀王,建立了商王朝。他既是中国第一

---

　　① 白公胜叛乱一事在《史记·楚世家》中有一段专门记载。

位见之甲骨文记载的教师,又是有史料记载的中国第一个帝王之师。同时,他还是中国上古时代第一个巫、史、医合一的大师,由他所创立的"五味调和说"与"火候论",至今仍为中国烹饪大师所采纳。伊尹一生致力于政治、军事、文化、教育事业,是我国上古时期杰出的政治家、军事家、思想家、教育家、中华厨师之祖。但这个人的外形却不咋的。按照荀子的说法,他是没有眉毛、胡须。

除此之外,周公旦的身体好像一根被折断的枯枝;闳夭的脸上、身上全是毛发,根本看不到皮肤;傅说的皮肤如同鱼鳞一般;夏禹是个瘸子,商汤半身不遂,尧、舜眼中均有两个瞳仁,但他们均建立了盖世奇功。

从反面来看,荀子也举出了相关例证:

> "古者桀、纣长巨姣美,天下之杰也;筋力越劲,百人之敌也。然而身死国亡,为天下大僇,后世言恶,则必稽焉。是非容貌之患也,闻见之不众而论议之卑尔!"

我们知道,夏桀王、商纣王不仅高大俊美,而且力大无比,百人不敌,手拉铁铆就如同我们伸缩绳索一般。但他们双双均残忍无道,肉林酒池,沉迷于女色,不理国政,最终导致国破家亡,身首异处,成为天下最可耻的人。后世说到坏人、独夫,就一定拿他们作例证。这并不是容貌造成的祸患啊,而是信从相面之人见闻浅陋,所以谈论起来才会这样的不高明!

从以上这些人的体形外貌和他们的事业功绩来分析,我们是按照相面人的说法,只是依据高矮美丑来决定他们的吉凶福祸、事业成败,以相互欺骗、相互傲视呢? 还是要认真考察他们的志向思想、比较他们的学识修养呢? 这不是不言自明的道理吗? 所以,一个人的吉凶祸福和事业成败取决于人的学识能力、志向、思想、修养等内在因素,而不取决于其外形体貌等外在因素。

4. 矫揉造作只会败坏社会风俗

上面几段文字,都是谈体形外貌与吉凶福祸、事业成败的关系。荀子的结论始终是持否定的态度,即否定相术的科学性、真理性。并通过大量正反方面的例证驳斥了相术、迷信、卜卦等的伪科学性。下面则是从现实的角度讨论社会风俗问题,似乎与相面无关,其实是相关的,也就是现实社会中,由于整个社会风气的问题,一些孤陋寡闻、见识短浅、品德低下的人,深信相面术,东施效颦、矫揉造作,导致整个社会风气败坏,世风日下、人心惶惶。

> "今世俗之乱君(者),乡曲之儇子,莫不美丽姚冶,奇衣妇饰,血气态度拟于女子。妇人莫不愿得以为夫,处女莫不愿得以为士。弃其亲家而

欲奔之者,比肩并起。然而中君羞以为臣,中父羞以为子,中兄羞以为弟,中人羞以为友。俄则束乎有司而戮乎大市,莫不呼天啼哭,苦伤其今而后悔其始。是非容貌之患也,闻见之不众而论议之卑尔,然则从者将孰可也?"

怎么来解读以上这段文字的意思呢?这段文字特别提到了四种人,他们分别是"乱君者",即扰乱朝纲、犯上作乱的奸佞小人;"儇子",也就是社会上那些轻薄无知、为非作歹的少年;"妇人",即有家有室、为人妻母的已婚女子;"处女",就是待字闺中、尚未嫁人的年轻女子。

荀子指出,现在社会上那些为非作歹、扰乱朝纲、犯上作乱的奸佞小人,乡里那些轻薄无知、刁钻耍滑的青少年,个个都穿着奇装异服、流光溢彩,把自己打扮得美丽娇艳、怪里怪气,那穿着打扮、步履形态、言谈举止等等,跟妇女没有什么两样。这样问题就来了,就是这些奸佞小人与乡曲儇子到底有什么不同呢?我认为,至少有以下两点不同之处:

一是角色不同。一般来说,奸佞小人是有权有势的人,也就是在各级政府和部门担任一定职务的人,有的还身居要职、官至一品。要不然,荀子也不可能用"乱君(者)"这样的限定词来加以界定。而"儇子"则是指社会上那些游手好闲、无所事事的青少年或纨绔子弟,这些人从小生长环境不好,又没有受到良好的教育,从小就撩事闯祸,长大后又找不到合适的工作和事情做,于是就无事生非,扰乱社会秩序,危害人民生命财产安全。

二是影响不同。正因为奸佞小人有权有势,掌握相当的公共资源,具有一定的公权力且与各级领导有交往,所以,往往对权力觊觎不已,于是就会采用各种手段和方法,以期达到自己的目的和要求。比如说胡编乱造自己竞争对手的不良信息以贬损对方、抬高自己;无中生有地诬陷他人,说这个有经济问题,说那个有作风问题等等,无所不用其极;溜须拍马,巴结甚至贿赂上级领导,投其所好地讨好领导;铤而走险,篡权夺位,甚至里应外合篡夺帝王之位,引发全国混乱和宫廷政变,等等。其影响和危害可以说是特别巨大的,它足以动摇一个政权甚至颠覆一个国家的政权,导致国破家亡,这在古今中外历史上可以说是有据可查的。而作为乡下儇子,也就是轻薄少年,他们没有什么职位,不是公务员,也没有担任各级领导干部,他们成天无所事事,狂妄轻薄、为害乡里、鱼肉百姓,甚至拉帮结派,组织成各种社会团伙,逞一时之强,往往触犯众怒,甚至违法获刑,严重者可能导致家破人亡,这在现实社会中也是屡见不鲜的现象。

但恰恰是这样一些人,往往善于伪装自己,巧言令色、弄虚作假,而且常常能够博得女人的欢心和追随。按照荀子的说法,就是已婚妇女,凡是有几分姿色的,没有谁不想得到这样的人做丈夫、情夫的,而那些未出阁的姑娘个个都想这样的人成为自己的男朋友、未婚夫。为了能够获得这些人的欢心,有很多已婚女子和未婚少女甚至抛家弃子、背叛父母家人而与这些人私奔,伤风败俗、悖礼违法。

这是一种社会现象,也可以说是一种社会病态,古今中外历朝历代均存在这种现象。如20世纪60年代出现于欧美国家的嬉皮士人群,就是一群生活在既定社会之外的不顺从传统的年轻人。他们寻求一种非理性的生活方式,偏爱奇异服装和发型,留长发、蓄胡须,常服用能够引起幻觉的麻醉剂或大麻;他们追求性开放,对社会风俗造成了一定的破坏和危害。

在中国历史上,篡夺帝位、扰乱朝纲、淫乱后宫、鸡鸣狗盗的事件和现象自不必说了,可以说是信手拈来。仅从当下中国现实社会中的一些现象,我们即可以感受到这种不良风气和世俗给人们带来的危害和给整个社会造成的恶劣影响。

我们现在走在大街上,会发现三五成群的人,既有年轻人,也有中老年人,甚至还有妇女和孩子,他们结成相对固定的组织和群体,公然扒窃路人的手包衣袋,有些时候你发现被盗了,还不能说,只能哑巴吃黄连。如果你要是指责他们,没准可能一下子涌上来七八个人,狠狠地将你围攻辱骂一顿,要是运气不佳,保不准还会挨一顿毒打。又比如在公交车上、娱乐场所、酒吧、网吧等等这些地方,你也会发现穿戴整齐的社会流子,他们往往无事生非,故意找人荏子,诈骗钱财,甚至公开抢劫、伤人性命,这样一类案例经常会通过网络、微博、广播电视、报纸杂志等报道出来,有些一经媒体渲染,常常起到推波助澜的教唆引导作用,给社会造成巨大负面影响。再就是由于社会思潮的不良影响,导致一些人尤其是一些年轻人价值观异化、人生观扭曲、心理病态等等,一些年轻人玩世不恭、自甘堕落、仇视现实、游戏人生,视生命如草芥,视人生如儿戏,给整个社会造成危害,比如大学生杀人案、研究生投毒案等等,常常引人深思、痛心疾首、扼腕叹息。

再拿人事工作中的问题来分析。

首先就是腐败问题。腐败为何会产生? 实际上就是一种权力的寻租。很多的行业和政府职能部门,由于其对信息资源和权力资源的掌控,导致政府和市场、官员和老百姓之间的信息不对称、地位和信任不平等,人们为了获得自己的既得利益,必然会采取一种隐蔽的手段,投其所好地为掌权者行贿。如果掌权者不能廉洁自律,甚至将自己手中的权力作为对自己应该付出的一种回报,那么此时的“权—利”交易便成了现实。这就是为什么腐败不仅在各级党政机关普遍存在,而且还会渗透到社会各行各业中的根本原因。腐败不仅让社会秩序处于崩溃的边缘,也在腐蚀着人心与人性,让越来越多的人丧失道德底线和基本尊严。①

　　其次就是用人上的不正之风。现在在选拔干部方面存在着很多不正常现象:一是任人唯上,即按照上面的意图安排启用干部,按领导的脸色行事;二是任人唯帮,即在起用干部时拉帮结派,把同乡、同学、亲信安排在各级岗位上;三是任人唯拍,即把那些溜须拍马、"精神贿赂"者起用到领导岗位上;四是任人唯钱,即权钱交易,唯钱是举,认钱不认人。还有任人唯吹、任人唯亲等等。社会上流行的所谓"不跑不送,原地不动;只跑不送,平级调动;又跑又送,提拔重用"的现象,就是这种用人上的不正之风的真实写照。

　　尽管古今中外这种"世俗之乱君(者),乡曲之儇子"都不同程度地存在,但每个时代对这些人都是不齿的,都是指责和憎恶的。按照荀子的说法和观点,作为普通的国君,都羞于把这种人作为臣子,更不会委以重任;普通的老百姓、一般的父母都羞于将这种人作为自己的儿子,认为家有孽子,这是家门不幸;作为哥哥,羞于把这样的人当作弟弟;作为普通老百姓,都羞于把这种人当成自己的朋友,羞于与这种人为伍。

　　在荀子看来,就连那些普通的国君和普通老百姓都羞于有这种人在自己的身边和家中,更何况是道德高尚的君子呢! 所以,这种人往往是社会的害群之马,虽然人数不多,但影响和危害都特别大,比如说,贪官污吏同整个公务员队伍和干部队伍相比,确实为数不多,但对政府的公信力和对整个干部队伍形象的影响和危害却非常严重。所以,每个时代的当政者对这种人的惩处都是特别严厉的,荀子时代亦不例外。

　　因此,荀子指出:不久,这种人就会被官府绑了去而在大街闹市中杀头。此时的他们,个个无不呼天抢地号啕大哭,都痛心自己今天的下场而后悔当初的所作所为。遍观所有贪官犯罪判刑以后的悔过书,个个都是这种心态反应,都认为自己放松了学习,放松了世界观的改造,忘记了党纪国法,辜负了党的培养,对不起父母亲人。早知如此,何必当初呢? 就是这种人的普遍心理。

　　荀子认为,这种人的行径和心态反应,并不是由其容貌的好坏美丑所决定的,而是由于那些相信相面之术的人见闻不多、思想卑下,从而谈论起来才是这样的不高明。说到这里,荀子指出,在以相貌论人和以思想论人两种观点之间,你究竟赞成哪一种意见呢?

　　很显然,荀子在这里旨在提醒人们:相术不可信。也就是说,人的事业成败,

① 凤凰周刊编:《中国贪官录(2000—2010:250 位贪官档案)》,中国发展出版社 2011 年版,第1—2 页。

吉凶祸福，并不取决于人的体形外貌、长相美丑，关键取决于人的内心修为、品行高低、道德修养和学识水平。

有学者认为，荀子批判相面术的文字到此为止，下面的文字应归之于《荣辱》篇中。因为以下文字主要探讨辩学问题，讨论法后王、讲礼义问题。所以将其放在《荣辱》篇更为恰当和合适。但我认为以下文字归于此篇中，并非不可，因全篇均以"择术"这条红线贯穿始终，将全篇联为一体，并未失荀子文体的严谨性和一惯性。

5. 做人的三个大问题

荀子认为"人有三不祥"，即在做人的问题上，有三种不吉利的事情，是应该重视的，这三种不吉祥的事情是什么呢？

第一，"幼而不肯事长"，即年幼的不肯侍奉年长的。这样问题就来了，为什么荀子在这里提出"年幼"这样的概念呢？一般情况下，或者说在一般人的心目中，所谓年幼者，即是未成年者，既然是未成年人，尚需父母或成人的监护和抚养，怎么能够让他们侍奉年长者呢？这显然与中国的传统文化和社会发展状况不相符，也不符合人类自身发展规律。如是，就有学者提出了诘难，认为荀子在这个问题上出现了认知上的偏差。但我认为荀子的这一提法并无问题。我们知道，我国古代学者常常喜欢用一些约数词语表达整数概念，或者喜欢用虚数词语表示实数概念。据此本人认为，荀子这里所谓"幼而不肯事长"的"幼"者，当指年轻人，当然也包括少年。这里的"事"除侍奉的意思外，还应该有尊敬、孝顺等意思。这样一来，这句话的内涵就发生了深刻的变化，就颠覆了几千年来所有学者对这句话的注释和理解，即年轻人不尊敬、孝顺年长的人。比如说年轻人桀骜不驯、我行我素。特别是在当下，年轻人以自我为中心、我行我素的现象比较普遍，他们往往对父母长辈表示出一种抵触情绪，与父母长辈很少沟通交流。一般情况下，只有在缺钱花或遇到不能解决的工作、生活困难的时候，才会想起向自己的父母索取或求救。

中国是一个礼仪之邦，自古以来讲求人伦纲常，尤其是在孔孟荀所处的时代，国家战乱不断，社会伦理道德衰败，劳动人民生活于水深火热之中，民不聊生。如何构建一个和谐安宁的社会环境，建立一个崇尚人伦纲常的理想社会，便成为这个时代的思想家们的理想追求和向往目标，如果出现像幼而不肯事长者这样的社会现象，在荀子看来是不可想象的，这是人伦关系中的第一大社会人伦祸害。

所以，我觉得荀子在这里主要是想告诉我们这样一件实事：一个人在年轻的时候，要尊敬、侍奉长者，应注意向父辈长者请教人生经验和处世之道。因为，可以从父辈长者那里学到很多的直接经验,使自己少走弯路、错路。但是,今天能够真正耐着性子悉听一位老者絮叨的人,已经越来越少了,至少在我的身边很少。我是一名教育工作者,不管是课中还是课间,除了我主动询问学生或向学生提问和少部分学生主动向我请教课程考试问题外,大部分学生根本不会主动向我询问一些为人做事做学问的问题,更不要说平时了。我觉得人生经验有些靠悟,但更多的还是要靠学。所以,如果一个年轻人遇到难题了,碰到麻烦了,还听不进父辈长者的规劝和教导,那便是"不祥"的征兆。

第二,"贱而不肯事贵",即地位卑贱的人不肯侍奉地位高贵的人。贫贱之人侍奉高贵者,地位低下的侍奉地位高贵的,这在古代社会是一种普遍现象,中外概莫如此。比如西方中世纪的贵族阶层,就是靠压榨和剥削底层劳动人民的血汗而过着花天酒地、醉生梦死的生活。尤其在奴隶社会,奴隶主把奴隶当成牲口一样,随时进行买卖和处死。但是,荀子却在这里提出了一个逆命题:贱而不肯事贵的问题。到底如何解读荀子这句话的意思呢?我认为应该结合时代背景和社会人伦关系来理解。

大家知道,荀子生活的战国时期,礼崩乐坏,人心惟危,人与人之间相互倾轧,甚至出现为了篡位而相互残杀、吞并,臣弑君、子弑父这样有悖人伦纲常的社会现象。有些王公大臣,为了一己私利,结党营私,拉帮结派,架空君主或自己为之服务的对象。这是严重背离社会伦理纲常的社会弊病。

就拿汉代双雄项羽、刘邦来说吧,按理说,刘邦的家庭背景和家族势力远不及项羽,但他为何后来战胜项羽而夺取天下呢? 这取决于刘邦的智与奸,即荀子所说的"贱而不肯事贵"。

据史书①记载,项羽、刘邦各自为农民起义领袖,入咸阳前,刘邦和项羽受楚怀王之约,结盟为誓:先入咸阳者为王。结果刘邦先攻进咸阳,按照事先双方的君子协定,该刘邦为王。

刘邦进咸阳后,本想住在豪华的王宫里自立为王,但他的心腹樊哙和张良告诫他别这样做,免得失掉人心。刘邦接受他们的意见,下令封闭王宫,并留下少数士兵保护王宫和藏有大量财宝的库房,随即还军霸上。为了取得民心,刘邦把关中各地有名望的父老、豪杰召集起来,郑重地向他们宣布道:"秦朝的严刑苛法,把众位害苦了,应该全部废除。现在我和众位约定,不论是谁,都要遵守三条法律:杀人者要处死,伤人者要抵罪,盗窃者也要判罪!"父老、豪杰们都表示拥护约法三章。接着,刘邦又派出大批人员,到各县各乡去宣传约法三章。百姓们听了,都热

---

① 《史记·项羽本纪》《史记·高祖本纪》。

烈拥护,纷纷拿酒食来慰劳刘邦的军队。由于坚决执行约法三章,刘邦得到了百姓的信任、拥护和支持,最后取得天下,建立了西汉王朝。

项羽听说刘邦先入关中,非常愤怒,率军攻破函谷关,杀奔咸阳而来。公元前207年12月,项羽军队以四十万之众驻扎新丰鸿门(今西安临潼区东项王营)。当时,刘邦军队只有十万人,实力不敌项羽。他又听从张良的意见,亲自去鸿门拜会项羽,主动向项羽请罪示弱,卑辞言好。项羽设宴招待刘邦,其谋士范增想乘机杀掉刘邦以绝后患,安排项羽的从弟项庄以表演剑舞为名伺机行刺。项羽的叔父项伯从前和张良关系好,这时见势不妙,也拔剑伴舞,掩护刘邦。席间,刘邦以上厕所为借口,从小道回到霸上。

"鸿门宴"后,项羽带兵进入咸阳,杀秦降王子婴,烧杀抢掠,焚阿房宫,大火三月不灭,终失关中父老心。项羽自立为西楚霸王,又封刘邦为汉王,命他居巴蜀汉中,另封章邯等人三分关中,不断强化自己的势力范围。

项羽分封诸侯,将众多与自己关系密切的人分封于彭城周围,以巩固联盟,但其他众多诸侯因没有得到满意的封地,多有怨气,矛盾日渐突出。不久,齐将田荣最先起兵反对项羽,自立为齐王。彭越在梁地有一万多士兵,未得分地,对项羽怨恨,田荣也联合彭越。陈馀对张耳被封常山王不服,联合田荣赶走张耳,做代王。诸侯混战再次爆发。

而被项羽逼处巴蜀汉中一隅的刘邦,则采纳萧何的策略,一方面甘愿屈服,以休养生息,积蓄力量。另一方面,积极在汉中招揽人才,治理巴蜀作根据地。到公元前206年5月,刘邦乘项羽领军攻打田荣之际,出兵关中,不到一个月便占领全部关中。接着向东挺进,直捣项羽的老窝彭城。楚汉战争爆发。

公元前206年至公元前202年初,刘邦和项羽苦战了五年,大小战役一百一十余次。与此同时,刘邦派韩信北上收拾赵魏齐等地,开辟第二战场。与其他诸侯联合,拉拢彭越、英布等人,孤立项羽,终于逐渐转为优势。

以上这些,都是讲刘邦的"智",即高超的智慧和从善如流的胸怀。要是说起刘邦的"奸",那可能也是前无古人后无来者,这里仅举一例说明。

大约在汉王四年,也就是公元前203年,正在项刘战争处于白热化的当口,项羽在两军阵前架起一口大锅,要当众"烹"杀刘邦的父亲,作为肉羹赏给将士们。项羽此举的本意是想让刘邦妥协归服自己。这时刘邦的父亲太公在项羽的刀俎之上,性命岌岌可危,唯一解救其父性命的办法就是刘邦归顺项羽,侍奉项羽做大王。但刘邦却不吃项羽这一套,并说:"吾与项羽俱北面受命怀王,曰'约为兄弟',吾翁即若翁。必欲烹而翁,则幸分我一杯羹。"就是刘邦泰然自若地对项羽说:项羽啊,你我是结拜兄弟,我之父便是你之父,你能吃他的肉,那我也能吃,如果你烹饪好了,也为我送一碗肉羹过来吧!

　　大家知道,项羽一向杀人不眨眼,残忍无比,进入咸阳后,一把火烧毁咸阳宫,把秦王兵马俑破坏殆尽,在襄阳屠城,坑杀降卒二十多万人。但就是这么一个残忍无道的人,竟然败在了厚颜无耻的结拜兄弟刘邦手里,标志性证据就是项羽放掉了刘邦的父亲。

　　后人论史,都说项羽虽狠,但也狠不过厚黑无耻的刘邦。刘邦竟然狠到能置自己的老父亲性命于不顾。这一招虽然险,但他料定项羽不会烹杀他的父亲。所以,清代戴南山就质问:如果项羽果真下锅烹人,刘邦势必失去做人的基本立场,他岂能再号令三军? 还能完成帝王大业吗?

　　这话诚然有理,但问题是如果刘邦果真投降项羽,项羽会不会采取他惯用的伎俩,而把他们爷俩及全军给坑杀呢? 这也是不得而知的。所以,项羽发飙,刘邦狠心一赌,居然赢了。

　　其实,刘邦这一赌产生了两大效果:一是灭掉了项羽的威风和士气;二是鼓舞了汉军的士气,收买了将士之心。这导致了公元前202年初,项羽乌江自刎的必然结果。你说刘邦是不是既"奸"又"智"呢? 这是贱而不肯事贵,并最终反贱为贵的真实写照。

　　我们知道,每个人在社会上都要担任一定的角色,安于自己相应的位置,做你该做的事情,诚如亚当·斯密在《道德情操论》中所说的:每个人都是这个社会大棋盘上的一颗棋子,都有自己应有的位置和作用。此乃天经地义的事情,不管你承认不承认、接受不接受,它都是客观存在的。就做事待人来说这与贱事贵的道理是一回事。当今是一个流动性的社会,每一个人都可以通过自己的努力奋斗由贱而贵。但你由贱而贵的历程,必然是你由贱事贵的过程。

　　第三,"不肖而不肯事贤",即没有德才的人不肯侍奉贤能的人。早几年,读万小遥的著作《低调做人密码》,书中的第一章第一篇写得非常有水平,开宗明义就指出:"学会低头,才能出头。"我把他的核心观点摘录下来,与大家共享:

　　　　低头是一种大智慧,它不是自卑,不是怯懦,不是软弱,不是无能,不是退缩,而是清醒中的嬗变、理智中的圆滑、愚钝中的机智。学会低头,并且低得恰到好处,是一种处世的艺术,它能使我们从低处走到高处,从幕后走向前台,能使我们的人生从平凡走向精彩。

　　的确如此,人生一世,无论你身处何位,是地位显赫,还是财富亿万,抑或是地位卑微、穷困潦倒,你都没有资格和权利傲视他人,你只有恭敬地对待你周围身边的每一位亲人、朋友、同事、领导、长辈和晚辈,你才能获得他们的尊敬。

可是，在现实生活中，我们却常常看到这样的场景，感受到这样的氛围：有一些人年龄不大脾气大，地位不高要求高，一方面总希望甚至要求别人尊敬、爱戴、抬举自己，把自己当成一个人物，但另一方面却利用自己手中的权势甚或父母的权势地位去压制、排挤自认为对自己晋职、晋级、发展等有威胁的人，或者散布流言蜚语去中伤别人。有些人虽然能够做到所谓的"不肖而肯事贤"，能够做到所谓的"礼贤下士"，但那是有条件或在一定场合氛围中的一种做作，比如说为了升迁而贿赂上司，为了成果而讨好专家，为了获得选票而拉拢利害人等。总之，是极尽讨好之能事，好像具有礼贤下士、尊敬贤者的风范。而一旦目标达到，就翻脸不认人、趾高气扬、颐指气使。这种人往往只能得逞一时，不可能得到别人长久、真心的尊重。所以，一个人要想得到别人长久的尊敬，你就必须长久地尊重他人，低调做人、高调做事，正如19世纪美国思想家、文学家爱默生说的："宁可让人待己不公，也不可自己非礼待人。"只有如此，才能获得他人真心实意的爱戴和尊敬。

我始终觉得，一个人的能力有大小，职位有高低，财富有多寡，条件有优劣，分工有不同，这是由多种因素综合决定的，并非你自己的过错。但是按照荀子的观点，你不肖就得事贤，并且应该心甘情愿地事贤，这是没有办法的，至于说你作为不肖者有一些好的建议和想法，可以给贤者提出来以供其参考和决策，但千万不可因此而傲视贤者。比如说，在一个公司里，对方是老板，是总经理，是总裁或董事长，他对公司有最高决策权，而你作为下属，能不听他的安排吗？能不尊重他的决定吗？能不执行他的决策吗？肯定不能。这就是不肖者必须事贤的具体体现，是没有办法的事情，尽管你可能才华横溢、技艺超群、志向宏大，足可以当总裁，但你现在毕竟不是。特别是在现在就业形势越来越紧迫的情况下，具有事贤风范和品格思想的人更容易求到自己的职位，工作中也更易受到上司的赏识，同事的尊敬。因为越有人使用你、尊敬你，就说明你的价值越大，那你的工作平台就越大，发展空间也越大，成长进步和发展也会越快。

所以，据我个人半个世纪的人生感悟，我的理解就是"不肖而事贤"实际上就是做人应低调，应做好自己分内的事情和该做的事情。相反，如果你"不肖"而又"不肯事贤"，保证你将一事无成，人生也不可能圆满和一帆风顺。

这就是我对荀子的"人有三不祥"的肤浅理解。如果我们这个社会真正出现幼肯事长、贱肯事贵、不肖而肯事贤的局面和氛围，那么，一个和谐、和睦、安定有序、诚实守信的社会环境就形成了。因此，荀子所说的"三不祥"，应该成为我们当下精神文明建设的指导原则和个人思想道德品质建构的重要参考标准。

讨论完荀子的"三不祥"观点以后，接下来，我们再来看一看荀子的"人有三必穷"观点：

"为上则不能爱下，为下则好非其上，是人之一必穷也；乡则不若，偝
则谩之，是人之二必穷也；知行浅薄，曲直有以相县矣，然而仁人不能推，
知士不能明，是人之三必穷也。"

这又是一个精神文明建设和思想道德建设的大问题，也是人际关系学中一个
重要的哲学问题。

荀子指出，除了有三种不吉利的事情外，还有三种必然会陷入困境的事情。
这里的"穷"不是指财富不足或太少，而是指困境、困厄、困窘的意思。所以，这段
话就可以作如下解读：一是作为长辈、上司、领导乃至君主，却不能主动做到爱护
晚辈、下属、臣民百姓；而作为晚辈、年轻人、员工、下属、王公大臣、天下百姓，却喜
欢非议长者、上司、领导，甚至传播小道消息或造谣生事，以诽谤上司、领导，这是
使自己必然陷于困境的第一种情况。二是当面不顺从甚至顶撞别人，而且背后又
喜欢诬蔑、诽谤、谩骂别人，这是使自己必然陷于困境的第二种情况。三是明明知
道自己知识浅陋、德行浅薄，而且明辨是非曲直的能力又与别人相差悬殊，但对品
德高尚、仁爱深厚的人不能推崇，对明达之士、智慧之人又不能尊重，这是使自己
必然陷入困境的第三种情况。

荀子的"三必穷"和"三不祥"具有很强的关联性，都是讲为人处世、做人做事
的大问题，包含了社会公德、职业道德、家庭美德、个人品德的具体内容。在荀子
看来，一个人如果有了"三不祥"和"三必穷"的行为表现、思想观念和心理动机，
则"以为上则必危，为下则必灭"。就是说，如果你身处高贵、长上、富有的地位，也
一定会垮台、倒霉、为老不尊、破败贫穷；如果是处于下位的普通老百姓，或是没有
任何地位的人，那一定会自处其辱甚至自取灭亡。

荀子为了佐证自己的论点，还引用《诗经·小雅·角弓》中的一段话予以
说明：

"《诗曰》：'雨雪瀌瀌，宴然聿消。莫肯下隧，式居娄骄。'此之
谓也。"

什么意思呢？就是说漫天雪花纷纷下（这里的"雨"作动词用，意即"下"），一
遇到太阳便自动消融。说明自然界总是一物降一物，没有一种物质或生命能够独
占鳌头，永远不败，自然界没有这样的事情和现象。同样的道理，人类社会也是如
此，如果做人不懂得进退有度，不懂得谦虚自重，而是一味自以为是、居功自傲，甚
至无功自傲，那这样的人一定会一败涂地，决不会成功，无论做人做事做学问，概
莫如此。这是一个非常重大的人生哲学和社会学问题，需要我们自己去琢磨、去
品味、去感悟。

6. 思辨能力是人类所特有的

人为什么成为人？人与动物到底有什么区别？这是古今中外哲学家们非常关注而且必须关注的话题。两千多年前的荀子给出了比较好的回答。他认为人与动物相区别的核心是因为人有自觉思辨能力，并且这一思想体现在他的多篇文章中，如《非相》《王制》《富国》等。

> "人之所以为人者，何已也？曰：以其有辨也。饥而欲食，寒而欲暖，劳而欲息，好利而恶害，是人之所生而有也，是无待而然者也，是禹、桀之所同也。然则人之所以为人者，非特以二足而无毛也，以其有辨也。今夫狌狌形笑，亦二足而毛也，然而君子啜其羹，食其胾。故人之所以为人者，非特以其二足而无毛也，以其有辨也。夫禽兽有父子而无父子之亲，有牝牡而无男女之别。故人道莫不有辨。"

荀子在这段文字中关于人为何为人的问题，是从三个方面进行表达的：

第一，作为一个有机体的人来说，他本身具有和自然界所有动物毫无区别的自然属性和动物性本能。比如说饿了就想吃东西以填饱肚子，这和动物没有丝毫差别。可能有人会问，动物是生食者，而人类是熟食者。不错，在这一点上确实有差别，但这并非人类的自然属性，恰恰说明人可以通过有意识的劳动来改变自己的习性和属性，说明人类具有思辨能力和主观能动性，能够通过劳动、使用工具来为自己服务。这是讲饥而欲食。同时，人作为一个有机生命体，也像动物一样，冷了要想办法使自己温暖，疲劳了就会停下来休息，喜欢对自己有利的东西而尽量避免使自己受到伤害等等，这些自然属性或人类的动物性本然属性，是人类产生以来就具有的天生本然属性，不是依靠学习获得的，即使是圣贤明君和十恶不赦的暴徒，概莫如此。这是从人的自然诉求和自然本性方面分析，人和动物在本质上并没有什么特别明显的区别。

第二，从人的自然表现形态分析，人与某些动物也并未存在本质性差异。比如说人与猩猩等灵长类动物相比，①在外表形象方面有很多相似之处，比如都能直立行走，都有喜怒哀乐等表情，而且音容笑貌还有几分相像。并且据科学家们的研究，一只三岁左右的猩猩和一个五岁左右的小孩在智力上非常接近，甚至在

---

① 关于猩猩和黑猩猩的有关研究资料分别来源于以下材料：《黑猩猩的智力》[EB/OL].[2014-05-10].wenku.baidu.com/link? u…百度文库；《黑猩猩记忆力超过大学生》[EB/OL].[2007-12-05].informationtimes.dayoo…百度快照；《浅谈黑猩猩的真实智力水平》[EB/OL].[2012-02-09].movie.douban.com/revie…百度快照.

某些方面,三岁黑猩猩的智力还超过九岁小孩的智力。所有猩猩,如大猩猩、黑猩猩等,都是集群生活,每群二至二十只,有的可能达到三十余只,每群由一只雄性首领率领。猩猩群与群之间也有一定往来,长久保持母子关系,分群后还会常回来探母,有午休习性,能够简单制造和使用工具获取白蚁食用以补充动物性蛋白质,能用树叶做成遮雨帽,给自己的窝搭建防雨屋顶,等等。据哈佛大学遗传学家、生理心理学家研究结论表明,猩猩和黑猩猩的 DNA 与人类 DNA 的相似性高达 96% 以上,因而,他们得出结论:猩猩和黑猩猩可能同人类有非同一般的亲缘关系,可能曾经在人类进化过程中起过关键作用。特别是日本京都大学的一项研究结果表明,黑猩猩短暂记忆能力甚至超过大学生。

研究人员将三只母黑猩猩和它们的年幼的儿女分成三组,与大学生进行记忆力比赛。日本京都大学的研究人员让每组黑猩猩与大学生同时记忆屏幕上的数字和它们的排序。结果显示,幼猩猩的记忆力优于它们的母亲和大学生。经过进一步研究,他们得出的结论是:黑猩猩拥有更强的照片式记忆,而人类随着年龄的增长,却越来越依赖语言文字来记忆,从而导致记忆力衰退。

此外,黑猩猩学习语言的能力也远远超出我们的想象。20 世纪 60 年代,美国科研人员训练黑猩猩的手语、符号语和键盘语言能力(黑猩猩不能像人类发出语声),结果表明:一只名叫 Washoe 的黑猩猩居然掌握了八百多个符号语,并且还主动教其他黑猩猩手语。

由此可知,黑猩猩与人类在很多方面具有相似之处,而不仅仅只是黑猩猩和人类都能直接行走这么简单。不仅如此,最近几十年的野外观察发现,有很多动物能够使用乃至制造使用工具,以提高自己的生存能力。我相信,如果马克思、恩格斯能够活到现在,他们一定会修正他们的关于"制造和使用工具是人与动物区别的标志"的观点。

那人类和动物的本质区别到底是什么呢? 这就是人类发展的第三个层次,也就是第三点,"人之所以为人者,以其有辩也"。这是荀子作为一个伟大的思想家和哲学家,对人类思想文化最伟大的贡献之一。他的这一贡献,比马克思主义者对人类思想文化的伟大贡献整整提早了两千年。

我们大家都知道,马克思从 19 世纪中期开始,专心着手研究资本主义社会的经济运行规律和资本主义生产、发展和灭亡的历史规律,开始专心致志地撰写他的政治经济学鸿著《资本论》。在第一卷第五章《劳动过程和价值增殖过程》第一节中明确写道:"我们要考察的是专属于人的那种形式的劳动。蜘蛛的活动与织工的活动相似,蜜蜂建筑蜂房的本领使人间的许多建筑师感到惭愧,但是,最蹩脚的建筑师从一开始就比最灵巧的蜜蜂高明的地方,是他在用蜂蜡建筑蜂房以前,已经在自己头脑中把它建成了。劳动过程结束时得到的结果，在这个过程开始前就已经在劳动者的表象中存在着，即已经观念地存在着。"①

我认为马克思的这段话可以比较好地解释和说明荀子的以上观点，也就是人的活动是有意识的、能动性的活动。为此，荀子用以下例证加以论证：

一是"禽兽有父子而无父子之亲，有牝牡而无男女之别"。意思就是说，尽管禽兽有父子、母子等等关系，但却不像人类那样懂得亲情冷暖、父慈子孝、母子情深等等人间真情。动物界是没有真情可言的，特别是在繁殖交配季节，为了争夺配偶和交配权，雄性之间，哪怕是父子之间、兄弟之间，也会进行残酷的争夺、厮杀，以期将对方打败，由此显示自己的威力，以争得交配权。另外，动物界几乎每种动物都有雌雄之别（也有雌雄同体者），却不像人类那样懂得男女之间的界限，也就是动物之间没有性伦理观念，性成熟以后，即使是母子关系、父女关系、兄妹关系等等，依然会相互之间进行性交配。而人类就不同，除了极个别现象（丧失了人类性伦理道德）外，不可能父女、母子、兄妹之间结为夫妻，封建社会有表亲成亲，甚至在中世纪以前某些西方国家还有堂亲成亲的风俗。但随着科学特别是医学、生物科学、遗传学等的发展，发现有很多疾病都是近亲结婚导致的。于是人类自觉停止了近亲通婚这一习俗。到近代，很多国家甚至立法明文规定，禁止五代以内直系亲属和三代以内旁系亲属结婚。这就彻底改变了人类近亲繁殖所导致的各种社会伦理道德和人类遗传性疾病高发的问题。但动物界除了人类有意识地干预外，即人为地将近亲分开外，不可能有男女亲情之别。

二是《王制》篇中的观点，荀子指出："水火有气而无生，草木有生而无知，禽兽有知而无义；人有气、有生、有知，亦且有义，故最为天下贵也。"也就是说，水火有气的成分却没有生命力，草木有生命力却没有知觉感应，禽兽有知觉但不懂得礼义廉耻。而我们人类不仅有气、有知觉、有生命力，而且还懂得礼义廉耻，所以说，人是天下最尊贵、最高贵的动物。在荀子看来，懂得礼义廉耻，是人类区别于动物界而特有的思辨能力。正是缘于此，所以儒家思想体系中，礼义占有非常重要的地位，被拔得很高，甚至以礼义的形式和个人道德修养相结合的个人伦理形式来架构我们中华民族的伦理道德体系，比如孔子的"杀身成仁"、孟子的"舍生取义"等等，就是这种伦理体系演化发展的真实体现。他们之所以能够做到以生命为代价，也正是在于他们有思想，有辨别礼义廉耻、善恶美丑的能力。

三是人具有强大的驾驭能力和支配能力。人的这种能力来源于人是能够按照一定的等级和分工组成的社会群体。马克思主义认为，人是一切社会关系的总

---

① 《马克思恩格斯文集》（第五卷），人民出版社 2009 年版，第 208 页。

和。因此,社会性是人的根本属实。荀子在《王制》篇中指出:人的"力不若牛,走不若马,而牛马为用。何也? 曰:人能群,彼不能群也。人何为能群? 曰:分。分何以能行? 曰:义。故义以分则和。和则一,一则多力,多力则强,强则能胜物"。荀子认为,人之所以能够使用牛马,并不是靠力量,而是靠智慧、靠思想。这种智慧和思想的来源,就是能结合成有组织、有等级、有分工的群体。而这种群体组织的有效运行则依靠礼义、法度。有了好的礼义法度,则人类就能和谐相处,就能形成统一意志,有了统一意志就能产生强大的力量,这种力量是攻无不克的。所以说,人民群众的力量是无穷的。"故人生不能无群,群而无分则争,争则乱,乱则离,离则弱,弱则不能胜物。"(《王制》)并进而在《富国》篇中指出:"人之生,不能无群,群而无分则争,争则乱,乱则穷矣。"

7. 以微知明的哲学意蕴

荀子认为人类历史和社会是不断变化发展的,人类的思想文化也是在不断创新中传承发展的,他的这一思想观念和理论观点是完全符号唯物主义原理的。大家知道,按照物质决定意识的原理和事物矛盾运动的规律,世间一切事物都处于矛盾运动中,处于发展变化中,变是绝对的,不变是相对。在荀子的思想观念和理论体系中,所谓"后王"是"先王"之"粲然"也,即后世明王之法是继承、发扬先王之法并与当今时代紧密结合,适应时代需要的理论体系与治国理证理念。同时,他又认为先王之法,特别是周朝的礼法是不可更改的,必须全盘继承,这就使他偏离了社会历史进化论的观点,转而陷入了形而上学的泥坑,这也充分暴露了荀子的社会历史局限性。也难怪,荀子毕竟生活于两千二百多年前,能够提出这种具有朴素唯物主义的观点,实属不易,我们不能苛求古人的完美。下面我们还是先欣赏一下原文:

> "辨莫大于分,分莫大于礼,礼莫大于圣王。圣王有百,吾孰法焉?
> 故曰:文久而息,节族久而绝,守法数之有司极礼而褫。故曰:欲观圣王
> 之迹,则于其粲然者矣,后王是也。彼后王者,天下之君也;舍后王而道
> 上古,譬之,是犹舍己之君而事人之君也。故曰:欲观千岁,则数今日;欲
> 知亿万,则审一二;欲知上世,则审周道;欲知周道,则审其人所贵君子。
> 故曰:以近知远,以一知万,以微知明。此之谓也。"

这段话要译成现代白话文是比较好理解的,但在翻译之前,有必要将文中的几个字给大家分析一下,以便于理解原文。第一个字就是"分(fen)",这里作名分理解,是指各种和人或事物所对应的职位、等级、权利、身份等等,也就是人或物的

一种规定性,是春秋战国时期十分流行的一种道德范畴,通常指名分、等级。第二个字就是"文",这里指礼义制度,各种礼节仪式,如车制、旗章、服饰等等制度规定。第三个字是"数",文中出现了两次,第一个"数"指制度,"守法数之有司"就是掌管礼法条文或制度的官吏或官员;第二个"数"就是指审视、审察,"欲观千古,则数今日",即是说想要观察了解上古千年的往事,就必须仔细审视和审察当今的现状。

这三个字的意思弄清楚以后,这段文字就好理解了。荀子是说,人们对各种事物的界限加以区分没有比确定名分等级更重要的了,确定名分等级关系没有比遵循礼法更重要的了,而遵循礼法制度又没有比效法圣明的帝王更重要的了。这样问题就来了,什么问题呢?就是古代圣明的帝王有那么多,三皇五帝、文武周公等等圣贤明君,我们到底效法哪一个呢?按照我的说法,就是礼义制度因为年代久远而湮没了,音乐礼乐的节奏因为年代久远而失传了,掌管礼法条文制度的有关官吏君主也因为与制定礼法制度的年代相去久远而脱节了。所以,要想了解古代圣明帝王的事迹,就得观察其中清楚明白的人和事,最清楚明白事物前因后果、古代圣明帝王事迹的人便是当今的帝王了,即现在统治天下的帝王。如果舍弃了这后代的帝王而去称道效法古代的帝王,拿它打个比方,那就好比是舍弃自己的君主不侍奉却去侍奉别国的君主。所以荀子说,要想观察千年的往事,那就要仔细审察现在社会的状况;要想厘清成千上万的事物的道理和来龙去脉,那就必须仔细弄清楚一两件具体的事物及缘由;要想知道上古的社会现状和治理情况,就必须仔细审察现在周王朝的治国之道;而要想知道、了解当今周王朝的治国之道,那就要仔细审察他们所尊崇的君子。所以说,"根据近世以了解远古,从一件事物来了解上万种事物,由隐微的东西了解显明的东西"。就是说的这个道理。

我们知道,世界上万事万物的发展变化都必须遵循一定的自然规律,从无到有、从小到大、从弱到强、从隐微到显耀,即量的积累到一定程度以后必然导致质的变化、质的飞跃,从而促使事物不断向前发展。人类社会历史的发展也是如此,这是普遍存在的客观历史规律,是不以人的主观意志为转移的普遍法则和客观真理。任何事物,不论其价值大小、力量强弱、影响远近,都会沿着事物发展的轨迹发展变化,按照否定之否定的规律前进。据此我们可以断定,任何事物、事件的发生、发展在正式登上历史舞台之前,都会表示出各种所谓的"征兆",都会通过一定的方式和途径显现出来。因此,学会观察、善于观察,对于认识事物发展规律,判断事物发展方向,从而采取有效措施因势利导、趋利避害,让事物朝着对我们人类有利的方向发展,就显得尤为重要。

荀子深深地懂得并遵循这一自然规律和辩证原理。提出了"分—礼—圣王"

的运行轨迹和厚古薄今的"法后王"学说。

荀子认为,要判明、区分各种事物的界限,首先必须确定事物的等级、名分、职位、所属关系,也就是万事万物或人类自身的规定性。只有把事物的所属关系和性质、特征弄清楚了,才能了解、明确事物的发展方向,有助于我们作决策。同样的道理,只有将人类自身的职位、身份、等级、权利、归属关系了解、安排清楚了,才能理顺人类自身的发展关系,促进人类社会自身和谐和人的协调全面发展。

那这种社会分类、事物分类、人类分工等等所属关系,靠什么来维系呢? 荀子认为,靠礼义法度,即"分莫大于礼"。楼宇烈先生指出:①"礼"在中国数千年的封建社会中,是以维护宗法等级制度为其核心内容的,经过近代以来从思想理论到革命实践对封建"礼教"的激烈批判,导致在很多人的心目中,"礼"是一种具有浓厚封建色彩的文化糟粕,应加以否定和异化。其实,中国传统文化中的"礼"文化,除了维护封建宗法等级制度的内容外,还包含诸如社会的基本伦理原则、道德规范、生活习俗,以及各种礼貌、礼节、礼仪等等内容,其中大部分与现代社会和现实生活具有非常密切的关联,或者说具有天然的血肉联系,不能简单地加以否定或抛弃。否则,就会陷入历史虚无主义。再则,从本质上分析,"礼"实际上是用来规范社会不同人群的名分和协调各种人际关系的一种基本原则,是一个社会基本伦理价值观的集中体现。所以,"礼"其实是任何社会都不可或缺的一种规范体系。荀子正是紧紧抓住和透彻性地理解了"礼"这一根本性规范原则,所以,他提出了"分莫大于礼"的伦理价值观。

不仅如此,荀子还着重追寻、探讨了"礼"的起源问题。他认为,"礼"主要是起源于人类社会对物质分配需求的欲望。"礼起于何也? 曰:人生而有欲,欲而不得,则不能无求;求而无度量分界,则不能不争;争则乱,乱则穷。先王恶其乱也,故制礼义以分之,以养人之欲,给人之求。使欲必不穷于物,物必不屈于欲,两者相持而长,是礼之所以起也。"(《荀子·礼论》)荀子进一步强调:"足国之道,节用裕民,而善藏其余。节用以礼,裕民以政。"(《荀子·富国》)从这里可以充分体会到,荀子不仅高度重视"礼"在确定每个人在社会中的名分等级、社会分工等方面的作用,"礼"在调节财富分配、协调利益关系、化解矛盾纠纷等方面也具有十分重要的作用,荀子还充分肯定了"礼"在节制社会财富的消费,保证社会有充裕的物质财富以满足人民利益需求,促进社会经济发展,确保政权稳固等方面的作用。

但是,荀子在论述"礼"的伦理价值和社会规范作用时,不是强调人民群众的

---

① 楼宇烈:《荀子的"礼"论与"群居和一"的政治理想》[EB/OL].[2003-07-17]. www.guoxue.com/? P=1…百度快照.

历史地位和对社会发展的贡献,而是突出圣王的个人价值和领袖决定论,抽象性地提出了"礼莫大于圣王","先王恶其乱也,故制礼义以分之"等观点,这不能不说是荀子"礼"思想的局限性,是一种形而上的观点。

同时,在本段文字中,荀子还提出了厚古薄今的"法后王"思想观点。荀子所谓"后王",即"天下之君也"。也就是当今天下之君,即理想中的国家最高统治者。他认为"先王"的时代久远,其事迹或历史传承因衰减而简略,他们所制定的礼法、礼制、礼义、礼节、礼乐等等文化传统,因为年代的久远也不同程度地失传或脱节,肯定不如近世特别是当代君王可靠。因此,"欲观圣王之迹,则于其粲然者矣,后王是也"。即"法先王"必须通过"法后王"的途径才能实现。说得明白点,就是在荀子看来,通过当代或近代圣王明君的所作所为、治国理念、施政纲领,可以推测、了解古代圣王明君的具体做法,即现代是古代的复制。如果按照荀子的思想逻辑,从古到今就不存在创新发展,而是一种直观复制,这显然不符合社会历史进化论思想和逻辑。也难怪,荀子毕竟生活在封建社会,他之所以主张"法后王",要继承"先王之道",不可否认的是他意在为封建统治阶级寻求理想人格的典范和治国理政的模式。这显然反映出荀子的一种形而上的思想主张和观点,也暴露了荀子思想体系的缺陷和不足。

最后要加以说明的是,荀子提出了"以微知明"的哲学观点,对我们具有重要的借鉴价值。

荀子提出的"以近知远,以一知万,以微知明"的观点,看似简单,其实要真正运用到我们的学习、工作、生活中,却非常不容易,这其中包含着非常深邃的哲学道理。它提醒我们要善于观察、细心留意发生在我们身边的一些细枝末节的小事情或小事件。有时看似一件非常不起眼的小事件,可能会决定一个人的一生,决定一个人的成败得失。因此,我们平时一定要严格要求自己,谨言慎行,要学会观察、善于观察,千万不要让一些哪怕是非常不起眼的小事情遮掩住自己的双眼,不要被绚丽多彩的外部景象迷惑住自己的心灵。只有做到处处小心,时时注意,事事留意,"锣鼓听声,听话听音",才能使自己不断成熟成长起来,才能使自己功业有成,人生一帆风顺。

8. 睿智之人不可欺

本节实际上承上节而来,探讨的仍然是以近知远、以微知明的历史哲学问题,只是立论的角度不同而已。上节重点讨论"欲知先王"必"法后王"的历史哲学问题,立足点在"以近知远,以一知万,以微知明",核心在一个"礼"字。本节重点讨论无知的危害性,立足点在"文久而灭,节族久而绝",核心在一个"理"字。

"夫妄人曰'古今异情，其所以治乱者异道'，而众人惑焉。彼众人者，愚而无说、陋而无度者也。其所见焉，犹可欺也，而况于千世之传也！妄人者，门庭之间，犹可诬欺也，而况于千世之上乎！"

荀子指出：现在社会上有那么一些无知妄说的人，在那里乱发议论和妄加揣度，说什么古代社会和现代社会的社会情况、政治环境、统治之道是不同的，古代社会之所以政治清明、社会安定、社会和谐，而现今社会之所以政治昏暗、社会混乱、礼崩乐坏、世风日下，关键是因为古今治国理念不同的缘故。于是一般的群众都被这些无知妄说的人的思想观点弄糊涂了。为什么会被搞糊涂了？荀子认为，因为这些人本来就才智平平，甚至智性愚钝，对一些问题和历史事件辩说、辨析不清，而且见识浅薄、知识浅陋，对有些是非问题判断不清、思虑不正确。为了佐证自己的观点，荀子进一步指出，这些知性愚钝、见闻浅陋的人，发生在他们身边、自己亲眼所见的东西，尚且可以欺骗、愚弄他们，足以让他们辨析不清、是非不明，更何况发生在历史上的那些几百年、上千年甚至几千年的传闻、传说呢？同样的道理，当今社会上那些无知妄说、胡言乱语的人，对于发生在当今、当下甚至发生在人们身边的实事，尚且可以瞎编乱造，以欺骗、愚弄老百姓，更何况是发生在几百年、上千年以前的传闻、传说呢？

这是一个大的历史文化现象问题，也是一个严肃的历史文化哲学问题，即我们如何对待历史文化和如何传承历史文化。

我们知道，历史是人们写成的，谁要是忘记历史，就意味着背叛。我们中国人自古以来重视历史文化的传承，中华民族五千年文明连绵不断、生生不息、传承于世，充分反映了我们的祖先和人们对历史的尊重、对文化的信仰、对历史的敬畏，像孔子、司马迁、刘向、陈寿、纪昀等等，他们对中国古代文化的收集、整理、编纂、删定、记载、传承等等，可以说呕心沥血、殚精竭虑、不遗余力，使我中华民族洋洋文化传之于后世和世界。

但是，在当下的中国，各种戏学历史、篡改历史、污损历史、丑化历史或美化民族屈辱史的现象屡屡发生，如很多历史剧，连基本历史实事、历史事件和具体时间都没有核准，就以公众媒体传播的方式广为流传，有些历史事件和时间又不加说明，让人深感疑惑。如2001年4月27日《长江日报》报道了这样一则消息：某市组织小学三年级学生观看爱国主义影片《紫日》，当看到日本侵略者拿中国活人练刺杀的镜头时，竟然发出哈哈的笑声。消息传出，举国哗然。据了解，他们把这种惨无人道的大屠杀当成平时经常玩的游戏了，这简直是中国教育的失败！还有一些反映日本侵华历史的影片，竟然将日本侵略史进行美化、谈化，致使很多青少年分不清是非曲直，忘记、模糊这段给中国人民带来深重灾难的历史，这是非常危险的信号。我们的文艺工作者、教育工作者有不可推卸的责任！

再就是拿国耻取乐、取悦游人，以此扩大所谓"影响"。就在中国共产党成立九十周年的日子里，安徽黄山市谭家桥镇打着"红色旅游"的幌子，推出一项践踏国格、人格，挑衅中国人民心理底线的"鬼子进村"、"皇军抢花姑娘"的闹剧，公然拿国耻取乐。①

在这个闹剧中，让游人扮演日军、扮演汉奸、扮演花姑娘，公然上演"日军进村扫荡——掳走村里花姑娘"的场景。当地领导居然充分肯定"是为了做红色旅游，让年轻人参与该项目，了解这段历史，教育年轻人"。这样做达到教育效果了吗？有教育意义吗？为什么总是扮鬼子的多呢？他们是不是以抢"花姑娘"、掠夺中国人民的财产为乐呢？当那些扮成侵华日军的游客，一脸阳光灿烂地押着"花姑娘"扫荡归来时，是否内心已经麻木？是否忘记了良知和国耻？是否忘记了抗日名将粟裕大将的部分骨灰就埋在谭家桥呢？

还有更让国人无地自容、让世人耻笑、数典忘祖的为侵华日军树碑立传的丧失民族尊严的做法。

此事发生在黑龙江省方正县。② 该县为了吸引日商投资，竟然于2011年花费七十万元为侵华日本满洲开拓团死者树立"日本开拓团民亡者名录"碑，花费一千五百万元巨资为开拓团拍摄电视剧立传，并由政府下文规定街头牌匾和商业门牌必须标有日文，不服从者要罚款五千元，罚款由县工商局执行。

此事经2011年7月30日网媒曝光以后，立即引起全国一片哗然、世界为之震惊。当记者采访该县领导时，时任常务副县长还美其名曰："以史为鉴，珍惜和平。"当时的外事办主任公然振振有词地说："'开拓团'不等同于日本军队，他们是侵略者，同时也是军国主义的受害者。"既承认他们是侵略者，又说他们不同于日本军队，而且还是军国主义的受害者。这是什么强盗逻辑！什么叫侵略者？不就是以侵吞、掠夺他国人民的生命财产和资源为目的的强盗吗？他们与军国主义有何异同？

两起事件虽然发生在不同的地方，出于不同的目的，采用了不同的形式和方法，但都颠倒了是非、混淆了黑白，都是忘记了民族的尊严和中国人的气节。

恩格斯指出："我们根本没想到要怀疑或轻视'历史的启示'：历史就是我们的

---

① 居欣如：《忘记历史，就意味着背叛》，《文汇报》，2011年8月22日。
② 陈辉：《黑龙江省方正县为日本"开拓团"树碑立传引质疑》，《北京晨报》，2011年8月2日。

一切。"①历史是客观的,历史是最好的教科书。中国人铭记历史,并不是要耽搁在历史的苦难上唉声叹气,而是要从历史中塑造民族精神,凝聚民族魂。《解放日报》原副总编辑、高级编辑居欣如曾于 2011 年 8 月 22 日在《文汇报》上撰文指出:"只有懂得历史,才会珍惜今天,才会找到自己的正确立场,才不至于迷失方向,才会热爱祖国和民族。民族虚无主义和历史虚无主义都是不可取的。每个中国人都有责任将历史记忆留存,把民族的屈辱铭刻于心。这才是气节和尊严、知耻辱、有良知的民族,才能真正自立于世界民族之林而受到他人的尊敬。"②那种以隐瞒历史、欺骗人民为伎俩而捏造、杜撰、伪造、丑化历史的民族虚无主义和历史虚无主义者们,必将被历史所淘汰,为人民大众所不容。

这是讲无知之人可以被欺和无妄之人常常以歪理邪说欺世盗名、自欺欺人的问题。接着,荀子就据此分析,圣人为什么不可以被欺骗,也不会去欺骗人呢?关键在一个"理"字。

> "圣人何以不欺?曰:圣人者,以己度者也。故以人度人,以情度情,以类度类,以说度功,以道观尽,古今一度也。类不悖,虽久同理。故乡乎邪曲而不迷,观乎杂物而不惑,以此度之。"

荀子指出,圣人为什么不能被欺骗呢?我认为,这是因为圣人总是根据自己的亲身感受、切身体会,也就是根据自己的调查、考证、研究来推断、判断事物的发生发展规律。所以,即使事物千变万化,时间相距久远,也不会糊涂、让人欺骗。这里表达了一个非常重要的哲学问题,即实践是检验真理的唯一标准。在荀子看来,那些贤能、智性通达、学识渊博、志向高远的圣人君子,之所以不会被欺骗,是因为他们能够根据自己的推断来判明事物发展趋势,能够根据现代人的情况去推断古代人的情况,能够根据现代发生的人情事理去推断古代人的人情事理,能够根据现代社会上发生的某类事情去推断古代发生的同类事物,能够根据流传至今的学说去推断古人的事功,能够根据事物发生发展的普遍规律去观察、判断古代的一切事物的发生发展规律,结果发现古今的情况是一样的。因为现实是历史的写照,历史是现实的模板。因此,只要是同类而不相互违背的事理,即使相隔很久,它们的基本性质始终是相同的。所以,贤人、君子即使面对歪理邪说也不会被迷惑,观察复杂深奥的事物也不会被搞昏,他们能够按照这种道理去衡量各种事物、事理的发展变化规律和趋势。

---

① 《马克思恩格斯全集》(第一卷),人民出版社 1956 年版,第 650 页。

② 居欣如:《忘记历史,就意味着背叛》,《文汇报》,2011 年 8 月 22 日。

讲到圣人不可欺的问题，我有一个例子同大家分享，讲的是毛泽东关于对唐朝诗人贺知章的诗句"少小离家老大回，乡音无改鬓毛衰。儿童相见不相识，笑问客从何处来"所表达的深刻含义的考证。①

事情发生在 1958 年初，刘少奇在一次谈话中，曾以此诗作为古代官吏禁带家属的例证。毛泽东听后总觉不妥，回家后，便寻找《全唐诗话》《旧唐书》等书籍进行查证，觉得不能因为"儿童相见不相识"一句话，就认定古代官吏身边有无家眷的可能性。于是，在 1958 年 2 月 10 日上午，就此事给刘少奇写了一封信，讲了自己的考证经过与其截然不同的见解。全文如下：

少奇同志：

前读笔记小说或别的诗话，有说贺知章事者。今日偶翻《全唐诗话》，说贺事较详，可供一阅。他从长安辞归会稽（绍兴），年已八十六岁，可能妻已早死。其子被命为会稽司马，也可能六七十了。"儿童相见不相识"，此儿童我认为不是他自己的儿女，而是他的孙儿女或曾孙儿女，或第四代儿女，也当有别户人家的小孩子。贺知章在长安做了数十年太子宾客等官，同明皇有君臣而兼友好之遇。他曾推荐李白于明皇，可见彼此惬洽。在长安几十年，不会没有眷属。这是我的看法。他的夫人中年逝世，他就变成独处，也未可知。他是信道教的，也有可能摒弃眷属。但一个九十多岁（应八十六岁，可能笔误——笔者注）像齐白石这样高年的人，没有眷属共处，是不可想象的。他是诗人，又是书法家（他的草书《孝经》，至今犹存）。他是一个胸襟洒脱的人，不是一个清教徒式的人物。唐朝未闻官吏禁带眷属事，整个历史也未闻此事。所以不可以"少小离家"一诗便作为断定古代官吏禁带眷属的充分证明。自从听了那次你谈到此事以后，总觉不甚妥当。请你再考一考，可能你是对的，我的想法不对。睡不着觉，偶触及此事，故写了这些，以供参考。

毛泽东

一九五八年二月十日

刘少奇把"儿童"断为贺知章的儿女，这在过去的唐诗选注本和当时文学选本注家中是占主流的说法，同时，又以此诗作为古代官吏禁带眷属的例证。毛泽东对这一点是持否定态度的，其论点主要有五个方面：第一，以贺知章"老大回"和他儿子的官职为佐证，推断"儿童"不可能是贺的儿女；第二，以贺在长安为官数十年

---

① 曹俊杰编著：《跟毛泽东学思维》，西苑出版社 2013 年版，第 54 页。

且深得唐明皇知遇,推断贺不会没有眷属;第三,从贺中年丧妻和信道教两种可能性中,推断贺可能摒弃眷属独自回家乡;第四,排除两种特殊情况,即贺年岁已高不可能无眷属陪伴和他不是一个清教徒式的人物,推断贺肯定有随身眷属;第五,历史上没有明文记载也没有听说过官吏不准带眷属的规定,推断出不能以"少小离家"一诗便作为断定古代官吏禁带眷属的依据,这实际上是一种以史论史的科学论证。

毛泽东以史考史、寻根究底、论证周全、推论严密,从一个侧面反映出毛泽东治学严谨、独立思考、思辨考据的完美结合,具备如此能力和精神品质的人,是不可能被欺骗的,也不可能会欺骗人的。这就是"圣人何以不可欺"的有力证据,其核心就在于一个"理",即"类不悖,虽久同理"。

这样问题又来了,何以"五帝之外无传人"、"五帝之中无传政"呢?荀子认为"是以文久而灭,节族久而绝"的缘故。

> "五帝之外无传人,非无贤人也,久故也;五帝之中无传政,非无善政
> 也,久故也;禹、汤有传政而不若周之察也,非无善政也,久故也。传者久
> 则论略,近则论详。略则举大,详则举小。愚者闻其略而不知其详,闻其
> 详而不知其大也。是以文久而灭,节族久而绝。"

在荀子看来,在伏羲、神农、黄帝、尧、舜这五位帝王之前没有流传到后世的圣贤之人,并不是那个时候没有贤能的人,而是因为时代太久远的缘故;在这五位帝王之中没有流传到后世的良好的治国理政的措施,也并不是他们没有好的政治举措,而是因为时间太久远的缘故。到了夏禹王、商汤王执政的时代,就有流传到后世的政治举措了,但却并不及周代的清楚详细,并不是他们没有好的政治举措,而是因为时间太久远的缘故。在这个问题上,孔子早就有明确的概括。一天,孔子的学生子张问老师:"十代以后的礼义制度可以预知吗?"孔子作为伟大的思想家和教育家,早于荀子二百二十多年,对此有独到的见解,他认为"殷朝沿袭夏朝的礼义制度,废除和增加了哪些,现在可以通过考察知道;周朝继承殷朝的礼义制度,废除和增加了什么,也是可以知道的。以后如果有继承周代的礼义制度的朝代,即使一百年以后,也是可以推知的"。这段话说明了什么呢?我认为有两点是表达得比较清楚的:一是历史具有传承性。人类历史就是人类文化史,既有继承性,也具有传承性,即后世的历史文化现象必然或多或少会承袭古代历史文化痕迹;二是因为历史是不断发展变化的,因此,随着历史不断远去,其思想体系、事实依据、历史过程等等,会逐渐淡化甚至消失。所以,当孔子的学生问历史文化问题即礼义制度的时候,孔子回答说:"殷因于复礼,所损益可知也;周因于殷礼,所损

益可知也。"(《论语·为政》)我认为荀子所提出的"禹、汤有传政而不若周之察也"的观点很有可能因此而来,他们之间是一脉相承的,即都是阐述历史文化的传承性和后世文化比古代文化更详尽,为什么? 时代久远之故也。

所以,荀子指出,流传的东西时间一长、年代一久远,那么谈论、考证起来就会简略,只有近代的事情、事件谈论起来才会详细。简略的东西就只能列举它的大概,详尽的事实才能描述它的细节。这是完全符合历史辩证法原理的。什么叫久? 为什么"久则论略,近则论详"? 因为一个事件发生的时间越早、经历的世代越久,其事实越淡化,加之各人的理解不同,就会出现很多种说法。随着时间的推移,很多的事实性信息便会衰弱、消失。而近世特别是发生在当代的、自己亲身经历的事实,则会详尽地反映和表达出来。所以,久远的人和事只能举其大概,只有近当代发生的人和事,才能对其描述得细致入微。

因此,荀子据此认为,那些愚蠢的人听到了些简略的论述就不再去了解那些详尽的情况和事实,听到了那详尽的细节就不再去了解它的全貌和大概情况,这是导致无知和被欺的主要原因,也是曲解历史而欺世盗名的作为。我个人认为,如果一个人对事实和事件的了解、理解和把握,只是道听途说,别人说什么就信以为真,而不去认真、仔细地加以考证、研究和追根溯源,那绝不是一个有作为和科学态度的学者,而只能算是一个庸人甚至愚者。因此,作为一个具有求实精神的学者来说,不能仅仅靠一知半解或听信别人的说法,而是应尽自己所能去追究、考证事实的来龙去脉和具体细节,从整体追求细节,再由细节去充实、完善整体,做到整体、局部、细节的有机融合、相互补充和映证。

9. 赠人以言胜于珠玉

谈到君子的言论问题,荀子有其独到的见解:

"凡言,不合先王,不顺礼义,谓之奸言,虽辩,君子不听。法先王,顺礼义,党学者,然而不好言,不乐言,则必非诚士也。故君子之于言也,志好之,行安之,乐言之。故君子必辩。凡人莫不好言其所善,而君子为甚。故赠人以言,重于金石珠玉;观人以言,美于黼黻文章;听人以言,乐于钟鼓琴瑟。故君子之于言无厌。鄙夫反是,好其实,不恤其文,是以终身不免埤污佣俗。故《易》曰:'括囊,无咎无誉。'腐儒之谓也。"

在荀子看来,凡是说话、言论不符合古代圣王明君的道德原则,不遵循礼义的,不管你说得多么在理、多么美妙动听,都叫作歪理邪说,这种歪理邪说是君子不乐于听、不齿于听的。即使一个人效法古代圣王明君的道德原则,遵循礼仪道德,亲近有学识修养的人,但是如果不喜欢谈论圣王明君的思想,不乐意宣传礼义道德,不愿意亲近有学识修养的人,那也不能算作是一个真诚追求真理的人士。所以,君子对于正确的学说,心里喜欢它,行动上一心一意地遵循它,乐意宣传它。因此,君子一定是说话有条理、能言善辩的人。

荀子与孔孟等先贤不一样,孔子既法先王又法后王,这一论据可以在《中庸》中找到答案:"仲尼祖述尧舜,宪章文武。"即孔子在道德礼法、文化典籍、政治主张、治国理念等方面,既效法古代尧舜等圣王明君,也遵从文武周公之道。孟子主张法先王,且要以尧舜为对象,比如,他在《离娄上》中指出:"规矩,方圆之至也;圣人,人伦之至也。欲为君,尽君道;欲为臣,尽臣道。二者皆法尧舜而已矣。"并且在《告子下》中明确指出:"尧舜之道,孝悌而已矣。子服尧之服,诵尧之言,行尧之行,是尧而已矣。"而荀子则主张在"法先王"的前提下,重点、核心是"法后王",理由就是在荀子看来,"文久而息,节族久而绝,守法数之有司极礼而褫。故曰:欲观圣王之迹,则于其粲然者矣,后王是也"。还有很多这方面的论述,不一而足。但荀子法后王,并不排斥先王,只是荀子的先王后王思想走了两条具有一定重复性的路径,即在道、统的路径上主张"法先王",而在制度层面则主张"法后王"。① 荀子的这两条思想路线在不同篇章甚至同一篇章均有体现,如本篇《非相》中体现得尤为突出,还有《不苟》《儒效》《王制》《正名》及《成相》等篇中也或多或少有体现。

从"道"、"统"的层面或路径上分析,荀子实际上是批判性地继承了孔孟的思想,反映出荀子的一种理想性的终极目标。从这一点足以说明,荀子依然不能完全摆脱或根治儒家的道德仁义的理想主义思想色彩。从"制度层面"分析,荀子走向与孔孟的走向可以说大相径庭,在这个层面上,荀子明确主张应"法后王",倡导礼法并重,重礼隆法,刑法并举,赏罚分明,这可以说是荀子对孔孟德主刑辅的仁政思想的突破和发展,甚至是革命性的拓展,也是荀子思想体系中最有特色的部分,是荀子政治主张的新通道,也是儒学思想从理想走向现实的宣言,填补了儒学与社会政治疏远的缺口,解决了儒学政道观与现实政治制度的有效对接问题。正是因为荀子这一思想路径的畅通,使汉代儒学走向了独尊的巅峰。

荀子的这两条路径得以畅通的原因何在呢? 我认为其现实基础和理论假设就是"人之性恶"。在孔孟的思想体系中,基于"人性善"的思想观点和认识,所以可以通过"道德教化",通过自我内化和反省保持一个人的善念、善道,达到克己复

---

① 资料来源于:《"法后王"在荀子思想体系中的地位及其实质》[EB/OL]. [2014-08-30].
　　baike. baidu. com/…百度快照.

礼、推己及人的目标。从而,外在的制度约束、社会规范等等,对于人的道德完善和社会和谐变得无足轻重。相反,只要严格或自觉遵从先王留下的仁、义、礼、智、信、温、良、恭、俭、让等社会人伦思想观念,即可以成就自己的理想人格和一个和谐完美的社会。但是,荀子基于"人性恶"的理论思想,必然就会引入外在的约束力量,即通过教育、制度、规范、刑罚等社会控制系统,以达到引人向善的目标。而且,在荀子看来,不同的社会制度、时代背景下,人们对物欲的追求和偏离善恶的程度、方式也是不同的,所以规范、制度、刑罚举措等等,必然会随之发生变化,从这个意义上分析,必然导引出荀子"法后王"的心理动机和思想观点。正是因为荀子法后王的思想,彻底地打破了孔孟内圣、内趋、封闭的局面,而走向了外用、开放、发展的道路,从而极大地发展和突破了孔孟正统儒学的思想体系,使儒家思想从理想走向了现实,从天上落入了人间。

但荀子毕竟骨子里深埋着"道法先王"的思想观念,所以,在他的学说思想体系中,依然不忘先王之言、先王之礼义、先王之道统,认为凡言论不顺礼义、不合圣王者,则一律斥之为奸言,君子不听,而且君子必辩。

这是从形而上的角度讲,从形而下的方面分析,荀子认为,凡是人,不管权势多大、地位多高、财富多少,只要是人,都喜欢谈论自己认为是好的东西,而避讳谈论自己认为不好的东西,而君子更是如此,因为君子谈论事情总是言之成理、持之有故。所以,在君子看来,把善言赠送给他人,比把金玉珠宝赠送给他人更为重要;用美好的言论激励启发他人,比让其看到礼服上色彩斑斓的花纹还要华美和赏心悦目;用美好的言论赞许他人,比让其倾听、欣赏美妙动听的钟鼓琴瑟还要快乐。因此,君子对于善言的宣传永远都不会停滞和厌倦。但是,那些浅陋无知的人就不是这样的,恰恰相反,他们对于言论只注重实惠,而不顾及文采,因此,一辈子也免不了卑污庸俗。所以,《易经·坤卦》说:"就像扎住袋口的袋子那样,既得不到责怪,也得不到表扬和赞誉。"指的就是这种迂腐的儒生。我觉得,荀子用《易经》中的这句话来佐证迂腐之人欠妥当,不太准确。实际上,《易经》中的这句话的实质性内涵是讲一个人说话做事应谨言慎行、时刻用理智来约束自己,千万不可锋芒太露。

我在《学问修养篇》中谈到了晋孝武帝因为一句戏言而丧命的故事,下面我再给大家讲一讲因为一言不慎而丧邦的故事。①

大家知道,中国历史上,二世而亡的隋朝皇帝杨广,因为自恃才高、聪颖过人,

---

① 资料来源于:《一言兴邦,一言丧邦》[EB/OL]. [2012-04-05]. blog. sina. com. cn…百度快照.

傲慢自大、欺兄霸嫂、弑父淫母、祸乱后宫,并倚仗其父辛辛苦苦、节俭勤政创下的基业,大兴土木、赏赐无度、奢侈享乐、四处游玩,而从不听从君臣辅佐的规劝,短短十四年,便断送了其父克勤克俭、励精图治开创的经济社会繁荣稳定、人民生活富裕安逸、政治局面稳固统一的江山基业,并于公元 618 年被自己的辅佐大臣、儿女亲家宇文化及活活勒死,后世之人凡引亡国暴君之例,必将他同桀、纣同列。

杨广利用欺骗伎俩促使其父杨坚废太子杨勇,改立自己为太子,然后又利用种种卑劣手段软禁杨勇,使其生不如死,并霸占其嫂,后又利用宫廷叛乱除掉自己的三个弟弟杨俊、杨秀、杨谅,使自己独立朝廷,权势大增,羽翼丰满,竟逼宫害死自己的父亲,自己登基当了皇帝。继位之后,他不思励精图治、广开言路、虚怀纳谏,而是暴戾恣睢、刚愎自用、好大喜功,公开宣布:我生性不喜欢别人的劝谏。如果是达官贵人,还想以进谏求荣华富贵和升官发财,我更不会饶恕他。如果是卑贱士人有求于我,我只是可以饶恕他,但决不让他们出人头地、通达显贵!甚至公然对其文武大臣们说:"有谏我者,当时不杀,后必杀之。"一言丧邦溢于言表。

再比如秦始皇焚书坑儒的举动,也是因为听信李斯之言而导致秦国的灭亡。①

公元前 213 年,秦始皇采纳李斯建议,废禁私学,焚烧史籍,凡世人敢有偶语《诗》《书》者弃之于市,即在大街之上、闹市之中将其杀死;有"以古非今者族",即诛灭九族;"吏见知不举者同罪",②即官吏看见或知道有藏匿《诗》《书》等儒学经典而不举报者,按照同罪论处。并于次年将全国有名的和登录在册的知识分子和儒生坑杀于咸阳,大兴愚民政策。长子扶苏实在看不下去了,便力谏父皇停止坑儒焚典事件,"天下初定,远方黔首未集,诸生皆诵法孔子,今上皆重法绳之,臣恐天下不安。唯上察之"。③ 这本来是有利于人心团结、社会安定、政权稳固的金玉良言,也是作为一个忠臣或孝子的忠言直谏,不料秦始皇大怒,将其发配边军之中。两年之后,秦始皇死于沙丘,赵高篡权,矫诏立胡亥为太子,逼令扶苏自杀。仅过了两年,赵高便以谋逆大罪,腰斩李斯,并夷灭其九族。

李斯因为一言不慎而使天下万马齐暗,使帝国走上绝路,也使自己遭到灭门之祸。

历史上这些实例还有很多。作为一国之君,如果不能礼贤下士、广开言路、虚心纳谏,就会导致君臣异心、政权不稳、社稷不牢,最终必然会国破家亡。

---

① 吕伟明:《一言兴邦与一言丧邦》[EB/OL]. [2009 - 02 - 03]. bbs. tiexue. net/p…百度快照.
② [西汉]司马迁:《史记》,岳麓书社 1997 年版,第 61 页。
③ [西汉]司马迁:《史记》,岳麓书社 1997 年版,第 63 页。

10. 君子之言应有分寸

这个问题实际上是承上节而来。上节主要是从道德礼义的角度强调君子的言论必须符合先王之道,必须符合礼义之统。因此,无论是赠人以言、观人以言,还是听人以言,都必须以先王的准则、礼义的规范为统领,必须慎其言。本节则主要是从功用的角度讲劝说的难处,强调君子在劝说、引导别人时,一方面要言之成理、持之有故;另一方面应掌握说话的分寸,切不可因言语不慎而伤害对方,这样不仅无助于问题的解决,而且还可能适得其反,引起别人的误会,把事情搞砸,也不利于团结局面的形成。所以,作为有道德有学问修养的人,不仅说话应注意分寸,而且还应严格要求自己,要有容人的雅量。

　　"凡说之难:以至高遇至卑,以至治接至乱,未可直至也。远举则病缪,近世则病佣。善者于是闲也,亦必远举而不缪,近世而不佣;与时迁徙,与世偃仰,缓急赢绌,府然若渠匽、檃栝之于己也,曲得所谓焉,然而不折伤。故君子之度己则以绳,接人则用抴。度己以绳,故足以为天下法则矣;接人用抴,故能宽容,因求以成天下之大事矣。故君子贤而能容罢,知而能容愚,博而能容浅,粹而能容杂,夫是之谓兼术。《诗》曰:'徐方既同,天子之功。'此之谓也。"

荀子认为,劝说别人,同别人讲道理有很多难处。到底难在哪里呢? 在荀子看来,用极其崇高的思想境界和道理去对待与劝说那些思想品质极其低下、行为举动极其卑鄙的人,用最能将国家治理好的政治措施去劝说那些最能把国家政治搞混乱的人,试图通过这样的方式和途径让这些人改变自己的思想品质、理想信念、政治举措等等,是不可能直接达到目的的。原因何在呢? 荀子给出了很好的答案:列举远古时代的事实来说服人,又容易流于谬误、简略不详;列举近世的事例来劝说人又容易陷于庸俗。但是,那些善于劝说的人在这种情况下,必须做到列举远古的事例而不发生谬误,列举近代的事例又不显得庸俗;使说话的内容随着时代的发展而变动,随着世俗的变化而抑扬,做到与时俱进。是说得缓和些还是说得急切些,是多说一些还是少说一些,都要能做到适应情况因势而变、应付自如。要像用堤坝控制流水,用直尺、墨线等工具矫正弯曲的竹木那样控制自己的言行,婉转地把所要表达的内容都说给对方听,但又能做到不挫伤对方的心灵和自尊。

所以,君子律己就像木工用墨线来取直一样,待人就像艄公用船摆渡接送客人一样。用墨线似的准则来律己,就能够使自己成为天下人效法的榜样;用舟船摆渡接送客人似的胸怀待人,就能做到对他人宽容,也就能依靠他人的力量辅助自己而成就治理天下的大业。因此,君子贤能而能容纳能力不济甚至无能的人,聪明而能容纳愚钝的人,博闻多识而能容纳孤陋寡闻的人,道德纯备而能容纳品行杂驳的人,这就叫作兼容并包之法。《诗经·大雅·常武》上讲:"徐方国已经来顺从,这是天子的大功劳。"说的就是这种道理。

这段文字在《非相》篇中具有非常重要的地位和作用,也常常为很多后世校注者和研究荀学思想的人所忽视。荀子在本段文字中,向人们展示了劝说之术及其目的与方式。所谓"说之难",按照唐代学者杨倞的注解:"以先王之至高、至治之道,说末世至卑、至乱之君,所以为难也。"①后世学者注荀时,多采用此说。但我认为此说似有未全之嫌。杨倞注解的"君子",除了荀子所指的对象即当世之君、在位之君的统治者之外,还包括那些不在位的人乃至一般人士之类的君子。同时,在荀子的思想观念中,"治"、"乱"也有极为特定的含义,即合礼义之谓治,反之则谓乱。这就更具体地指出了其所谓的"至高"、"至卑"也应当以是否合礼义来论处。从而表明,荀子的所谓劝说应该是站在"礼义"的高度或遵礼义的层面,去劝导、引导那些不知或不愿遵循礼义的人。

这种劝学的方式方法,荀子用了一个形象的表述:"接人用抴。"这里的"抴",历来学者有多种争议。按照杨倞所注,所谓"抴"即牵引。照此注释,那么"接人用抴"实际上就是通过劝说的方式方法,将劝说对象从其原来较低的立场、认识较浅的水平渐渐引导到知"礼义"、遵"礼义"的高度和层次,而劝说之人所处较低位置或层次,正是其能被劝说的起点。当然,杨倞之注有其一定的道理,但我不认为此注为正统之注,我比较倾向于将"抴"注为用舟船渡人之意。如此,则"接人用抴"实际上就是指劝说别人之时,应有舟船渡人的心胸和雅量。正因为有"接人用抴"的豪迈气概与心胸,"故能宽容",即"君子贤而能容罢,知而能容愚,博而能容浅,粹而能容杂",这就是荀子所谓劝人之术中的"兼术"。但他也始终坚守,所有的"牵引"也好,"渡人"也好,"宽容"也好,都应以"不折伤"为前提,不折伤什么呢?不折伤"道",也就是人的自尊与尊严。

依据荀子"接人用抴"的劝说策略,其劝说的首要目标就是掌握劝说对象的真正需求是什么,区分他们的合理欲求与期望,从而确定相应的劝说角度和方法。但要真正掌握谈话、劝说的技巧和方法,却是一件非常困难的事情,因为毕竟说话、劝说、说服是一项实践性很强的活动,有时说话的切入角度、语调、说话人的表情、劝说的场所和情境、谈话对象的心境和理解能力,以及听者对谈话者的认可程

---

① 　[唐]杨倞注:《荀子》,东方朔导读,王鹏整理,上海古籍出版社2010年版,第46页。

度等等,都会使谈话效果产生不同的影响。实际上,正确了解和掌握人的需要和期望值,对于我们展开有效的谈话或劝说极为重要。

严于律己,宽以待人,具有海纳百川的心胸,是一个人成事立业乃至一国之君"建国君民"(《礼记·学记》)的基础和保障。自古以来,许多有道之人、正人君子有此大度和雅量,常常成为万人景仰甚至君临天下的霸主。比如春秋五霸之一的楚庄王就是这样一位胸怀大度、雄才大略、足智多谋、宽宏大量的人。①

楚庄王九年(公元前 605 年),其麾下悍将斗越椒乘庄王北伐之机,以其斗氏一族,以烝野为基地,发动针对王室的叛乱。叛军一路所向披靡,所到之处血流成河,无数无辜百姓白白送命,楚国上下一时惶恐不安。庄王立即派重兵进行平叛,并于同年七月亲率大军与斗越椒的叛军在皋浒(今湖北襄阳西部)大战,很快便将叛军平息,叛军统领斗越椒战死。

平判之后,庄王设歌舞大宴群臣,文武百官纷纷前往同贺平叛成功。香醇美酒、轻歌曼舞,好生惬意、舒畅,不觉从中午一直喝到了晚上,个个醉眼迷离、昏昏欲睡、如入仙境。突然间,狂风大作,飞沙满天,厅内蜡烛全部吹灭,顿时厅内一片漆黑,歌声停息、舞女散去。就在大家乱作一团之时,有一位色胆包天的大臣竟然乘黑暗之机,欲调戏庄王王妃。王妃大怒,顺手扯掉那人帽子上的头缨,并怒气冲冲地跑到庄王身边哭诉此事,要求严惩没有头缨之人。

庄王真想立即查出此人,将其千刀万剐,以解心头之恨,但转念一想,今天是我宴请群臣,就是以求尽兴,如果追查此事,势必引起震动,让群臣情何以堪? 况且,酒后失礼,于情可原,如因此事让臣下受辱,今后谁还会为我出生入死呢? 而且,如果我不设此宴,便不会有此事发生,如此看来,本王也有不可推卸的责任。想到这里,庄王主动安慰王妃说:"酒后失态,此乃人之常情。如果就此追查,势必会伤害群臣之心。如果你要是怪罪的话,就怪大王我治理无方吧!"王妃见此,只好作罢。眼见一场干戈甚至要人头落地的风险就因为庄王的大度胸怀而化为玉帛了。

三年之后,晋国发兵攻打楚国,势如破竹,边关告急,庄王亲率大军抗击晋军。交战之中,庄王发现自己军中有一员猛将,不顾生命安危,始终冲锋在前,晋军节节败退。等待战争结束,庄王忙找到此人,并对他说:寡人何德何能,让你为我冲锋陷阵、卖命疆场? 你叫什么名字,我要重重赏你! 只见那位勇士惭愧地说:小人名叫唐姣,是大王您手下的一名小将,也就是三年前在庆功宴上因酒后失态而冒犯王妃的人。大王仁德宽厚、心胸广大,没有追查此事,才让小人得以保全性命。

---

① 邹德金编著:《荀子全本解读》,内蒙古人民出版社 2010 年版,第 75—77 页。

小人对大王的不杀之恩一直记挂在心,常思为大王您赴汤蹈火、肝脑涂地,以报答您的大恩大德。此次晋国进犯,我终于得以奋战疆场,以报大王之恩。

楚庄王因为心胸宽大、体恤下情、仁爱百姓,致使楚国上下团结一心、同仇敌忾,最终称霸中原,成为春秋五霸之一。此乃荀子所说的"度己以绳,故足以为天下法则矣;接人用抴,故能宽容,因以求成天下之大事矣"的最好印证。

11. 谈话应讲究艺术

说话是一门艺术,也是一种智慧。说话得体,可以使人成就自己的事业,甚至国旺政兴。反之,则可能毁掉人的一生,甚至身家性命,断送一个人的政治生命甚至政息人亡。这在古今中外历史上可以说不乏其例,一言丧邦、一言夺命的案例,我在本书其他部分多有论述。

同时,说话是最容易也是最难的一件事情。说它最容易,是因为只要智力正常又非哑巴,连三岁小孩也会说话,能够完整表述其思想和意识。说它最难,是因为就连最擅长辞令的政治家、外交家也有说错话的时候。同样一句话,有的人说出来让人心领神会、如饮琼浆玉液,终身受益,也可以促成很多事情,成就自己的伟大事业,有的人说得让人笑,有的人说得让人跳。所以说,一定要掌握好说话的分寸与艺术,千万不可让人误会和曲解。

荀子是一位非常重视"辩说"、"谈说"的思想家,他的谈说与辩术在很多篇章中均有体现,下面一段是具体体现荀子谈说艺术思想的非常重要的文字。

> "谈说之术:矜庄以莅之,端诚以处之,坚强以持之,分别以喻之,譬称以明之,欣欢芬芗以送之,宝之珍之,贵之神之。如是则说常无不受。虽不说人,人莫不贵。夫是之谓为能贵其所贵。传曰:'唯君子为能贵其所贵。'此之谓也。"

在荀子看来,与人交流谈话,劝说别人,一定要掌握好的方法,也就是应注意方式方法,这也是一个人谈话劝说的艺术或修养。荀子在这段文字中,一共列举了六种谈话劝说的方法:

第一,"矜庄以莅之",也就是以严肃认真、庄重持正的态度去接近人,去说服人。这里请大家注意"矜"字的意思。"矜"有三种含义:一是怜悯、怜惜的意思;二是自尊、自大、自夸的意思;三是庄重、拘谨之意。比如,我们经常说某人做事稳重而不张扬,端庄儒雅,表现自然得体,就用"矜持"一词来表示。南宋刘义庆在《世说新语·雅量》中就有"王家诸郎,亦皆可嘉;闻来觅婿,咸自矜持"。清代李渔在《闲情偶寄·声容·习技》中也有"不知妇人登场,定有一种矜持之态"。两处"矜持"的含义均是指竭力保持庄重,以示自己很沉稳。荀子在此采用了第三种用法,用以指示一个人在同人交流沟通时,应保持一种沉稳、拘谨的态度,千万不可自视清高、目中无人,那样的话,就会影响谈话、交流、沟通的效果,甚至将事情办砸,反而达不到应有的效果。所以,荀子告诫、提醒世人在与人交往、交流与沟通时,一定要做到"矜庄以莅之"。

但在现实生活中,因为不能做到"矜庄以莅之"而将谈话氛围和效果搞砸的场景比比皆是。比如说有些单位负责人或者领导与上司,对待同事尤其是下属,总是以长官、上司的身份出现,任何时候总是以一种居高临下的态度对待同事或下属,说话不看对象和场所,也不顾及别人的心理感受,总是按自己的意思或想法,脱口而出。有些人为了树立自己的所谓权威,总是以势压人。再就是有些名人、专家学者等,总以自己的身份、名望自居,说话口无遮拦,凭意气用事,明明是自己不对,也不愿降低自己的身份,以真诚、庄重的态度对待他人、下属和后辈晚生。这种人在位时,别人往往因为他的淫威而不得不敬畏他,或为了工作不得不屈从于他,但内心深处早已把他看低甚至认为他一文不值了。这就是不能"矜庄以莅之"而导致的不良后果。

第二,"坚强以持之",即以坚定刚强的决心和意志去扶持他人,帮助他人。一个人能够做到意志坚强,决心坚定,就一定会有所成就,干出一番非凡的事业。比如我们常常看到有些人身残志坚而成就自己的事业;有些人矢志不渝而成为名人大家;有些人是学习自然科学的,只因自己几十年坚持不懈地研究哲学社会科学,结果在社会科学方面成了大专家、大学者;还有一些人,自己并没有多少科学文化知识,甚至根本没有上学读书,但是,由于长期专注于自己的工作和事业,结果成了这方面的行家里手甚至发明专家和专业技术人才等等。这样的人在现实中举不胜举,如张海迪、霍金、华罗庚等等,这些名人都是大家耳熟能详的。但有一位天才农民发明家吴玉禄的事迹不得不给大家介绍一下。①

吴玉禄只有小学文化,是一个地地道道的山区农民。但由于他醉心于机器人发明创造,现在已是闻名世界的机器人发明家。吴玉禄通过实际行动,已经将中国机器人科学抛在了后面,同科学超人尼古拉·特斯拉一样,远远走在了世界科学发明的前列,成为古今中外少有的无学历学位的技术奇才、发明天才。

这是从个人的角度谈"坚强以持之"的问题。但是在本段文字中,荀子不是讲个人如何树立坚强的决心,培养坚忍的意志和毅力问题,而是从与人交往、与人沟

① 张卫民:《中国的天才农民发明家吴玉禄》[EB/OL].[2011-07-11].blog.sina.com.cn/s/blo…百度快照.

通交流的角度,甚至按照现在的理念还可能含有谈判、辩论的意思。按照荀子的观点,就是如何说服人、帮助人克服困难、走出困境,或者是通过一定的劝说,让别人按照自己的意愿或要求行事,或者按照统治阶级的意志或社会规范的要求行事,在这样的情况下,谈说者往往承担有规劝、教育、引导的义务和责任。比如说,我们为了谈成一笔生意,要动员别人购买我们的产品,而这种产品又非我们独家生产,且对方又处于是否购买我们的产品的矛盾或犹豫不决的状态。那我们为做成这笔生意就必须反复与对方沟通交流,不断地向对方介绍这种产品的性能、功用、价值、性价比,与同类产品相比有哪些优点等等。在这个时候,如果因为对方一句不乐意的话或一个不得体的主动就放弃的话,保准生意做不成。我们有时看到有些人是做生意的天才,并不是他们有什么特别的本领,很大程度上是他们善于沟通,具有锲而不舍的精神。再比如,现代社会,人们的压力越来越大,越来越沉重,很多人都不同程度地出现了比较严重的心理问题,有的甚至出现心理疾病。如何舒缓心理压力和问题,一方面需要自己合理调适、释放,但更为重要的是要有人帮助扶持,倾听自己的诉求和控诉,以释放自己心中的压抑,这是一种积极的心理压力缓解方式。但问题是,有一些人往往不能充分认识和主动缓冲自己的心理压力和问题,不能积极配合他人的帮助、扶持和咨询,这个时候,你就得具备一颗善良的心,具备坚强的意志和持之以恒的精神去反复帮扶他、抚慰他和说服他。如此,才会收到较好的效果。

第三,"譬称以喻之",即用比喻称引的方法去启发人,也就是用浅近的比喻让人通晓、明白。这是一种非常重要的教育理念和原则,也是一种非常有效的谈话、劝导、谏言技巧。如能恰当使用,往往能收到意想不到的效果。比如说历史上有名的"邹忌讽齐王纳谏"的故事,①就是恰当地利用了"譬称以喻之"的原理,从而达到了取譬引喻、从善如流、政兴国强的效果。

故事讲的是齐国相国邹忌如何劝谏齐威王广开言路、吸纳良言,从而达到治国理政的目的。但邹忌并没有直接向齐威王建言应如何广开言路、集思广益、改良政治,从而不断巩固齐国地位、稳固威王政权,而是以自己与城北徐公"孰美"这样一个话题,询问其妻、其妾、其客的看法和结论。其实,邹忌自己都认为不如徐公美,但为什么妻、妾和客人都说自己美于徐公呢?经过寝思,邹忌得出结论:"吾妻之美我者,私我也;吾妾之美我者,畏我也;吾客之美我者,欲有求于我也。"

于是,邹忌入朝见齐威王曰:"臣诚知不如徐公美,臣之妻私臣,臣之妾畏臣,臣之客欲有求于臣。皆以美于徐公。今齐地方千里,百二十城,宫妇左右莫不私

---

① [西汉]刘向编撰:《战国策》,李翔注译,中国画报出版社2013年版,第99—100页。

王,朝廷之臣莫不畏王,四境之内莫不有求于王。由此观之,王之蔽甚矣!"实际上,邹忌就是想通过自己与徐公比美这样一个简单的设喻,以劝谏威王不要被一些表面现象所蒙蔽。一定要广纳良言,不断改正自己思想上、行动上、为政处事上存在的一些不良的甚至错误的做法与决策。因为威王是一国之君。"君无戏言",如果威王凭自己的感情用事去治理国家,是不可能取得善政的。而且在群雄逐鹿、礼崩乐坏的战国时代,还可能导致国破家亡、人亡政息。

但威王毕竟是一位有道明君,在位三十七年(公元前356—前320年在位),将齐国治理得井井有条,创办了稷下学宫,使齐国成为战国七雄之首。

威王立马明白了邹忌的意思,立即回答道:"善。"您的意见提得很好,我马上颁布谕令:"群臣吏民,能面刺寡人者,受上赏;上书谏寡人者,受中赏;能谤议于市朝,闻寡人之耳者,受下赏。"这在封建专制、尚无民主观念而言的中国古代来说,作为一国之君的齐威王,能够如此开明大度,真正是难能可贵的,唐太宗李世民也难以企及。即使今天的民主法制社会,也难于达到。不知事实是否虚夸,作为一代封建君王,能做到如此,确实值得称道。

齐威王的这一举动确实达到了意想不到的效果:"令初下,群臣进谏,门庭若市;数月之后,时时而间进;期年之后,虽欲言,无可进者。燕、赵、韩、魏闻之,皆朝于齐。此所谓战胜于朝廷。"这就是不战而屈人之国。而这一效果的取得就是君王能纳谏。

至于说如何用条分缕析的方法使人明了,如何做到热情和善地引导他人,从而使自己的话语、观点、思想显得宝贵、珍异、重要和神妙等等,就不在这里一一加以分析说明了。

因此荀子得出结论说,如果一个人在谈说之术的问题方面,真能达到以上效果的话,那么劝说、晓喻、引导、帮助别人时,别人就不可能不接受你的意见、建议和劝告。即使你的话语不中听,甚至带刺,只要是对其有帮助,别人一定会尊重你所说的。这就叫作能使别人尊重自己觉得珍贵的东西。所以古书上就说:只有君子才能使自己所珍重的东西得到尊重。

12. 应培养自己辩诤的能力

讲完谈说之术的问题以后,荀子接下来具体分析了如何培养自己的谏诤、辩说能力的问题。这是一个非常重要的社会问题,也是一个大的智慧哲学问题。

古代社会,传播技术没有今天发达,人们要交流思想、讨论问题、辨明是非、传递感情信息,扩张自己的思想等等,只能通过面对面交流,或者聚焦一块辩诤,就某个问题进行辩论。历史上发生在三国时期的诸葛亮舌战群儒的故事即能说明这一问题。①

三国时期，曹操率军大举南下，先平袁绍，再破荆州刘琮、荆襄之民，望风归顺。统百万雄兵，欲与孙权联手共伐刘备，并将战书下至孙权处。此时，以张昭为主的一批文臣武将见曹操来势汹汹，力劝孙权投降曹操，以保全身家性命。正在孙权犹豫不定之时，鲁肃与孔明从江夏刘备处来到东吴孙权处。鲁肃劝说孙权应听一听诸葛亮的意见和看法。孙权深知诸葛亮的雄才大略，忙对鲁肃说："今日正晚，且未相见。来日聚文武于帐下，先教见我江东英俊，然后升堂议事。"

从而就有了第二天诸葛亮舌战群儒之事的发生。实际上就是一场一对多的辩论赛。主题就是如何化解当前的战事危机，到底是战还是降的问题。诸葛亮根据个人对当时形势的把握和分析，凭借自己渊博的学识和雄才谋略，先后同张昭、虞翻、步骘、薛综、陆绩等人展开了口舌之辩。"众人见孔明对答如流，尽皆失色。"此时，黄盖进来，厉声言曰："孔明乃当世奇才，君等以唇舌相难，非敬客之礼。曹操大军临境，不思退敌之策，乃徒斗口耶！"如是对诸葛亮说："愚闻多言获利，不如默而无言。何不将金石之论为我主言之，乃与众人辩论也？"

依据孙权"来日聚文武于账下，先教见我江东英俊"这句话的含义，我估摸着孙权主要是从两方面考虑的：一方面久闻诸葛孔明的大名，才略到底多大，不清楚，于是就想通过自己麾下文臣武将先与之辩论。如果能辩过诸文臣武将，说明孔明真有才能，"然后升堂议事"不迟，如果不能辩赢自己的文武大臣，说明诸葛亮徒有虚名，也就用不着召见其议论军国大事了；另一方面，在召见孔明之前，想先听听他对当前形势的判断与分析，一来了解他的真实思想：是主战还是主和抑或是主降，二来也让自己的文臣武将们听一听旁观者的意见。如有益于吴则见，如无益于吴则避之不见，让他走人。

事实证明诸葛亮确实具有雄才大略，是堪比管仲、乐毅的旷世奇才。所以，才有黄盖与鲁肃将诸葛亮引至堂上时，"孙权降阶而迎，优礼相待"的一幕。

诸葛亮舌战群儒仅仅是化解危机的一个序幕，是孙权的有意考验。真正坚定孙权决心，达到孙刘联盟、共破曹操的，还是诸葛亮在孙权议事堂上的谏诤与辩论。

孙权问诸葛亮：先生最近在新野驻扎，辅佐刘豫州与曹操决战，一定知道曹军虚实吧？这句话也是试探诸葛亮的口气和胆识的，看他如何回答。不想诸葛亮答道："刘豫州兵微将寡，更兼新野城小无粮，安能与曹操相持？"这是一句大实话。权曰："曹兵共有多少？"亮曰："马步水军，约有一百万。"权曰："莫非诈乎？"孙权

---

① ［明］罗贯中：《三国演义》，岳麓书社 1995 年版，第 226—230 页。

想,你诸葛亮是不是故意虚报数字,想让我尽快与你主刘备联盟吧!当时曹操的军队确实非常强大,不说一百万,也有几十万。

于是孙权就问孔明:"若彼有吞并之意,战与不战,请足下为我一决。"孔明答道:"若能以吴越之众,与中国抗衡,不如早与之绝;若其不能,何不从众谋士之论,按兵束甲,北面而事之?"诸葛亮见孙权默不作声,又说:"将军外托服从之名,内怀疑贰之见,事急而不断,祸至无日矣!"此时孙权就说:"诚如君言,刘豫州何不降曹?"此乃孙权的激将之法,不想孔明将计就计答道:"刘豫州王室之胄,英才盖世,众士仰慕……又安能屈处人下乎!"诸葛亮的反将法果然奏效了。孙权听后勃然大怒,拂袖而走,退入后堂。不想孔明却仰面大笑:想不到东吴首领竟然如此气量狭小,"我自有破曹之计,彼不问我,我故不言"。一言点醒惊天梦,孙权转怒为喜:"原来孔明有良谋,故以言词激我。我一时浅见,几误大事。"于是,孙权邀孔明入后堂叙话。

诸葛亮为孙权分析当前形势:曹操虽然有百万之众,但有三个致命的弱点:一是曹军远来疲惫,日行三百里,已成强弩之末;二是曹军大部分为北方之人,不习水战;三是荆州之民并非真心附曹。如果孙刘联盟,定可大败曹军。曹军一破,必北还,如此,则三足鼎立定能形成。"成败之机,在于今日。惟将军裁之。"孙权听后大喜,说:"听先生之言,茅塞顿开。吾意已决,更无他疑。即日商议起兵,共灭曹操!"

因为孔明的能言善辩、据理谏诤和形势判断,悄无声息地就促成了孙刘联盟,有效化解了因双方兵力不足而难以抵抗曹军的军事危机。纵观前后经过,诸葛亮的足智多谋和对形势的正确把握与分析,以及巧舌如簧的辩论,是赢得孙刘联盟、夺取胜利的前提;而孙权的礼贤下士、宽容大度、从善如流的心胸与气度,是导致孙刘联盟,共破曹操,最终形成鼎足之势的基础。

以上所讲的故事,正是对荀子的"君子必辩"的最好回应。

> "君子必辩。凡人莫不好言其所善,而君子为甚焉。是以小人辩言险,而君子辩言仁也。言而非仁之中也,则其言不若其默也,其辩不若其呐也;言而仁之中也,则好言者上矣,不好言者下也。故仁言大矣。起于上所以道于下,政令是也;起于下所以忠于上,谋救是也。故君子之行仁也无厌。志好之,行安之,乐言之,故言君子必辩。小辩不如见端,见端不如见本分。小辩而察,见端而明,本分而理,圣人、士君子之分具矣。"

荀子的这段话写得非常精妙,开宗名义就提出了所有的人,不管好人坏人、男人女人,只要是能说话、智力正常的人,就一定喜欢宣扬、谈论自己认为是好的、正确的东西。但在这方面君子要胜过一般人，尤其要胜过小人。为什么这么说呢？因为小人要是能说会道，往往会宣扬、谈论一些险恶和歪门邪道的信息和心术；而君子能说会道、好言善辩，却是宣扬仁爱之道和正直之术。这方面的例证在荀子的著述中有很多，比如《儒效》篇中荀子回答秦昭王的问题即是一例。

公元前264—前262年，荀子因为遭齐人谗陷而离开齐国西游入秦。在拜见秦昭王时，秦昭王开门见山就问荀子："儒无益于人之国？"什么意思呢？就是秦昭王问荀子：儒者或者说儒家思想学说对治理国家没有什么帮助吧？对此，荀子做出了明确的回答："儒者法先王，隆礼义，谨乎臣子而致贵其上者也。"就是说儒者是效法古代的圣明君王、崇尚礼义、谨慎职守而极为敬重他们君主的人。这样的儒者怎么会对治理国家没有帮助呢？如果"人主用之，则势在本朝而宜；不用，则退编百姓而悫，必为顺下矣"。即如果作为人君，能够任用他们，那么他们就位在朝廷而合宜地处理政事，决不会懈怠；如果不能任用他们，那么他们就会退身归入百姓行列而谨慎老实地做人；无论起用与否，他们一定会做一个顺从的臣民。这是荀子从儒者个人的政治修为和思想品质方面分析儒者对治国理政的作用。进而，荀子又从儒者个人的品质毅力方面分析了儒者的志向与作为："虽穷困冻馁，必不以邪道为贪；无置锥之地，而明于持社稷之大义；呜呼而莫之能应，然而通乎财万物、养百姓之经纪。"荀子指出，作为君子，他们即使贫穷困苦、受冻挨饿，也一定不会用不正当的手段去谋取财利；即使没有立锥之地，也深明维护国家的大义；即使大声疾呼而没有人能响应他们，可是他们精通管理万物、养育人民的纲领。因此，荀子最后告诉秦昭王：儒者"势在人上，则王公之材也；在人下，则社稷之臣、国君之宝也"。"儒者在本朝则美政，在下位则美俗。"也就是作为儒者，如果其地位在别人之上，那就是有当天子、诸侯的才干；如果势在别人之下，那就是国家的能臣、国君的宝贵财富。儒者如果在朝为官，就能使朝政完美，如果在下面做个普通老百姓，就能使风俗淳朴。怎么能说对治理国家没有帮助呢？

此时，秦昭王又问了一个问题："然则其为人上何如？"意思就是如果儒者的地位在别人之上，也就是说如果儒者做了君主的话，又会怎样呢？这是秦昭王询问荀子，作为一名儒者的政治品质和治国理政才能问题。荀子回答得非常精妙："其为人上也广大矣。"如果儒者当了君主，那影响可就大了。怎么个大法？荀子进行了充分的论证与分析："志意定乎内，礼节修乎朝，法则度量正乎官，忠信爱利形乎下。行一不义，杀一无罪，而得天下，不为也。"即儒者在内心意志坚定，于是在朝廷之上，礼节就会整饬；在官府中，法律准则、规章制度就会公正不阿；在民间，忠诚、老实、仁爱、利人等美德就会蔚然成风。作为儒者，哪怕是做一件不义的事情，杀一个无罪的人，而可以取得天下，他也是不会干的。为什么儒者有如此高的政治品质呢？荀子认为:"此君义信乎人矣,通于四海,则天下应之如欢。是何也?则贵名白而天下治也。故近者歌讴而乐之,远者竭蹶而趋之。四海之内若一家,通达之属莫不从服,夫是之谓人师。"在荀子看来,这种做君主的道义被人民相信了,传遍了四面八方,那么天下的人就会像异口同声地欢呼一样来响应他。这是为什么呢? 是因为他尊贵的名声显明卓著而天下得到了治理的缘故。所以,近处的人歌颂他而且热爱他,远处的人竭力奔走来投靠他。四海之内就像一个家庭似的,凡是交通能够到达的地方,没有谁不服从的。这样的儒者堪称人民的表率、万世师表了。如此品德高尚、志向远大、影响深远、声名远播的儒者,为何不能成为万世楷模,国家之君主,人民之领袖呢?

再回过头来看《三国演义》,当曹操大举南下时,孙权的很多文武大臣都力劝孙权降曹,唯独鲁肃、黄盖等人力劝孙权不能降曹。按照鲁肃的分析:"如肃等降操,当以肃还乡党,累官故不失州郡也;将军降操,欲安所归乎? 位不过封侯,车不过一乘,骑不过一匹,从不过数人,岂得南面称孤哉! 众人之意,各自为己,不可听也。将军宜早定大计。"①这才是真君子的谏诤。由于鲁肃等人的全力谏诤,再加上诸葛亮的力陈利弊,才促成了孙刘联合,有效化解了孙刘的政治危机和军事风险,扭转了形势,形成了三足鼎立的局面。不然,不光刘备,就连孙权也绝非曹操的对手,必将被曹操百万雄师各个击破。

所以说,荀子关于"小人辩言险,君子辩言仁"的结论是十分正确的。接着,荀子进一步指出:说起话来头头是道,但如果不符合仁爱之道,那么,这样的人与其开口说话,还不如沉默不语;与其能说会道,还不如笨嘴拙舌。如果所说的内容符合仁爱之道,那么喜欢谈说的人就是上等的人,而不喜欢谈说的人则是下等的了。所以,谈说、谏诤、辩论合乎仁爱之道是十分重要的。上面所分析的荀子答秦昭王之问、鲁肃劝孙权之语以及诸葛亮舌战群儒与劝谏孙权实行孙刘联合之策,均符合仁爱之道,是非常正确的。

分析完"仁言大矣"的问题之后,荀子又特别分析了君臣言论的地位和作用:产生于君主的言论是用来指导臣民的,所以君主的言论就是政策与命令;产生于臣民的言论是用来效忠于君主的,所以说臣民的言论就是建议与劝阻。如果二者的言论均不符合仁爱之道和礼义法度,如何能产生仁政和保证言路畅通? 岂不祸国殃民? 因此,荀子强调:君子奉行仁爱之道从不厌倦,心里喜欢它,行动上一心遵循它,乐意谈论它,所以说君子一定要做到能说会道、正确辩诤。

同时,荀子还具体分析了辩诤的细节与本质问题。指出辩论细节问题不如揭

①　[明]罗贯中:《三国演义》,岳麓书社1995年版,第226页。

示事物的头绪问题,揭示事物的头绪问题不如揭示事物固有的名分问题。只有明辨细节才能做到明察秋毫,只有做到揭示头绪才能清楚事物的本质问题,只有将事物固有的名分弄清楚、治理好了,那么圣人、士君子的身份才真正具备了。

最后,荀子利用一节文字,具体分析了小人、士君子、圣人之辩的差别问题。

首先是小人之辩。在荀子看来,小人之辩的特点是"听其言则辞辩而无统,用其身则多诈而无功,上不足以顺明王,下不足以和齐百姓,然而口舌之均,噡唯则节,足以为奇伟偃却之属,夫是之谓奸人之雄"。什么意思呢?就是小人在辩言问题和行动时,听他说话则言辞动听而没有系统,任用他做事则诡诈多端而没有功效;上不能顺从英明的君主,下不能使老百姓和谐统一;但是他讲起话来却头头是道、条分缕析,很有分寸,或夸夸其谈,或唯唯诺诺,调节得很适宜。这类小人足可以靠口才而自夸自傲,可以称作坏人中的奸雄。对于这种小人中的小人,荀子认为"圣王起,所以先诛也,然后盗贼次之"。也就是说,一旦圣明的君王上台,这种奸险小人是首先必须要杀掉的,并且盗贼都只能放在他们后面进行惩处。为什么这么说呢?因为"盗贼得变,此不得变也"。也就是说,作为盗贼还有因为悔过自新而改恶从善的,而那些奸险小人却不可能有悔过自新的时候。所以,圣王明君必须将这种人首先杀掉。我觉得荀子的这个分析判断还是有点言过其实了。我认为,无论是奸人还是盗贼,是否判刑以及判什么刑和如何量刑,均需看其对他人、对社会的危害程度,应以事实为依据,以法律为准绳,不能一概而论。

其次是士君子之辩。士君子式的辩说主要是"先虑之,早谋之,斯须之言而足听,文而致实,博而党正"。也就是说,士君子在辩说之前总是预先考虑好发言、辩说的重点、主题、难点等等问题,以便辩说时能够有条不紊、顺理成章;及早谋划好辩说的言辞、范围以及如何回答对方所提问题等等。如果能够做到以上两点,就能做到讲话、发言辩说既有文采又细密实在,旁征博引又公正客观。那么,即使只有片刻的发言,也值得一听。我们现在提倡改进文风会风,提倡开短会、讲短语、讲实在话、讲管用的话,我认为作为会议主持者和参会人员,在参会前能够根据会议主题做到"先虑之,早谋之",那么会议就会开得井井有条,既能解决问题,又能缩短开会时间,也不耽搁与会人员的时间和精力。此外,我们同人讨论问题,就某个问题进行讨论甚至辩论,尤其是进行商业谈判等等,尤其应"先虑之,早谋之",如此才能有的放矢,收到实效,达到目的。否则,就会辩而无统,文而不实,博而不正,这就不是荀子所说的士君子之辩,而是匹夫之辩,甚至是小人之辩。

再次是圣人之辩。在荀子的心目中,圣人具有至高无上的权力、完美无瑕的品质和无可超越的智慧。堪称圣人的人,在历史上是不多见的。按照荀子的分类标准,大概只有尧、舜、禹、汤、文武周公,孔子只够贤人资格。可见,在荀子心目中,圣人也就是神人,堪比天地之德。他们在进行辩说时"不先虑,不早谋,发之而当,成文而类,居错迁徙,应变不穷"。即圣人在发表议论、辩说问题时,并不需预先考虑,也不需要提早谋划,而是什么事情都成竹在胸,所以一发言就很得当,既富有文采,又合乎礼法,从措辞到改换话题,都能随机应变而不只是穷于应答和疲于应付。

参考文献

古籍文献

1. [唐]杨倞注:《荀子》,东方朔导读,上海古籍出版社2010年版。

2. [清]王先谦撰:《荀子集解》,沈啸寰、王星贤整理,中华书局2012年版。

3. 周先进编著:《荀子全本注译》,中国文史出版社2013年版。

4. 邹德金编著:《荀子全本解读》,内蒙古人民出版社2010年版。

5. [战国]荀况:《荀子》,王学典编译,中国纺织出版社2007年版。

6. 江澜译注:《荀子启示》,京华出版社2009年版。

7. 司马哲编著:《荀子全书》,中国长安出版社2009年版。

8. 安小兰译注:《荀子》,中华书局2007年版。

9. [春秋]孔丘:《孝经》,陈书凯编译,中国纺织出版社2007年版。

10. [战国]曾参:《大学》,[战国]子思:《中庸》,梁海明译注,山西古籍出版社2001年版。

11. [战国]孟子:《孟子》,梁海明译注,山西古籍出版社2001年版。

12. [战国]韩非:《韩非子》,陈才俊主编,安睿注译,海潮出版社2012年版。

13. [西汉]刘向编撰:《战国策》,李翔注译,中国画报出版社2013年版。

14. [西汉]司马迁:《史记》,岳麓书社1997年版。

15. [西汉]刘向编纂:《古列女传·齐钟离春》,哈尔滨出版社2009年版。

16. [东汉]班固编撰:《汉书》,乙力编译,三秦出版社2008年版。

17. [西晋]陈寿:《三国志》,[南朝宋]裴松之注,江苏古籍出版社2006年版。

18. [唐]房玄龄等:《晋书》,中华书局1974年版。

19. [北宋]司马光编纂:《资治通鉴》,岳麓书社1994年版。

20. [南朝宋]范晔编撰:《后汉书》,丁福林注评,凤凰出版社2010年版。

21. [明]许仲琳:《封神演义》,上海古籍出版社2005年版。

22. [明]吴承恩:《西游记》,新疆人民出版社2001年版。

23. [明]罗贯中:《三国演义》,岳麓书社1995年版。

24. [清]佚名:《增广贤文》,李捷译注,远方出版社2004年版。

25. 杨伯峻译注:《论语译注》,中华书局 2010 年版。

26. 雷仲康译注:《庄子》,山西古籍出版社 2001 年版。

27. 王强:《道德经通译》,昆仑出版社 2006 年版。

28. 于夯译注:《诗经》,山西古籍出版社 2001 年版。

29. 李绪坤:《学记解读》,齐鲁书社出版 2008 年版。

30. 尚学锋、夏德靠译注:《国语》,中华书局 2007 年版。

31. 刘利、纪凌云译注:《左传》,中华书局 2007 年版。

32. 李明哲主编:《尚书》,新疆青少年出版社 2006 年版。

33. 孟泽注译:《中国四大宝典(易经、老子、论语、庄子)》,海南出版社 1995 年版。

34. 王国轩、王秀梅译:《孔子家语》,中华书局 2011 年版。

35. 赵尔巽编纂:《清史稿·列传》,中华书局 2003 年版。

经典著作

36. 中共中央马克思恩格斯列宁斯大林著作编译局编译:《马克思恩格斯全集》(第一卷),人民出版社 1956 年版。

37. 中共中央马克思恩格斯列宁斯大林著作编译局编译:《马克思恩格斯全集》(第二卷),人民出版社 1956 年版。

38. 中共中央马克思恩格斯列宁斯大林著作编译局编译:《马克思恩格斯文集》(第五卷),人民出版社 2009 年版。

39. 中共中央文献研究室编:《毛泽东著作专题摘编》,中央文献出版社 2003 年版。

40. 中共中央文献编辑委员会:《邓小平文选》(第 3 卷),人民出版社 1993 年版。

41. [英]托马斯·莫尔:《乌托邦》,戴镏龄译,商务印书馆 1997 年版。

现代文献

42. 南怀瑾:《论语别裁》(上、下),复旦大学出版社 1997 年版。

43. 冯友兰:《中国哲学简史》,涂又光译,北京大学出版社 2013 年版。

44. 曹俊杰编著:《跟毛泽东学思维》,西苑出版社 2013 年版。

45. 王修智主编:《"八荣八耻"的故事》,山东人民出版社 2007 年版。

46. 傅开沛编著:《尊荣知耻故事新编》,深圳报业集团出版社 2006 年版。

47. 杨丽丽编著:《听南怀瑾大师讲国学》,中国长安出版社 2009 的版。

48. 薛家柱:《胡雪岩》,麦田出版社 2007 年版。

49. 万小遥编著:《低调做人密码》,北京工业大学出版社 2011 年版。

50. 星云大师:《厚道》,江苏文艺出版社 2010 年版。

51. 贾云勇、姜英爽:《小平一句话,"傻子"无罪释放》,《南方都市报》2008 年 3 月 24 日。

52. 魏清芳、谢伟霞、许文凭:《老师严管学生竟遭报复》,《梅州日报》2013 年 7 月 28 日。

53. 柳明:《做人做事有门道》,湖南人民出版社 2007 年版。

54. 徐复观：《向孔子的思想性格回归》，《新儒家学案》（下册），中国社会科学出版社1995年版。

55. 凤凰周刊编：《中国贪官录（2000—2010：250位贪官档案）》，中国发展出版社2011年版。

56. 居欣如：《忘记历史，就意味着背叛》，《文汇报》2011年8月22日。

57. 陈辉：《黑龙江省方正县为日本"开拓团"树碑立传引质疑》，《北京晨报》2011年8月2日。

网络文献

58. 楼宇烈：《荀子的"礼"论与"群居和一"的政治理想》[EB/OL]. [2003-07-17]. www. guoxue. com/？P＝1…百度快照。

59.《"法后王"在荀子思想体系中的地位及其实质》[EB/OL]. [2014-08-30]. baike. baidu. com/…百度快照。

60. 吕伟明：《一言兴邦与一言丧邦》[EB/OL]. [2009-02-03]. bbs. tiexue. net/p…百度快照。

61. 张卫民：《中国的天才农民发明家吴玉禄》[EB/OL]. [2011-07-11]. blog. sina. com. cn/s/blo…百度快照。

62. 雷家宏：《从民间争讼看宋朝社会》[EB/OL]. [2007-02-16], flwh. znufe. edu. cn/arti…百度快照。

63.《权臣和珅》[EB/OL]. [2004-09-20]. 央视国际频道解说词, 2004—09—13、20。

64.《刘墉与和珅的较量》[EB/OL]. [2006-10-12]. book. people. com. cn/GB/…百度快照。

65.《刘墉与乾隆、和珅、纪晓岚的真实关系》[EB/OL]. [2009-12-31]. blog. 163. com/qsbwjh/b…百度快照。

66. 陈晓东、李舒：《小时起冲突：报复砍人被拘留》[EB/OL]. [2013-08-15]. www. gdga. gov. cn/jwzx/g…百度快照。

67.《人到无求品自高》[EB/OL]. [2012-03-05]. read. goodweb. cn/newsvi…asp？n…百度快照。

68.《分封制》[EB/OL]. [2013-11-14]. Baike. baidu. com/…百度快照。

69.《官吏的区别是什么？》[EB/OL]. [2009-07-31]. wenwen. soso. com/z/91467713…htm－百度快照。

70.《官吏制度》[EB/OL]. [2013-12-27]. baike. baidu. com/…百度快照。

71.《两只熊的绩效考核》[EB/OL]. [2012-11-02]. www. bosshr. com/shownew…百度快照。

72.《相术》[EB/OL]. [2014-01-15]. baike. baidu. com/…百度快照。

73.《相术学》[EB/OL]. [2010-08-08] zhidao. baidu. com/link？url＝m_ ikkosmkA60Vcx…。

74.《黑猩猩的智力》[EB/OL]. [2014 - 05 - 10]. wenku. baidu. com/link？u…百度文库。

75.《黑猩猩记忆力超过大学生》[EB/OL]. [2007 - 12 - 05]. informationtimes. dayoo…百度快照。

76.《浅谈黑猩猩的真实智力水平》[EB/OL]. [2012 - 02 - 09]. movie. douban. com/revie…百度快照。